LA DIVINE COMÉDIE

DE

DANTE ALIGHIERI

TRADUCTION NOUVELLE

accompagnée de notes et précédée

D'UN RÉSUMÉ HISTORIQUE ET LITTÉRAIRE

SUR LES TEMPS ANTÉRIEURS AU POËME

ET D'UNE

NOTICE SUR DANTE ET SUR SES ÉCRITS

PAR M.

VICTOR DE SAINT-MAURIS

Ancien Introducteur des ambassadeurs

—

TOME PREMIER

—

PARIS : AMYOT, RUE DE LA PAIX

—

1853

LA
DIVINE COMÉDIE
DE
DANTE ALIGHIERI

Imprimerie de Ch. Lahure (ancienne maison Crapelet)
rue de Vaugirard, 9, près de l'Odéon.

LA
DIVINE COMÉDIE

DE DANTE ALIGHIERI

TRADUCTION NOUVELLE

accompagnée de notes et précédée

D'UN RÉSUMÉ HISTORIQUE ET LITTÉRAIRE

SUR LES TEMPS ANTÉRIEURS AU POËME

ET D'UNE

NOTICE SUR DANTE ET SUR SES ÉCRITS

PAR M.

VICTOR DE SAINT-MAURIS

TOME PREMIER

PARIS : AMYOT, RUE DE LA PAIX

1853

PRÉFACE.

L'usage permet de coudre une préface à la tête d'un livre, et bien qu'une traduction soit le plus humble des livres, encore en est-ce un. Les traducteurs auxquels il n'est pas accordé de paraître sur le premier plan, doivent être plus jaloux que les auteurs d'un privilége dont ces derniers n'ont pas besoin pour s'étaler devant le public avec plus ou moins de complaisance. Mais le public n'a que faire de tous les détours d'une vanité qui demande grâce, et c'est à peine s'il s'arrête d'un œil distrait à cette malencontreuse préface, destinée à captiver sa bienveillance, ou du moins à fléchir sa sévérité. Être bref, c'est donc complaire à ce juge redoutable.

Il va sans dire que l'ouvrage qu'on traduit est un ouvrage de prédilection. A moins d'en faire métier, il est impossible de se vouer à une tâche aussi ingrate, sans y être convié par un vif amour pour l'œuvre qu'on tente de faire passer dans une autre langue, tout en sachant d'avance qu'une reproduction vraie et complète n'est pas à espérer, surtout s'il s'agit d'un grand poëte. A l'âge où l'imagination prête à la vie de si riches couleurs, je fus jeté par le hasard des circonstances sur la belle terre d'Italie. J'eus le bonheur d'y rester assez longtemps pour m'attacher avec passion (tout est passion dans la jeunesse) à la littérature de ce pays, à mon sens la plus riche et la plus variée entre celles qui font la gloire de l'Europe moderne. Dante et Boccace, les deux créateurs de la langue italienne, furent en quelque sorte mes premiers maîtres. Mais à Dante je revenais toujours : il me semblait, dans ma naïveté, que, comme Colomb, je découvrais un nouveau monde. Je le traduisis alors d'un bout à l'autre, sans arrière-pensée de publication, uniquement pour mon plaisir; et ma pensée, aujourd'hui bien abattue, se ranime encore au souvenir des heures délicieuses, consacrées à cette occupation. Cette traduction a dormi vingt et des années dans mon portefeuille. D'autres soins m'appelèrent ailleurs. Puis, aux illusions décevantes du jeune âge, succédèrent, comme il arrive à chacun, les difficultés sérieuses de la vie, et tout ce que ses chances ont de poignant et d'amer. Maintenant arrivé tout meurtri aux portes de la vieillesse, resté presque seul dans le monde, après avoir vidé jusqu'à la lie la coupe de douleur, je me suis souvenu de l'ami de ma jeunesse, je lui ai redemandé non pas ces impressions fraîches et vives que je lui avais dues jadis, mais des consolations que le monde ne peut plus offrir à quiconque en a reconnu le néant. Mon attente n'a pas été tout à fait déçue. A la veille d'aller visiter les mondes que le poëte décrit, j'ai oublié quelquefois, en le suivant dans son voyage outre tombe, les maux qui par une loi divine, tôt ou tard égale pour tous, accompagnent ici-bas notre court pèlerinage.

En revoyant après tant d'années une traduction à peine à l'état d'ébauche, j'ai senti tout de suite qu'elle avait besoin d'être entièrement refondue. Je ne connaissais encore d'autre traduction complète de *la Divine Comédie* que celle donnée par M. Artaud; et comme, malgré des mérites réels, je ne pouvais m'empêcher de la trouver froide et décolorée, sans parler de quelques inexactitudes, j'entrepris de restituer à Dante une partie, si faible fût-elle, de ce qu'il me semblait avoir perdu sous la paraphrase du docte académicien. On trouvera peut-être que je me suis abusé. Ce qu'il y a de sûr, c'est que je ne me méprends pas sur l'imperfection de mon travail, et que mieux que personne je sais combien il laisse encore à désirer. Si, à certains égards, c'est un avantage pour un traducteur d'arriver après d'autres, c'est aussi un engagement tacite qu'il contracte de faire mieux ou moins mal qu'ils n'ont fait. Sans cette espérance, il devrait renoncer à un travail ingrat par lui-même, et affranchir le public d'une reproduction fastidieuse. Mais il n'y aurait plus de *nouvelle* traduction possible, s'il fallait effacer une expression ou un tour de phrase, par cela seul qu'ils ont été employés par des devanciers. Voici la règle dont j'ai tâché de ne pas me départir : toutes les fois que je trouve dans le texte un mot et même une construction de phrase qui ont leur équivalent en français, je m'en empare comme d'un bien légitime, sans regarder si d'autres l'ont fait avant moi. Ce qui n'appartient en propre qu'à Dante, appartient par cela même à tous ceux qui essayent de le traduire, sans droit de premier occupant. Au reste les formes du poëme sont tellement originales, et le génie des deux langues est si divers, qu'il reste à chaque individualité un champ suffisamment libre pour se mouvoir. Je me suis efforcé de me tenir le plus près possible du texte, c'est-à-dire autant que me l'ont permis, sous peine de néologisme ou d'obscurité, les exigences impérieuses de notre langue. Il est certaines expressions dont le poëte affronte la crudité sans le moindre scrupule, et qui sont tout à fait intraduisibles; il en est d'autres qui, par la fusion des mots à l'imitation du latin, ne peuvent être rendues que par une périphrase. Puis les inversions et même les constructions latines, d'autant plus familières à l'auteur que la langue qu'il créait se dégageait à peine des formes du latin, sont un obstacle souvent insurmontable à une version littérale, pour peu qu'on la veuille claire et grammaticale. Enfin il faut lutter presque à chaque vers contre un langage serré, concis, souvent elliptique, où, loin qu'il y ait rien à retrancher, il est nécessaire de suppléer au sous-entendu des mots ou de la pensée. Dante est peut-être le seul écrivain qui ne fasse pas de phrases, et le seul poëte qui n'ait point de chevilles; et ce mérite qui le distingue entre tous, le rend parfois difficile à comprendre, et faut-il ajouter désespérant à traduire.

Mon travail était à peu près terminé, quand j'ai eu connaissance de la traduction qu'a publiée

M. Brizeux. Si elle m'était tombée plus tôt entre les mains, peut-être m'eût-elle fait renoncer à mon entreprise. M. Brizeux ne se prévaut pas, comme M. Artaud, d'être resté vingt ans en Italie, ni d'être membre d'une douzaine d'académies italiennes; mais il me paraît avoir, à un bien plus haut degré que son prédécesseur, l'intelligence du poëte florentin. Il a fait en prose ce que Grangier avait fait en vers, il y a plus de deux cents ans; c'est-à-dire qu'il a traduit tercet par tercet, et presque mot à mot. Mais les vers de l'aumônier de Henri IV sont inintelligibles, et la prose du traducteur moderne est d'une entière exactitude et d'une grande énergie. C'est bien là le squelette de Dante avec sa forte membrure et sa charpente osseuse; mais ce n'en est que le squelette : les chairs, ce me semble, sont par trop enlevées. On dirait une étude anatomique plutôt qu'une traduction, étude très-bien faite à son point de vue, mais qui n'est pas complète.

Frappé sans doute de la prolixité de tant de commentaires dont le poëme de Dante a été l'objet, M. Brizeux est d'une sobriété excessive dans les rares et courtes notes qu'il a jointes à sa version. Il n'a pas même donné le strict nécessaire, du moins pour qui ne serait pas familiarisé d'avance avec l'histoire particulière du poëte et de la petite contrée où il a pris la plupart de ses personnages. Au risque de tomber dans l'excès opposé, non-seulement je n'ai pas craint de multiplier les notes et parfois de leur donner une certaine étendue; mais en outre, pour mettre le lecteur plus à même de mesurer l'œuvre offerte à son attention, il m'a paru nécessaire d'entrer dans quelques détails sur l'auteur du poëme et sur l'époque à demi barbare où il a paru. En effet, on trouve à la fois, dans *la Divine Comédie*, l'empreinte des événements et des personnages au milieu desquels la pensée en a été conçue, et tout l'esprit des temps qui l'ont précédée. Dante est le moyen âge fait homme, avec ses croyances ardentes, ses thèses scolastiques, ses instincts souvent contradictoires de liberté et de servitude. Il est donc indispensable, si l'on veut comprendre le poëme où tant de lueurs se réfléchissent, de se rendre compte auparavant de ce qu'avait été et de ce qu'était encore l'Italie, à l'apparition du puissant génie qui devait résumer en lui seul toute une période de l'histoire. Telle est la tâche que je me suis proposé de remplir, en glissant d'abord rapidement sur la formation des républiques italiennes, puis avec moins de hâte à mesure que paraîtront sur la scène les actes et les acteurs auxquels l'épopée dantesque fait de si fréquentes allusions. Le résumé qui va suivre est pour ainsi dire extrait, quant à la partie historique, de l'*Histoire des Républiques italiennes*, etc., par M. de Sismondi, non que j'adopte toutes les opinions et tous les jugements du savant historien, mais parce que son travail est le plus complet et le plus consciencieux qui ait été fait sur la matière. Tout en appartenant à l'école philosophique et protestante, M. de Sismondi est un écrivain de bonne foi : il n'altère point les textes dans lesquels il puise, il ne dissimule pas ou ne dénature pas volontairement les faits qui contrarient sa manière de voir. Au surplus le récit de Villani m'a servi de moyen de confrontation sur tous les points de quelque importance. Quant à la partie littéraire, je me suis aidé principalement de l'*Histoire littéraire* de Tiraboschi, et par suite de celle de Ginguené qui lui-même a beaucoup emprunté à l'auteur italien.

Après avoir étudié Dante dans les circonstances qui, sans lui être personnelles, n'ont pas laissé d'exercer une influence remarquable sur son génie, il a fallu l'aborder directement et s'efforcer de suivre tout ensemble les vicissitudes d'une vie si agitée et la succession des idées et des sentiments qui en ont rempli le cours. Malgré le mot célèbre de Buffon, l'homme n'est pas tout entier dans le style, bien qu'il y laisse son empreinte. Il a son individualité morale qu'il faut mettre en relief, ses faiblesses, ses inégalités, parfois ses contradictions. Tout cela sans doute se reflète dans son livre jusqu'à un certain point, mais on s'exposerait à tomber dans de graves méprises si, pour connaître l'auteur, on ne le cherchait que dans son style. Il y a dans Alighieri deux hommes distincts, quoique réunis dans une unité puissante : le citoyen et le poëte, le chef de parti dans une république en révolution, et le créateur d'une poésie nouvelle dans une langue encore inculte. De ces deux hommes, l'un n'a pas cessé de réagir sur l'autre avec une énergie d'autant plus grande que le poëte n'est pas le seul qui ait écrit : l'homme politique a aussi pris la plume pour formuler ses doctrines. Mais ce n'est pas le moment d'entreprendre cet examen. Je veux seulement prévenir ici qu'à la suite de l'introduction dont j'ai parlé tout à l'heure, se trouve une notice historique et littéraire sur Dante et sur ses ouvrages.

Enfin l'exposé se termine par une récapitulation sommaire des nombreux travaux que *la Divine Comédie* et son auteur ont inspirés aux biographes, aux commentateurs et aux traducteurs, en France et en Italie.

RÉSUMÉ

HISTORIQUE ET LITTÉRAIRE

POUR SERVIR A L'ÉTUDE

DE LA DIVINE COMÉDIE

Nota. On n'a point prétendu donner ici un travail nouveau, mais simplement épargner des recherches au lecteur, en groupant au point de vue de Dante et de son œuvre, des notions qu'on ne trouve ailleurs qu'éparses ou noyées dans les détails. En conséquence, on n'a pas craint, dans la partie historique de ce *Résumé*, de reproduire a peu près textuellement plusieurs passages de l'*Histoire des Républiques italiennes*, par M. de Sismondi, ni d'en traduire quelques autres de l'historien Jean Villani.

RÉSUMÉ

HISTORIQUE ET LITTÉRAIRE

POUR SERVIR A L'ÉTUDE

DE LA DIVINE COMÉDIE.

CHAPITRE PREMIER.

FORMATION, GRANDEUR ET DÉCADENCE DES RÉPUBLIQUES ITALIENNES DU MOYEN AGE. — ÉTAT POLITIQUE DE L'ITALIE AU COMMENCEMENT DU XIVe SIÈCLE.

Il arriva dans l'Italie supérieure, après le rétablissement de l'empire d'Occident, ce qui était advenu pendant la première période du moyen âge dans la partie méridionale de l'Italie qui forme aujourd'hui le royaume de Naples, et qu'on appelait encore la Grande-Grèce. Les villes de cette contrée, Gaëte, Naples, Amalfi, etc., longtemps indépendantes des empereurs de Constantinople, en avaient peu à peu secoué le joug, mais sans révolution et sans violence, pour se gouverner elles-mêmes d'après leurs propres constitutions. De même les villes de l'Italie septentrionale se détachèrent lentement de l'empire d'Occident, et sous la protection même des empereurs allemands qui plus tard voulurent les réduire, fon-

Formation d républiques liennes.

dèrent leur liberté et leur indépendance. Gouvernées d'abord par des comtes presque tous italiens, et par conséquent peu dévoués aux Césars germaniques, elles furent encouragées par ceux-ci dans leurs efforts pour combattre et restreindre les prérogatives des comtes. Sous le règne des Othons, et, de leur consentement, elles se donnèrent un gouvernement municipal qui s'établit sans tumulte, et dont le bienfait leur inspira une telle reconnaissance envers la maison de Saxe, qu'elles ne pensèrent à s'affranchir tout à fait de la domination allemande qu'après la mort du troisième Othon. Ainsi prirent naissance les républiques qui ont fleuri en Italie pendant le moyen âge, à l'exception de Venise, dont la fondation précède de sept siècles l'affranchissement des villes lombardes.

Gênes et Pise s'élevèrent les premières : elles succédèrent à l'empire du commerce et des mers que les villes de Naples et d'Amalfi laissaient échapper. Vers le milieu du XIIe siècle, les trois républiques maritimes, Venise, Gênes et Pise, étaient à la tête de trois petites confédérations, formées pour les Vénitiens des trois villes libres de l'Illyrie, pour les Pisans de celles des Maremmes, et pour les Génois de celles dites des Deux-Rivières, Lavagna, Ventimiglia, Savonne, Albenga, etc. Sous les empereurs franconiens éclatèrent les factions guelfe et gibeline, transportées d'Allemagne en Italie, à la faveur desquelles les nouvelles républiques affermirent leur indépendance. Puis vinrent les croisades qui, en changeant les institutions de l'Europe, en agrandissant le pouvoir des papes, eurent encore pour résultats d'enrichir les villes maritimes dont les vaisseaux transportaient les croisés et s'ouvraient en Orient des débouchés pour le commerce.

Pendant que les villes du littoral jetaient les premiers fondements de leur liberté, celles situées dans l'intérieur des terres cherchaient également à s'affranchir. Dès le règne de Conrad le Salique (1024-1036), les villes du centre de la Lombardie se gouvernaient elles-mêmes, tout en obéissant à l'empereur. De leur côté, les grands et surtout les prélats avaient à peu près secoué le joug impérial. Mais les gentilshommes, les capitaines, les vavasseurs qui composaient l'ordre équestre, placés entre l'oppression des grands feudataires et les usurpations des cités, firent la guerre aux uns et aux autres, de sorte que toutes les classes de la société se trouvèrent dans un état d'hostilité mutuelle. L'issue de cette lutte fut que les gentilshommes prirent presque tous le parti de se faire admettre dans la bourgeoisie urbaine, afin de se placer, eux et leurs fiefs, sous la protection des villes : l'importance de celles-ci s'en accrut.

Après que les villes eurent acquis, sous les Othons, le droit de s'entourer de murs et de lever des milices pour se défendre contre les excursions des Sarrasins, elles travaillèrent à se constituer sur le modèle de l'ancienne république romaine ou de ses colonies. Ainsi, elles placèrent à la tête de leur administration deux consuls annuels, élus par le peuple, dont les fonctions étaient de rendre la justice, de commander la milice et de présider les conseils de la république. Ordinairement il y avait, outre l'assemblée générale des citoyens, deux conseils : l'un, peu nombreux et chargé de l'administration des finances et de la surveillance des consuls; l'autre, dit sénat,

Constitution villes.

composé de cent membres environ, qui préparait des lois ou décrets destinés à être soumis à l'acceptation de l'assemblée générale. Mais la rivalité entre les villes égales en puissance et jalouses de leur grandeur, devint bientôt un élément de discordes et de guerres intestines. Ce fut ainsi que Milan, à titre de plus ancien archevêché de toute la Lombardie, et Pavie, comme ancienne capitale des rois lombards, se disputèrent longtemps la prééminence. A cette rivalité sanglante succéda celle de Milan avec Côme et Crémone. Bientôt les Milanais, excités par leur archevêque, se crurent assez forts pour braver l'empereur Conrad II (1036). Dans la guerre qu'ils soutinrent contre lui, ils eurent recours à une invention qui fut presque aussitôt adoptée par toutes les autres villes, celle du carroccio, ou sorte d'étendard qu'on mettait à la tête de l'armée pour relever le courage de l'infanterie, principale force des villes, et pouvoir l'opposer à la cavalerie des gentilshommes.

Carroccio.   Le carroccio était un char à quatre roues, traîné par huit ou dix bœufs qu'on revêtait d'étoffes couleur de pourpre. Du milieu du char, peint en rouge, s'élevait, à une grande hauteur, une antenne surmontée d'un globe doré. Là se déployait le drapeau de la commune : au-dessous on voyait un Christ sur la croix, dont les bras étendus avaient l'air de bénir l'armée. Aux deux extrémités du char il y avait deux plates-formes : celle de devant, réservée aux meilleurs soldats; l'autre, occupée par des musiciens dont les trompettes excitaient l'ardeur des combattants. La perte du carroccio était regardée comme le comble de l'ignominie, et la garde de cette nouvelle arche d'alliance était confiée à l'élite des guerriers.

Une innovation moins heureuse pour les villes, fut celle des podestats, espèce de vicaires impériaux institués par Frédéric Barberousse (1158), pour connaître des causes judiciaires. Les podestats devaient être toujours étrangers à la ville placée sous leur juridiction ; on avait cru trouver, dans cette condition, la garantie de leur impartialité. Ils étaient choisis par l'empereur parmi les gens de loi ou les gentilshommes les plus dévoués à l'autorité royale ; et comme ils se trouvèrent naturellement en opposition avec les consuls élus par le peuple, l'empereur prit à tâche d'abolir partout les consuls pour leur substituer des podestats. Ce fut le motif de beaucoup de guerres, et, chose étrange ! quand le peuple eut réussi à secouer entièrement le joug, il se contenta de se réserver l'élection du podestat, sans oser détruire une institution créée contre lui, et qui devint ensuite, pour plusieurs républiques, la cause immédiate de la perte de leur liberté.

Podestats.

Après s'être mutuellement affaiblies par des guerres aussi funestes qu'impolitiques, les villes, alarmées par la prise et le sac de Milan en 1162, reconnurent le besoin de s'unir pour résister aux efforts du pouvoir impérial. Vérone, Vicence, Padoue et Trévise se liguèrent contre Frédéric Barberousse, le destructeur de Milan, et peu après Ferrare, Brescia, Bergame, Crémone, Lodi, Plaisance, Parme, Modène et Milan à peine restaurée, entrèrent dans la ligue lombarde. On connaît l'issue de cette lutte glorieuse dans laquelle les villes confédérées triomphèrent des

Ligue lombarde. — Paix de Constance.

armées de Frédéric et le contraignirent à capituler. La fameuse paix de Constance, signée en 1183, devint la charte des villes dont l'indépendance avait été jusqu'alors traitée de rébellion. Un rescrit impérial leur reconnut le droit de se gouverner elles-mêmes en république, sauf quelques priviléges de haute juridiction réservés à l'empereur. Il semblait que la pacification de Constance dût ouvrir pour l'Italie une ère de grandeur et de prospérité. Ce fut le contraire qui arriva. D'un côté, les empereurs ne se contentant pas d'un simulacre d'autorité, continuèrent à se regarder comme les maîtres légitimes des villes dont ils avaient consacré l'affranchissement, et il en naquit de nouvelles guerres ; de l'autre, bien que les villes fussent également indépendantes, elles n'étaient point égales en puissance, et cette inégalité éveilla dans les plus fortes le désir d'abuser de leur supériorité, et dans les plus faibles la crainte d'être asservies : de là, des jalousies, des brigues, et finalement des guerres sanglantes. A peine la paix de Constance était-elle signée depuis deux ans, que Crémone se souleva contre Frédéric. Dans les quinze années qui suivirent (1185 à 1200), on vit les Génois guerroyer contre les Pisans, Parme armer contre Plaisance, Ferrare contre Mantoue, Milan contre Lodi, Vérone contre Padoue, pendant qu'à Faenza et à Bologne les citoyens combattaient les uns contre les autres. Ainsi, cette liberté, dont l'Italie se promettait tant d'avantages, lui devint plus fatale que n'avait été la sujétion ; bien plus, elle fut même une cause de servitude, comme il parut bientôt : car la nécessité de se défendre obligea souvent les villes à confier la direction de leurs affaires aux hommes les plus éminents par la naissance, la richesse ou les talents. Ils n'eurent plus qu'un pas à faire pour s'ériger en maîtres, et ce fut l'origine des petites souverainetés qui s'établirent en si grand nombre après de longues et calamiteuses contestations.

A l'imitation des villes de la Lombardie, celles de la Toscane qui avaient toujours obéi à l'empereur, mécontentes de quelques exactions des officiers impériaux, et vivement sollicitées par les papes, se confédérèrent entre elles (1197), non pour se mettre sous la dépendance immédiate des papes, mais pour prêter leur assistance au souverain pontife, comme défenseur des libertés italiennes. Florence, Lucques, Monte-Pulciano, Poggibonzi, etc., étaient les cités les plus importantes de cette ligue. Toutefois, le parti gibelin conserva la prépondérance en Toscane. Pise, qui était encore la ville la plus puissante de cette contrée, resta fidèle aux empereurs, en reconnaissance des amples prérogatives qu'elle avait reçues d'eux. Par un diplôme de 1192, Henri VI, en confirmant les priviléges dont les Pisans jouissaient depuis longues années, d'élire eux-mêmes leurs consuls et leurs magistrats, leur avait concédé tous les droits régaliens, non-seulement dans leur ville, mais dans un vaste territoire où se trouvaient compris soixante et quinze bourgades et châteaux. Il les avait, en outre, dispensés de toute contribution et de tout logement des gens de guerre. Sienne, alors riche et peuplée, appartenait à la même cause, ainsi que les villes moins importantes de Pistoie et de Volterre. Enfin, jusque dans les villes considérées comme guelfes, les gibelins étaient encore nombreux, et souvent prenaient part au gouvernement.

Ligue toscane

Florence, la plus illustre après Venise entre les républiques italiennes du moyen âge, naquit la dernière à la liberté. Fondée par le dictateur Sylla, qui en fit une colonie romaine, presque entièrement détruite par Totila, roi des Goths, puis rebâtie par Charlemagne, elle avait employé quatre siècles à régler son gouvernement. Ce gouvernement s'exerçait d'abord par quatre consuls élus pour un an et par un sénat de cent membres. Tout populaire que fût le pouvoir, la noblesse florentine ne laissait pas d'avoir la principale part dans l'administration; mais les nobles, soit de la ville, soit du voisinage, avaient été obligés de se faire recevoir citoyens de Florence et de reconnaître la juridiction de la république. Au commencement du XIIIe siècle (1207), les Florentins, à l'imitation de ce qui se pratiquait autour d'eux, reçurent un podestat étranger, qui fut chargé de faire exécuter les décisions municipales et les sentences judiciaires. Bien qu'engagée dans la ligue toscane, la république n'avait point encore pris une part active dans la querelle des papes et des empereurs, quand, en 1215, une célèbre dissension intestine vint attiser les haines de parti.

Messer Buondelmonte, des Buondelmonti, famille puissante et dévouée aux papes, après avoir promis de prendre pour femme une fille des Amidéi, du parti gibelin, rompit cet engagement pour épouser Louisa Gualdrada, de la maison des Donati. Les Amidéi, outragés, se concertèrent avec leurs parents et alliés, les Uberti, les Lamberti, les Gangalandi, etc., et sur la proposition d'un certain Mosca que Dante a immortalisé (*Enfer*, chant XXVIIIe), la mort de l'offenseur fut résolue. Buondelmonte, assailli lorsqu'il ve-

Florence.

nait de traverser le *Ponte-Vecchio*, tomba percé de coups au pied de la statue du dieu Mars, ancien protecteur de Florence. L'éclat de cette vengeance et la haute position de ceux qui en avaient été les artisans ou les victimes, divisèrent la ville en deux camps ennemis ayant pour chefs, l'un les Buondelmonti, l'autre les Uberti : les premiers étaient guelfes, les seconds furent gibelins. Toutes les principales familles s'engagèrent dans une lutte qui, née d'une querelle particulière, devint bientôt une véritable guerre civile. Guelfes et gibelins élevèrent des tours dans l'enceinte de la ville, changèrent leurs maisons en forteresses, et durant trente-trois ans le sang coula dans Florence presque sans interruption. Pendant cette longue anarchie, ni l'une ni l'autre faction ne put prendre un ascendant décisif. Mais, en 1248, l'empereur Frédéric II, tandis qu'il faisait le siége de Parme, dirigea sur Florence seize cents cavaliers allemands, que les gibelins introduisirent dans la ville, et à l'aide desquels ils chassèrent les guelfes et détruisirent leurs palais fortifiés. Ce fut le premier exemple des proscriptions politiques qui devinrent si fréquentes.

Nous avons nommé l'empereur Frédéric II ; il est indispensable d'en dire quelques mots. Héritier, par sa mère Constance, de la Pouille et de la Sicile, il n'avait que deux ans lorsque son père l'empereur Henri VI mourut (1197), après l'avoir fait élire roi de Germanie et d'Italie. On ne tint aucun compte de cette élection, et pendant que Philippe, oncle du jeune Frédéric, et Othon de Brunswick se disputaient l'empire, l'enfant royal, emmené en Sicile, y grandit sous la tutelle du pape Innocent III, qui d'abord lui

L'empereur Frédéric II.

donna l'investiture du royaume des Deux-Siciles. Les papes tenaient ces pays en suzeraineté depuis l'hommage qui leur en avait été fait par les princes normands. Fidèle à son mandat, le pontife défendit ensuite son pupille contre les entreprises d'Othon IV, et parvint à le faire élire à Mayence par les princes et évêques d'Allemagne; de sorte que le monarque qui pendant trente ans fit la guerre aux papes, dut à leur protection d'échapper aux embûches et aux attaques de ses ennemis. Après la mort d'Othon, en 1218, Frédéric fut reconnu partout comme empereur, et vint recevoir à Rome la couronne impériale des mains du successeur d'Innocent. Le sceptre ne pouvait échoir à un bras plus ferme et plus habile. Tous les historiens s'accordent à reconnaître en Frédéric les qualités qui font les grands rois, et cependant l'Italie ne fut jamais plus ensanglantée que sous son règne. Il n'entre pas dans notre sujet d'en rechercher les causes ni de suivre les démêlés de cet empereur avec les papes Grégoire IX et Innocent IV, qui, eux aussi, comptent parmi les plus grands pontifes qui aient occupé la chaire de saint Pierre. Nous avons vu Frédéric chasser les guelfes de Florence; mais tandis qu'il triomphait en Toscane, il essuyait des revers dans la Romagne. Bologne, où beaucoup de Florentins guelfes s'étaient réfugiés, et que les sollicitations du saint-siége animaient en faveur de l'Église, Bologne contraignit les villes de la Romagne à se déclarer contre l'empereur. Son armée, précédée par le carroccio, et commandée par le prêteur Ugoni et par le cardinal Ottaviano Ubaldini, défit entièrement à Fossalta, près du fleuve Panaro, les troupes impériales sous les ordres d'Enzius, un des fils naturels de Frédéric II, que ce monarque avait créé roi de Sardaigne et son vicaire en Italie. Enzius, fait prisonnier, fut emmené en triomphe à Bologne, où il resta captif jusqu'à sa mort. Le résultat de cette victoire fut de forcer Modène et quelques villes gibelines à rappeler les guelfes et à renoncer à l'alliance impériale. Mais il n'en allait pas de même dans la Marche de Trévise, où Ezzellino III de Romano, si justement nommé le Féroce, était parvenu, sous la protection de l'empereur, à fonder dans le sang et dans les supplices une tyrannie dont Vérone, Vicence et Padoue eurent également à souffrir.

Sur ces entrefaites, l'Empereur Frédéric II mourut (13 décembre 1250). Sa mort fut aussitôt suivie de la chute du gouvernement aristocratique, qu'il avait établi à Florence sous les chefs gibelins, et du rappel des guelfes, qui rendirent au peuple la principale influence dans l'administration de l'État. Ils adjoignirent au podestat un nouveau juge sous le nom de capitaine du peuple; ils créèrent un conseil de douze *anziani*, choisis dans chaque quartier de la ville : ce conseil prit le titre de seigneurie, et dut se renouveler de deux mois en deux mois. Les dix années pendant lesquelles subsista cette constitution (1250-1260) comptent dans les annales florentines parmi les plus glorieuses de la république. Elle força, par ses négociations ou par la puissance de ses armes, la plupart des villes de Toscane à subir son influence. Lucques, Pistoie, Sienne, Viterbe, furent successivement contraintes de renoncer à l'alliance gibeline. Pise elle-même demanda la paix, qu'elle n'obtint qu'à des conditions désavantageuses. Des hommes distingués dans les lettres ou dans les emplois civils se trouvent

Réaction guelfe à Florence en 1250.

alors mêlés aux opérations de la guerre, entre autres, Brunetto Latini, le restaurateur des lettres en Italie et le maître de Dante. On le vit combattre devant Sienne, et signer comme notaire le traité de paix conclu entre les deux républiques.

Chute d'Ezzelino.

Ce fut dans le même temps (1255), que le pape Alexandre IV, prêcha la croisade contre le tyran Ezzellino dont les crimes avaient soulevé tous les guelfes de la Lombardie. Dante a mis ce monstre dans son *Enfer* parmi ceux qui ont versé le sang humain; mais il se contente de le nommer, et l'on s'étonne que le souvenir encore palpitant de tant de cruautés ne lui ait point inspiré un de ces traits énergiques dont il a stigmatisé d'autres coupables plus obscurs. Après une lutte qui dura plusieurs années, Ezzellino finit par succomber. Blessé et pris dans un combat, il déchira ses plaies et se laissa mourir (1259). A sa mort, les villes qui gémissaient sous sa tyrannie, recouvrèrent leur liberté. Vérone prit pour podestat Martino della Scala qui devait fonder peu après, dans la Marche Trévisane, une tyrannie moins violente, mais plus durable que celle des Romano.

Bataille de Monte-Aperto : rentrée des Gibelins à Florence.

Cependant les gibelins chassés de Florence, s'étaient réfugiés à Sienne qui les reçut avec faveur, en violation des clauses du traité récent que les deux villes avaient conclu. Ils avaient à leur tête Farinata des Uberti, un de ces hommes dont la forte trempe suffit à relever un parti. Hautement appuyé par Sienne et secouru par Manfred ou Mainfroy, bâtard de Frédéric II, qui s'était fait roi de Pouille et de Sicile, malgré l'opposition des papes, Farinata, par le moyen d'une feinte négociation avec les *anziani* de Florence, sut leur persuader que s'ils s'avançaient avec une armée jusque sur les bords de l'Arbia, à peu de distance de Sienne, il leur livrerait les portes de cette ville. L'inexpérience des *anziani* les fit tomber dans le piége ; ils résistèrent aux représentations des gentilshommes plus clairvoyants, notamment de Guido Guerra et de Theggiaio Aldobrandini [1] ; et le peuple qui se défiait des nobles, ne voulut pas écouter leurs conseils. L'armée des Florentins, forte de trois mille chevaux et de trente mille fantassins, en comptant les auxiliaires fournis par leurs alliés de Lucques, Pistoie, Bologne, Prato, Volterre, etc., s'avança donc jusqu'à Monte-Aperto, colline située à l'est de Sienne. Les portes de la ville s'ouvrirent en effet, mais pour laisser sortir une armée en bon ordre, composée de la cavalerie allemande de Manfred, de celle des réfugiés et de tout ce que les Siennois avaient pu rassembler de troupes, formant ensemble environ treize mille hommes. Bien que trompés dans leur attente, les Florentins durent croire encore que la grande supériorité du nombre leur assurerait une victoire facile. Mais l'habile Farinata avait pratiqué des intelligences dans le camp ennemi, et au moment où l'action s'engageait, le traître Bocca degli Abbati que Dante a flétri pour cette lâcheté, abattit d'un coup de sabre la main qui déployait l'étendard des guelfes. A ce signal, trois cents chevaliers de leur armée passèrent dans les rangs gibelins. La perte de l'étendard dont la vue servait de point de ralliement aux guerriers, et le mot de trahison qui circulait de bou-

---

1. Dante a dit du premier (*Enfer*, chant XVIe) qu'*il brillait également dans les armées et dans les conseils*, et de l'autre que *sa voix aurait dû être mieux écoutée*, faisant allusion au conseil qu'il donna, et qui ne fut pas suivi.

che en bouche, jetèrent aussitôt le désordre et la panique parmi ceux de Florence. Toute leur cavalerie s'enfuit sans combattre ; l'infanterie fit meilleure contenance, mais elle combattait sans direction. Une partie qui s'était enfermée dans le château de Monte-Aperto, fut obligée de se rendre à discrétion ; l'autre, pressée autour du *Carroccio*, fut taillée en pièces. Alors se fit le *grand carnage qui rougit les eaux de l'Arbia* (*Enfer*, chant X*e*).

Le désastre de Monte-Aperto fut si complet, qu'il abattit toute la puissance du peuple florentin : sa ville même, quoique protégée par des fortifications, ne fit pas mine de se défendre. Les plus distingués parmi les guelfes, dans l'ordre de la noblesse comme dans celui des citoyens, sortirent de Florence avec leurs femmes et leurs enfants, et se retirèrent quelques-uns à Bologne, la plupart à Lucques où se sauvèrent aussi les guelfes de Pistoie, de Volterre, etc. Toutes les lois proclamées à Florence depuis dix ans furent abolies, et l'autorité enlevée au peuple fut rendue à la noblesse, sous la protection de Manfred. Un comte Guido Novello, de la même famille que Guido Guerra, mais de la faction contraire, fut nommé podestat pour deux ans. Les cités gibelines, convoquées en diète pour se concerter sur les moyens d'affermir dans la Toscane l'autorité du parti vainqueur, mirent en délibération s'il ne serait pas opportun de détruire Florence. Tous les députés applaudirent à cette proposition. Mais Farinata, cet autre Coriolan toutefois moins inflexible que le romain, prit chaudement la défense de sa patrie ; et comme son épée avait pesé d'un poids décisif dans la guerre, de même, sa parole l'emporta dans le conseil. Florence fut donc épargnée, mais elle subit le joug des gibelins pendant six ans. Ce fut pendant cette courte période, en 1265, que naquit à Florence, un enfant qui fut le père de la poésie moderne, et dont l'image grandissant de siècle en siècle, devait apparaître aux âges futurs comme l'expression la plus vive, la plus poétique et la plus complète des temps qui l'ont vu naître et mourir. Celui qui devait finir ses jours dans la proscription, vint au monde pendant que sa famille était proscrite, comme si ce premier malheur eût été le présage de tous ceux auxquels la destinée le réservait.

Maintenant arrive l'époque de la décadence et peu à peu de l'asservissement des républiques lombardes, qui, pendant plus de deux siècles, avaient défendu leur liberté avec tant de courage et de succès. Leur affaiblissement, résultat ordinaire des institutions humaines, fut accéléré par deux causes : les dissensions intestines entre la noblesse et le peuple, occasion de la plupart des guerres civiles, et le changement qui se fit dans le système militaire, changement dont l'effet fut d'ôter au peuple les moyens de se défendre. Dans les siècles précédents, la principale force des armées consistait encore dans l'infanterie, et les citoyens des villes italiennes avaient pu combattre sans trop de désavantage contre les soldats de Barberousse. Mais il n'en fut plus ainsi, quand vers le XIIIe siècle la gendarmerie devint la plus grande force des batailles. Les hommes d'armes, revêtus d'armures impénétrables, rompus dès l'enfance au maniement de ce lourd attirail et aux fatigues d'un métier qui demandait un si long apprentissage, montés sur des chevaux également bardés de fer, et dont

Les républiques lombardes s'affaiblissent.

l'éducation n'exigeait pas moins de soins que celle des guerriers, acquirent dès lors sur l'infanterie des villes une supériorité tellement décisive que les troupes de pied finirent par ne plus être comptées dans les armées. Alors il arriva que la force, au lieu d'être dans le grand nombre, appartint tout entière à la noblesse. Pour arrêter l'effet de cette prodigieuse inégalité, les villes furent obligées d'avoir des hommes d'armes à leur solde. L'usage en fut introduit vers le milieu du xiiie siècle, et s'étendit bientôt à toute l'Italie. Bientôt encore la paye très-élevée qu'on donnait à ces mercenaires, détermina des hommes de toute classe à se consacrer à une profession devenue si lucrative. Telle fut l'origine de ces bandes, dites *condottieri*, qui finirent par être les instruments de la tyrannie, après avoir servi de rempart à la liberté.

Sous l'action toujours croissante de l'anarchie intérieure et de la diminution des moyens de défense, Milan, qui avait été la république la plus puissante de la Lombardie, fut la première qui plia sous le joug d'un maître. C'est le nom qu'on doit donner à Martino della Torre, nommé, en 1259, *anziano* et seigneur du peuple, et qui non-seulement exerça l'autorité souveraine, mais encore la transmit à son frère Philippe. Celui-ci étendit son pouvoir sur la ville de Côme et plus tard sur celle de Verceil et de Bergame. Peut-être la maison della Torre eût-elle gardé la principauté de Milan, si elle n'avait indisposé contre elle le saint-siége par une alliance gibeline que les papes ne lui pardonnèrent pas, et dont ils tirèrent vengeance en élevant la famille rivale des Visconti. En 1277, une révolution populaire, fomentée par l'archevêque Othon Visconti que les seigneurs della Torre avaient tenu dans l'exil, déposséda les Torriani, non pas au profit de la liberté, mais pour déférer la seigneurie perpétuelle de Milan à l'archevêque Othon, dont la famille l'a gardée deux cents ans.

Tandis que les républiques lombardes tombaient dans la servitude, celles maritimes conservaient encore leur indépendance, mais changeaient leurs constitutions. Nous ne parlerons pas de Venise qui, tout occupée de ses riches établissements en Orient, n'entra point dans les factions guelfe et gibeline, et ne prit presque aucune part, durant cette période, aux affaires de l'Italie. A l'exemple des Vénitiens, les Génois avaient fondé des colonies à Constantinople. La rivalité ne pouvait manquer de susciter des querelles, et souvent les deux peuples se firent la guerre. Lorsqu'en 1261 les empereurs grecs chassèrent les Latins, ils conservèrent aux Vénitiens et aux Pisans leurs colonies dans la métropole de Constantin, et ils établirent les Génois à Galata, en leur donnant en fief l'île de Chio [1]. A cette époque, le gouvernement de Gènes, souvent troublé par des discordes entre la noblesse et le peuple, appartenait aux assemblées nationales, dites parlements, où se décidaient toutes les affaires importantes. Il y avait un sénat dont les

Les républiques maritimes maintiennent leur liberté.

---

1. Cette île, l'une des plus belles colonies des Génois, qu'ils conservèrent jusqu'en 1556, ne passa cependant pas sous la dépendance immédiate de la république. Comme elle lui avait été donnée en gage pour une somme d'argent, neuf familles génoises fournirent cette somme et firent à leurs frais l'entreprise de soumettre l'île ; exemple peut-être unique dans l'histoire. En 1363, ces familles réunies toutes sous le nom de Giustiniani, se transportèrent à Chio. Leurs membres prirent le titre de princes de Chio, et l'oligarchie de leur famille s'y est soutenue pendant deux cents ans.

attributions mal définies étaient plus ou moins étendues selon les circonstances, et un conseil de huit nobles élus par les compagnies de la noblesse, et qui était chargé d'inspecter les dépenses et les recettes. Ces compagnies de gentilshommes que la constitution n'avait pas créées, mais qui étaient tacitement reconnues, formaient déjà une oligarchie, jalousée à la fois par les plébéiens et par les nobles qui ne s'étaient pas fait inscrire dès le commencement dans une compagnie. Comme dans les autres républiques, le premier magistrat de Gênes était un podestat annuel, étranger, appartenant à l'ordre équestre, à la fois juge criminel et général des troupes de l'État. Quatre familles puissantes commençaient alors à s'élever au-dessus des autres : c'étaient les Grimaldi, les Fieschi, les Doria et les Spinola. Parfois il arrivait qu'un noble ambitieux, feignant d'embrasser la défense des intérêts du peuple, toujours jaloux des nobles et des magistrats, était porté par la multitude, sous le nom de capitaine du peuple, à une sorte de dictature absolue. Mais le peuple renversait son idole aussi promptement qu'il l'avait élevée. En résumé, Gênes, régie par une noblesse turbulente, faisait des efforts violents et souvent inutiles pour retourner à la démocratie pure, dans le même temps où Venise, partie d'une démocratie royale, s'avançait sans secousse vers une aristocratie forte et régulière.

Les guelfes rétablis à Florence sous la protection de Charles d'Anjou.

Nous avons laissé Florence sous le gouvernement des gibelins. Ils avaient triomphé et ils se maintenaient par la protection du roi Manfred. Mais ce roi, objet de l'inimitié des papes, qui prêchaient une croisade contre lui, eut en même temps à se défendre contre un compétiteur redoutable, suscité par le saint-siége. C'était Charles d'Anjou, frère de saint Louis. Manfred succomba dans la lutte; il perdit la couronne et la vie à la bataille de Grandella (que Dante nomme Ceperano), le 26 février 1266. La victoire de Charles releva le parti guelfe en Italie, particulièrement en Toscane. Le comte Guido Novello, qui commandait toujours à Florence, et sous qui presque toutes les anciennes libertés avaient été détruites, espéra se maintenir en faisant quelques concessions. Il nomma deux podestats tirés de Bologne, l'un guelfe, l'autre gibelin; il leur donna un conseil de trente-six prud'hommes, choisis sans distinction de naissance ni de parti. Sur la demande de ces prud'hommes, il consentit à ce que les métiers les plus importants se réunissent en corporations. Il se forma de la sorte douze corps d'arts et métiers, mais inégalement traités; c'est-à-dire que les sept professions réputées les plus nobles furent désignées sous le nom d'*arts majeurs*[1], et les cinq autres sous celui d'*arts mineurs*. Les premiers eurent des consuls, des capitaines et un drapeau, centre de ralliement en cas d'émeute; les autres, dont le nombre s'augmenta dans la suite[2], n'obtinrent pas d'abord le privilége de former des compagnies, de manière qu'on fonda une aristocratie bourgeoise contre laquelle les ordres inférieurs du peuple ne tardèrent

---

1. Les arts majeurs comprenaient 1° les juges et notaires, 2° les marchands, 3° les banquiers, 4° les fabricants en laine, 5° les fabricants en soie, 6° les médecins et les apothicaires, 7° les fourreurs.
2. Les arts mineurs primitivement limités à cinq, furent ensuite portés jusqu'au nombre de quatorze. C'étaient les bouchers, les cordonniers, les forgerons, les maçons et tailleurs de pierre, les cordiers, les aubergistes, les serruriers, les boulangers, les marchands de sel, de cuir, d'huile, de bois, etc.

pas à lutter. Mais ces concessions n'empêchèrent pas la population de se soulever contre les gibelins, et Guido, presque sans résistance, sortit de la ville avec ses soldats, le 11 novembre 1266. L'année suivante, Charles d'Anjou, qui, pour mieux garantir son royaume de Naples, voulait s'assurer de la Toscane et de la Lombardie, détacha huit cents chevaliers français sur Florence, et se fit adjuger pour dix ans la seigneurie de la république. Il vint en personne prendre possession de cette dignité, ainsi que de celle de vicaire impérial en Toscane, que le pape lui avait conférée. Néanmoins l'administration resta entre les mains des citoyens qui réduisirent à douze le nombre des prud'hommes, et instituèrent quatre grands conseils. La jalousie des plébéiens contre la noblesse fit exclure tous les nobles des deux premiers conseils. En même temps une autre république se constituait avec une organisation puissante dans le sein même de la république florentine. C'était celle du parti guelfe proprement dit, qui eut son gouvernement indépendant, ses consuls, ses magistrats, une administration distincte et un trésor formé de la confiscation des propriétés gibelines : une partie de ces dépouilles servit à indemniser ceux qui avaient le plus souffert dans la dernière émigration, et l'autre fut destinée au maintien et à l'accroissement du parti guelfe. Cette singulière institution eut pendant deux siècles l'influence la plus marquée sur le sort de la république.

Inutilité des efforts de Grégoire X pour pacifier l'Italie.

La funeste issue de l'entreprise du jeune Conradin rendit Charles d'Anjou l'arbitre de l'Italie ; il était maître en Toscane : les villes de la Lombardie s'étaient mises sous sa protection, et le long intervalle qui s'écoula entre la mort de Clément IV et l'élection de son successeur (près de trois ans), lui permit d'affermir son pouvoir sur les États de l'Église. Grégoire X ayant enfin été élu, ce pape qui arrivait de Syrie, et dont la pensée dominante était la délivrance de la terre sainte, résolut de pacifier d'abord l'Italie et de donner à l'empire d'Allemagne un chef capable de le sortir de l'anarchie dans laquelle il était plongé depuis que les Richard de Cornouailles et les Alphonse de Castille avaient été élus rois des Romains. Dans cette vue, Grégoire se rendit à Florence, où il fit comparaître devant lui les commissaires des guelfes et des gibelins, et les détermina à conclure un traité de paix par lequel ils devaient vivre en bonne intelligence sous des garanties réciproques. Pise, toujours gibeline, fut réconciliée avec l'Église. Venise, qui faisait la guerre à Bologne, alors assez puissante pour lui résister, se rendit aux représentations du pontife. Les seuls Génois ne voulurent pas désarmer. Enfin les électeurs d'Allemagne, réunis à Francfort, nommèrent Rodolphe de Habsbourg, qui, dans les desseins de Grégoire, devait être le chef de la nouvelle croisade qu'il méditait; mais la mort de ce digne père des fidèles fit avorter cette entreprise, et en même temps rendit presque inutiles les efforts qu'il avait faits pour pacifier l'Italie, car la politique de Charles d'Anjou était de diviser les villes pour les maintenir dans sa sujétion. Cette politique n'était que trop favorisée, d'abord par l'inimitié qui existait partout entre le peuple et la noblesse, et ensuite par les querelles de famille à famille et de ville à ville, qui jettent tant de confusion dans cette partie de l'histoire. Ce fut ainsi que Bologne tomba du haut degré de splendeur où elle s'était élevée, par les discordes des deux puissantes familles des Giéréméi et des Lambertazzi, placées, l'une à la tête du parti guelfe, l'autre du parti gibelin. Une aventure tragique, semblable à celle qui rendit célèbres les noms de Roméo et de Juliette, transforma l'opposition de parti en haines personnelles, et tous les citoyens s'étant rangés sous l'une ou l'autre bannière, on se battit pendant quarante jours dans les rues de Bologne, jusqu'à ce que les Lambertazzi, ayant été forcés de sortir de la ville avec leurs amis et tous les gibelins, douze mille citoyens furent frappés d'une sentence commune de bannissement et de confiscation. On voit, par cet exemple, si Dante eut tort de s'élever contre les dissensions qui déchiraient la patrie italienne.

...ise et le comte Ugolin.

Il en était de même à Pise, où deux factions partageaient la ville sous le nom de Comtes et Vicomtes (Visconti). Les Visconti, seigneurs d'une grande partie de la Sardaigne, et principalement de Gallura, avaient fait hommage de leur principauté aux papes pour se rendre indépendants de la république. En revanche, les comtes de La Ghérardesca, zélés partisans de l'empereur, s'élevèrent contre l'indépendance qu'affectaient leurs rivaux, et comme leur parti dominait à Pise, les Visconti résidaient habituellement dans leur juridiction ou souveraineté de Gallura. En 1275, le comte Ugolin était le chef de la maison de La Ghérardesca; il était appelé, par sa naissance et par ses talents, à diriger le parti gibelin et à devenir le premier citoyen de la république : mais ce rôle ne suffit pas à son ambition. Déjà, dans plusieurs villes, des principautés se fondaient sur les ruines de la liberté; l'exemple séduisit Ugolin, et cette pensée, qui fut le but de tous ses efforts, devint la cause de ses crimes et de ses malheurs. Il commença par s'allier aux guelfes, en donnant sa sœur en mariage au chef de ce parti, Jean Visconti, seigneur de Gallura : les deux chefs nouèrent des intrigues au dehors, travaillant de concert à préparer leur domination. Leurs trames ayant été découvertes, Gallura fut envoyé en exil, où il mourut, et le comte de La Ghérardesca, d'abord mis en prison, puis exilé, passa dans le camp des Florentins et des Lucquois, qui obligèrent les Pisans à le rappeler. Il sentit alors que, pour arriver à l'exécution de ses desseins, il fallait affaiblir Pise avant d'entreprendre de la subjuguer, et Pise était encore puissante. Dans la guerre qu'elle soutenait contre Gênes, elle mit en mer des flottes aussi nombreuses que celles armées dans la suite par les premières puissances maritimes. La célèbre bataille de Maloria (1282), perdue par la désertion préméditée d'Ugolin, qui donna le signal de la fuite, eut pour résultat d'anéantir à jamais la marine des Pisans. Ce désastre fut suivi d'une ligue entre Florence, Lucques, Sienne, Pistoie, qui crurent le moment venu de détruire Pise, et avec elle le dernier refuge des gibelins. Mais le comte, dont l'adresse avait su se ménager de nombreuses alliances parmi les guelfes de la Toscane, réussit à dissoudre la ligue, et s'étant fait imposer les conditions qui pouvaient le mieux seconder ses projets, il parvint à écraser ses ennemis et à s'élever au pouvoir despotique qu'il avait tant convoité. Pour assurer son usurpation et se préparer, en cas de besoin, l'appui des ennemis de sa patrie, il livra ou laissa prendre, par les Florentins et les Lucquois, les châteaux forts qui défendaient les approches de Pise.

Cependant Nino de Gallura, fils de Jean et neveu d'Ugolin, ne put voir sans indignation l'asservissement de son pays ; il s'unit aux Gualandi, aux Sismondi et aux Lanfranchi, familles gibelines encore puissantes, et tous ensemble tentèrent de renverser le tyran. Près de trois années se passèrent dans cette lutte dont l'issue ne fut point favorable aux défenseurs de la liberté. Ugolin triompha, en partie, par l'assistance de Roger de Ubaldini, archevêque de Pise. L'archevêque devait partager le fruit de la victoire ; mais le comte, loin de tenir les promesses qu'il lui avait faites, se crut assez fort pour le braver ouvertement. Celui-ci, non moins cruel et plus dissimulé que son rival, prit ses mesures en secret, s'allia aux mêmes familles qu'il avait combattues, et fit éclater une insurrection populaire dans laquelle le comte, après s'être défendu dans son palais, fut fait prisonnier avec ses deux fils et deux de ses petits-fils. Ce sont là les cinq personnages dont Dante a rendu si célèbre la mort déplorable. L'archevêque Roger, après les avoir fait enfermer dans la tour du Gualandi, aux Sept Chemins, où ils languirent quelques semaines, jeta les clefs de cette tour dans l'Arno : les prisonniers cessèrent de recevoir leur stricte ration de pain et d'eau, et ils s'éteignirent dans les angoisses de la faim.

Le parti guelfe profite de l'abaissement de la maison d'Anjou pour se gouverner lui-même.

Nous avons vu que le roi de Sicile tenait l'Italie tout entière dans sa dépendance : il était sénateur de Rome, vicaire impérial en Toscane, gouverneur de Bologne, protecteur du marquis d'Este et seigneur perpétuel des villes lombardes. Quand l'empereur

Rodolphe, après avoir acquis les duchés d'Autriche, de Styrie et de Carinthie, fit mine de tourner ses regards vers l'Italie, Charles craignit avec raison que ce prince habile et redoutable, qui se plaignait de l'usurpation de ses droits, ne les revendiquât les armes à la main. Dans le même temps, le pape Nicolas III, alarmé lui-même de la puissance et de l'ambition de son vassal couronné, se servit avec adresse de la crainte que Charles et Rodolphe s'inspiraient mutuellement pour les contenir l'un par l'autre et obtenir de chacun des concessions qui lui permirent de tenir la balance égale entre eux. Mais l'avénement au pontificat de Martin IV (1281), autrefois chanoine de Tours, et tout dévoué à Charles comme au principal auteur de son élection, vint rendre à ce prince une partie de l'influence qu'il avait perdue. Reprenant ses vues ambitieuses, il se préparait, de concert avec le pape, à ravir l'empire grec à Michel Paléologue pour le donner à son gendre Philippe, fils du dernier empereur latin, lorsque le soulèvement connu sous le nom de *Vêpres siciliennes*, l'obligea de porter ailleurs son attention. C'était un échec sensible à son orgueil, et le châtiment mérité d'une tyrannie fondée sur la violence et l'injustice.

L'abaissement de la maison d'Anjou relâcha les liens qui lui assujettissaient la Toscane, et Florence en profita pour prendre en main la direction du parti guelfe, qui avait obéi jusqu'alors au roi de Sicile. C'est le moment où cette république acquit une haute influence dans les affaires de l'Italie, mais c'est celui où ses dissensions intestines éclatèrent avec le plus de fureur. La forme de gouvernement que les Florentins établirent en 1282 s'est à peu près maintenue

Nouvelle et définitive constitution de Florence.

jusqu'à la destruction de leur république. En remplacement des prud'hommes, qu'ils trouvaient trop nombreux pour exercer le pouvoir exécutif, ils instituèrent une nouvelle magistrature purement démocratique, dont les membres, désignés sous le nom de prieurs des arts, étaient élus par l'assemblée des premiers citoyens de chaque profession. Bien que le nombre des arts majeurs représentés par ces nouveaux magistrats fût de sept, il n'y eut que six prieurs, parce que l'art des juges et notaires, qui participait d'une autre manière à l'administration publique, n'en fournit pas. L'autorité suprême leur fut confiée; ils étaient entretenus aux frais de l'État, et habitaient ensemble le palais public, d'où il ne leur était point permis de s'absenter. Mais leurs fonctions ne duraient que deux mois, et ils ne pouvaient être réélus qu'au bout de deux ans, de sorte que le gouvernement se renouvelait en entier six fois dans une année. Ceux des gentilshommes qui étaient inscrits dans les arts et métiers, purent d'abord aspirer à la seigneurie. Dante, quoique noble, a été prieur. Mais l'esprit de commerce, non moins exclusif que celui nobiliaire, fit dans la suite prononcer contre la noblesse une interdiction absolue. En 1292, trente-sept familles, des plus nobles de Florence, furent, par une ordonnance dite *de justice*, exclues à jamais du priorat, et déclarées incapables de recouvrer les droits de cité en se faisant immatriculer dans un corps de métier. La même année, le collége de la seigneurie se compléta par l'établissement d'un gonfalonier ou porte-étendard de la justice, élu de la même manière que les prieurs, pour le même temps, et chargé, à l'aide des compagnies de bourgeois placées sous ses ordres, de maintenir l'exécution des lois, de réprimer les séditieux et de punir les coupables. L'historien Dino Compagni, remarquable par l'élégance et par la pureté de sa diction, fut un des premiers gonfaloniers de la république.

La constitution que Florence s'était donnée fut aussitôt imitée par Sienne et par plusieurs autres villes. Les Siennois abolirent leurs quinze magistrats pour fonder une nouvelle seigneurie, composée de neuf défenseurs du peuple. Ils furent choisis dans l'ordre des marchands, à l'exclusion des nobles. Cette oligarchie, appelée l'ordre *des neuf*, parce que les familles inscrites dans le registre des marchands étaient exclusivement admises à l'élection des neuf défenseurs, se trouva former une classe particulière, non moins orgueilleuse que la noblesse et encore plus détestée par le peuple. Par un contraste étrange, il advint qu'à Arezzo ce fut au contraire la noblesse qui s'empara sans partage du gouvernement. Elle embrassa le parti gibelin, et recueillit les gentilshommes et les gibelins, qui alors étaient opprimés dans toute la Toscane. La cause gibeline n'y était plus défendue que par Arezzo et par Pise, qui venait de renverser Ugolin, de rompre avec les guelfes et d'appeler dans ses murs le comte de Montefeltro, célèbre capitaine, pour résister à tant d'ennemis conjurés contre elle. La ligue guelfe avait résolu d'en finir avec Pise et Arezzo, ces deux derniers boulevards des gibelins. Les Arétins, d'abord vainqueurs des Siennois, furent défaits par les Florentins à la bataille de Campaldino, en 1289, où Dante fit ses premières armes, combattant dans les rangs des guelfes. Buonconti de Montefeltro et l'archevêque d'Arezzo, qui commandaient

La ligue guelfe attaque Pise et Arezzo.

les gibelins, furent tués dans l'action. Il semblait que leur parti ne dût pas se relever. Mais l'année suivante, les Pisans, sous la conduite du comte Guido de Montefeltro[1], père de Buonconti et grand homme de guerre, recouvrèrent la plupart des forteresses qu'Ugolin avait laissé prendre, et finirent par obtenir une paix honorable qui les remit en possession de leurs anciennes frontières.

Nouvelles dissensions à Florence.

En accordant la paix aux Pisans, la république florentine avait moins cédé à la supériorité des armes ennemies qu'à l'effet de ses propres divisions. Bien que les nobles n'eussent plus de part au gouvernement, ils avaient encore une grande puissance par leur nombre et par leurs possessions. Mais, au lieu de s'entendre pour reconquérir la suprématie politique, ils se faisaient entre eux une guerre perpétuelle. L'homme le plus considéré et le plus influent de cette classe était alors Corso Donati, qui avait contribué à la victoire de Campaldino, et à qui Dante était allié par sa femme. D'une race antique, mais peu favorisée du côté de la fortune, on ne l'appelait que *le Baron*, sans doute parce que son humeur fière et turbulente, son courage et ses talents étaient comme la personnification de la caste dont il était le plus intrépide champion. Les Cerchi, famille d'origine plébéienne qui avait acquis de grandes richesses par le commerce, d'abord rivaux, ensuite ennemis des Donati, avaient pour chef Vieri, per-

---

1. Le père et le fils figurent tous deux dans *la Divine Comédie*, le premier dans *l'Enfer*, à cause d'un acte de fourberie dont nous aurons à parler plus tard, l'autre dans *le Purgatoire*, où l'incident de son corps non trouvé sur le champ de bataille parmi les morts de Campaldino, donne lieu à une invention poétique, souvent imitée par les poètes modernes.

sonnage de peu d'énergie, mais de manières douces et affables, qui employait ses trésors à se créer des partisans parmi la noblesse pauvre, et même parmi les gibelins. Ces germes de discorde, mis en fermentation par ce qui se passait dans une ville voisine, donnèrent naissance aux célèbres factions des *noirs* et des *blancs*. Voici comment.

Dans la petite république de Pistoie, qui cent ans plus tard devint sujette de Florence, les Cancellieri, famille guelfe puissante et si nombreuse qu'elle ne comptait pas moins de cent chevaliers de son nom, s'étaient divisés pour une cause originairement futile, en deux camps animés réciproquement d'une haine implacable. On les appela noirs et blancs, parce qu'un ancêtre commun des deux branches ennemies avait eu deux femmes dont l'une se nommait Blanche. Les descendants de celle-ci adoptèrent son nom, et celui de la couleur opposée fut pris par les enfants de l'autre femme. Les uns et les autres entraînèrent toute leur parenté et, de proche en proche, toute la noblesse de Pistoie dans cette funeste querelle. De vraies batailles rangées se livrèrent dans la ville, des crimes inouïs furent commis, et Pistoie semblait menacée d'une ruine entière, quand les plus sages des deux partis s'avisèrent enfin de prendre pour arbitre la république de Florence, intéressée elle-même à calmer des troubles dont le parti gibelin pourrait profiter. Les Florentins, acceptant cette mission, ne trouvèrent pas de meilleur moyen, pour rétablir la paix, que d'exiler de Pistoie les chefs des deux factions, et ils imaginèrent de leur assigner la ville de Florence pour demeure. Une telle imprudence porta bientôt ses fruits. Les blancs de Pistoie avaient été

<small>Factions des noirs et des blancs.</small>

logés et recueillis à Florence par les Cerchi, et les noirs le furent par les Donati et leurs alliés ; ils apportaient toute l'ardeur de leurs passions dans une ville en proie elle-même à l'esprit de haine et de vengeance. Sous cette excitation, la rivalité des Donati et des Cerchi dégénéra bientôt en inimitié ouverte, et comme les deux partis n'étaient encore désignés que par des noms propres, comme ils prétendaient l'un et l'autre soutenir la cause des guelfes, ils prirent la dénomination de noirs et de blancs, que les bannis de Pistoie leur avaient apportée. Corso Donati fut le chef des noirs, Vieri de Cerchi le chef des blancs. Le parti des blancs, quoique ayant à sa tête un homme de peu de valeur politique, comptait dans ses rangs les hommes les plus distingués par le caractère et par les talents. Dante lui appartenait ainsi que Dino Compagni l'historien, et Guido Cavalcanti, ami de Dante et après lui le plus grand poëte de l'époque. Ce dernier, ennemi personnel de Corso Donati et gendre du grand Farinata, penchait en secret pour les gibelins, que Vieri et plusieurs de son parti favorisaient également. Il y avait ainsi, dès l'origine, entre les blancs et les gibelins des sympathies personnelles et des tendances de rapprochement qui ne tardèrent pas à se prononcer davantage. Au contraire, les noirs, plus complétement dévoués aux intérêts guelfes, inspiraient aussi plus de confiance à la cour de Rome, et ce furent eux qui sollicitèrent l'intervention du saint-siége pour pacifier la république[1].

[1]. On a pu voir par ce qui a été dit jusqu'ici des gibelins et des guelfes, que les premiers, sous le drapeau de l'autorité, voulaient faire prévaloir le gouvernement du petit nombre, tandis que les guelfes, au nom de la liberté, soutenaient le gouvernement populaire. Il ne faudrait pourtant pas en induire que la noblesse compo-

Le trône pontifical était alors occupé par un homme qui avait déployé une merveilleuse dextérité et une profonde dissimulation pour remplacer le pieux mais faible ermite Pierre de Morone, pape sous le nom de Célestin V, en lui persuadant d'abdiquer au bout de quelques mois et en prenant ses mesures pour lui succéder. Cet homme était Boniface VIII, aussi hautain, aussi emporté, depuis son élévation, qu'il avait été jusque-là souple et patient. Ses premières tentatives pour rétablir la concorde à Florence (1300) n'aboutirent qu'à mécontenter les deux factions et à frapper la ville d'un interdit. Alors la seigneurie, abandonnée à elle-même, résolut pour mettre fin aux troubles d'exiler les principaux chefs des noirs et des blancs. En vertu d'une sentence prononcée par les prieurs, au nombre desquels était Dante, les noirs durent se rendre à la Pièvre, dans le territoire de Pérouse, et les blancs à Sarzane, sur les confins de l'État de Gènes. Mais ceux-ci, sur la demande de Guido Cavalcanti, tombé malade à Sarzane, obtinrent de revenir à Florence. Les noirs, moins bien traités, s'en vengèrent en excitant le pape contre leurs rivaux; ils lui persuadèrent d'appeler un prince étranger assez puissant pour rétablir le vrai parti des guelfes, puisque les blancs, alliés des gibelins, ne devaient plus être comptés parmi les défenseurs de

Boniface VIII appelle Charles de Valois en Italie.

---

sait seule le parti gibelin, et le peuple celui des guelfes. Il y avait, au contraire, une aristocratie nombreuse dans l'un et l'autre camp. Mais lorsque les guelfes se scindèrent en deux fractions, les éléments aristocratique et démocratique se dégagèrent, pour ainsi dire, l'un de l'autre; ils se constituèrent séparément, ils se personnifièrent dans des noms distincts; les noirs furent l'expression des intérêts aristocratiques du parti guelfe, et les blancs celle des intérêts démocratiques.

l'Église. D'ailleurs, les blancs venaient de chasser tous les noirs de la ville de Pistoie (1301), de raser leurs maisons et de livrer leurs biens au pillage, tandis qu'une révolution contraire s'opérait à Lucques. Il y avait urgence à faire cesser un tel état de choses. Charles de Valois, frère de Philippe le Bel, fut le prince sur qui Boniface jeta les yeux pour remplir cette mission. Un traité se conclut entre eux, par lequel Charles s'engageait à descendre en Italie avec une armée pour combattre les ennemis du saint-siége quels qu'ils fussent. En retour, le pape, qui n'avait pas encore reconnu Albert d'Autriche comme roi des Romains, berçait son allié de l'espoir de le faire élire, et lui assurait en attendant les droits de vicaire impérial, droits que Charles d'Anjou avait autrefois exercés; il le créait aussi comte de la Romagne et capitaine du patrimoine de Saint-Pierre.

Charles de Valois établit à Florence le gouvernement des noirs.

Quand le prince français, traversant la Lombardie sans obstacles, fut entré en Toscane, les exilés noirs se rassemblèrent autour de lui, tandis que les blancs, se souvenant de leur origine guelfe, n'osèrent pas, bien qu'unis aux gibelins, se déclarer ouvertement contre un soi-disant pacificateur qui venait au nom de l'Église et des guelfes. Sans faire aucun préparatif de défense, ils consentirent à recevoir Valois dans Florence, à la condition qu'il ne changerait pas les lois de la république et ne prétendrait aucune juridiction sur la ville. Sur la foi de cette promesse, le nouveau vicaire impérial, accompagné d'un grand nombre d'hommes d'armes, entra dans Florence le 1er novembre 1301. La seigneurie l'y reçut avec les plus grands honneurs. Mais il n'y fut pas plutôt que, violant les conditions qu'il avait jurées, il fit rentrer les noirs dans la ville, et les laissa se livrer impunément à tous les excès de la vengeance. Les maisons des blancs furent abandonnées au pillage, leurs châteaux de campagne incendiés et des violences commises contre leurs personnes. Après six jours de pillage, de nouveaux prieurs, tous du parti des noirs, et un nouveau podestat, Cante de Gabrielli d'Agobio, prononcèrent contre les vaincus des amendes sous peine de confiscation, et environ six cents condamnations à l'exil. Dante, alors en ambassade à Rome, et Petracco, père du poëte Pétrarque, furent compris dans cette proscription. On les accusait d'avoir vendu la justice et reçu de l'argent contrairement aux lois, reproche banal, mais non prouvé, semblable à ces vagues allégations dont on charge toujours les vaincus, et qui en temps de trouble servent à faire des victimes. D'autres citoyens furent mis à la torture sur l'accusation imaginaire d'avoir conspiré contre Charles. On ne s'étonnera donc pas de voir plus tard un de ces proscrits s'armer de son génie comme d'un glaive, et en frapper le prince parjure de sa foi et fauteur de tant d'iniquités. Suivi des malédictions de la Toscane, Charles quitta Florence, le 4 avril 1302, pour se rendre en Sicile, où il échoua dans son entreprise et fut obligé de demander la paix; de sorte, comme le remarque Villani, que venu à Florence pour y porter la paix, il y laissa la guerre, et que passant en Sicile pour y faire la guerre, il en sortit après une paix honteuse.

Pendant que la réaction des noirs s'établissait à Florence sur le pillage et la proscription, Boniface VIII étendait sa vengeance sur deux cardinaux de l'illustre maison Colonne, et bravait le roi

Boniface VIII et les cardinaux Colonne.

Philippe le Bel, en dépit de son alliance avec la maison d'Anjou et avec Charles de Valois. La maison Colonne, par sa puissance et ses richesses, pouvait alors s'assimiler aux familles souveraines des principautés italiennes. Elle possédait les villes de Palestrine, de Népi, de Colonna et un grand nombre de châteaux fortifiés. Boniface accusait les Colonne de favoriser les princes d'Aragon qui étaient ses ennemis; il lança contre eux une bulle d'excommunication et de déposition, conçue dans les termes les plus outrageants, déclara leurs biens confisqués, et, passant de la menace à l'effet, ruina leur palais de Latran, s'empara de leurs châteaux et mit le siége devant Palestrine. Ce fut là que trouvant une résistance insurmontable, il fit venir le comte Guido de Montefeltro, le même que nous avons vu s'illustrer dans les guerres de la Toscane, mais qui, retiré du monde, vivait sous l'habit de Saint-François. Alors, entre le gibelin pénitent et le pontife implacable, se passa cette scène que Dante a décrite dans le chant XXVII° de *l'Enfer*. « Promettre beaucoup et tenir peu, voilà le seul moyen de prendre Palestrine, » aurait répondu le comte Guido après s'être muni de l'absolution papale. Ainsi fut fait. La ville se rendit, mais les cardinaux cherchèrent un refuge ailleurs, ne se fiant pas aux promesses qui leur avaient été faites.

Boniface VIII et Philippe le Bel.

Philippe le Bel était un ennemi plus redoutable que les cardinaux Colonne. Avant de rompre avec le fils aîné de l'Église, Boniface avait recherché son alliance et soutenu les intérêts de la maison de France. Protecteur de Charles II, roi de Naples, il avait employé toutes les ruses de sa politique pour rendre la Sicile à la maison d'Anjou; et Charles de Valois, son lieutenant en Italie, se flattait encore d'être porté par la même influence sur le trône impérial. Mais ces gages d'amitié furent comme oubliés de part et d'autre, quand le monarque et le pontife, également inflexibles et astucieux, se heurtèrent sur une question de prérogatives. Sans entrer dans le détail de leurs griefs réciproques, il suffit de mentionner l'issue de cette lutte fameuse où la honte fut pour le vainqueur et le lustre pour l'outragé. Guillaume de Nogaret, envoyé de Philippe, et Sciarra Colonne, de la famille proscrite par Boniface, à la tête de quelques centaines de cavaliers, pénétrèrent par trahison dans Anagni où le pape s'était réfugié avec tous ses trésors. Arrivés en sa présence, ils le trouvèrent revêtu de ses habits pontificaux, tenant dans ses mains les clefs et la croix, et assis sur la chaire apostolique. « Puisque je suis trahi comme Jésus-Christ, s'était-il écrié, je veux du moins mourir en pape. » Il paraît qu'à la vue de ce vieillard plus qu'octogénaire dont l'infortune rehaussait la majesté, les émissaires de Philippe restèrent d'abord interdits. Toutefois ils ne laissèrent pas d'achever leur entreprise. Boniface fut gardé comme un prisonnier dans sa propre maison, et ses trésors pendant trois jours furent livrés au pillage. Dante, bien qu'ardent ennemi du pontife, a trouvé des accents dignes de son génie pour venger ce lâche et cruel attentat.

Au commencement du xive siècle, l'histoire de la Lombardie tombe dans une confusion où il est difficile de se reconnaître. La plupart des villes sont gouvernées par un seigneur ou tyran, en même temps qu'un autre seigneur dépossédé trame du lieu de son exil des complots pour ressaisir le pouvoir, et que les

État de la Lombardie au commencement du xive siècle.

uns et les autres s'allient tantôt aux guelfes ou aux gibelins, tantôt au parti de la noblesse, ou à celui du peuple. Entre les dernières convulsions de la liberté et les essais encore timides de la tyrannie, ce qu'on aperçoit le plus distinctement, c'est que principautés nouvelles ou républiques expirantes, toutes étaient un théâtre de discordes et de révolutions. Au milieu de cette anarchie, les factions guelfe et gibeline conservaient toujours leur vieille animosité, quoique la lutte eût cessé entre les papes transplantés à Avignon et les empereurs qui semblaient abandonner l'Italie à elle-même. D'autres passions avaient remplacé celles qui d'abord avaient attisé le feu ; mais les noms étaient restés, et guelfes et gibelins se combattaient toujours, bien que ces appellations ne répondissent plus aux intérêts qu'elles avaient primitivement représentés.

La querelle des noirs et des blancs se poursuit en Toscane.

En Toscane, la querelle des noirs et des blancs était encore dans toute sa force. A la vérité, des tentatives furent faites pour les réconcilier par le successeur de Boniface VIII ; mais elles n'eurent aucun résultat. Le gouvernement de Florence que l'intervention de Charles de Valois et la politique de Boniface avaient mis aux mains exclusives des noirs ne put leur être enlevé par les efforts communs des guelfes-blancs et des gibelins qui commencent dès lors à se confondre. Réunis, ils étaient les plus nombreux ; mais leurs affaires furent mal conduites. Une expédition qu'ils firent de concert, en 1304, pour rentrer de vive force à Florence, échoua complétement par l'incapacité de ceux qui la dirigeaient. Dante faisait partie de cette expédition. Les blancs reçurent un nouvel échec par la prise de Pistoie, où ils s'étaient retirés sous le commandement de Tolosata degli Uberti, de cette famille toujours gibeline qui avait produit l'illustre Farinata. Les Florentins et les Lucquois, secourus par Charles II, roi de Naples, qui leur envoya son fils Robert avec un corps de troupes, s'emparèrent de Pistoie en 1306, après un siége de dix mois, et, violant la capitulation qu'ils avaient signée, abattirent les murs de cette ville, et se partagèrent la plus grande partie de son territoire.

Lorsque la soumission de Pistoie semblait le mieux assurer le triomphe des noirs, les vainqueurs s'affaiblirent par leurs divisions. Corso Donati, leur chef le plus important, soit qu'il cherchât à se faire un parti, soit seulement qu'il inspirât de l'ombrage, fut accusé d'aspirer à la tyrannie. Il venait d'épouser la fille d'Uguccione della Faggiola, le chef de tous les gibelins de la Romagne et leur capitaine le plus renommé. Dénoncé comme traître, sommé par les prieurs de comparaître devant le peuple assemblé, Corso, sur son refus d'obéir, fut séance tenante condamné par contumace à la peine de mort. Aussitôt la sentence rendue, le peuple, armé par compagnie et ayant à sa tête tous ses magistrats, se porta contre les maisons des Donati et de leurs alliés, lesquels, quoique préparés à se défendre, ne purent longtemps soutenir ce choc. Quand Corso jugea une plus longue résistance devenue impossible, il essaya de s'échapper. Des soldats se mirent à sa poursuite et le prirent; mais pour ne pas tomber vivant entre les mains de ses ennemis, il se jeta à bas de son cheval de manière à se briser la tête contre des pierres.

Mort de Corso Donati.

Sur ces entrefaites, l'empereur Albert mourut. Il faut se souvenir ici que la chaîne qui reliait l'Italie à l'empire s'était singulièrement relâchée et presque

Mort de l'empereur Albert. — Élection de Henri VII.

rompue pendant le tumultueux interrègne qui précéda l'élection de Rodolphe de Hapsbourg. Ce prince, devenu empereur, ayant besoin de l'appui du saint-siége pour repousser les prétentions d'Alphonse de Castille et d'Ottocare de Bohême, ses compétiteurs, avait confirmé définitivement la cession si longtemps contestée des allodiaux de la comtesse Mathilde, et de l'exarchat de Ravenne, en même temps qu'il renonçait à la nomination des bénéfices. Ainsi la marche d'Ancône, le duché de Spolette, Comachio, la Romagne et l'exarchat firent partie du patrimoine de saint Pierre. Rodolphe vendit en outre aux villes de Lucques, Gènes et Florence, pour une forte somme d'argent, l'exemption des tributs qu'elles avaient coutume de payer. A l'exemple de Rodolphe, Albert ne fut occupé que de s'agrandir en Allemagne. En vain Dante lui adressa-t-il les plus vives excitations : « O Albert de Germanie ! toi qui abandonnes celle que tu devais corriger avec l'éperon, qu'un juste jugement tombe du ciel sur ta race, un jugement tel que ton successeur en soit épouvanté. » (*Purgatoire*, chant VI°.) On put croire que les malédictions du poëte gibelin avaient été entendues du ciel dont il invoquait la vengeance. Albert mourut assassiné en 1308. Alors le roi Philippe le Bel somma le pape Clément V, sa créature, de réaliser les promesses autrefois faites à Charles de Valois par Boniface VIII. Le pape, que sa résidence à Avignon forçait à garder des ménagements, promit au roi son concours ; mais comme il craignait d'accroître encore les exigences du monarque en aidant à satisfaire son ambition, il se hâta d'écrire aux électeurs pour les presser de fixer leur choix et leur proposa le comte Henri de

Luxembourg, d'une famille ancienne, mais pauvre et peu puissante. L'élection de Henri, proclamée le 25 novembre 1308, fut aussitôt approuvée par Clément ; elle devait avoir une grande influence sur les affaires d'Italie. Il y avait soixante ans que les empereurs étaient devenus comme étrangers à ce pays. Aucun des successeurs de Frédéric II n'était allé recevoir à Rome de la main du pape la couronne d'or qui, d'après une croyance accréditée, consacrait seule le droit de l'empereur sur l'Italie. Tous les petits États qui s'y étaient formés s'étaient peu à peu détachés d'un pouvoir qui semblait s'annuler lui-même. Dans un si long intervalle, l'Italie avait eu le temps d'oublier l'Allemagne et ses Césars. Mais pendant qu'une telle révolution s'accomplissait dans les faits, une autre en sens inverse s'était opérée dans l'opinion. La jurisprudence, qui ne fut jamais plus universellement étudiée que dans le XIIIe siècle, l'enseignement et l'adoption des lois de Justinien, et jusqu'à l'étude de l'antiquité dans les monuments de la Rome impériale, toutes ces causes firent que l'autorité souveraine acquit dans les idées une valeur beaucoup plus grande que celle dont elle avait joui précédemment. Les empereurs franconiens n'avaient été que les chefs d'une vaste hiérarchie, dont le pouvoir était limité par les assemblées nationales, comme par les priviléges des grands et du peuple. Mais en vertu des lois de Justinien l'empereur étant considéré comme le représentant des maîtres du monde, ses droits furent réputés absolus et incontestables. Nulle autorité, sinon celle des papes dans un autre ordre d'idées, ne pouvait balancer la sienne. A ce sommet de l'édifice social, aboutissaient ou devaient aboutir tous les gouvernements de la terre. C'est pourquoi Dante, fidèle écho des opinions de son temps, reprochait aux empereurs de délaisser l'Italie et aux papes d'empiéter sur le pouvoir temporel, contrairement à l'ordre de la Providence.

Expédition de Henri VII en Italie.

Ce fut dans une telle disposition des esprits que l'empereur Henri VII passa les Alpes, en 1310, sur les instances de Clément V. Comme il était l'allié du pape, et comme il s'annonçait en qualité de pacificateur, on dut croire que les partis allaient enfin déposer leur vieille inimitié. C'était un prince d'un caractère noble et chevaleresque, mais très-pauvre, et cette pauvreté le mit dans le cas de lever partout de fortes contributions, qui ralentirent le bon vouloir que les villes lui avaient d'abord témoigné. On le vit cependant, presque sans armée, abaisser ou relever à son gré les petits souverains de la Lombardie, donner des ordres aux républiques en renversant leurs lois et leur gouvernement, imposer des taxes énormes qu'on payait sans résistance, changer enfin la face de l'Italie entière. Mais il n'eut pas le temps d'y rien fonder, et il n'avait pas non plus les talents qui surmontent la mauvaise fortune. Près de trois années se consumèrent en tentatives avortées, en siéges de villes, en allées et venues, on dirait au hasard, sans plan de conduite ni d'opérations, pendant lesquelles le malheureux empereur, trouvant sans cesse de nouveaux obstacles, eut grande peine à pénétrer jusqu'à Rome pour s'y faire sacrer par un légat du pape, le 1er août 1312. Et encore ne put-il occuper la ville de Rome en entier; il fut obligé de recevoir la couronne dans l'église de Saint-Jean de Latran, après avoir vainement essayé de s'emparer de celle de Saint-Pierre, où s'était fait le sacre de Charlemagne. Après son couronnement, il mena son armée sous les murs de Florence, qui affecta de s'en émouvoir si peu que les portes de la ville ne furent pas même fermées, ni les travaux ordinaires interrompus. Rentré dans Pise constamment fidèle à sa cause, Henri se vengea d'avoir échoué devant Florence en instruisant contre elle un puéril simulacre de procédure. Il fit prononcer contre les Florentins, chefs du parti guelfe, des condamnations par contumace, dont l'impuissance ne pouvait que décréditer davantage une cause déjà si compromise. L'hiver se passa dans ces stériles démonstrations; et lorsque, affaibli de corps et dévoré de chagrins, l'empereur se préparait, l'année suivante, à marcher contre le roi de Naples, la mort vint le frapper près de Sienne, le 24 août 1313. Cet événement inattendu renversa les dernières espérances des gibelins, et particulièrement des exilés toscans qui s'étaient pressés autour de Henri dès ses premiers pas en Italie, et avaient partagé toutes les alternatives de sa fortune.

Aucun gouvernement italien n'avait embrassé le parti de Henri VII avec autant de chaleur que la république de Pise; elle lui avait fourni des secours considérables en hommes et en argent; elle avait bravé pour lui le ressentiment des villes guelfes, ses anciennes ennemies, et elle venait encore de lui faire des obsèques magnifiques et de lui ériger un monument. De tant de sacrifices les Pisans n'avaient recueilli que des inimitiés auxquelles la mort de leur protecteur allait les laisser en butte. Dans cette extrémité, ils appelèrent à leur secours Uguccione della Faggiola, le général alors le plus renommé du parti

<small>Uguccione della Faggiola.</small>

gibelin. La ligue qui menaçait Pise était d'autant plus redoutable qu'elle reconnaissait pour chef le roi de Naples, Robert, à qui le pape avait conféré le titre de vicaire impérial de toute l'Italie pendant la vacance de l'empire. Le premier acte d'Uguccione fut d'empêcher la ratification de la paix que la république avait conclue avec le roi Robert à des conditions désavantageuses; puis, se portant sur Lucques, il la contraignit à rappeler ses exilés gibelins. A la tête de ces derniers, était Castruccio Castracani des Interminelli, déjà célèbre dans le métier des armes. De concert avec ce chef, Uguccione surprend Lucques (1314), s'en attribue la souveraineté, après avoir livré la ville au pillage, et marchant contre les Florentins, les défait complétement en bataille rangée, malgré les secours que les princes de Naples, protecteurs des guelfes, leur avaient amenés en personne. De retour à Pise, le vainqueur y fut reçu en triomphe ; il exerça dès lors sur Pise et sur Lucques un pouvoir absolu, mais qui fut de courte durée. Plus habile à combattre qu'à gouverner, il se rendit également odieux aux Pisans et aux Lucquois par les peines sévères que, sous le plus léger prétexte, il infligeait aux citoyens les plus distingués. Castruccio lui-même, devenu suspect, fut mis en prison. Ce fut le signal de la chute du despote. Les deux villes se révoltèrent (1316) dans le moment qu'il marchait de l'une sur l'autre. Surpris par cette double attaque, Uguccione se réfugia à la cour de *Can grande* della Scala, qui jetait à Vérone les fondements de sa prochaine grandeur.

<small>Castruccio Castracani</small>

La mort de Henri VII avait établi la prépondérance du roi de Naples sur toute la péninsule. Bien que les princes angevins, frères ou neveux du roi Robert, et Robert lui-même, n'eussent pas montré dans la guerre et dans le gouvernement les talents du premier Charles, fondateur de leur maison, ce roi n'en était pas moins reconnu par le pape en qualité de vicaire impérial, et par tous les guelfes de la Toscane et de la Lombardie comme leur chef et leur protecteur. Il possédait, en outre, la seigneurie directe de plusieurs villes. Comte de Provence, il tenait à Avignon le saint-siége dans sa dépendance; et prince français, il trouvait au dehors un appui puissant. Dans un état de choses qui semblait présager la ruine entière du parti gibelin, ce parti fut soutenu et relevé par un homme doué de tous les talents qui font le capitaine et l'homme d'État. Tel fut Castruccio Castracani, dont nous venons de voir les glorieux commencements. Après l'expulsion d'Uguccione, les Lucquois le nommèrent d'abord capitaine de leur armée; il se fit ensuite attribuer par le sénat un pouvoir absolu que le peuple confirma presque à l'unanimité. Pendant les dix années de son règne (1318-1328), il ne cessa point de combattre, et il triompha de tous ceux qui lui étaient opposés. Il humilia Florence, dont il fut l'ennemi le plus implacable; il conquit sur elle la Lunigiane, la Garfagnane et plusieurs forteresses du val d'Arno. Il soumit la ville de Pistoie et tout son territoire; il déjoua les projets du duc de Calabre, fils de Robert, que les Florentins avaient mis à la tête de leur gouvernement. Il est vrai qu'après sa mort, Florence, qu'il avait combattue pendant toute sa vie, s'agrandit des conquêtes qu'il avait faites, et que Lucques, sa patrie, expia par quarante ans de servitude une gloire passagère.

Établissement des petites souverainetés en Italie.

Alors plus que jamais la cause des guelfes paraissait être celle de la liberté. Florence, Sienne, Pérouse, Bologne, Pistoie, Volterre et quelques autres villes moins importantes, malgré leurs orages intérieurs et les révolutions fréquentes qui en étaient la suite, se considéraient toujours comme libres, et avaient, en effet, conservé la plus grande partie de leurs priviléges. Au contraire, les villes gibelines étaient tombées sous le joug de maîtres subalternes, soumis à l'autorité impériale qui les soutenait. Les seigneurs de Verruchio, surnommés Malatesti, gouvernaient Rimini depuis 1275. Vers la même époque, Guido Novello da Polenta s'était emparé de Ravenne, où ses descendants se maintinrent jusqu'en 1441. Au commencement du xiv° siècle, les Ordelaffi devinrent maîtres de Forli, et, un peu plus tard, les Manfredi de Faenza. La ville d'Urbin et une partie de la Marche d'Ancône reconnaissaient l'autorité des comtes de Montefeltro. Plus anciennement fondée, la maison d'Este régnait à Ferrare et s'établissait, en 1288, à Modène et à Reggio; dépouillée par les Vénitiens, en 1308, elle fut réintégrée dans sa souveraineté en 1317. La Lombardie, comme la Romagne, s'était morcelée en une foule de principautés plus ou moins considérables. Milan et une partie des territoires adjacents subissaient la domination des Visconti. Martino della Scala, podestat de Vérone après la chute d'Ezzellino, avait transmis son pouvoir à son frère et à ses neveux. A Trévise, la famille des Cammini s'était élevée de même sur les ruines de celle de Romano. Mantoue, depuis 1275, obéissait aux Bonnacorsi qui, cinquante ans après, firent place aux Gonzague. La Lunigiane, petit pays de la Toscane;

appartenait aux marquis de Malaspina ; ils en furent dépouillés par le célèbre chef gibelin Castruccio, vers 1320, mais ils la recouvrèrent à sa mort, en 1328. Enfin Padoue, après avoir échappé à la tyrannie d'Ezzellino, puis être restée libre pendant cinquante ans, sous la protection de l'Église et des guelfes, s'était donnée à la maison de Carrera en 1318. Beaucoup d'autres villes encore avaient des maîtres ou seigneurs particuliers, élevés au pouvoir soit par l'élection du peuple, soit par la violence ; mais la plupart ne firent que passer. Tels furent les Scotti à Plaisance, les Correggeschi à Parme, les Languschi à Pavie, les Fisiraga à Lodi, les Avvocati à Verceil, les Rusca à Côme, les Brusciati à Novarre, les Maggi à Brescia, etc.

Toutes ces petites dynasties étaient encore nouvelles et mal affermies. Leurs fondateurs sortaient des familles nobles et puissantes ; ils s'étaient élevés, non-seulement par leur courage et leurs talents, mais surtout par la faveur et la reconnaissance du peuple, qui avait vu d'abord en eux ses défenseurs. Tantôt ligués ensemble, tantôt ennemis les uns des autres, ils ne pensaient qu'à étendre leur domination par la ruse ou par la force ; mais ils s'honorèrent en protégeant les hommes de lettres et les poëtes, qui les en ont bien récompensés par les louanges qu'ils leur ont prodiguées. Dante, lorsqu'il fut proscrit, trouva près des nouveaux princes un refuge qui ne le consola pas de l'exil, mais qui lui en adoucit l'amertume. Il fut reçu avec empressement à Ravenne par Guido da Polenta, par Marcel de Malespina dans la Lunigiane, et surtout par *Can grande* della Scala, seigneur de Vérone. Ce dernier est celui qui a jeté le plus d'éclat ;

dans sa courte carrière, parmi les grands capitaines et les hommes éminents dont l'Italie fut si féconde à cette époque. Bien jeune encore, il avait été proclamé généralissime de la Confédération gibeline, assemblée à Soncino en 1318. Les villes de Vérone, Vicence, Feltro, et ensuite celles de Padoue et de Trévise, lui furent soumises. Il ne se distinguait pas moins par ses grandes qualités que par son aptitude dans l'art de la guerre, et si la mort ne l'eût surpris, lorsqu'il n'avait encore que quarante et un ans, peut-être aurait-il réalisé les prédictions du poëte dont il fut le protecteur.

A l'époque à laquelle nous sommes parvenus, celui qui a été le père de la poésie moderne, et que nous avons eu seul en vue dans cet extrait, avait succombé, jeune encore, sous le poids des souffrances de l'exil. Nous nous arrêterons là. Quoique Dante ait devancé son siècle en créant une langue et une poésie nouvelles, il est avant tout un génie rétrospectif, c'est-à-dire qu'il a réfléchi dans son œuvre toute la période du moyen âge, sur les limites duquel il apparaît comme un fanal qui en éclaire toutes les profondeurs. C'est pourquoi il nous a paru convenable d'esquisser, dans une ébauche rapide, les événements et les personnages qui se reflètent dans le poëme, et qui, à leur tour, reçoivent du poëme un jour plus éclatant. Il nous reste à jeter un coup d'œil sur l'état des lettres et des arts en Italie, avant et pendant le XIIIe siècle.

CHAPITRE II.

ÉTAT DES SCIENCES, DES LETTRES ET DES ARTS EN ITALIE AVANT ET PENDANT LE XIIIe SIÈCLE.

On connaîtrait mal l'esprit du moyen âge, si l'on voulait en juger d'après les idées et les connaissances que nous avons aujourd'hui. Il faut se reporter à cette période de l'humanité en oubliant un instant celles qui l'ont suivie; il faut l'étudier dans son ensemble, dans les conditions nécessaires de son existence, dans les transformations lentes, mais progressives, qu'elle a dû subir. Il est facile de traiter d'absurde et de barbare l'enseignement théologique qui passionnait alors tous les esprits; et pourtant, lorsqu'il ne s'agit pas d'un enseignement passager, particulier à un peuple ou à une époque, mais d'une impulsion universelle et continue; quand on voit toutes les nations de l'Europe entrer simultanément dans la même route et y marcher avec persévérance pendant plusieurs siècles, guidées par les intelligences les plus hautes que ces siècles aient enfantées, on est d'abord forcé d'en conclure que l'humanité tout entière n'a pu faire fausse route pendant si longtemps, ni s'éprendre stupidement pour des mots vides de sens. Puis, en y regardant de plus près, on trouve que, sous ces formes arides et subtiles de l'école, se poursuivait néanmoins l'éternel problème de l'esprit humain, jeté dans le monde par Platon et Aristote, et qui se débat encore de nos jours. En effet, la vieille querelle des réalistes et des nominaux ne s'agite-t-elle pas toujours, dans notre ère moderne, sous les noms d'*idéalistes* et d'*empiristes?* Le réalisme du moyen âge soutenait, d'après Platon, que les universaux ou idées générales, ont un objet réel, distinct à la fois de la nature des choses et de l'esprit qui les conçoit, tandis que le nominalisme voulait que les idées générales n'eussent aucune réalité propre, et ne subsistassent que par les *noms* que l'esprit leur donne. Les plus hautes questions de la philosophie se trouvent là.

Théologie et philosophie.

Tout avait disparu en Europe sous la corruption du vieux monde romain et sous l'invasion des barbares. Un fait seul avait survécu, fait immense, il est vrai : le christianisme, qui commença par dompter les barbares, et qui, les ayant pénétrés d'un esprit nouveau, fit éclore peu à peu tous les germes de la civilisation qu'il apportait. L'Europe, devenue chrétienne, se trouva naturellement constituée sur l'Église, qui lui avait donné la vie intellectuelle. La théologie tient la première place dans les écoles fondées par Charlemagne, et la philosophie scolastique, sortie de cet enseignement, se confond avec elle ou lui reste subordonnée pendant la première moitié du moyen âge, c'est-à-dire du ixe à la fin du xiie siècle. Le réalisme platonicien domine pendant cette période; il se constitue en corps de science par les travaux de Pierre Lombard, le *maître des sentences,* de saint Anselme de Cantorbéry, de Guillaume de Champeaux, d'Amaury de Chartres, etc. On voit bien apparaître le nominalisme, enseigné d'abord par Roscelin, chanoine de Compiègne, puis vivement soutenu par Abailard ; mais il est étouffé sous les condamnations des conciles, et il meurt pour renaître plus tard. Au XIII° siècle, la philosophie commence à se séparer de la théologie et cherche à s'établir comme une science distincte. Les réalistes, restés maîtres du champ de bataille, se partagent en thomistes ou partisans de saint Thomas d'Aquin, surnommé l'*Ange de l'école*, et en scotistes ou disciples de Duns Scot, dit le *docteur subtil*. Selon les thomistes, les universaux constituent l'essence même des choses et en sont inséparables; selon Scot, l'universel doit être séparé des êtres, qu'il forme néanmoins par l'intervention d'un principe particulier. Sans doute il y eut, dans ces distinctions et la manière dont on les soutenait, une subtilité poussée jusqu'à l'abus, et qui dégénéra quelquefois en vain jeu de l'esprit; mais, en définitif, ces disputes de l'école fortifièrent les intelligences et leur donnèrent la vigueur et la souplesse qu'elles ont développées plus tard sur d'autres sujets. Après tout, c'était un esprit puissant que ce saint Thomas d'Aquin, mort à quarante-huit ans, après avoir exercé sur ses contemporains cette haute influence morale que la supériorité seule conquiert; lui, de qui le prudent Fontenelle a osé dire, en plein XVIII° siècle, que c'était Descartes dans un autre temps et dans d'autres circonstances.

La dialectique était donc la science qui dominait par-dessus toutes les autres. Elle reçut un nouvel aliment lorsque la philosophie d'Aristote, longtemps négligée, reprit tout à coup faveur chez les Arabes, et fut par eux introduite en Europe. Elle y devint bientôt l'objet d'un culte superstitieux, et son auteur y fut considéré presque à l'égal d'un Père de l'Église. Peu s'en fallut que l'infaillibilité du chef des péripatéticiens fût érigée en article de foi ; des docteurs soutinrent la certitude de son salut, en vertu d'une grâce exceptionnelle du rédempteur, et le respect qu'il inspirait s'étendit non-seulement sur les principes généraux de sa doctrine, commentée avec toutes les arguties de l'école, mais jusqu'aux moindres faits rapportés dans ses ouvrages. Qu'il y ait eu là une exagération puérile, personne ne peut le nier. Toutefois cette exagération s'explique, si elle ne se justifie pas, par celle dont la philosophie de Platon avait elle-même été l'objet dans les siècles antérieurs. C'est le sort des systèmes, sort que l'aristotélisme a dû subir à son tour, d'être sans cesse ballottés dans le flux et le reflux des opinions humaines. Nulle erreur ne saurait puiser en elle un principe de vie. Si elle n'était qu'erreur elle n'existerait pas, puisque l'erreur n'est qu'une négation. Toute opinion accréditée, par cela seul qu'elle subsiste, renferme en elle une portion de vérité qui la soutient et qui légitime, jusqu'à un certain point, la faveur dont elle peut jouir passagèrement. Mais comme à cette vérité partielle se joint une somme d'erreurs plus considérable, c'est le côté par où elle peut être battue en brèche, et finit par être renversée. Ainsi voit-on les systèmes se succéder l'un à l'autre, toujours merveilleux quand il s'agit de détruire, mais également inhabiles à rien édifier de solide.

Science mathématique. — Astrologie.

Pendant que la traduction des livres d'Aristote ranimait l'étude de la philosophie en lui donnant une nouvelle direction, les sciences mathématiques renaissaient sous une influence également étrangère. Campano de Novare, philosophe, astronome et mathématicien, commentait Euclide et publiait un traité sur la sphère, dédié au pape Urbain IV. Léonard de Pistoie, de l'ordre des frères prêcheurs, écrivait des traités d'arithmétique et de géométrie. Leonardo Fibonacci, de Pise, rapportait d'Afrique, où il avait été élevé, les chiffres dits arabes, et y ajoutait des notions sur l'algèbre et la géométrie, puisées chez les peuples qu'il avait visités. Mais parmi les sciences positives aucune ne fut alors cultivée avec plus d'ardeur que l'astronomie. L'aspect des phénomènes célestes a, dans tous les temps et chez tous les peuples, éveillé l'attention des âmes rêveuses comme des esprits positifs. Le système qui régnait au XIIIe siècle était celui connu sous le nom de *Ptolémée*, quoiqu'il ne soit pas l'ouvrage de ce célèbre astronome, mais celui de tous les astronomes ses prédécesseurs dont il a seulement réuni et coordonné les opinions. On sait que, d'après ce système, le soleil, les planètes, les astres décrivent leur révolution autour de la terre immobile. Nous en trouverons toute la théorie savamment décrite dans la *Divine Comédie*. Par une pente naturelle à l'esprit humain, qui s'arrête difficilement dans son essor, l'astronomie donna naissance à l'astrologie judiciaire, qui a joui d'une si grande vogue en Europe, tant dans la période qui nous occupe, que dans les siècles suivants. Entre les causes qui concoururent à l'accréditer, les historiens accusent surtout la contagion de l'exemple donné par l'empereur Frédéric II. Ce prince, au-dessus de son siècle à beaucoup d'égards, mais imbu d'une foi aveugle en cette science puérile et mensongère, ne marchait jamais qu'accompagné d'une foule d'astrologues qu'il consultait soigneusement dans les occasions importantes. On raconte qu'il avait toujours près de lui un globe céleste représentant les constellations, et où étaient figurés la disposition des orbites et le mouvement des planètes. A l'imitation de Frédéric, le fameux Ezzellino de Romano entretenait une troupe de ces imposteurs, dont les prédictions lui avaient annoncé qu'il sortirait vainqueur de la bataille où il fut défait et blessé mortellement. Dans le nombre, et de tous le plus célèbre, était Guido Bonatti, de Forli, que Dante a placé dans un des cercles de son *Enfer*, chant XXe. Les chroniqueurs, souvent crédules, et d'ailleurs infatués des préjugés de leur temps, ont raconté de lui des choses merveilleuses, qui tiennent plus de la fable que de l'histoire. Bonatti, de son côté, dans ses ouvrages qu'on a recueillis, se vante des prodiges que son art lui permit d'accomplir. Sans s'arrêter à ces récits fabuleux, il n'en est pas moins certain que l'astrologie judiciaire était dès lors constituée à l'état de science, et qu'on l'enseignait publiquement dans les universités de Bologne et de Padoue.

Jurisprudence. Après l'étude de la philosophie scolastique, aucune autre ne fut plus en honneur dans l'Italie du moyen âge que celle de la jurisprudence. Il n'avait pu s'établir de législation uniforme durant les diverses dominations sous lesquelles l'Italie avait passé depuis l'invasion des barbares. Les rois lombards et ensuite les empereurs avaient laissé chacun maître de suivre la loi de la nation à laquelle il appartenait : il suffisait d'en faire la déclaration dans les actes. La multiplicité des lois que cette tolérance consacrait, devint encore plus grande après l'établissement d'une foule de petites républiques se gouvernant elles-mêmes. Quoique la loi lombarde et la loi romaine fussent les plus répandues, il fallait des études profondes pour se reconnaître dans une législation si confuse. L'école de Bologne paraît avoir été la plus ancienne et fut incontestablement la plus célèbre parmi celles nombreuses où fut professé l'enseignement du droit tant civil que canonique. C'est pourquoi cette illustre ville fut appelée *mater studiorum* : on s'y portait en foule non-seulement de tous les points de l'Italie, mais des pays les plus éloignés. Dès la fin du XIe siècle, Irnérius [1] né à Bologne, s'y fit une telle réputation soit par des leçons orales, soit par une glose écrite, qu'on l'a nommé le réformateur de la jurisprudence. L'impulsion donnée par lui, loin de se ralentir, prit un nouvel accroissement quand un manuscrit des *Pandectes* de Justinien eut été découvert, au sac d'Amalfi, en 1135, et emporté en triomphe par les Pisans. Bien que le fait de cette précieuse conquête soit controversé, il n'est du moins pas douteux que vers cette époque le droit romain fut plus généralement étudié, et acquit une autorité prépondérante, supérieure à celle qu'il avait eue jusque-là. L'empereur Frédéric II, lors de son second voyage en Italie, en 1158, consulta sur ses prétentions de suprématie quatre célèbres jurisconsultes de l'université de Bologne, lesquels, imbus de la jurisprudence romaine, lui attribuèrent l'empire du monde entier, à l'instar des anciens empereurs romains. Ce fut aussi le sentiment du fameux Bartole qui n'hésita pas à déclarer hérétique quiconque contesterait l'omnipotence impériale.

Depuis Irnérius jusqu'à la fin du XIIIe siècle,

---

1. On nomme aussi ce célèbre jurisconsulte Garnier ou Werner. Quelques auteurs disent qu'il était Milanais, d'autres le font Allemand : mais il est prouvé, dit Tiraboschi, que Bologne était sa patrie.

l'école de Bologne a produit une suite non interrompue de professeurs distingués dont nous ne citerons que le plus célèbre, François d'Accorso [1], auteur de la glose qui a illustré son nom. Avant lui, beaucoup de jurisconsultes avaient déjà publié des commentaires sur les lois; mais ces œuvres, faites sans discernement et souvent contradictoires entre elles, loin d'éclaircir la législation, en avaient rendu l'étude encore plus difficile. Accurse revisa toutes ces gloses, les confronta soigneusement, entreprit de les accorder, ne conservant de chacune que ce qu'il y avait de bon, et y ajoutant ses propres observations. Il composa du tout une glose raisonnée et méthodique, qui fut reçue aux applaudissements de l'Europe entière, et qu'on regarda jusqu'au temps d'Alciat, c'est-à-dire pendant trois cents ans, comme la règle souveraine du droit. Tandis que l'université de Bologne acquérait une si grande réputation, des écoles rivales, mais moins renommées, s'étaient établies à Modène, Parme, Plaisance, Milan, Pise, Naples, etc., qui toutes attiraient un concours immense d'étudiants; et des jurisconsultes italiens étaient appelés dans diverses contrées de l'Europe pour y propager leur enseignement.

Une branche alors importante de la jurisprudence, le droit canonique, eut aussi son restaurateur. Ce fut Gratien, né à Chiusi en Toscane, au commencement du XIIe siècle. Il ne se proposa pas moins que de reviser, éclaircir et concilier tous les textes de l'Écriture sainte, des canons des apôtres et des conciles, des décrétales des papes, des livres pontificaux,

---

[1]. Dante l'a nommé dans le XVe chant de l'*Enfer*, mais il le met en bien mauvaise compagnie.

enfin de tout ce qui compose la jurisprudence canonique. Plusieurs recueils de cette nature existaient déjà, mais incomplets et défectueux. Celui de Gratien, connu sous le nom de *Décret*, ou de *Concordantia canonum*, n'est pas non plus exempt d'erreurs, dont la plus grave est l'adoption des fausses décrétales [1]. Il n'en a pas moins eu en Europe une grande autorité. Publié en 1151, il devint presque dès son apparition l'objet de nouveaux commentaires et l'occasion de nombreux suppléments, destinés à réunir et coordonner les canons des conciles et les décrétales des papes qui avaient paru depuis cette époque. Le pape Grégoire IX, protecteur éclairé des bonnes études, dirigea lui-même une de ces collections, et confia le soin de la rédiger à Raymond de Pennafort, de l'ordre des frères prêcheurs. Ce code supplémentaire, divisé en cinq livres et publié en 1234, s'accrut encore d'un sixième livre en 1298, sous le pontificat de Boniface VIII qui choisit à cet effet trois savants prélats, versés dans la connaissance des lois ecclésiastiques. Depuis le *Décret* de Gratien, le droit canonique ne fut pas cultivé avec moins d'ardeur que le droit civil, soit dans les universités de Bologne et de Padoue, soit dans beaucoup d'autres villes.

Avant que l'école de Bologne jouît de sa plus grande vogue, celle de Salerne, vouée particulièrement à l'étude de la médecine, était déjà célèbre. Cette science avait été cultivée par les Arabes qui seuls, au moyen âge, conservèrent les connaissances

Médecine.

---

1. Les fausses décrétales furent d'abord publiées sous le nom d'Isidore de Séville; puis on les attribua à Isidor Mercator ou Peccator; mais on croit avec plus de fondement qu'elles furent l'œuvre de Benoit Levita, de l'église de Mayence, qui vivait dans la seconde moitié du IXe siècle.

de l'antiquité, et en transmirent les premières notions à l'Occident. L'université de Salerne, la première en date, fut fondée dans le xie siècle par Robert Guiscard. On a conservé les fragments d'un poëme latin, petit livre bien connu des bibliophiles, qui a pour titre : *Médecine de l'eschole de Salerne ;* il fut composé vers 1100, et contient des aphorismes de médecine. Dès cette époque, il y avait à Salerne des professeurs célèbres, dont les noms inutiles à placer ici nous ont été conservés. L'étude de la médecine se répandit dans les monastères, et y fut suivie avec une telle ferveur qu'il en naquit bientôt des abus. On vit des religieux, sous prétexte de se livrer à cet art, se répandre dans les cours et dans les villes, de sorte que les canons des conciles furent plusieurs fois obligés de réprimer ce désordre. Dans le xiiie siècle, l'école de Salerne prit un nouveau lustre par la protection de l'empereur Frédéric II, qui fit traduire pour elle les livres d'Avicenne, d'Averroës et d'autres savants arabes. Diverses écoles de médecine s'établirent dans les principales villes de l'Italie, à Milan, à Brescia, à Florence, etc. Mais la science, bien qu'elle eût fait quelques progrès, était loin d'être dégagée des erreurs que l'ignorance et les préjugés des siècles barbares y avaient introduites.

Histoire. L'Italie ne fut redevable qu'à elle-même de ses anciens chroniqueurs et de ses premiers historiens. Il n'y a pas de pays qui en ait produit un si grand nombre. La cause en peut être attribuée à l'existence particulière que surent conquérir presque toutes les villes de la Lombardie, de la Toscane et de la Romagne. Il n'en est pour ainsi dire pas une qui n'ait eu son historien, et quelques-unes, telles que Florence, en comptent bien plus d'un. Les haines de parti et les inimitiés privées, si violentes à cette époque, ont laissé nécessairement leur empreinte dans ces narrations. Mais l'esprit de liberté et de patriotisme leur donne un mouvement qu'on ne trouve pas dans les récits secs et monotones des plus anciens chroniqueurs. La plupart et même tous jusqu'au XIIIe siècle ont écrit en latin, si l'on peut encore appeler de ce nom un langage corrompu depuis plusieurs siècles par le mélange de tant d'idiomes divers. La langue vulgaire, bien qu'en usage dans le peuple, était encore trop informe et trop grossière, pour que les écrivains osassent s'en servir. Les poëtes eurent les premiers cette hardiesse, les historiens les suivirent de près, et l'on vit Ricordano Malaspino, Dino Compagni et Giovanni Villani, tous trois Florentins, écrire dans un style correct et élégant, à peu près à la même époque où Dante élevait la langue italienne, nouvellement née, à la hauteur de la plus sublime poésie. Le latin ne fut pourtant pas abandonné; il fut employé dans le même temps par d'autres historiens, et continua de l'être, surtout dans les régions où la langue vulgaire est restée ce qu'elle est encore aujourd'hui, une sorte de patois souvent difficile à comprendre. Il est à remarquer que les historiens latins de cette période, tels que Férétus de Vicence et Mussato de Padoue, se distinguent par un langage plus pur et plus élégant, qui les rapproche des classiques latins, leurs modèles.

Dans le temps où la langue italienne commençait à se former, il existait déjà, dans le midi de l'Europe, une autre langue bien plus avancée que ses contemporaines, dont les productions étaient célèbres depuis un

Influence de la civilisation arabe sur la littérature provençale, et de celle-ci sur la littérature italienne.

siècle, et qui semblait alors réservée à un long avenir. C'était la langue des anciens troubadours. Avec elle naquit une littérature dont l'influence a été grande sur la littérature italienne, mais qui elle-même s'était formée sous une autre influence, à laquelle l'Italie non plus ne resta pas étrangère : je veux parler de la civilisation arabe, ère brillante de l'histoire, et source première de la civilisation moderne. Il est essentiel, au point de vue de l'Italie du moyen âge, de reconnaître les vestiges de cette double filiation : nous le ferons rapidement.

Les arts, les sciences et les lettres ont fleuri chez les Arabes, soit à la cour de Bagdad sous le calife Almamon, soit à celle de Cordoue sous la dynastie des Ommiades, longtemps avant de renaître sur le sol ravagé de l'Italie. C'est surtout en Espagne que cette civilisation a brillé de son éclat le plus vif, et c'est de là qu'elle s'est répandue sur l'Europe, plongée dans la barbarie. Lorsque l'Europe était encore sans culture, l'Espagne arabe possédait à Cordoue, à Tolède, à Grenade, à Séville des écoles, des colléges et des académies ; il y avait dans la plupart des villes des bibliothèques ouvertes au public, et les mœurs offraient ce mélange d'héroïsme et de galanterie dont les traces se retrouvent encore aujourd'hui. Nous devons aux Arabes un grand nombre d'inventions utiles, entre autres celle du papier de coton qui a remplacé le papyrus d'Égypte, et de la manière de compter avec les chiffres qui portent encore leur nom. Il y a des auteurs qui leur attribuent la découverte de la poudre à canon, de l'aiguille aimantée, et même du pendule pour la mesure du temps. Leur architecture eut un caractère original qui lui est propre, et où l'élégance le dispute à la hardiesse. On assure qu'ils ont excellé dans la musique dont leurs écrits parlent avec enthousiasme ; mais de leurs arts c'est celui qui nous est le moins connu. Nous savons avec plus de certitude que les sciences, principalement l'astronomie, la chimie et la médecine, firent sous eux des progrès remarquables. Ce sont leurs traductions qui donnèrent aux modernes la première connaissance des livres d'Hippocrate, de Dioscoride, d'Euclide, d'Aristote, etc. ; enfin ils eurent à un haut degré le sentiment de la poésie, le goût des fables et le génie des inventions poétiques et romanesques.

De la poésie arabe est née la poésie provençale qui elle-même est regardée comme la mère de la poésie moderne. Dans les compositions des troubadours, l'influence grecque ou latine ne se fait nulle part sentir, tandis que la filiation arabe y est palpable, tant sous le rapport des sentiments et des idées, que sous celui de la forme technique. La rime, ce caractère distinctif de la poésie moderne, est une transmission arabe [1]. Le sonnet, que les troubadours, à la vérité, n'employèrent pas, mais que les Italiens ont tant pratiqué, se rapproche de la ghazèle arabe, espèce d'ode galante qui souvent se renferme dans quatorze vers. L'apostrophe par laquelle le poëte a coutume de terminer sa pièce amoureuse, et qu'il

---

[1]. Cette opinion, qui est celle du savant Huet et de la majorité des juges les plus compétents dans la question, a trouvé des contradicteurs. Les uns veulent que la rime nous soit venue des Goths, d'autres des Scandinaves, d'autres encore qu'elle ait été empruntée aux vers latins rimés, auxquels le moine Léon, qui en fit un grand usage dans le xiie siècle, a donné son nom (vers léonins), quoiqu'on en trouve de fréquents exemples bien antérieurement à cette époque.

s'adresse à lui-même, se retrouve dans l'*envoi* que le troubadonr met à la fin de ses chansons, et où il invoque tantôt la dame qui en est l'objet, tantôt le messager qui doit la lui remettre. Mais c'est dans le caractère même de la poésie chez les deux peuples que la ressemblance se fait le mieux sentir. Le fond roule de part et d'autre sur des aventures chevaleresques ou galantes, sur des récits de guerre ou d'amour, sur des moralités que le poëte a l'art de faire sortir de quelque narration. La même similitude existe entre les habitudes, la condition et le genre de vie des poëtes. Chez les Arabes comme chez les Provençaux, on voit des princes, des seigneurs, des hommes de toutes les classes s'adonner à la poésie. C'était pour ceux d'un rang inférieur un moyen de s'insinuer auprès des grands et de recevoir d'eux des récompenses. De même encore leurs poésies étaient récitées ou plutôt chantées avec accompagnement de musique.

Rien de plus splendide, mais aussi de plus éphémère que les destinées de la poésie provençale : née dans le XIe siècle, elle s'éteignit presque avec le XIIIe; mais pendant deux cents ans elle n'eut pas moins de vogue que d'éclat. C'est qu'elle s'accordait merveilleusement avec l'organisation féodale, alors dans sa plus grande vigueur, et avec la licence des mœurs qui était extrême. Rois, princes, chevaliers, grands et petits, gens de toutes sortes, et jusqu'à des femmes d'une haute condition, semblaient pris d'une fièvre poétique qu'ils mêlaient à leurs guerres, à leurs plaisirs, à leurs affaires domestiques. Guillaume IX, comte de Poitiers, Thibaut, comte de Champagne, le roi Richard Cœur de Lion, le comte de Provence,

Raymond-Bérenger, un Frédéric, roi de Sicile, deux rois d'Aragon et bien d'autres tinrent à honneur d'être comptés parmi les troubadours. A leur exemple, il n'était si mince châtelain dont le manoir ne ressemblât à une petite cour, foyer de combats et d'amours, embellie par la science du *gai savoir*, et visitée par la foule des jongleurs de profession. Des contrées méridionales de la France, ils se répandaient en Espagne et en Italie, précédés par une immense réputation, fêtés et accueillis partout. Et cependant toute cette gloire manquait de fondement solide et devait se dissiper comme un songe. C'est d'abord que les troubadours, malgré la facilité, la grâce et l'harmonie de leurs chants, n'ont enfanté aucune de ces œuvres puissantes qui fondent et perpétuent une littérature. C'est encore que la langue romane provençale, bien qu'ayant longtemps régné seule, n'avait pourtant jamais appartenu qu'à une nationalité restreinte. Quand cette nationalité, produit de circonstances fortuites, vint à s'affaiblir encore, puis à s'éteindre, elle déclina et mourut avec elle, étouffée, pour ainsi dire, sous les langues française, espagnole et italienne qui grandissaient simultanément, en partie sous son influence, mais en définitive à son détriment. L'idiome même des troubadours cessa bientôt d'être entendu, et leurs chants qui avaient eu tant de vogue, tombèrent dans un oubli profond.

De même que l'on trouve dans les communications des Arabes-Espagnols avec les peuples du midi de la France, l'origine du culte des Provençaux pour la poésie, de leurs fictions romanesques et de leurs formes poétiques, de même on voit les chants provençaux servir de modèle aux premiers essais de la muse italienne. Rien de plus naturel que cette imitation. Les fréquents rapports des troubadours avec l'Italie, l'accueil distingué qu'ils recevaient des petits princes de la Lombardie, l'admiration qu'ils inspiraient, non-seulement y répandirent le goût de leur art, mais en outre, encouragèrent l'étude d'une langue qui, seule alors, produisait de tels fruits. On vit des Italiens composer des vers provençaux, et quelques-uns se placer au nombre des troubadours les plus distingués. Tel fut, entre autres, le fameux Sordello de Mantoue, un des personnages importants de la *Divine Comédie*. Il dut y avoir une sorte de lutte et d'émulation entre les deux langues, entre celle qui était encore la seule cultivée et l'idiome dont les premiers bégaiements commençaient à se faire entendre. L'italien l'emporta, mais peut-être dut-il la victoire à ce que presque dès sa naissance, il fut porté d'un seul jet par l'élan d'un génie créateur au plus haut degré de puissance qu'une langue puisse atteindre. Dante était de ces hommes dont la présence dans un camp assure le triomphe, et s'il fût né sous le ciel de la Provence, peut-être l'issue de la lutte eût-elle été différente. Mais dans quel état reçut-il l'instrument dont il tira de si merveilleux effets ? Quels sons la lyre italienne avait-elle déjà rendus ? C'est ce qu'il importe de constater avec plus de précision.

<small>Commencements de la langue et de la poésie italiennes. — Frédéric II, premier poëte italien.</small>

Avant le XIIe siècle, on n'avait cultivé en Italie que la poésie latine ; mais cette étude, quoiqu'elle occupât un grand nombre d'esprits, n'avait fait éclore que des compositions médiocres, écrites dans un langage corrompu. Cette décadence et les défauts qui en furent l'indice, allèrent toujours en augmentant jusqu'à la révolution produite par l'ère brillante des troubadours. Alors ceux qui se sentaient quelque vocation poétique, écrivirent soit dans la langue provençale, soit dans celle vulgaire ou italienne, toute défectueuse qu'était encore celle-ci, et il n'y eut plus que les retardataires, comme il s'en trouve toujours pour protester contre les changements, qui continuèrent, mais en plus petit nombre, à composer des vers latins. Toutefois, ce ne fut pas dans l'Italie, proprement dite, que se manifestèrent les premières lueurs de ce nouveau jour. Il faut les chercher en Sicile, dans cette île souvent visitée par les Provençaux, et qui après avoir passé sous tant de dominations étrangères, partageait depuis l'invasion normande la destinée de la partie méridionale de l'Italie. L'empereur Frédéric II, héritier par sa mère des princes normands, eut la gloire d'être le premier poëte national [1] d'un pays qui, à la vérité, n'était pas celui de sa race, mais où il était né, et que l'éducation et les habitudes lui firent toujours préférer à l'Allemagne. Cet empereur dont la vie a été tellement traversée, qu'on s'étonne qu'il ait eu le temps d'être poëte, comptait au nombre des esprits les plus distingués de son temps. Outre les langues italienne, provençale, allemande, il savait le grec, le latin et l'arabe. Protecteur des sciences et des lettres, il établit des écoles en Sicile et en Italie, fonda l'université de Naples, protégea celle de Bologne, maintint à

---

1. Cette assertion n'est peut-être pas rigoureusement exacte. Les auteurs italiens mentionnent quelques morceaux de poésie qui pourraient bien être antérieurs de peu d'années à ceux de Frédéric, notamment une *canzone* du Sicilien Cicello, en stances de cinq vers, et que Tiraboschi croit avoir été composée au plus tard en 1193. Mais, en admettant une priorité de faible importance, toujours est-il que ces ébauches méritent à peine d'être comptées.

Salerne la réputation attachée depuis longtemps à l'école de cette ville, et ouvrit aux sciences de nouvelles sources en faisant traduire du grec et de l'arabe les ouvrages les plus renommés. Une académie littéraire fut instituée par ses soins à Palerme, et il voulut y être admis avec ses fils; il était encore versé dans la connaissance de l'histoire naturelle, ainsi qu'on le voit par le traité qu'on a de lui sur la chasse au faucon. Sa cour devint le rendez-vous des plus beaux esprits de cet âge, qui s'y réunissaient des divers points de l'Italie, et s'y livraient sous la protection du prince à la culture des lettres. Comme cette cour se tenait en Sicile, et que là se publiaient d'abord les essais de ceux qui en faisaient le principal ornement, il en résulta, ainsi que le remarque Dante dans son traité de l'*Éloquence vulgaire*, que tout ce qui s'écrivait en langue italienne était réputé sicilien.

L'impulsion donnée ar Frédéric, se fait sentir en icile d'abord.

Des poésies de Frédéric, il ne nous est guère parvenu qu'une canzone, dans le genre de celles des troubadours, et dans laquelle on voit, dit Tiraboschi, que la langue italienne n'était pas encore purgée des idiotismes siciliens. Son principal mérite est dans la date, qui doit être antérieure à l'année 1212, époque à laquelle le roi-poète quitta la Sicile pour se mêler aux affaires d'Allemagne. Crescimbeni mentionne quelques autres poésies du même prince, lesquelles sont conservées manuscrites, et dont un fragment a été publié par le Trissin. A l'exemple de leur père, Enzius et Manfred, fils naturels de Frédéric, s'exercèrent à la poésie; il ne nous est rien resté du dernier, qui fut aussi roi de Sicile; mais on sait qu'il honora les poëtes et les appela près de lui. Enfin, le fameux chancelier de Frédéric, Pierre des Vignes, poëte, jurisconsulte et orateur, nous a laissé quelques pièces de vers, remarquables au même titre que celles de son maître, et dont l'une mérite en outre une attention particulière, en ce qu'elle est composée de quatorze vers, distribués en deux quatrains et deux tercets : premier exemple d'un sonnet construit, à peu de chose près, comme ceux de Pétrarque, et preuve incontestable de l'origine sicilienne de cette forme de poésie. Comme nous aurons occasion de parler ailleurs de Pierre des Vignes, nous n'entrerons pas ici dans plus de détails sur ce qui le concerne.

A la suite de Frédéric et de Pierre des Vignes qui ouvrirent si glorieusement la route, vinrent une foule de poëtes dont on a recueilli quelques pièces ; elles sont écrites dans un style rude et grossier, et ne peuvent servir aujourd'hui qu'à constater ce qu'était la langue à son berceau. Telles furent les poésies de Reinier et de Roger, tous deux de Palerme et contemporains de Frédéric II ; celles de Mazzeo di Rico, de Messine, à peu près du même temps ; de Henri Testa, dont l'origine sicilienne est contestée, mais qu'on sait avoir joui des bonnes grâces de Frédéric ; d'Odo delle Colonne qui florissait vers 1240, et dont la versification annonce quelques progrès. Jacopo da Lentino, d'après l'opinion des critiques italiens, paraît avoir été supérieur aux précédents ; il est communément nommé le *Notaire*, à cause de la profession qu'il exerçait : Dante le cite sous cette seule appellation dans le XXIVe chant du *Purgatoire*. Mentionnons encore parmi les anciens poëtes siciliens, celle qui s'intitulait elle-même *la Nina di Dante*, en raison d'un amour platonique dont elle s'était prise pour Dante da Majano, poëte florentin du même siècle, qu'elle n'avait jamais vu. Cette Nina, réputée l'une des plus belles personnes de son temps, passe pour la première femme qui ait écrit des vers italiens.

suite en Italie. L'impulsion donnée par l'empereur Frédéric II, ne s'arrêta point à la Sicile; elle se fit bientôt sentir dans toute la péninsule italique, à Bologne, à Lucques, à Padoue, dans les principales villes de la Toscane et de la Lombardie. Si les poëtes siciliens eurent l'avantage de la priorité dans l'ordre des dates, les autres eurent celui de donner au style poétique plus de noblesse et de correction. Dans le nombre de ces derniers, nous trouvons d'abord, Guido Guinezzelli, de Bologne, que Dante a nommé *son père* (*Purgatoire*, chant XXVIe), et à qui, d'après cette dénomination équivoque, faussement interprétée, l'on a voulu faire partager avec Brunetto Latini, l'honneur d'avoir été le maître du grand poëte. Rien ne justifie non plus dans les sonnets et les canzones qui nous restent de lui, l'épithète de *très-grand* que son élève prétendu lui décerne dans le traité de l'*Éloquence vulgaire*. Dans le temps où Guido florissait, c'est-à-dire vers le milieu du XIIIe siècle, Guittone d'Arezzo acquit en Toscane une grande réputation. Ses sonnets témoignent de quelques progrès dans l'art et dans la langue; le fond en roule presque exclusivement sur l'amour, texte obligé des poésies de cette époque. Guittone appartenait à un ordre religieux : c'est pourquoi il est souvent appelé *fra Guittone*. On sait peu de chose de lui, sinon qu'il fonda en 1293, le monastère des camaldules de Florence, ou, du moins, qu'il en arrêta les premières dispositions, car la mort l'empêcha de voir la réalisation de son pieux dessein. On a du même auteur un recueil de lettres peu intéressantes par elles-mêmes, mais curieuses, comme un des plus anciens monuments de la prose italienne.

Parmi les poëtes toscans qui fleurirent dans le XIIIe siècle, Dante a nommé Gallo de Pise, Mino Mocata de Sienne, Buonagiunta de Lucques, et en a parlé avec éloge. Du premier rien ne s'est conservé; de Mino Mocata ou Maconi, il nous est parvenu une canzone imprimée dans le recueil des vieux poëtes italiens. Un sonnet et une canzone restent aussi de Buonagiunta de Lucques qu'on croit avoir été l'ami de Dante, quoiqu'il n'y ait guère d'autre indice de cette amitié que le passage du XXIVe chant du *Purgatoire*, où le Lucquois figure dans une troupe de gourmands expiant leur péché par le supplice de la faim. Ses traits sont tellement altérés, qu'Alighieri ne peut le reconnaître; mais il en est reconnu, et les deux poëtes échangent quelques paroles sur l'art qui leur est commun. Un ami plus avéré de Dante, et dont ce dernier a souvent mentionné le nom avec honneur, fut Cino de' Sinibaldi, communément appelé Cino de Pistoie, du lieu de sa naissance. Il n'était pas moins célèbre comme jurisconsulte que comme poëte. Des poëtes qui précédèrent Pétrarque, il n'en est point, disent les Italiens, qui s'en rapproche davantage par la douceur et par l'élégance. Dans le recueil de ses poésies, souvent réimprimé, on ne trouve pourtant pas une canzone qu'il composa sur la mort de Dante, et qui est conservée manuscrite dans la bibliothèque de Saint-Marc à Venise.

Tout en prenant pour guide, dans cet examen rapide, le traité de l'*Éloquence vulgaire*[1], où Dante a

1. En relatant les poëtes qui ont le mieux connu *l'excellence du langage poli*, Dante cite un certain Guido Lapo et *un autre* de Flo-

parlé de la plupart des poëtes ses devanciers ou ses contemporains, il est des noms, oubliés aujourd'hui, qu'il faut passer sous silence, d'autres qu'il suffit d'indiquer; mais il en est deux qui demandent qu'on s'y arrête davantage parce qu'ils appartiennent à des hommes plus complets que les précédents, en ce qu'ils n'ont pas seulement brillé par leur mérite littéraire, mais encore par la part qu'ils ont prise aux affaires publiques. Sous ce dernier rapport, ils nous sont déjà connus. Ce sont Brunetto Latini et Guido Cavalcanti.

Brunetto Latini. Messer Brunetto Latini, né à Florence, d'une famille noble, vers le commencement du xiiie siècle, était du parti guelfe; il devait y tenir un rang considérable, puisque les guelfes le députèrent vers Alphonse, roi de Castille, pour réclamer la protection de ce prince dans le moment où les gibelins appelaient à leur secours Manfred, roi de Pouille et de Sicile. La bataille de Monte Aperto, perdue par les guelfes, en 1260, rendit cette démarche inutile; et Brunetto, en revenant de son ambassade, se retira en France, et ne rentra dans sa patrie qu'après la mort de Manfred. Il n'est donc pas besoin de chercher à l'exil de Brunetto une autre cause que le fait même de la guerre civile, et cela seul infirmerait l'histoire accréditée par Benvenuto da Imola dans ses commentaires sur Dante, quand même cette histoire ne serait pas démentie par le silence des historiens.

---

rence. On ne sait rien de ce Lapo si ce n'est que quelques-uns lui donnent pour père le célèbre Farinata degli Uberti. Mais par *l'autre*, qui n'est point nommé, Crescimbeni incline à croire que Dante a voulu se désigner lui-même, et Tiraboschi ajoute que cela n'est point invraisemblable.

Selon Benvenuto, messer Brunetto aurait été banni de Florence, parce qu'ayant commis, dans la rédaction d'un acte, une erreur qu'il était facile de réparer, il aurait mieux aimé se laisser condamner comme faussaire que d'avouer qu'il avait pu se tromper par ignorance. D'après un commentaire inédit sur Dante, cité par l'abbé Mehus, dans son spécimen de l'histoire littéraire de Florence, Brunetto aurait tenu à Paris une école de philosophie; mais cette assertion n'est confirmée par aucun auteur contemporain. Il est du moins certain que l'exilé guelfe a dû faire à Paris un assez long séjour, puisqu'il y apprit à écrire dans la langue française avec toute la perfection dont elle était alors susceptible. De retour dans son pays, il y fut comblé d'honneurs. L'éclat de son enseignement comme professeur de grammaire et de rhétorique, et la publication du livre qu'il intitula *le Trésor*, portèrent haut sa renommée parmi ses contemporains; mais ce dont la postérité lui a tenu le plus de compte, c'est d'avoir eu Dante pour disciple et de lui avoir enseigné les belles-lettres. Indépendamment du *Trésor*, écrit en langue française et dont nous parlerons ailleurs, Brunetto composa en vers italiens, sous le titre de *Tesoretto*, petit trésor, un livre qui n'est pas un abrégé du *Tesoro*, ainsi qu'on l'a cru d'après son titre; ce n'est pas non plus un recueil de préceptes de morale, quoi qu'en ait dit Tiraboschi, d'ailleurs si exact; mais c'est un véritable poëme, ignoré ou mal compris, à ce qu'il paraît, des littérateurs italiens, poëme que M. Ginguené a le premier fait connaître, et dans lequel ce savant critique pense que Dante aurait puisé l'idée première de son épopée. Brunetto, lui aussi, se perd dans une forêt symbolique, il y est secouru par la nature, personnifiée dans une femme qui semble commander au ciel et à la terre. Grâce aux instructions qu'elle lui donne, il arrive jusqu'au sanctuaire de l'amour, où il rencontre le poëte Ovide, qui l'aide à retrouver son chemin. Il y a dans cette invention une analogie incontestable avec celle qui sert de base à la *Divine Comedie*. Il se peut donc que ce soit là le germe, sinon de la conception poétique de Dante, au moins de la fable qu'il a adoptée; mais il est encore plus à croire que les deux poëtes, le maître comme le disciple, se sont inspirés à des sources anciennes. Tout le moyen âge était plein de légendes merveilleuses, de traditions confuses, de visions allégoriques de l'enfer et du paradis, que les croyances populaires adoptaient avidement, et dont les imaginations poétiques devaient se repaître d'autant plus volontiers qu'elles étaient plus obscures et plus mystérieuses.

Guido Cavalcanti.

Guido Cavalcanti, fils d'un gibelin fougueux et gibelin lui-même, fut à la fois poëte, philosophe et chef de parti. Comme homme politique et adversaire personnel de Corso Donati, chef de la faction des noirs, il se trouva compris dans l'arrêt de bannissement que la république florentine rendit en 1300 contre les principaux meneurs des partis qui déchiraient son sein. Comme philosophe, il fut soupçonné d'athéisme; mais cette accusation, dont le père de Guido semble avoir été plus justement atteint, ne paraît pas justifiée pour le fils, bien que tirée d'un passage non équivoque du *Décaméron*[1]. Comme

1. Dans une de ses nouvelles (Giorn. 6, nov. 9) dont le sujet est pris d'une réponse fine et ironique que Guido Cavalcanti fit un jour à une troupe d'oisifs, Boccace énonce que ce même Guido, à force

poëte, il se fit un nom qui ne le cédait qu'à celui de
Dante, dont il était l'ami. Boccace, dans une de ses
nouvelles[1], a dit de Guido qu'il était plein d'amabilité et de goût, qu'il parlait avec grâce, qu'il excellait
dans la logique et dans la connaissance de la philosophie naturelle, qu'il réussissait mieux qu'homme du
monde en tout ce qu'il voulait entreprendre. Dans
un pèlerinage qu'il fit à Saint-Jacques de Galice,
Guido, passant à Toulouse, se prit de passion pour
une Toulousaine nommée Mandetta. Elle devint la
dame de ses pensées, et ce fut elle qui lui inspira la
plus grande partie de ses vers, notamment la ballade
qu'il écrivit à Sarzane pendant son exil et lorsqu'il
sentait déjà les approches de la mort. Sa canzone
sur la nature de l'amour est, entre ses poésies, celle
qui lui valut le plus de réputation. Elle eut l'honneur
d'être commentée par un cardinal Colonna, qu'on
appelait le prince des théologiens. Ce n'est pourtant
qu'une sorte de thèse métaphysique qui montre, à la
vérité, quel était le goût du temps, mais qu'il n'est
guère facile de comprendre et encore moins d'admirer aujourd'hui. Les poésies de Guido remplissent
tout un livre du recueil des anciens poëtes italiens ;

de s'abstraire dans ses méditations, était devenu comme étranger au
reste des hommes, qu'il passait pour être partisan des opinions
d'Épicure, et qu'on disait vulgairement que le principal objet de ses
spéculations était de chercher si l'on pouvait parvenir à prouver la
non-existence de Dieu. Cette accusation d'épicurisme ou d'athéisme
n'a point été répétée par Boccace dans son commentaire sur la *Divine Comédie*, et c'est sur quoi se fondent les défenseurs de Guido
pour soutenir qu'elle n'avait rien de sérieux dans la pensée de l'auteur du Décaméron. Mais, comme le remarque avec grande raison
Tiraboschi, les pièces manquent pour vider le procès, attendu que
des écrits qui nous sont restés de Guido, on ne peut extraire aucun
argument soit pour le défendre, soit pour l'attaquer.

1. Dans la même nouvelle qui vient d'être citée.

elles sont de celles qui approchent le plus du bon style; mais leur auteur ne peut être mis en parallèle avec Dante, son ami, qu'en tenant compte de la différence qu'il y a entre le talent et le génie.

<small>Jacopone da Todi.</small> Un contemporain de Dante, qui mérite encore d'être compté dans le nombre des poëtes, est Jacopo da Todi, de l'illustre famille des Benedetti, plus connu sous le nom de Jacopone que les petits enfants lui donnèrent, lorsque dans un esprit étrange de sainteté il affecta de se faire passer pour fou. D'abord docteur en droit et vivant de la vie dissipée du monde, puis ramené vers Dieu par la mort inopinée d'une épouse qu'il aimait, Jacopo revêtit volontairement les haillons de la misère; puis après avoir longtemps erré en poussant des cris et en chantant des complaintes, il entra dans l'ordre des frères mineurs de Saint-François, où il ne voulut être que frère lai et se soumit aux fonctions les plus repoussantes. Ce fut là qu'il composa des hymnes pieux qui ne manquent ni de verve ni de facilité. L'humilité ne le mit pas à l'abri des persécutions et des mauvais traitements. Lorsque Boniface VIII, irrité contre les Colonne, assiégeait Palestrine, Jacopone ne pouvant contenir son zèle à la vue des maux dont l'Église était affligée, fit contre le pontife un cantique qui commence par ces mots :

> O papa Bonifacio
> Quanto hai giocato al mondo!

Après la prise de la ville, le poëte expia les écarts de sa muse par une dure prison. Un jour que le pape visitait son prisonnier, il lui demanda quand viendrait le jour de sa délivrance, « quand tu seras toi-même captif, » lui répondit-il. La prédiction se vérifia. Boniface fut fait prisonnier par les émissaires de Philippe le Bel, et le moine poëte sortit de son cachot pour mourir bientôt après dans les sentiments d'une piété fervente. Bien que le style de Jacopone soit rude et tout hérissé de locutions étrangères, Tiraboschi ne laisse pas de l'inscrire parmi les écrivains qui *font texte de langue*.

A ces noms déjà nombreux il serait facile d'en ajouter beaucoup d'autres[1]. Nous avons recueilli plus particulièrement ceux qui ont été mentionnés par Dante ou qui se trouvent mêlés à son histoire. Le peu que nous avons dit suffit pour montrer avec quelle ardeur, avec quelle émulation la poésie, dès sa première aurore, fut cultivée par tous les peuples de l'Italie. Mais, on le voit, elle était à peine dégagée des langes de l'enfance, lorsque Dante parut. Sous le rapport de la forme, elle se renfermait exclusivement dans le sonnet, la ballade et la canzone, telle

---

1. Tels que ceux de Francesco da Barberini, disciple de Brunetto Latini, qui, tout en se livrant à l'étude de la jurisprudence, composa sous le titre de *Documents d'amour* une sorte de poëme philosophique; et de Cecco d'Ascoli, né en 1257, médecin selon quelques-uns, mais bien certainement professeur d'astrologie à Bologne. Ses ouvrages astrologiques donnèrent lieu contre lui à l'accusation d'hérésie qui fut suivie d'une sentence de condamnation à mort. Cette fin tragique est peut-être ce qui a donné le plus de vogue au poëme de Cecco, intitulé *l'Acerba*, dont il a été publié jusqu'à dix-neuf éditions en moins d'un siècle. Le poëme, divisé en cinq livres, traite des questions de physique et de philosophie morale et religieuse. Selon quelques auteurs italiens, des rapports d'amitié auraient existé pendant un temps entre Dante et Cecco; mais cette disposition bienveillante se changea plus tard en inimitié dans l'âme de Cecco, car, dans son *Acerba*, il a inséré plusieurs traits satiriques contre l'exilé florentin, se glorifiant avec une naïveté dont il était loin de sentir toute la perfidie, de n'avoir pas employé dans son poëme les mêmes fictions poétiques que Dante a mises dans le sien.

à peu près qu'elle avait pris naissance en Sicile. La lyre italienne n'avait encore rendu qu'un son, celui de l'amour et de la galanterie, et cette corde unique, elle l'avait empruntée à la muse provençale. Mais les Provençaux avaient mêlé à leur galanterie parfois licencieuse des récits de guerre, des traits satiriques, des narrations dont le texte leur était fourni, soit par les croisades, soit par les événements qui se passaient autour d'eux. Il n'en avait pas été de même en Sicile et en Italie : l'amour seul avait inspiré leurs poëtes, seulement un amour plus métaphysique, un amour plein d'affectation, de subtilité, de recherche, presque toujours en dehors des sentiments simples et naturels. Mais l'art allait prendre tout à coup, par la puissance d'un seul homme, un essor prodigieux. Avant d'étudier de plus près cet homme extraordinaire, achevons de constater en quelques mots l'état de la civilisation italienne sous ses autres faces.

État des arts en Italie avant et pendant le XIIIᵉ siècle. Au milieu des convulsions de la guerre civile, les sciences et les lettres ne furent pas seules à renaître en Italie. Sous l'influence de son beau ciel et du génie de ses populations turbulentes, mais admirablement douées, les arts non-seulement se renouvelèrent, mais prirent un développement inattendu. On a d'autant plus de peine à le comprendre que l'Italie était déchirée presque sans interruption depuis deux siècles par les guerres des guelfes contre les gibelins, des villes contre les villes, du peuple contre la noblesse, et dans chaque localité des citoyens les uns contre les autres. Il semblerait qu'une ruine universelle eût dû s'ensuivre. Mais les cités qui se gouvernaient en république et que le commerce rendait florissantes rivalisaient entre elles de richesses et de pouvoirs. La même cause qui engendrait des dissensions funestes produisait aussi une émulation passionnée dont les efforts tournèrent à l'avantage des lettres et des arts. Les princes, parvenus à établir çà et là de petites souverainetés, et dont plusieurs furent doués d'une haute intelligence et d'un caractère généreux, concoururent aussi par leur magnificence à orner et à embellir leurs villes. Enfin, le même esprit de liberté qui avait enfanté tant de prodiges dans la Grèce, en accomplit alors qui, pour n'être pas aussi célèbres, n'en sont pas moins dignes d'attention.

Le témoignage à la fois le plus apparent et le plus certain du degré de civilisation d'un peuple se trouve dans son architecture. C'est celui des beaux-arts dont les produits portent davantage l'empreinte des croyances, des mœurs, des idées d'une nation, et en révèlent le mieux l'esprit. Les Italiens ont construit des édifices pleins de grandeur longtemps avant de faire des sonnets. Venise et Pise, qui avaient précédé les autres villes dans la voie de la liberté, les devancèrent aussi dans celle des arts. Leurs vaisseaux rapportaient d'Orient les marbres les plus purs qui servaient de matériaux à leurs artistes, et ceux-ci s'inspiraient par les modèles de l'antiquité qu'ils étudiaient dans leurs voyages. L'église Saint-Marc, avec ses voûtes d'or, ses pavés de porphyre, ses colonnes de marbre, de bronze, d'albâtre, riche des dépouilles de Constantinople et de ce qu'y ajoutèrent les maîtres de l'école vénitienne, fut commencée et achevée dans le XIe siècle. Presque à la même époque s'élevait, sous la direction des deux grands architectes Buschetto et Rainaldo, le dôme de Pise d'un aspect si grandiose, premier modèle de ce goût nouveau, ni grec ni gothique, qui annonçait la renaissance. Le baptistère de la même ville, bâti en 1152, n'est pas moins caractéristique par son style élégant et original : il fut orné des chefs-d'œuvre de Nicolas de Pise, le plus grand artiste du temps. Pise était alors la ville la plus célèbre pour la somptuosité de ses monuments, et son école était la première de l'Italie. Son *Campanile* et son *Campo Santo*, l'un du XIIe et l'autre du XIIIe siècle, excitent encore toute notre admiration. Le Toscan Jacques de Lapo, père de l'illustre Arnolfo, érigea de 1228 à 1230, dans la ville d'Assise, l'église consacrée à saint François, église regardée comme le prodige de l'architecture à cette époque. Florence, qui devait dépasser Pise dans la perfection de l'art, comptait dès le XIIIe siècle un grand nombre d'édifices remarquables : la loge et la place des *Priori*, le *palazzo Vecchio* qui était le palais de la seigneurie, l'église de la Trinité que Michel-Ange nommait sa *dame favorite*, celle de *Santa Croce*, et surtout *Santa Maria del Fiore* ou le Dôme, vaste et majestueuse création qui a immortalisé le grand Arnolfo, mort en 1300, sans avoir eu le temps de terminer son œuvre. Mais il en fit le revêtement extérieur, en éleva le pourtour et banda les quatre arcs destinés à recevoir cette fameuse coupole, égale en grandeur à celle de Saint-Pierre de Rome, que plus tard Brunelleschi eut la gloire de soutenir dans les airs. On ne cesse de s'étonner que Florence, déchirée par les factions, pût suffire à tant de dépenses.

Si l'architecture est l'expression de l'esprit dominant d'un peuple et d'une époque, on comprend que l'architecture religieuse ait dû progresser la première dans l'Italie du moyen âge. Mais chez des populations qui combattaient pour leur liberté et qui s'adonnaient au commerce, elle avait encore à entreprendre des travaux d'un autre ordre, reflet non moins fidèle des mœurs du temps. Les villes, pour maintenir leur indépendance, avaient à résister tant à l'agression des empereurs qu'à celle de leurs voisins. Dans ce but, elles s'entourèrent de bonne heure de hautes murailles et bâtirent de fortes tours, d'abord pour la défense, puis pour l'ornement de la cité. Ainsi firent Florence, Pise, Gênes, Crémone, Ferrare, Padoue, Reggio, etc., dans le xie et le xiie siècle. Milan, détruite de fond en comble par Frédéric Barberousse en 1162, ne mit que cinq ans à se rééedifier et à reconstruire ses murs, qu'elle perça de seize portes de marbre d'une grande magnificence. Après s'être prémuni contre les attaques, il fallut pourvoir aux besoins de l'administration de la commune. Des palais s'élevèrent dans la plupart des villes pour recevoir le podestat ou les consuls, et ces édifices, nommés *palais de la Raison (palagio della Ragione)*, étaient souvent d'une grande somptuosité, comme à Florence et à Padoue. Vinrent ensuite les travaux d'embellissements et d'utilité publique. Les rues se pavèrent; des canaux rendirent les communications plus faciles ou pourvurent aux besoins de première nécessité. Les Milanais construisirent le beau canal qui amène les eaux du Tessin dans leurs murs, à travers un parcours de trente milles. Les grands aqueducs de Gênes furent entrepris et achevés dans le temps où cette ville industrieuse fondait les deux darses et la grande muraille de son môle.

Enfin l'on vit toutes les villes rivalisant à l'envi d'efforts et de magnificence, orner leurs places publiques, jeter des ponts de pierre sur les fleuves, ouvrir des canaux et favoriser par des travaux d'utilité générale la richesse du sol et l'industrie de ses habitants.

La sculpture et la peinture, ces deux sœurs qui se tiennent par la main, ne restèrent pas en arrière de l'architecture, qu'elles touchent de si près et avec qui d'ordinaire elles s'élèvent ou fléchissent. C'est encore aux Pisans que revient l'honneur d'avoir contribué les premiers à cette glorieuse rénovation[1]. Dans le commerce qu'ils faisaient avec la Grèce, ils en rapportaient des statues, des bas-reliefs, des colonnes de marbre précieux qu'ils employaient à l'ornement de leur cathédrale et du *Campo Santo*. La comparaison de ces beaux ouvrages avec ceux qu'on avait faits jusqu'alors, éveilla le génie de leurs artistes et leur montra la bonne route. Les premiers architectes furent aussi sculpteurs et quelques-uns peintres. Buonanno de Pise, célèbre déjà dans la seconde moitié du xiie siècle ; le grand Nicolas ; Jean, son élève et son fils, qui n'a pas surpassé son maître, mais qui l'a quelquefois égalé ; Arnolfo di Lapo, non moins habile sculpteur que grand architecte ; Marguaritone d'Arezzo, distingué dans les trois arts et de plus mécanicien ; Andréa de Pise, plus illustre qu'eux tous, ont laissé dans la principale ville de l'Italie, soit sur le marbre, soit sur le bronze, des monuments impé-

---

[1]. 1. Il y avait bien eu dans le xiie siècle, à Modène, à Milan, à Rome, quelques essais de sculpture dont les antiquaires italiens parlent avec éloge ; mais la grande impulsion donnée à l'art est due aux Pisans.

rissables de leur génie. Dans le même temps et par un effort simultané, la peinture, sous l'inspiration du Florentin Cimabue[1], quittait l'imitation des peintres grecs pour chercher ses modèles dans la nature et les reproduire avec vérité. Les premières compositions de l'art italien avaient été de simples imitations des Byzantins qui seuls conservèrent, bien qu'en les défigurant, les traditions de l'art ancien, et les transmirent à l'Occident. Vasari n'admet pas qu'il y ait eu en Italie, avant Cimabue, d'autres peintres que les Grecs auxquels il attribue les peintures et les mosaïques antérieures à cette époque. Tiraboschi réfute cette opinion et prouve victorieusement que s'il y eut beaucoup de Grecs parmi ceux qui s'adonnèrent alors à la peinture en Italie, il n'est pas moins incontestable qu'il y eut aussi des Italiens. Selon lui, des documents certains constatent, dans l'Ombrie, dans l'État d'Urbin et dans les autres portions du territoire pontifical, l'existence d'une école qui ne fut pas sans influence sur l'école romaine, mais qui n'eut rien de commun avec celle de Florence, et où figurèrent concurremment des artistes grecs et italiens. Au reste peu importe, dès lors qu'il paraît hors de doute que, Grecs ou Italiens, tous peignaient d'après la manière rude et défectueuse des Byzantins. Cimabue continua la tradition des Grecs et prépara l'émancipation de l'art italien que son élève Giotto ac-

---

[1]. L'honneur qu'on attribue communément à Florence, ou plutôt à ses grands artistes Cimabue et Giotto, d'avoir renouvelé l'art de la peinture, est vivement contesté par plusieurs autres villes. Bologne, Sienne et même Ferrare se vantent d'avoir produit des peintres plus anciens que Cimabue et dont les œuvres ne sont pas inférieures à celles du Florentin.

complit définitivement. Giotto, l'ami de Dante, dont le génie a plus d'une fois inspiré celui de l'artiste, porta la peinture à un degré de perfection qu'elle devait bientôt dépasser, mais qu'elle n'avait pas encore atteint. A la différence de tant de beaux génies méconnus par leurs contemporains, il recueillit pour récompense de ses nombreux travaux toutes les faveurs de la gloire et de la fortune.

La musique, que les anciens tenaient dans un tel honneur qu'ils comprenaient sous ce nom tous les beaux-arts, mais qui se bornait dans le moyen âge à la musique sacrée ou d'église, eut aussi dès le xie siècle sa révolution. La gamme moderne fut trouvée par Gui ou Guido d'Arezzo, moine bénédictin de l'abbaye de Pomposa, regardé comme le restaurateur de la musique et l'inventeur de notre système musical. Dupuis Gui d'Arezzo jusqu'à Marchetto de Padoue, qui écrivit vers 1300 deux traités sur la musique, on ne trouve aucun nom qui se soit illustré dans cet art encore peu avancé. Mais malgré son imperfection il ne laissait pas d'exercer un grand empire sur les esprits cultivés, et l'on sait que Dante, entre autres, en faisait ses délices, et que même il n'y était pas étranger.

Tel était l'état de la civilisation en Italie lorsqu'une impulsion nouvelle lui fut donnée par l'homme qu'il nous faut à cette heure aborder de plus près. Il arrive souvent que l'imagination par l'amour naturel qu'elle a pour le merveilleux, ne veut pas s'arrêter dans les limites du vrai. Presque toujours elle éprouve le besoin de grandir l'objet, même fondé, de son admiration. Elle se plaît à isoler les grands hommes, à ne chercher qu'en eux-mêmes le secret de leur supériorité, à croire qu'ils doivent à leurs seuls efforts l'élévation dont ils dépassent le vulgaire. Sans doute la meilleure part leur appartient, après celui qui les envoie, dans l'apostolat qu'ils sont venus remplir sur la terre. Mais il est juste de tenir compte de tout ce qui, avant eux, était acquis à l'esprit humain, et dont ils ont profité. Ils ne se seraient pas élevés si haut s'ils avaient dû partir de plus bas. Deux conditions à l'opposé l'une de l'autre semblent également nécessaires pour que le génie puisse prendre tout son développement. Il faut que le sol qu'il doit féconder ne soit pas trop encombré de ronces et d'épines, car son essor en serait étouffé; et il faut aussi que ce sol n'ait point été remué et comme épuisé par une culture trop laborieuse. Dans une ère de civilisation avancée, un Dante ne serait pas moins impossible qu'il l'eût été dans le temps de la décadence universelle des lettres et des arts. Dante apparut précisément à l'époque providentielle marquée pour son génie. Il a soulevé son siècle en s'élevant lui-même à une hauteur qui paraissait inaccessible; mais il doit à ce siècle, tout barbare qu'il était encore, le levier qui était indispensable à son action, et que demandait en vain Archimède. Comme Homère, à qui seul on peut le comparer dans l'histoire, il résume dans son individualité tout un monde disparu, mais dont il nous a conservé l'empreinte impérissable. Depuis Homère, il n'avait été donné à aucun homme d'exercer par ses propres forces une si large influence, et après Dante aucun autre n'a reçu de Dieu une si haute mission. Nul poëte ne fut plus véritablement créateur. Sauf quelques imitations de détails, il n'a rien emprunté à ceux qui étaient venus avant lui, et de même que son invention poétique n'avait pas eu de modèle, de même elle n'en a servi à personne. L'œuvre est restée unique, comme l'auteur est à part de tous les autres. Maintenant que nous savons ce que Dante a pris à son siècle, il est temps de voir ce qu'il lui a donné.

DANTE
ET SES ÉCRITS.

CHAPITRE PREMIER
(1265-1300).

FAMILLE DES ALIGHIERI. — NAISSANCE DE DANTE. — SES PREMIÈRES ANNÉES. — DANTE S'ÉPREND D'AMOUR A L'AGE DE NEUF ANS. — SA VITA NUOVA. — ÉDUCATION DE DANTE. — SES PROGRÈS DANS LES SCIENCES ; IL PUBLIE SON PREMIER SONNET ET SE LIVRE A LA POÉSIE. — DE POETE IL DEVIENT SOLDAT. — MORT DE BÉATRIX. — DANTE ÉPOUSE GEMMA DONATI. — IL PREND PART AUX AFFAIRES PUBLIQUES. — SES AMBASSADES.

Sans s'arrêter à ce que Boccace, Villani et d'autres auteurs racontent de la famille de Dante et de son antique origine [1], il est au moins certain que cette famille tenait un rang distingué à Florence, où elle avait porté le nom des Eliséi. Cacciaguida, son premier auteur connu, vivait dans le commencement du XIIe siècle. On a la certitude qu'il suivit Conrad III dans la croisade que cet empereur entreprit, en 1147, de concert avec le roi Louis le Jeune. Cacciaguida fut

[1]. Le savant Joseph Pelli, dans ses Mémoires sur la vie de Dante, repousse les assertions de Boccace et de Villani comme fabuleuses, ou du moins non prouvées, et fonde l'arbre généalogique de Dante sur Cacciaguida, trisaïeul du poëte, et cité par lui dans le XVe chant du *Paradis*.

du nombre des victimes qui périrent dans cette désastreuse expédition. Il avait épousé une fille de la maison des Alighieri de Ferrare, laquelle donna son nom à l'un des fils issus de ce mariage. Ce premier Aldigier, Aligier ou Aldighiero, car les noms de famille n'étaient pas encore fixés, eut, pour petit-fils, un second Aldighiero qui fut le père de Dante. Tout ce qu'on connaît de celui-ci, c'est qu'il fut jurisconsulte, et qu'il épousa deux femmes. De la première, il eut un fils du nom de François; la seconde, Monna Bella, fut la mère de notre poëte et d'une fille mariée dans la famille Poggi [1] de Florence. Ainsi que toutes les familles principales de Florence, celle des Aldighieri prit part aux dissensions intestines qui éclatèrent dans cette ville, en l'année 1215. Engagée dans le parti guelfe, elle éprouva les vicissitudes de ce parti : chassée avec les guelfes, en 1248, par les soldats de l'empereur Frédéric II, elle revint à Florence, lors de la réaction guelfe qui suivit la mort de Frédéric, en 1250, puis en sortit de nouveau, après la victoire des gibelins à Monte-Aperto, en 1260, pour y rentrer six ans plus tard, sous la protection de Charles d'Anjou.

Ce fut donc pendant que son père était proscrit, que Dante naquit à Florence, dans le mois de mai 1265. Il fut nommé Durante, dont par contraction ou abréviation on a fait Dante, nom qui prévalut, et que tant de gloire attendait. Encore enfant, il perdit son père Alighieri, et resta sous la direction de sa mère Bella, dont il paraît que les soins furent à la fois tendres et éclairés. Elle lui donna pour maître Brunetto

---

1. André Poggi naquit de cette union; il a été l'ami de Boccace et de Pétrarque.

Latini, que nous avons vu jouer un rôle important dans les affaires de la république florentine, et qui tenait une place plus considérable encore dans l'estime de ses concitoyens, comme philosophe, poëte et grammairien. Les vers que Dante place dans la bouche de ser Brunetto, lorsqu'il le rencontre en enfer [1], ont accrédité l'histoire d'un horoscope qui aurait été tiré par le célèbre professeur, au moment de la naissance du petit Durante; le soleil se trouvait alors dans la constellation des gémeaux, et l'astrologue aurait prédit de glorieuses destinées à son futur disciple. Comme Brunetto n'était point étranger à l'astrologie judiciaire et que cette prétendue science commençait à prendre un grand crédit, l'histoire de l'horoscope n'a par elle-même rien d'invraisemblable. Mais on sait avec quelle facilité les prodiges qui se rapportent à la naissance ou à la mort des grands hommes, sont admis par la crédulité populaire. On peut en dire autant du songe mystérieux que, s'il faut en croire Boccace, la signora Bella aurait eu pendant sa grossesse [2].

Si les prédictions des astrologues ou les rêves d'une mère ne sont pas toujours des indices infaillibles d'une gloire future, le jeune Dante, dès ses premières années, révéla par des signes plus certains la précocité d'une âme ardente, du foyer de laquelle devait bientôt jaillir l'étincelle de son génie. Il n'avait

1. « Se tu segni tua stella.... » *Enfer*, chant XV.
2. Il lui sembla durant son sommeil que, couchée sur une verte pelouse, près d'une source pure, sous l'ombrage d'un laurier, elle enfantait un fils qui se désaltérait dans la fontaine et s'alimentait des fruits tombés de l'arbre. Bientôt l'enfant lui parut comme un jeune berger; il cherchait à cueillir les branches du laurier dont il s'était nourri; mais dans ses efforts il tomba, et après s'être relevé il était devenu un paon; ce que voyant, Monna Bella fut tellement saisie qu'elle se réveilla.

guère plus de neuf ans, lorsqu'un événement, bien fugitif en apparence, produisit sur son âme enfantine une de ces impressions ineffaçables qui, dans un âge plus avancé, décident du reste de la vie. Dans une des réjouissances du mois de mai, auxquelles toute la population florentine prenait part pour célébrer le retour du printemps, le petit Dante, rencontrant une jeune fille à peu près de son âge, conçut pour elle un sentiment qu'il n'est pas aisé de définir, mais qui, quelque nom qu'on lui donne, resta profondément gravé dans son cœur, et devint une passion qu'il n'est pas moins difficile de caractériser. Tous ceux qui ont écrit sur la vie de Dante, et le nombre en est grand, rapportent de la même manière l'origine et les circonstances de son amour pour Béatrix, dite aussi Bice, par un diminutif gracieux; elle était fille de Foulques Portinari, dont la famille considérée à Florence, était voisine d'habitation et amie de celle des Alighieri. Mais tous ne sont pas également convaincus que cet amour, toujours contenu dans les bornes de la plus extrême réserve, doive être entendu dans sa signification vulgaire. Quelques-uns, ne l'acceptant que comme une sorte de mythe, n'ont vu dans le nom de Béatrix que la personnification de la théologie ou de la sagesse. Ils se sont appuyés du langage même de Dante qui, dans plusieurs ouvrages et notamment dans son poëme, en a parlé dans des termes tellement énigmatiques et contradictoires, qu'il est également impossible de les rapporter tous, soit au sens allégorique, soit au sens littéral. Le problème vaut la peine d'être examiné dans les éléments qui le composent; car, que la passion de Dante pour Béatrix ait été terrestre ou mystique, ou qu'elle ait eu à la fois ces deux caractères, elle n'en est pas moins la pensée fondamentale et inspiratrice de l'œuvre qui est l'objet de notre étude. Dans cette recherche, nous prendrons pour guide Dante lui-même, c'est-à-dire le livre peu connu, dans lequel il a consigné les détails les plus minutieux et les nuances les plus fugitives de son amour. On verra que cet amour, bien qu'il se soit élevé jusqu'au point suprême de l'épuration platonique, n'en appartient pas moins aux sentiments humains par son énergie, par ses alternatives et même par ses voluptés. Il s'est emparé de Dante enfant, et n'a pas cessé de subjuguer l'enfant devenu homme, aussi longtemps que Béatrix vécut. Plus tard et par des gradations successives, l'objet d'un culte si fervent et si pur s'est transfiguré dans l'âme du poëte jusqu'à devenir un être presque divin. Le monument que Dante a élevé en mémoire de ses amours, et qu'il intitula *Vita nuova*, vie nouvelle [1], paraît avoir été écrit vers l'année 1291, c'est-à-dire un an après la mort de celle qui le remplit en entier. Antérieur de quelques années à *la Divine Comédie*, il en est comme l'introduction nécessaire. On nous pardonnera donc de nous y arrêter avec quelque développement, et d'oublier un instant l'ordre chronologique des faits, puisque nous n'en sommes encore qu'à Dante enfant, mais enfant passionné, pour ne pas interrompre le récit ou plutôt la confession du poëte.

La Vita nuova ne saurait être classée dans un genre de composition déterminé. C'est un recueil de poésies amoureuses, sonnets ou canzones, comme on en faisait alors, liées entre elles par un récit naïf et

---

[1]. *Nouvelle*, disent les annotateurs, est ici pour *Juvénile*.

dramatique, et souvent accompagnées d'une analyse métaphysique des sentiments de l'auteur. Il tient tout ensemble du poëme, des mémoires, du roman philosophique, sans appartenir en propre à aucun de ces genres. Nous laisserons de côté la partie poétique, et autant que possible celle mystique, pour nous occuper surtout de la narration.

A Florence donc, dans une fête d'enfants, le petit Dante, âgé de neuf ans à peine, se trouve en présence de Béatrix ou Bice qui n'avait, elle aussi, que huit ans et quelques mois. Ces deux enfants qui devaient joindre aux grâces naturelles à leur âge, une sensibilité qui s'y montre rarement, firent l'un sur l'autre une impression très-vive, surtout la jeune fille sur le jeune garçon. « En ce moment, dit-il, l'esprit de vie qui se cache dans les replis les plus secrets du cœur, trembla si fortement en moi que frémissant il dit ces paroles : *Voilà un dieu plus fort que moi et qui va me dominer....* Dès lors, l'amour devint le fiancé de mon âme ; il la maîtrisa avec tant d'empire, par le secours que mon imagination lui prêtait, que je dus obéir sans résistance à toutes ses volontés. Quand il m'ordonnait, enfant, de chercher cet ange de jeunesse, j'accourais à sa rencontre, et je la voyais s'avancer si noble et si gracieuse, que je lui appliquais ce vers d'Homère : *Ce n'est pas la fille d'un mortel, mais d'un dieu.* » Neuf années s'écoulent. Celle dont l'image le suivait toujours, était devenue une jeune fille de dix-sept ans. Il la voit passer, vêtue d'une robe éclatante de blancheur, et reçoit d'elle un salut empreint de tant de bienveillance et de courtoisie qu'il se sent au comble du bonheur, et s'enfuit loin de la foule pour s'enivrer de sa joie. Livré tout entier à la pensée de sa gracieuse dame, sa santé s'altère, il devient faible et pâle ; ses amis s'en inquiètent, il avoue que c'est l'amour qui l'a mis dans cet état ; puis, quand on lui demande quel est l'objet de cet amour, il sourit et se tait.

Un jour que, dans une église, il était posté de manière à pouvoir contempler sa *béatitude*, il arriva qu'une femme jeune et belle, placée elle-même sur un point intermédiaire de l'espace qui séparait les deux amants, prit pour elle les regards passionnés qui s'adressaient à une autre, et sembla les encourager en y répondant. « Plusieurs avaient remarqué qu'elle me regardait, et en sortant de ce lieu, j'entendis qu'on disait auprès de moi : Voyez donc dans quel état cette femme a réduit ce pauvre homme. » Joyeux d'une méprise qui sauvegarde son secret, Dante imagine de rendre la dame abusée complice, sans le savoir, d'une ruse innocente : il fait d'elle un rempart à son amour, et pour donner le change aux curieux, il va jusqu'à la chanter dans ses rimes. A la faveur de ce voile, non-seulement il se met « pendant des mois et des années » à l'abri des indiscrets, mais il ose célébrer le nom de la vraie dame de ses pensées, dans une lettre sous forme de sirvente, qu'il dédie à soixante des plus belles personnes de Florence, et où Béatrix, à cause du mètre des vers, ne put être nommée que la neuvième. La dame qui lui servait de bouclier ayant quitté Florence, il lui adresse encore des vers où la véritable amie se cache toujours sous celle d'emprunt. Ensuite, comme cette dernière ne devait pas revenir, une autre, jeune et belle aussi, lui est substituée, et le même manége continue. Grâce à ces fictions ingénieuses, le secret fut tellement gardé, que celle à qui se rapportait un culte si délicat, s'y méprit la première. Alors Béatrix, trop bien trompée, éprouva quelque chose de semblable à de la jalousie. Dans sa respectueuse admiration, l'amant se garde de prononcer ce mot; mais ce qu'il ne dit pas, la conduite de Béatrix l'exprime. Une fois que la *dame céleste, reine de toutes les vertus*, passait dans un lieu où il se trouvait, elle lui refusa sa douce salutation, cette salutation dans laquelle résidait une incomparable félicité. Veut-on savoir ce qu'un acte de courtoisie qui semble si minime, qu'on n'ose lui donner le nom de faveur, avait cependant le pouvoir d'opérer sur lui? « Lorsque ma dame se préparait à saluer, un esprit d'amour anéantissait tous mes autres esprits…. Celui qui aurait voulu connaître Amour, le pouvait aisément au seul aspect du tremblement de mes yeux; et quand elle octroyait son salut, Amour lui-même, n'eut pas eu la puissance d'altérer mon suprême bonheur…. Ainsi, dans cette salutation, résidait une béatitude si grande que souvent mes forces ne pouvaient suffire à la supporter. » — Qu'on juge par là de l'effet que dut produire une punition d'ailleurs si peu méritée!

Quelque temps après, Dante assiste à des funérailles presque malgré lui, car il était triste, et ses traits portaient l'empreinte des sentiments qui le consumaient. Dans le nombre des personnes que cette solennité avait réunies, se trouvait Béatrix. Il la voit, et cette vue le fait pâlir et le jette dans un trouble extraordinaire. Pour comble de malheur, plusieurs dames témoins de son émotion, et Béatrix elle-même, en marquent de l'étonnement et y répondent par des railleries. Confus et presque mécontent de sa dame, il se retire en murmurant quelques reproches dans son cœur. « Si cette dame connaissait ce que j'éprouve, elle ne se moquerait pas ; au contraire, j'exciterais en elle de la pitié. » Alors il se résout à lui apprendre par une pièce de vers que c'est elle qui cause et le trouble de l'âme et l'altération dans les traits qui ont fourni matière à ses plaisanteries. Cette fois sans doute Béatrix connut le grand secret qu'on avait mis tant de persévérance et d'habileté à soustraire à tous les regards. Du moins d'autres femmes, moins intéressées, le pénétrèrent, et l'une d'elles, plus résolue ou plus curieuse que ses compagnes « me dit en m'appelant par mon nom : *Dans quel but aimes-tu cette dame, si tu ne peux la regarder ni soutenir sa présence ?* Après avoir proféré ces mots, non-seulement elle, mais toutes les autres, attachèrent leurs yeux sur moi et attendirent ma réponse. *Mesdames*, leur dis-je, *le but de mon amour est la salutation de cette dame, et c'est à cette salutation où repose mon bonheur, qu'aspirent tous mes désirs honnêtes. S'il lui a plu de me la refuser, Amour a mis tout mon espoir en sa miséricorde.* »

Au milieu de ces perplexités, de ces innocentes alternatives de joies et de chagrins, survint un événement grave qui donna une autre direction aux pensées de Dante, sans en changer l'objet. Le père d'une si *merveilleuse personne*, Folco Portinari, mourut. Non-seulement le poëte prend part à l'amère douleur dont il est témoin ; mais dans son anxiété il tombe malade, et pendant sa maladie il pense à la fragilité des choses humaines, au peu de durée de la vie, même dans l'état de santé, et il se dit avec d'inexprimables angoisses : *Elle aussi doit donc un jour mourir!* A ce moment son esprit s'égare, il ferme les yeux, il a une vision terrible. Il se voit entouré de femmes échevelées ; les unes lui crient : *Tu vas mourir ;* les autres : *Tu es mort.* En même temps le ciel s'obscurcit, et les étoiles apparaissent si pâles qu'elles semblent pleurer les morts. La terre tremble, et au bruit de ces tremblements, un ami vient dire à l'amant éperdu : *Ton admirable dame n'est plus.* Levant aussitôt les yeux vers le ciel, il voit des anges monter en chœur, et il les entend chanter : *Hosanna in excelsis!* Plus de doute. Sa dame est morte ! Son imagination le conduit vers elle et la lui montre sous des traits si calmes qu'elle paraissait dire : *Je suis en paix.* A cette vue il appelle la mort. « O mort! viens à moi, je te désire, et tu vois que déjà je porte ta couleur.... Tu n'as plus rien de repoussant, puisque tu as pris possession de ma dame, et loin d'être irritée tu dois être compatissante. Viens donc, mon cœur te demande. » Cette vision, sorte de prophétie trop tôt justifiée, va donner à l'amour de Dante un caractère encore plus grave et plus sacré. Durant le peu de jours que doit encore passer sur la terre celle qu'il a déjà vue portée au ciel par des anges, il ne parlera plus d'elle qu'avec un redoublement de respect, comme si déjà l'amour humain se confondait avec l'amour de Dieu, dont le premier n'est qu'une émanation. « Elle inspirait une telle vénération que quand elle passait dans la rue, chacun accourait pour la voir, et celui de qui elle s'approchait, n'osait ni lever les yeux ni répondre à son salut, tant elle imprimait de réserve.... Pour elle, couronnée de modestie, elle s'avançait, sans témoigner d'orgueil de ce qu'elle voyait et entendait. Après qu'elle était passée, les uns disaient : *Non, ce n'est point une femme, mais un des plus beaux anges de Dieu;* d'autres : *Béni soit le nom du Seigneur pour avoir fait une telle merveille.* »

Bientôt l'annonce fatale reçoit son accomplissement. Béatrix meurt [1]. Elle est appelée à jouir de la gloire immortelle sous la bannière de la reine céleste dont toujours elle avait invoqué le nom avec ferveur. Florence qui a perdu son lustre, reste comme veuve, et lui, Dante, ne trouve quelque soulagement à sa tristesse qu'en déplorant dans des plaintes rimées le coup qui le condamne à une douleur inconsolable. D'abord il écrit à tous les rois et princes de la terre pour les convier à partager la désolation où sont plongés Florence et le monde entier par la disparition de celle qui en était le principal ornement. La lettre commençait par ces mots du prophète Jérémie : *Quomodo sedet sola civitas...?* Mais, comme l'épître est écrite en latin,

---

1. Béatrix mourut le 9 août 1290. Dante l'avait vue, pour la première fois, lorsqu'elle était dans sa *neuvième* année, il la revit dans une occasion marquante, *neuf* ans après ; elle était morte le *neuvième* jour du mois d'août qui, d'après la manière de compter en Syrie, est le *neuvième mois* de l'année. Ce retour constant du nombre *neuf* qui se trouve encore *neuf* fois répété dans l'année du siècle où elle mourut, a pour Dante quelque chose de mystérieux qu'il cherche à pénétrer. Il trouve à ce rapport deux raisons probables : l'une que, comme il y a selon Ptolémée neuf *ciels* mobiles dont les influences gouvernent notre monde, le nombre neuf s'est attaché à Béatrix pour indiquer qu'au moment de sa naissance les neuf *ciels* étaient dans une harmonie parfaite. L'autre raison plus subtile et qui, par cela même, plaît davantage à son ingénieux inventeur, est que le nombre neuf ayant pour racine le nombre trois qui l'engendre par lui-même et sans le secours d'aucun autre, et le nombre trois étant le symbole de la sainte Trinité, à la fois une et trois, le carré de trois (neuf) est resté inséparable de Béatrix, afin de montrer à tous qu'elle était un neuf, c'est-à-dire une création dont l'élément générateur est la sainte Trinité.

il ne juge pas convenable de la rapporter dans un livre écrit en langue vulgaire. C'est donc dans cette langue qu'il s'efforce de faire passer tout ce qui suffoque son âme. Il y est invité par le frère de Béatrix, bien qu'il n'ait pas besoin de cet appel, et il s'abandonne à ses inspirations poétiques. Ainsi se passèrent les jours dans des souvenirs funèbres et des chants de douleur, jusqu'à l'anniversaire de la mort de Béatrix. Ce jour-là, tout pensif il était assis, dessinant un ange sur des tablettes. Des visiteurs vinrent, qu'il ne vit pas d'abord; les ayant enfin aperçus, il se leva, « Une autre était avec moi, » leur dit-il. Quand ces hommes se furent retirés, il continua son travail.

Cependant l'amour qui avait plongé cette âme dans le désespoir, tenta de lui envoyer quelque consolation. Dans ses rêveries solitaires, lorsque repassant les scènes du passé, il était le plus accablé sous le poids des souvenirs, il vit une jeune et belle dame qui, du haut d'un balcon, le regardait avec tant de compassion que la pitié elle-même semblait respirer en elle. Comme les malheureux ne sont jamais plus prompts à pleurer que quand d'autres s'intéressent à leur infortune, il sentit ses yeux se mouiller de larmes. Cédant à un sentiment de reconnaissance qui s'identifiait encore avec ceux dont son cœur était rempli, il reçut avec plaisir les marques d'intérêt de la dame compatissante. Mais bientôt il s'aperçoit que ce plaisir devient trop vif : une lutte s'élève dans son âme, il hésite, il a peur de céder; il est attiré et retenu tout à la fois. Mais une nouvelle vision le sauve, et donne la victoire à Béatrix[1]. A cette dernière scène racontée

---

1. L'égide protectrice de Béatrix n'a pas toujours eu la même puissance. Dans des luttes postérieures à celle-ci, nous verrons Dante

avec une grâce exquise, s'arrête *la Vita nuova*, et commence à vrai dire une *vie nouvelle*, c'est-à-dire une vie où, détaché du monde, Dante reste livré tout entier à la contemplation de sa Béatrix triomphante dans le ciel, et se propose de ne plus rien dire qui ne soit à la glorification de cette *bienheureuse*. Mais en même temps il ne veut parler d'elle que lorsqu'il pourra le faire en termes dignes du sujet. Animé par ce but, il recueille ses forces, il se livre à l'étude dans l'espoir, si sa vie se prolonge, de dire d'Elle un jour ce qui n'a jamais été dit d'aucune femme. *La Divine Comédie* a fait voir s'il s'était engagé témérairement.

Tel est à peu près l'ordre du récit dans le livre de *la Vita nuova*, dont une analyse décolorée ne saurait faire apprécier les beautés dont il étincelle, non plus que les taches qui le déparent. Toutefois, si je ne m'abuse, ce court extrait suffira pour répandre de la lumière et de l'intérêt sur un amour qui avait jeté des racines si profondes, et qui devait laisser après lui des traces ineffaçables. On comprendra mieux comment cet amour, pur dès l'origine, mais toutefois pétri des sentiments du cœur de l'homme dans les conditions de son rapide passage sur la terre, a subi toutes les chances de la destinée humaine, jusqu'à ce que s'épurant de plus en plus, et se combinant avec des études théologiques, il se soit tout à fait

(chant XXX° du *Purgatoire*), courber la tête sous les reproches de son amante indignée, et Béatrix, malgré la place glorieuse qui lui est assignée au-dessus du chœur des anges, au-dessus des prophètes et des apôtres, se souvenir qu'elle a été femme et parler avec amertume de celles qui, sur la terre, ont momentanément terni dans le cœur de son fragile amant la sainte image qu'il devait à jamais y conserver pure et intacte.

idéalisé par la double puissance de la mort et de la foi.

Nous avons voulu dès l'apparition de Béatrix dans la vie de Dante exposer dans toutes ses phases l'histoire de cet amour, parce que c'est un fait capital, dont l'examen importe à la connaissance de l'homme et de l'œuvre. Pour ne pas nous égarer, nous avons interrogé Dante, nous lui avons demandé par anticipation de nous expliquer la nature de ses sentiments. Mais nous l'avons laissé enfant, il faut à cette heure revenir sur nos pas.

La sensibilité précoce dont si jeune encore Dante donna des preuves extraordinaires, ne l'empêcha point de s'appliquer avec ardeur non-seulement aux sciences graves, mais à la littérature agréable. Son maître Brunetto, qui a réuni dans un livre sur lequel nous aurons à revenir la plupart des connaissances acquises de son temps, était le guide le plus capable et le mieux choisi pour initier son élève à tous ces mystères de la science, qui alors plus qu'aujourd'hui étaient le partage d'un petit nombre d'adeptes. On enseignait dans les écoles les sept arts qui portaient encore les noms barbares de *trivium* et *quadrivium* : le trivium comprenait la grammaire, la rhétorique et la dialectique; dans le quadrivium étaient renfermées l'arithmétique, la géométrie, la musique et l'astronomie. Telle avait été la nomenclature de la science au moment du rétablissement des écoles dans le xie siècle, et telle elle était encore. Nous avons vu dans l'exposé qui précède combien ces arts étaient encore peu développés, et cependant à quels abus de l'esprit ils avaient déjà donné naissance. Outre l'enseignement du trivium et du quadrivium partagé par les clercs et par les laïques d'une certaine classe, il y avait dans les universités des chaires de jurisprudence, de médecine, de théologie, de philosophie morale et naturelle. Il est probable que Dante s'est occupé de théologie dès sa première jeunesse, soit à cause de la pente naturelle de son esprit, soit parce que là rayonnait alors le foyer de la vie intellectuelle. S'il est vrai que notre poëte, comme l'affirme un de ses commentateurs [1], eut un instant la pensée d'entrer dans les ordres religieux, cette pensée n'a pu lui venir qu'à l'âge où il hésitait encore sur sa vocation, et il fallait pour cela que la théologie lui fût déjà familière. Toutefois c'est plus tard qu'il se livra à de sérieuses études théologiques, et avec d'autant plus d'efficacité qu'il y apportait une maturité plus grande. La principale étude de ses jeunes années fut la philosophie : il dut y être d'abord guidé par son maître Latini, profès dans cette matière; ensuite, selon la croyance commune, il compléta son instruction à l'université de Bologne. Mais les biographes ne sont pas d'accord sur ce point. Ce n'est que pendant son exil qu'il aurait visité, d'après Villani et Boccace, les universités de Bologne et de Paris, ou celles de Crémone et de Naples, au dire de Mario Philelphe : opinion qui semble aussi avoir été adoptée par Pelli, puisqu'il ne fait mention d'aucun voyage entrepris par le poëte dans les premières années de sa jeunesse.

---

1. Selon Francesco da Buti, commentateur du xive siècle, Dante serait entré comme novice dans l'ordre des frères mineurs, mais en aurait quitté la robe avant d'accomplir sa profession. Une autre version est donnée par le P. Jean de Saint-Antoine. Ce dernier, d'après l'autorité de quelques écrivains de son ordre, fait aussi prendre à notre poëte l'habit de saint François, mais seulement sur la fin de sa vie. Ces allégations, ajoute Tiraboschi, sont des fables.

Par contre, c'est à cette époque que Benvenuto da Imola le fait aller aux universités de Bologne et de Padoue, et longtemps après à celle de Paris. Or, le témoignage de Benvenuto qui pendant dix années consécutives fit à Bologne des lectures publiques de *la Divine Comédie*, doit avoir ici plus de poids que celui de Villani, bien que ce dernier soit plus rapproché des faits dont il parle. Le même Benvenuto rapporte en outre que Dante connut à Bologne le peintre en miniature Oderisi, dont on sait en effet qu'il resta l'ami. Comme Oderisi mourut en 1300, il faut bien que Dante qui, en 1300, n'était pas encore exilé, l'ait connu antérieurement à cette époque.

La connaissance de la langue grecque était encore peu répandue. On s'est enquis de savoir si Dante possédait cette langue. Pelli se décide pour l'affirmative, il allègue en preuve les mots grecs employés par le poëte, et les noms d'Homère et d'autres auteurs helléniques souvent cités dans ses écrits. Mais ces raisons ne paraissent pas suffisantes au judicieux Tiraboschi. Il semble d'ailleurs résulter des propres aveux d'Alighieri, qu'il ne pouvait lire Aristote que dans des traductions qu'il se plaint de trouver défectueuses et contradictoires.

Mais que Dante ait su le grec ou qu'il l'ait ignoré, qu'il soit allé jeune à Bologne ou qu'il n'ait point quitté Florence, ce qui reste indubitable, c'est le fruit qu'il retira de ses études. Les ouvrages qu'il a laissés témoignent de la persistance de ses efforts et du succès dont ils furent couronnés. Son poëme nous montre combien il était expert dans la théologie et dans la philosophie telle qu'on l'enseignait alors; nous y voyons aussi que l'histoire, la géographie, les mathématiques, la physique, l'astronomie, non-seulement ne lui étaient pas étrangères, mais qu'il possédait de ces sciences tout ce que ceux qui les cultivaient en connaissaient eux-mêmes. Quant à l'art de la poésie, il paraît que Dante n'apprit que de lui seul les règles de la poésie italienne. Il les chercha dans les écrits des poëtes qui avaient le plus de vogue, notamment dans ceux de Guido Guinezzelli, que, dans sa reconnaissance, il a nommé son père (*Purg.*, chant XXVI*e*). Il put être encore aidé, dans ses premiers essais, par l'exemple et par les conseils de son ami Guido Cavalcanti et d'autres poëtes renommés.

Ainsi qu'on le raconte de plusieurs poëtes célèbres, l'amour inspira les premiers accents de sa muse; celui qui avait ressenti, enfant, les atteintes d'une passion virile, devait plus qu'un autre puiser à cette source. La langue vulgaire à peine formée ne connaissait encore que la poésie amoureuse, mise à la mode par les troubadours. Dans le remplissage de ce thème banal, la recherche de l'esprit prenait trop souvent la place du naturel et du sentiment. Dante, sans échapper tout à fait au mauvais goût régnant, chercha surtout ses inspirations dans son cœur [1]. Il avait environ dix-huit ans, d'après son propre calcul [2],

---

1. Il l'indique lui-même dans son poëme (*Purg.*, chant XXIV*e*), lorsque rencontrant un de ces poëtes, grand faiseur de poésies amoureuses où il n'y avait pas d'amour, il se fait adresser par lui cette question : « N'es-tu pas celui qui a publié des poésies d'un nouveau style ? — Je suis, répond Dante, un homme qui lorsque l'amour l'inspire, se recueille en lui-même, puis répand au dehors ce qu'Amour dicte à son âme. »

2. « Neuf années s'étaient écoulées, dit-il dans *la Vita nuova*, lorsque cette dame m'apparut de nouveau.... » Or, nous savons qu'il avait un peu plus de neuf ans quand il vit Béatrix pour la première fois.

lorsqu'il composa le premier sonnet qu'on trouve dans *la Vita nuova*. Ce sonnet n'était probablement pas le début poétique de son auteur, car au moment où il l'écrivait, « il n'était pas, dit-il, sans expérience dans l'art de parler en rimes. » Mais comme la date en est certaine, et comme il se rapporte au sentiment qui prédomina toujours dans cette âme ardente, il vaut la peine qu'on s'y arrête. Voici d'abord sous quelle impression singulière il fut conçu; ici la singularité même ajoute en quelque sorte à l'intérêt. Le jour où Dante avait reçu de sa dame, passant dans la rue, cette salutation courtoise qui l'avait jeté dans un éblouissement de béatitude, il eut, en rentrant dans sa demeure, une vision pleine de prodiges. Il vit dans sa chambre une nuée couleur de feu, au sein de laquelle était l'Amour, sous la figure d'un jeune homme, à la mine souriante, et toutefois d'un aspect terrible. Tout en proférant des paroles inintelligibles, il disait distinctement : « Je suis ton maître. » Dans ses bras il soutenait une femme endormie, presque nue, couverte seulement d'un drap rouge. C'était la dame de l'apparition. L'Amour tenait encore, dans une de ses mains, un objet enflammé, et il disait : « Vois ton cœur. » Puis il réveilla la dame et lui fit manger, malgré elle, cette chose enflammée qu'il portait. Mais le triomphe de l'Amour fut de courte durée; bientôt il versa des larmes, et tous deux, lui et la dame, parurent s'élever vers le ciel. A ce moment, le sommeil dans lequel Dante était plongé, se rompit; mais encore sous le poids des angoisses qui avaient mis fin à cette étrange vision, il écrivit un sonnet pour consulter les *fidèles d'Amour* sur ce qu'il avait vu, et leur en demander l'explication.

« Au nom d'Amour, souverain maître de toutes les âmes d'élite, salut à ces nobles âmes, salut aux cœurs généreux à qui ce sonnet parviendra, afin qu'ils fassent connaître ce qu'ils en pensent.

« Le tiers des heures qui voient les étoiles luire avec le plus d'éclat venait de s'écouler, lorsque soudain m'apparut Amour dont l'essence, rien qu'en y pensant, remplit mon âme d'effroi.

« Amour paraissait joyeux ; il tenait mon cœur en sa main et soulevait dans ses bras une dame endormie, qu'un voile enveloppait.

« Ensuite Amour réveillant la dame, la forçait malgré sa répugnance, à se nourrir de ce cœur enflammé. Enfin, je le vis s'éloigner en répandant des larmes. »

Les poëtes toscans avaient pris des Provençaux, leurs premiers maîtres, l'usage de s'adresser ainsi, sous une forme poétique, tantôt des défis, tantôt une question d'amour à résoudre. Conformément à cet usage, Dante envoya son sonnet à ceux qui tenaient alors le sceptre de la poésie galante. « Il y fut répondu, dit-il, par beaucoup de personnes dont les avis différèrent entre eux. » Dans le nombre des réponses qui lui furent faites[1], le poëte mentionne celle de Guido Cavalcanti, qu'il appelle « le premier de ses amis. » Ce fut l'origine de l'amitié qui ne cessa de les unir, et que la mort de Guido put seule interrompre.

Craignant peut-être d'avoir trop présumé de ses forces, Dante ne s'était point nommé en adressant

---

1. Trois sonnets nous sont restés de ceux écrits en réponse à celui de Dante : un de Guido Cavalcanti, un qu'on croit être de Cino da Pistoia, et le troisième de Dante da Majano qui n'avait rien de commun avec Dante Alighieri, mais alors plus célèbre que son homonyme.

son sonnet à ceux qui pouvaient le mieux en juger, et dont il n'osait encore se déclarer l'émule. Mais le succès qu'obtint cette pièce légère fut cause que l'auteur n'en resta pas longtemps inconnu. Il paraîtrait même qu'au milieu des dissensions souvent sanglantes, auxquelles les petites républiques toscanes étaient en proie, ce fut un événement de quelque importance que le début d'un jeune homme sur une scène occupée déjà par d'illustres rivaux qui s'y disputaient la prééminence. Plusieurs, tels que Cavalcanti et Cino da Pistoia, accueillirent le nouveau venu avec une affectueuse bienveillance; mais d'autres, comme Dante da Majano, devinant peut-être le concurrent qui devait tous les effacer, lui répondirent par des paroles de satire et de moquerie. A ce moment, si curieux à observer, où la littérature commence à naître dans une société à peine polie, et qui est encore dans le travail de son développement intellectuel, le plus mince incident acquiert une valeur extraordinaire, quelque troublé que puisse être d'ailleurs le milieu politique où s'agite cette société. Les calamités qui accompagnèrent les règnes de Charles IX et de Henri III, n'ôtèrent rien à la popularité de Ronsard et des poëtes de sa pléiade. Plus tard, les troubles de la Fronde n'empêchèrent pas les deux sonnets de Voiture et de Benserade de susciter la grande querelle des *Uraniens* et des *Jobelins,* qui passionna la cour et la ville. Lorsqu'une terre est encore couverte de broussailles, le moindre germe qui vient à éclore dans un coin défriché, prend les proportions d'un chêne, tant il cause de surprise et fait naître d'espérance. Mais si le sol tout entier a été remué, s'il s'est orné de fleurs odorantes et d'arbres majestueux, des tiges nouvelles, fussent-elles plus vigoureuses que celles qui avaient d'abord éveillé l'attention, ne sont pas même aperçues. De nos jours, les sonnets de *Job* et d'*Uranie* obtiendraient tout au plus les honneurs du feuilleton, et celui même de l'amant de Béatrix pourrait bien être traité de haut en bas.

Encouragé par le succès, Dante ne s'arrêta point à une première tentative; il puisait dans les mystères de son cœur un stimulant toujours actif à de nouveaux essais poétiques. On peut en suivre l'ordre et la progression dans *la Vita nuova*, avec d'autant plus de curiosité que le poëte, tout absorbé dans son sujet, a joint, à ses sonnets et ballades, une sorte de commentaire ou de glose, comme s'il se fût méfié de l'intelligence du lecteur. Il ne saurait entrer dans notre plan de donner l'analyse des autres pièces de ce recueil, quoiqu'il en renferme de plus dignes d'attention, sous le rapport de l'art, que celle dont le principal mérite est d'être la première. Il suffit d'indiquer qu'on trouvera, dans ces compositions légères, un progrès déjà bien remarquable, si on les compare avec celles qu'on admirait le plus alors. Aussi les critiques italiens reconnaissent-ils que, quand même Dante n'eût pas écrit son épopée, il serait encore le premier poëte de son temps.

Pendant les huit années qui s'écoulèrent entre les deux sonnets par lesquels s'ouvre et se ferme *la Vita nuova*, c'est-à-dire de 1283 à 1291, Dante, sans abandonner l'étude des sciences, se livra principalement à l'inspiration de son double amour pour Béatrix et pour la poésie, au besoin de les satisfaire l'un par l'autre, d'exprimer dans un langage tour à tour sombre et gracieux, mais toujours passionné, les émotions dont son âme était remplie : chants de joie, s'il obtient de celle qu'il aime quelque faible marque de bienveillance; chants de tristesse et d'amertume, s'il ne reçoit d'elle que des rigueurs, ou si elle ressent elle-même quelque affliction. Puis retentissent les accents du désespoir quand sonne l'heure d'une mort prématurée. Cette période fut pourtant interrompue par la part qu'il eut à prendre, comme citoyen, aux affaires de son pays. On ne le connaissait encore à Florence que sous le nom du *poëte;* de poëte il devint soldat, comme si rien ne devait manquer à cette destinée pour embrasser tous les objets sur lesquels s'exerce l'activité humaine.

La confédération des guelfes de Toscane, dans laquelle Florence tenait la première place, était en guerre avec Pise et Arezzo, cités gibelines. Nous ne répéterons pas les détails que nous avons déjà donnés. On sait qu'en 1289 se livra la bataille de Campaldino, où les Arétins furent complétement défaits, et que Dante s'y comporta vaillamment. Un de ses historiens, Léonard Bruni d'Arezzo, rapporte qu'il combattit à cheval sur la première ligne de la cavalerie florentine, et qu'il courut des dangers. On trouve dans un recueil de lettres, publié par Charles Witte, professeur à Breslau, un fragment, sous la date de 1300, dans lequel le poëte rappelle les circonstances de cette journée meurtrière et rend compte des impressions qu'elle lui fit éprouver. « J'y eus une grande crainte, dit-il (*ebbi temenza molta*), et finalement une grande joie, à cause des alternatives de la bataille. » Il s'est trouvé un critique qui a pris au pied de la lettre cette confession naïve, et qui a cru devoir justifier Dante par l'exemple d'Horace. Certes, le sentiment de la peur, tel que les cœurs pusillanimes l'éprouvent sur le champ de bataille, ne pouvait entrer dans une âme de cette trempe. Dante eut *peur* que la victoire n'échappât au parti qu'il avait alors embrassé et qu'il devait quitter un jour. C'est qu'en effet les chances du combat avaient d'abord autorisé cette crainte; la première ligne de la cavalerie, celle où il combattait, fut rompue au commencement de l'action : elle se rallia difficilement, et sans l'ardeur imprudente que les Arétins mirent à poursuivre les fuyards, la bataille était perdue.

Afin de n'avoir plus à revenir sur la vie militaire de Dante, nous mentionnerons encore la part qu'il prit au siége et à la reddition de la forteresse de Caprona, dans la guerre que Florence poursuivit contre Pise, après avoir vaincu les Arétins. Sur le champ de bataille de Campaldino, comme sous les murs de Caprona, Dante avait eu pour compagnon d'armes Bernardino, un des fils de Guido da Polenta, seigneur de Ravenne, et frère de cette Francesca, devenue immortelle moins par l'éclat de sa fin tragique que pour avoir inspiré les vers qui depuis cinq siècles sont répétés par l'admiration de tous les peuples. C'était à peu près vers la même époque que se jouait à Pise cet autre drame sanglant dont le comte Ugolin fut le héros et la victime; en sorte que, suivant la remarque d'un critique italien, la fortune fournissait presque en même temps au chantre futur de l'*Enfer* les deux arguments de ce que la poésie italienne a peut-être produit de plus sublime dans le genre pathétique et dans le genre terrible.

L'année 1290 fut marquée par un événement sinistre qui eut sur la destinée de notre poëte une influence décisive. Béatrix mourut dans la vingt-quatrième année de son âge; elle était mariée depuis trois ans au fils d'un ami de son père, qui avait nom Simone de Bardi. Si ce mariage froissa l'amour dont Béatrix était l'objet, comme on peut le supposer, on ne voit pas qu'il en ait ralenti le dévouement, de même qu'il n'ôta rien à l'amertume des regrets ni au charme des souvenirs. Dante, qui se complaît à retracer les nuances les plus subtiles de ses impressions, ne laisse voir à cette occasion aucun signe de dépit ou de mécontentement; et l'angélique image continua de lui apparaître, sans que rien en ternît à ses yeux l'ineffable pureté. Mais peut-être cet amour, pour se maintenir à la hauteur presque surhumaine qui a fait douter de sa réalité, eut-il besoin que la mort, cette puissance mystérieuse, lui prêtât son secours. Le rapide passage de Béatrix sur la terre lui donna dans le cœur de son amant le prestige d'une jeunesse éternelle, et la pensée chrétienne de la mort vint ensuite consacrer par un sceau suprême et indestructible un sentiment déjà si dégagé de tout alliage matériel. Qu'on se représente, au lieu de cela, cette même Béatrix vivant dans son ménage, de la vie fort édifiante sans doute, mais un peu prosaïque, d'une honnête mère de famille, donnant, comme la Laure de Pétrarque, une dizaine d'enfants à son époux, et subissant peu à peu les atteintes de l'âge et avec elles leurs conséquences inévitables; et qu'on se demande si cette femme, ainsi dépouillée de son auréole et réduite à des proportions vulgaires, serait jamais devenue la Béatrix que Dante a glorifiée. Le bonheur qu'elle eut de mourir jeune ne lui a pas seulement valu l'immortalité, il a eu pour résultat de fixer dans le cœur de son amant une passion qui, loin de suivre la décroissance des choses humaines, s'est épurée par le sacrifice, s'est transformée dans un culte pieux, et se confondant avec la foi est devenue une source vivifiante de poésie. C'est dans ce sens qu'il est vrai de dire que la mort de Béatrix exerça sur le sort de son amant une influence décisive. Dans l'année qui suivit ce douloureux événement, on le voit tout absorbé dans l'image qu'il invoque toujours, lui élever en écrivant *la Vita nuova* un premier monument encore empreint des passions terrestres dont il retrace les mouvements impétueux et les brusques alternatives, mais qui, à peine achevé, ne lui paraît déjà plus digne de celle qu'il veut honorer. De même que le premier sonnet de *la Vita nuova* est précédé d'une vision qui détermine le poëte à chanter, de même le dernier sonnet est immédiatement suivi d'une autre vision qui provoque le poëte à des chants plus graves. Seulement il forme la résolution de se taire sur la *bienheureuse* jusqu'à ce qu'il se soit mis en état par l'étude et par la réflexion de parler d'elle dans un langage plus élevé.

On doit donc, d'après le propre témoignage de l'auteur, rapporter à cette époque, d'abord le dessein déjà déterminé de sa grande composition épique, dessein dont il avait pu avoir antérieurement quelques lueurs, mais qui n'était pas encore arrêté dans son esprit; et en second lieu, les fortes études auxquelles il s'adonna plus assidûment qu'il n'avait encore fait, afin d'y chercher à la fois des consolations à sa douleur et des matériaux pour l'édifice qu'il se proposait de construire. Mais il est difficile de concevoir par quel ordre d'idées, sous l'empire de cette double préoccupation, Dante fut conduit à contracter un mariage. Selon Boccace, il aurait cédé aux vives instances de ses parents et amis, alarmés de l'état de tristesse dans lequel il était tombé. Peut-être pensat-il aussi que, membre de l'ordre équestre et citoyen d'un État libre, c'était un devoir envers la république de ne pas se soustraire aux liens de la famille, comme c'en était un de prendre les armes pour la défense de la patrie. En satisfaisant à ce devoir ou à cette convenance sociale, il put y voir encore un moyen d'entrer avec plus d'avantage dans la pratique de la vie positive, aux labeurs de laquelle nul n'a le droit de se refuser dans une république. Lorsqu'on se rappelle de quelle manière Dante a vécu avec sa femme, qu'il n'a nommée dans aucun de ses ouvrages, et dont il resta séparé pendant son exil, loin de croire avec certains critiques qu'il ait cherché dans cette union un dédommagement de ce que la mort lui avait fait perdre, on penserait plutôt qu'il a voulu tirer une ligne de démarcation bien tranchée entre ces deux ordres de sentiment, en choisissant à dessein une femme qui ne pouvait lui inspirer aucune exaltation ni renverser dans son cœur l'idole qu'il entendait toujours encenser.

Je n'entreprendrai pas non plus de concilier l'amour platonique dont Béatrix est le symbole le plus élevé, avec le reproche de sensualité que Pétrarque, après Boccace, a lancé contre son maître en poésie, et que les commentateurs ont reproduit avec quelque malignité. Outre que Pétrarque, accusé, non sans une apparence de fondement, d'avoir jalousé la gloire de son devancier, ne doit point par cette raison être cru sur parole, il pouvait en bonne justice s'adresser d'abord à lui-même cette imputation ; car assurément les nombreux bâtards de l'amant de Laure déconcertent encore plus les apôtres de l'amour platonique que les liens conjugaux du chantre de Béatrix. Mais pourquoi s'offenser d'un fait inhérent aux conditions de l'humaine nature? L'exemple de ces deux grands génies prouve seulement que les hommes doués de la sensibilité la plus délicate ne vivent pas uniquement de la vie contemplative. A la rigueur le mariage de notre poëte n'a rien qui soit en désaccord avec une affection dont les racines n'étaient plus que dans le ciel. Mais ce qui peut être l'objet d'une accusation plus sérieuse, c'est que Dante, ainsi qu'il s'en est confessé le premier, ne trouva pas toujours dans le culte auquel son âme était vouée un préservatif suffisant contre l'entraînement de l'imagination et des sens. Il faut en convenir : sans qu'il oubliât Béatrix, sans qu'elle cessât d'être sa première pensée, il lui arriva de profaner cette sainte image en aimant d'autres femmes, bien qu'il n'y ait aucune assimilation à établir entre des amours d'une nature si diverse. Ces erreurs passagères ne trouvent leur explication et leur excuse que dans l'infirmité du cœur de l'homme.

Pour revenir au mariage qui a provoqué cet examen, il paraît qu'il se célébra dans le commencement de l'année 1292, moins de deux ans après la mort de Béatrix, et lorsque le poëte achevait à peine de formuler la résolution qui termine *la Vita nuova*. En épousant Monna Gemma, fille de Manetto Donati, Dante s'alliait à l'une des familles les plus nobles et les plus illustres de Florence. Cette famille était à la tête du parti guelfe alors triomphant, et son chef

Corso Donati, déjà glorieux par le souvenir de la bataille de Campaldino, où il commandait l'armée des guelfes, allait paraître avec plus d'éclat encore dans la sanglante querelle des noirs et des blancs, dont nous avons précédemment expliqué l'origine (page 31). Monna Gemma, au dire des historiens, aurait été pour son mari une seconde Xantippe. Les faits contredisent au moins en partie cette assertion, puisque dans l'espace de huit années que dura la vie commune, Dante eut de sa femme cinq fils et une fille, qu'il nomma Béatrix. Une union suivie d'une telle fécondité n'est pas l'indice d'un mauvais ménage. Il est plutôt à croire que si Dante ne trouva pas dans son mariage tout ce qu'il en attendait, la déception vint moins de Monna Gemma que de la famille de cette dame. En effet, dans les troubles qui éclatèrent bientôt après, lorsque les guelfes se scindèrent en deux factions ennemies, sous les noms de noirs et de blancs, Dante, malgré les liens de parenté, s'engagea dans le parti contraire à celui que suivait Corso Donati. On voit cependant, d'après certains passages de *la Divine Comédie*, que parmi les parents de Gemma il y en eut plusieurs avec qui Dante se lia d'amitié, tels entre autres Forese, frère de Corso, et Piccarda sa sœur. Mais il n'en paraît pas moins évident que les hauteurs de ce même Corso furent un des motifs qui empêchèrent le mari de Gemma de se déclarer pour le parti que dirigeait cet homme violent et orgueilleux. D'un autre côté, Corso était devenu, probablement pour la même cause, l'objet de l'inimitié de Guido Cavalcanti, ce premier ami de notre poëte. L'amitié, aidée de quelque froissement personnel, l'emporta sur la parenté, et Dante embrassa la cause des blancs que soutenait aussi Guido. D'ailleurs les alliances de famille n'étaient pas alors plus qu'aujourd'hui une raison déterminante pour marcher sous la même bannière. Les chefs des deux factions qui allaient en venir aux mains, Corso Donati et Vieri de' Cerchi, étaient beaux-frères, ce qui ne les empêcha pas de se montrer ennemis implacables.

Avant de se mêler activement aux affaires de son pays, Dante avait satisfait à la loi de Florence qui prescrivait à tous les citoyens, sous peine d'inaptitude aux emplois publics, d'entrer, au moins nominalement, dans un des arts et métiers entre lesquels la ville était partagée. Il s'était donc fait inscrire dans l'art des médecins, qui était le sixième des arts majeurs, soit peut-être parce qu'il avait eu quelque médecin dans sa famille, ou soit, comme l'ont écrit plusieurs biographes, qu'il ait eu réellement le dessein de s'adonner à cette science, dont l'étude était en honneur, et qui n'avait point échappé à l'activité de cet esprit investigateur. Toujours est-il que, dans un des registres matricules de Florence, sous la rubrique 1297, on lit cette inscription : « Dante Alighieri degli Alighieri, poëte. » De ce moment seulement il put prétendre à certaines magistratures de la république, puisque avant d'avoir rempli la formalité obligatoire de l'immatriculation, la loi le déclarait incapable. Peut-être a-t-on pu lui confier, antérieurement à cette date, certaines missions ou ambassades à l'étranger qu'on ne regardait pas comme des magistratures proprement dites, et qui ne ressemblaient guère alors, pour la pompe et l'étiquette, à ce que les ambassades sont devenues dans des temps plus rapprochés de nous. Il faut bien admettre cette supposition s'il est vrai, ainsi que l'affirme Mario Philelphe, que Dante fut député *quatorze fois* par sa ville auprès des autres États italiens, républiques, royautés ou principautés. En effet, il n'y a pas trop d'espace entre les années 1292, époque de son mariage, et 1301, date de sa dernière sortie de Florence, pour que ces nombreuses missions, quelque courtes qu'on les suppose, aient eu le temps de s'accomplir. Cette présomption deviendra plus forte encore, si l'on réfléchit que, pendant cette période, il mit la première main à son poëme : les premiers chants de l'*Enfer* furent indubitablement écrits avant l'année 1300, ce qui prouve que les occupations de l'homme d'État laissaient encore des loisirs au poëte.

Philelphe, en énumérant les ambassades que Dante eut à remplir, en désigne les lieux et l'objet[1], mais il n'en donne pas les dates avec précision ; et ce qui doit infirmer l'autorité d'ailleurs unique de son témoignage, c'est qu'il envoie Dante deux fois à Naples comme ambassadeur, et à Paris dans la même qualité vers 1295. Or, il est admis généralement, comme très-douteux, que le poëte ait jamais visité Naples[2],

1. Il le fait aller à Sienne pour une affaire de voisinage, à Venise pour négocier un traité, à Pérouse pour réclamer des citoyens florentins mal à propos détenus, à Gênes pour une délimitation de frontières, à Ferrare porter des compliments au marquis d'Este, deux fois à Naples, deux fois dans la Pouille auprès du roi de Hongrie, quatre fois à Rome près de Boniface VIII, enfin à Paris demander à Philippe le Bel son intervention pour disposer D. Jacques d'Aragon, roi de Sicile, à faire la paix avec les Florentins.

2. Philelphe, qui vivait deux cents ans après Dante, est le seul de ses biographes qui ait parlé de ces voyages ou ambassades à Naples. Mais peut-être y a-t-il ici quelque confusion. Charles II, roi de Naples, vint à Florence en 1295, et y fut reçu avec de grandes démonstrations de la part des Florentins. Il n'est pas hors de vraisem-

et comme positif qu'il ne vint à Paris qu'après son exil. Une ambassade que Philelphe n'a point enregistrée, quoique des documents authentiques établissent que Dante en fut chargé, mérite d'être au moins relatée comme indice caractéristique des institutions de l'époque. Nous avons vu (page 22) que lors de la rentrée des guelfes à Florence, en 1266, il s'était formé dans le sein même de l'État florentin un gouvernement indépendant, celui du parti guelfe proprement dit, avec ses magistrats distincts, son administration propre, son trésor alimenté par les confiscations, et dont le but spécial était la défense des intérêts guelfes. Ce gouvernement singulier avait aussi ses ambassadeurs, et Dante fut un de ses agents, signe non équivoque de la confiance que les opinions du futur gibelin inspiraient encore aux guelfes; ils le députèrent, dans le mois de mai 1299, à San Geminiano pour y discuter avec les villes confédérées le choix d'un capitaine de la ligue toscane. En résumé, quand même on n'admettrait pas toute l'énumération donnée par Philelphe, il est toujours incontestable que de 1292 à 1301, Dante reçut de la république florentine plusieurs missions plus ou moins importantes. Philelphe ajoute qu'il les remplit toutes avec succès, excepté la dernière, qui fut la cause de ses malheurs.

blance que le poëte, déjà bien connu et admiré comme tel, ait été chargé de haranguer ou complimenter le monarque. De là, l'ambassade imaginée par Philelphe. Charles II, dans ce voyage, était accompagné de son fils Charles Martel, déjà couronné roi de Hongrie, et avec qui Benvenuto da Imola rapporte que Dante se lia d'une étroite amitié.

CHAPITRE II.

(1300-1304.)

LA GUERRE CIVILE ÉCLATE A FLORENCE. — PRIORAT DE DANTE, SOUS LEQUEL LES CHEFS DES DEUX FACTIONS SONT EXILÉS. — LES NOIRS RÉCLAMENT L'APPUI DE BONIFACE VIII, PENDANT QUE LES BLANCS LUI DISPUTENT DANTE COMME AMBASSADEUR. — DANTE, COMME HOMME POLITIQUE, A-T-IL EXERCÉ LA HAUTE INFLUENCE QUE SES BIOGRAPHES LUI ONT ATTRIBUÉE? — ENTRÉE DE CHARLES DE VALOIS A FLORENCE : SOUS SA PROTECTION, LES NOIRS S'EMPARENT DU GOUVERNEMENT DE LA RÉPUBLIQUE. — DANTE EST PROSCRIT. — IL QUITTE ROME ET RENTRE EN TOSCANE, OU IL SE MÊLE ACTIVEMENT A LA GUERRE CIVILE, JUSQU'A CE QUE, DÉGOUTÉ PAR LES FAUTES DE SON PARTI, IL SE RETIRE A VÉRONE.

Nous touchons à l'époque fatale de la vie de Dante. L'orage qui s'amoncelait à Florence sous la pression des haines de parti et des inimitiés personnelles, éclata tout à coup le 1er mai 1300, dans une fête publique, au milieu du concours d'une foule qui semblait uniquement occupée de se réjouir. Deux bandes de jeunes gens appartenant, l'une aux Donati, l'autre aux Cerchi, se rencontrent sur la place publique, se provoquent, se menacent, puis en viennent aux mains. Les réjouissances sont interrompues, le sang coule ; chacun court aux armes, se retranche dans sa maison, et la guerre civile est commencée. En vain le pape Boniface VIII, dont on connaît déjà la conduite équivoque (voy. page 33), député-t-il en Toscane le cardinal Aquasparta, avec mission de s'interposer entre les partis et de les faire admettre par portions égales au partage des emplois publics. Les efforts du légat n'eurent aucun succès. Les blancs ne voulaient pas d'une égale répartition, parce qu'ils avaient la prépondérance dans le gouvernement : ils se méfiaient d'ailleurs des intentions du pape à leur égard ; les noirs, en demandant l'égalité, comptaient sur la protection du pontife pour obtenir mieux. Les choses en étaient là, plus confuses et plus menaçantes que jamais, lorsque le 15 juin de la même année, Dante et cinq autres citoyens dont l'histoire a conservé les noms peu significatifs [1], furent désignés pour remplir les fonctions de prieurs ou magistrats suprêmes de la république. Ces fonctions devaient expirer au bout de deux mois, mais ce court espace vit naître des événements qui eurent sur l'avenir de notre poëte une influence aussi funeste qu'irréparable. Le cardinal Aquasparta, menacé par les blancs qui voulaient l'éloigner, sortit de la ville, lançant contre elle un interdit. Privés de son appui, les noirs s'adressèrent directement au pape, pour réclamer de lui l'intervention de Charles de Valois que Boniface, après de longues négociations, venait enfin de déterminer par l'appât de promesses magnifiques à descendre en Italie avec une armée. A la nouvelle de cette démarche, les blancs irrités prirent les armes, et le sang allait couler de nouveau. Dans l'espoir d'éviter un conflit qui semblait imminent, les prieurs imaginèrent d'exiler les hommes les plus turbulents des deux factions.

---

1. Les cinq autres prieurs étaient : Nolfo di Guido, Neri di Mess. Jacopo del Giudice, Neri d'Arrighetto Doni, Bindo di Donato Bilenchi, et Ricco Falconetti. Le gonfalonier de justice se nommait Fazio da Miccio.

Mais en portant ce double coup, il eût fallu du moins frapper avec une égale justice. Le contraire arriva. Les blancs furent traités avec beaucoup plus de ménagements que leurs adversaires ; et comme Dante était notoirement connu pour incliner vers les blancs, comme on lui attribuait peut-être d'avoir eu la principale part, tant à la sentence d'exil qu'à sa partiale application, des rancunes s'accumulèrent contre lui, et il encourut une responsabilité dont les conséquences ne tardèrent pas à se faire sentir.

Pendant que les noirs relégués à la Pièvre, sur la frontière des États romains, redoublaient d'instances auprès du pape pour qu'il hâtât l'arrivée du prince français qui devait être le restaurateur de leur cause, les blancs, rentrés presque tous à Florence, résolurent pour apaiser le pontife de lui envoyer une ambassade. On croit que Dante fit partie de cette députation. Ce qui ne permet guère d'en douter, c'est la coïncidence, dans cette année même (1300), de l'institution du jubilé avec l'arrivée à Rome des envoyés florentins. L'éclat imposant d'une solennité toute nouvelle, le concours immense des fidèles qui affluaient de tous les points de la chrétienté, firent sur l'âme du poëte une impression profonde, dont on retrouve les traces dans son poëme. A la manière dont il parle de ce grand spectacle, il faut bien qu'il en ait été témoin oculaire. Sous ce rapport du moins, la démarche des blancs ne fut pas perdue ; mais c'est à peu près le seul résultat qu'elle produisit, car les vues secrètes du pontife n'en furent pas ébranlées.

Cependant le médiateur appelé par Boniface, et tant invoqué par les noirs, était enfin entré en Italie et s'approchait de Florence. A cette annonce, les partis s'agitèrent avec plus de violence. Les noirs exilés accoururent auprès de Charles de Valois, ayant à leur tête Corso Donati que le pape honorait d'une bienveillance particulière. Les blancs qui peu à peu avaient ouvert leurs rangs aux gibelins, mais qui se prétendaient encore guelfes, craignirent de prendre une résolution vigoureuse contre un prince, envoyé du saint-siége, qui s'annonçait comme pacificateur. N'osant se mettre en état de résister à leurs ennemis, ils essayèrent encore une fois de les fléchir. Une nouvelle députation vers Boniface fut résolue; on se flattait encore d'empêcher le prince français d'entrer à Florence, et pour arrêter le bras prêt à frapper on implorait la volonté qui le faisait agir. Le conseil de la république désigna Dante pour cette délicate mission. Boccace lui prête d'avoir dit à cette occasion : « Si je vais, qui reste? si je reste, qui part? » paroles hautaines, mal justifiées par l'événement, mais qu'on peut croire apocryphes, car elles auraient été recueillies par les historiens, si elles avaient été prononcées, et nul n'en a fait mention. D'ailleurs comment admettre, que dans une république où les susceptibilités sont si pointilleuses sur tout ce qui heurte le principe d'égalité, Dante qui n'avait encore que trente-six ans, ait pu tenir un propos d'une telle arrogance? Par quoi justifier cette insulte à tout un parti qui était le sien, et où l'on comptait des hommes de valeur, tels que Guido Cavalcanti le poëte et Dino Compagni l'historien? Et lui-même, Dante, quels étaient donc alors ses titres patents à la suprématie qu'on lui fait s'attribuer? Il avait le légitime sentiment de ses forces, d'accord; mais il n'avait encore publié que ses poésies amoureuses, et si comme poëte il l'emportait sur ses rivaux, il n'était connu comme homme politique que par la sentence d'exil dont la triste issue, déjà palpable, n'était pas de nature à inspirer tant d'orgueil. Quoi qu'il en soit, Dante partit pour Rome, et en cela encore on peut dire qu'il fut mal inspiré. En restant à Florence, il aurait eu plus de chances pour s'opposer à Charles de Valois ou amoindrir les conséquences de l'intervention étrangère, qu'en allant renouveler auprès d'un pontife artificieux des sollicitations dont l'inutilité se pressentait d'avance par le peu de succès d'une récente tentative.

C'est ici le lieu d'examiner jusqu'à quel point est fondée l'opinion des biographes et commentateurs qui, emportés par leur admiration, font jouer à Dante un rôle prépondérant et presque dictatorial dans les événements dont son pays fut le théâtre, non-seulement pendant les deux mois de son priorat, mais plusieurs années avant cette époque. A en croire Boccace, le gouvernement de la république ne prenait aucune mesure, ne proposait aucune loi, sans avoir au préalable consulté Dante, et sur toutes les affaires de quelque importance, son opinion était décisive. « En lui, dit-il, reposait la foi publique, en lui l'espérance publique, en lui semblaient résider souverainement les choses divines et humaines. » De telles paroles évidemment tiennent plus du panégyrique que de l'histoire. On sait d'ailleurs que la biographie écrite par Boccace, est, en Italie, même taxée de romanesque. Voici comment s'exprime M. de Sismondi qui est entré dans le vif de la question, et qui la discute, non pas avec l'enthousiasme de l'admirateur, mais avec la critique impartiale de l'historien :

« Les écrivains qui, deux siècles plus tard [1], commentèrent Dante, voulant le relever en toute chose, l'ont présenté aussi comme un grand homme d'État, sur qui reposait presque en entier le sort de la république florentine. Marius Philelphe, dans une vie inédite du Dante, prétend qu'il fut chargé de quatorze ambassades, et que dans toutes, excepté la dernière, il obtint ce qui faisait le but de sa mission. Tous aussi lui attribuent la plus grande part à la détermination que prirent les prieurs d'exiler les chefs des deux partis qui déchiraient Florence. Mais ce n'est point ainsi qu'en parlent les auteurs contemporains. Dino Compagni, qui était prieur lui-même au moment de la révolution, et qui rapporte avec les détails les plus minutieux, les démarches, les discours, les faiblesses de tous les Florentins qui eurent quelque influence, ne met jamais Dante en scène comme un des chefs de l'État. Giovanni Villani qui vivait à la même époque, et qui penche plutôt en faveur des noirs, comme Dino en faveur des blancs, garde le même silence. Coppo de' Stefani, également contemporain, n'en dit pas davantage. Paolindi Piero, autre contemporain florentin, ne nomme pas seulement Dante dans sa chronique; et je crois que le seul fait avéré sur la part qu'eut notre poëte aux affaires publiques, c'est qu'il fut prieur du 15 juin au 15 août 1299, selon les uns, 1300, selon d'autres; qu'il fut un des ambassadeurs envoyés à Rome par les blancs, en janvier 1302 [2]; enfin qu'il fut compris dans une sentence d'exil, pro-

---

1. M. de Sismondi ne tient pas même compte du témoignage de l'auteur du *Décaméron*, tant il le trouve peu appuyé.

2. M. de Sismondi oublie ici que dans le cours de son histoire il établit que Charles de Valois fit son entrée à Florence le 1ᵉʳ novem-

noncée presque en même temps contre six cents citoyens du même parti que lui. » (*Histoire des républiques italiennes*, t. IV, p. 182.)

Il n'y a rien de solide à opposer à ce silence unanime gardé par les historiens dont le nom a le plus d'autorité, qui furent témoins des faits qu'ils racontent, et qui les exposent avec les détails les plus circonstanciés. Mais lors même qu'il serait prouvé que Dante ne fut pas un grand homme d'État, sa gloire n'aurait rien à en souffrir. A le juger sous ce rapport par le seul acte vraiment décisif de sa vie politique, c'est-à-dire par la sentence d'exil, rendue sous son priorat contre les chefs des noirs et des blancs, on est obligé de reconnaître que cette mesure, entachée de partialité dans son exécution, et ensuite soutenue avec peu de vigueur, était, au point de vue politique, un de ces expédients qui éloignent les difficultés sans les résoudre, et pour les rendre ensuite plus inextricables. Ce fut sans doute l'acte d'une conscience intègre ; mais était-ce, dans un temps de guerre civile, celui d'un esprit clairvoyant ?

On sait que l'entrée de Charles de Valois à Florence fut promptement suivie, au mépris des engagements qu'il avait signés, de la réintégration des noirs dans le gouvernement de la république. Corso Donati et les siens se signalèrent par les actes les plus violents, poursuivant leur vengeance pendant six jours consécutifs par l'assassinat, le pillage et l'incendie. Témoin impassible de ces désordres, qu'il favorisait sous main, Charles feignit de les ignorer.

bre 1301. Or, comme l'entrée du prince français fut évidemment postérieure au départ de l'ambassade qui, sans cela, n'aurait plus eu de but, cette ambassade n'a pu se mettre en route en janvier 1302.

Après avoir assouvi leurs haines, les vainqueurs firent nommer d'autres magistrats ; on les prit, ainsi qu'il arrive en révolution, dans les plus exaltés de l'opinion triomphante. Le nouveau podestat, chargé de rendre la justice, fut Cante de' Gabrielli d'Agubbio : son intégrité de juge ne s'alarma point de partager avec le prince français, son protecteur, le produit des amendes et des confiscations. Comme il fallait lui créer des armes judiciaires, plusieurs lois furent rendues, une entre autres qui attribuait au podestat le pouvoir de poursuivre les infractions commises pendant l'exercice du priorat, lors même qu'elles auraient été couvertes par des jugements antérieurs. A l'aide de cette loi rétroactive, on rendit contre Dante, bien qu'absent, et contre plusieurs de ceux qui avaient rempli les fonctions de prieur, une sentence qui les condamnait à une forte amende et à deux années d'exil. Ils devaient payer chacun une somme de huit mille livres, et faute de payement dans un délai fatal, ils devenaient passibles de la confiscation et du bannissement perpétuel.

« Cante, dit M. de Sismondi, était un juge révolutionnaire qui voulait trouver des coupables, et qui ne cherchait pas même une apparence de preuves pour les condamner. La sentence est remarquable par le mélange de latin et d'italien dans lequel elle est conçue ; il semble qu'on ait choisi à dessein le langage le plus barbare pour condamner le poëte qui fondait la littérature italienne. »

Voici cette sentence, telle qu'elle se trouve aux archives de Florence, dans le registre ou livre XIX *delle Riformagioni* :

« Condemnationes facte per nobilem et potentem

« militem Dom. Cantem de Gabriellis potestatem Flo-
« rentie MCCCII, XVII januarii...

« Dom. Palmerium de Altovitis de Sextu Burghi,
« Dantem Allagherii de Sextu Sancti Petri majoris,
« Lippum Becchi de Sextu Ultrarni, Orlandinum Or-
« landi de Sextu porte domus.

« Accusati dalla fama pubblica, e procede ex officio
« ut supra de primis e non viene a particolari se non
« che nel priorato contradissono la venuta domini Ca-
« roli, e mette che fecerunt baratterias, et acceperunt
« quod non licebat, vel aliter quam licebat per leges,
« et coet. in libras octo millia per uno, et si non sol-
« verint fra certo tempo, devastentur et mittantur in
« commune, et si solverint, nihilominus pro bono pa-
« cis stent in exilio extra fines Tusciæ duobus annis. »

Ainsi le principal chef d'accusation était de s'être opposés à l'intervention de Charles de Valois, crime honorable s'il eût été commis, mais qui n'était pas même imputable à Dante, puisqu'à l'époque de son priorat, le soi-disant médiateur n'était pas même en Italie. Quant aux autres charges, leur énoncé, vague et équivoque, montre suffisamment qu'elles n'avaient rien de sérieux.

A l'expiration du délai fixé, c'est-à-dire le 10 mars de la même année, une seconde sentence du podestat, réalisant les menaces de la première, prononça contre Dante et plusieurs autres contumaces, au nombre desquels se trouve inscrit un certain Lapo Saltarello[1]

---

[1]. C'était un personnage bas et intrigant, et, bien qu'engagé dans la même voie politique que Dante, l'objet de son aversion particulière. Le poëte s'indigna de voir son nom accolé à celui d'un tel homme; nous retrouverons dans son poëme les traces de cette impression (*Parad.*, chant XV).

que nous verrons reparaître plus tard, la peine de la confiscation et du bannissement perpétuel, déclarant, en outre, que si les exilés rompaient leur ban, s'ils étaient surpris sur le territoire de la république, ils seraient appréhendés et brûlés vifs. Ces condamnations particulières furent suivies d'un décret de bannissement général contre les blancs. Tant de violences et d'injustices expliquent assez le ressentiment de l'illustre proscrit. On comprend alors pourquoi il ne cessa de poursuivre de sa colère et le pape Boniface VIII, premier auteur de ses infortunes, et Charles de Valois, ministre des vengeances du pontife, et même Florence, complice de ces attentats. Sa haine contre le prince français s'étendit sur toute la maison royale de France : de là ces diatribes presque ridicules par l'excès de leur emportement, dont il a parsemé son poëme contre les descendants de Hugues Capet.

Tandis que ces coups redoublés se frappaient en Toscane, Dante négociait encore à Rome, au nom de la république florentine. En apprenant l'entrée de Charles de Valois à Florence, il dut comprendre, mais trop tard, le sens des promesses fallacieuses à l'aide desquelles on l'avait abusé si longtemps. Il dut pressentir aussi quelles allaient être les suites de la révolution qui venait de s'accomplir; mais sans doute il était loin de prévoir encore que là commençaient pour lui-même une série d'infortunes qui n'auraient plus de relâche, et un exil qui ne devait finir qu'avec sa vie. Dès qu'il fut instruit des sentences rendues le 17 janvier et le 10 mars, il quitta Rome pour se rapprocher de la Toscane. Il alla jusqu'à Sienne, où il connut que son malheur était plus grand encore et plus irréparable qu'il ne l'avait peut-être soupçonné d'abord. Dans l'intervalle d'une sentence à l'autre, le peuple, qu'il n'est jamais plus facile d'abuser que quand, sous le prétexte de sa prétendue souveraineté, on déchaîne les passions dont il est partout l'esclave, le peuple s'était porté contre la maison de Dante, l'avait saccagée, puis rasée, en attendant que la confiscation vînt saisir ce que le pillage n'avait pas atteint. Proscrit et ruiné, il ne pouvait songer à rentrer dans une ville où ses ennemis triomphaient. Mais il y avait laissé sa femme et ses enfants, ceux-ci encore en bas âge, et par cette raison mal préparés pour fuir. Les liens de parenté qui existaient entre Monna Gemma et le chef du parti vainqueur suffisaient, il est vrai, pour garantir la sûreté de la famille, et servirent même, à ce que dit Boccace, à la préserver d'une ruine totale : la partie des biens considérés comme dotaux fut soustraite à la confiscation, mais non sans avoir à surmonter de grandes difficultés. On doit moins s'étonner alors que Gemma n'ait point suivi son époux dans l'exil. Il était bon qu'elle restât à Florence, soit pour solliciter la révocation de la sentence de bannissement, soit pour veiller sur ses enfants mineurs et recueillir les débris d'une fortune presque entièrement détruite. C'était le double devoir d'une épouse et d'une mère, et rien ne s'oppose à croire qu'elle le remplit non-seulement de l'aveu, mais à la prière de son mari.

Ce qui avait surtout perdu le parti des guelfes blancs, c'était, de la part de ses chefs, le défaut d'entente et d'énergie. Les mêmes causes, en se perpétuant, empêchèrent ce parti de se rétablir. Si Dante y avait eu le crédit qu'on a supposé, s'il en avait été l'âme et le guide, comme ses biographes ont voulu le faire croire, c'eût été le cas, après son retour de Rome, de prendre en main la direction suprême d'une cause qui était loin d'être perdue. Les blancs étaient plus nombreux que leurs adversaires, il y avait entre eux et les intérêts populaires bien plus d'affinités directes; les gibelins, qui dominaient encore à Pise, Sienne et Arezzo, étaient devenus leurs alliés : enfin, ils n'avaient plus à craindre Charles de Valois, qui avait quitté l'Italie avec ses hommes d'armes, ni même l'astucieux pontife, à qui ses démêlés avec Philippe le Bel donnaient assez d'occupation. Rien ne prouve davantage l'impuissance de ce parti, et, il faut le dire, de Dante lui-même, comme chef politique, que les événements qui se passèrent pendant les années 1303 et 1304. Il serait fastidieux d'en suivre les détails, qui n'ont rien de caractéristique, et où d'ailleurs notre héros ne joua qu'un rôle peu important. Contentons-nous d'en constater le résultat. En vain le successeur de Boniface, Benoît XI, se montra-t-il animé du désir le plus sincère de réconcilier les factions, les blancs ne surent point profiter d'une disposition qui pouvait leur être si utile; en vain l'armée des émigrés florentins et de leurs alliés, forte de seize cents chevaux et de neuf mille hommes de pied, s'avança-t-elle, le 21 juillet 1304, jusqu'aux portes de Florence, où même un corps de troupes pénétra, la victoire que la fortune semblait offrir aux blancs, se changea pour eux en une déroute complète, moins par l'énergie de la résistance, que par l'incapacité des chefs qui conduisaient l'attaque. La lutte se prolongea longtemps encore; mais depuis l'échec décisif éprouvé sous les murs de Florence, Dante, comme découragé par tant de fautes commises, s'était mis à l'écart des événements. Si on l'y retrouve encore une fois mêlé, en 1307, ce n'est que passagèrement et pour se retirer de nouveau, après des tentatives non moins infructueuses que les précédentes. Nous n'avons donc plus à nous occuper que de lui et des personnages avec qui sa destinée errante va le mettre en rapport.

Il n'est pas facile de déterminer avec précision où Dante porta d'abord ses pas pendant les premières années de son exil. Les paroles qu'il met dans la bouche de Cacciaguida, son aïeul, lorsqu'il se fait prédire par lui les malheurs dont la connaissance ne lui était déjà que trop acquise, ont fait croire à quelques auteurs que Dante se rendit tout d'abord à Vérone, près des Scaligeri, si clairement désignés par ces vers :

> Lo primo tuo refugio e 'l primo ostello
> Sarà la cortesia del gran Lombardo,
> Che in su la scala porta il santo uccello... *Par.*, c. XVII.

Mais il est certain qu'il n'abandonna pas la Toscane aussi longtemps que les blancs conservèrent l'espoir de rentrer à Florence les armes à la main. Selon Léonard Bruni, dont le témoignage a ici un double poids, parce qu'il était Arétin, la première ville qui reçut l'exilé, après son départ de Rome et son passage à Sienne, fut Arezzo, cité gibeline, mais où les réfugiés blancs, tout près de devenir gibelins, avaient établi le centre de leurs mouvements. Le podestat d'Arezzo était alors cet Uguccione della Faggiola, déjà célèbre dans les armes, que nous verrons briller d'un éclat passager à Pise et à Lucques. Malgré la rudesse des mœurs guerrières, Uguccione avait l'esprit cultivé; son langage était poli, il aimait les lettres, et l'accueil qu'il fit au poëte établit entre eux une amitié durable, qui fut un appui pour Dante quand il vint à Lucques au temps de la puissance d'Uguccione, et une consolation lorsqu'il revit, à la cour de Vérone, le puissant seigneur de Pise, à son tour fugitif et proscrit. La première *cantica* du grand poëme est dédiée à cet illustre capitaine. Dante connut encore à Arezzo le comte Boson da Gubbio, autre exemple de l'instabilité des choses et des hommes dans ce siècle de formation. Nous aurons encore à parler de Boson et d'Uguccione.

Jusqu'à la déconfiture du parti des blancs, en 1304, il est probable que Dante ne s'éloigna d'Arezzo qu'à de rares occasions, pour des voyages entrepris dans l'intérêt de la cause qu'il soutenait. Un de ses biographes, Philippe Villani, le fait aller, en 1303, à Forli et dans le Casentin, chez les comtes Guidi de Romena. Les comtes Guidi, de la branche gibeline (une branche de cette famille avait embrassé le parti guelfe), étaient trois frères dont l'aîné, du nom d'Alexandre, avait quelque importance politique. C'était sans doute pour conférer sur les intérêts du parti que Dante allait les voir, peut-être encore pour réchauffer leur zèle, car il les trouva tièdes et les quitta mécontent[1]. De là, les traits satiriques qu'il a lancés contre eux dans son poëme. La tradition veut que la tour de Porciano, située dans la vallée supérieure de l'Arno, et qui appartenait aux comtes de

---

1. Il paraît que ce mécontentement éclata surtout, lorsqu'en 1311, pendant l'expédition de l'empereur Henri VII, Dante parcourant la Toscane pour susciter des défenseurs à la cause impériale, s'arrêta de nouveau chez les comtes Guidi.

Romena, ait été habitée par Dante, et qu'il y ait écrit plus tard quelques chants du *Purgatoire*. Cette riante contrée de l'Italie revient souvent dans les vers du poëte; elle lui a fourni de nombreuses images; elle tenait à son âme par des souvenirs affectueux, à son imagination par des scènes alternativement gracieuses et imposantes. L'exactitude minutieuse avec laquelle il a peint les lieux, prouve qu'il les visita dans le plus grand détail. En remontant le cours de l'Arno, on arrive aux solitudes sauvages de l'Apennin. Le mont Falterona, que le poëte décrit comme quelqu'un qui en avait gravi les âpres sentiers, s'élève à souhait comme pour permettre à l'œil de découvrir toute la vallée qu'il domine. Dante a dû s'y transporter en esprit quand il fulmina, dans le XIVe chant du *Purgatoire*, cette formidable malédiction contre les peuples riverains de l'Arno, qu'il flagelle tour à tour, redoublant d'invectives à mesure que, comme le fleuve dont il descend le cours, il s'approche de la mer.

C'était encore un intérêt de parti qui conduisait Dante à Forli, appartenant alors aux Ordelaffi. Il y allait, croit-on, pour négocier par leur entremise l'envoi d'un secours de troupes, promis par Barthelemy della Scala, seigneur de Vérone. Ce fait n'a d'importance que comme indice des premiers rapports de l'exilé avec la famille qui, entre toutes celles princières de cette époque, honora le plus les lettres par la généreuse protection qu'elle leur accorda. Dante fut le premier à en éprouver les effets, et le premier à en laisser une durable et glorieuse mémoire dans ses vers. Peut-être la négociation dont nous venons de parler, à défaut de résultat politique, eut-elle celui de fixer le choix de l'exilé, lorsque, l'année suivante, mécontent d'un parti qui ne savait faire que des fautes, il résolut de quitter la Toscane. Tout indique qu'il prit alors le chemin de Vérone. Léonard Bruni l'affirme, et les vers cités plus haut en sont une preuve irrécusable. Après la chute d'Ezzellino, les Scaliger avaient fondé à Vérone ce que les Grecs appelaient une *tyrannie,* c'est-à-dire la substitution du gouvernement d'un seul à l'action des libertés publiques. Albert della Scala, mort en 1301, avait laissé trois fils, Barthelemy, Alboin et Cane, qui héritèrent successivement du pouvoir. Barthelemy ne le conserva que trois ans; il mourut dans les premiers mois de l'année 1304, et Dante, en arrivant à Vérone, fut reçu par Alboin. Cane, surnommé le Grand, celui des Scaliger que notre poëte a le plus aimé et loué, n'était encore âgé que d'environ treize ans. Les brillantes qualités dont il donna des marques de bonne heure, firent que son frère Alboin se l'associa dans le gouvernement, en 1308. Nous le retrouverons régnant seul à Vérone et y tenant une cour splendide, lorsque Dante revint, par sa présence, prêter à cette cour un lustre plus glorieux que celui de la magnificence.

Avant le départ de Dante pour Vérone, dans le temps où les blancs préparaient leur échauffourée contre Florence, un événement sinistre eut lieu, dans lequel Dante, il est vrai, n'est pas nommé par les historiens qui mentionnent le fait, mais qui, néanmoins, le touche de trop près pour être passé sous silence. Des fêtes populaires, nous l'avons déjà dit, se célébraient chaque année en Toscane, au retour de la belle saison. Écoutons Jean Villani sur ce qui se passa dans une de ces commémorations; il s'agit de l'année 1304.

« Une proclamation des habitants du bourg de San Priano retentit dans toutes les rues pour convier ceux qui désireraient apprendre quelque chose de l'autre monde, à se trouver le 1er mai sur le pont de la Carraia ou sur les rives de l'Arno. Des barques, surmontées d'échafauds, étaient réunies sur le fleuve et disposées pour une représentation de l'enfer, avec accompagnement de feux et de supplices. On y voyait des hommes, sous la forme de démons, dont l'aspect faisait frémir; d'autres, entièrement nus, figuraient des âmes à qui divers châtiments étaient infligés : tous poussaient des cris ou faisaient entendre des sifflements horribles. C'était un spectacle plein de terreur, mais qui, par sa nouveauté, avait attiré une foule immense de curieux. Le pont sur lequel ils se trouvaient entassés, ne pouvant supporter cette charge énorme, s'écroula, entraînant avec lui tous ceux qu'il portait. Beaucoup périrent par l'effet de la chute ou se noyèrent dans l'Arno; d'autres, en plus grand nombre, furent blessés et meurtris : de sorte que la fiction, se convertissant dans une réalité terrible, beaucoup en effet allèrent apprendre des nouvelles de l'autre monde. »

Cette fête étrange, suivie d'une si affreuse catastrophe, fut-elle suggérée par les rumeurs vagues qui circulaient déjà du poëme de l'*Enfer?* ou bien se rattachait-elle aux souvenirs encore palpitants du jubilé qui avait si fortement saisi les imaginations ? En tout cas, elle vient à l'appui d'autres témoignages, pour montrer quelle était la tendance des idées qui dominaient à cette époque, et dont *la Divine Co-*

médie fut la plus éclatante manifestation. Le poëte exilé ne fut pas témoin de cette représentation vivante des scènes qu'il a décrites; mais il en eut connaissance : il fut sans doute avide d'en recueillir les détails, et il dut se les rappeler plusieurs fois quand il traçait des tableaux du même genre.

CHAPITRE III.

(1304-1308.)

LETTRE DE DANTE AU PEUPLE FLORENTIN. — LE CONVITO. — TRAITÉ DE L'ÉLOQUENCE VULGAIRE. — ANALYSE SOMMAIRE DE CES DEUX OUVRAGES. — DANTE A REPRIS DANS LE MÊME TEMPS LA COMPOSITION DE SON POËME. — EXAMEN DE L'OPINION CONTRAIRE, SOUTENUE PAR M. FAURIEL. — LETTRE DU FRÈRE HILAIRE A UGUCCIONE, QUI FIXE A LA FOIS L'ÉPOQUE A LAQUELLE LA CANTICA DE L'ENFER FUT TERMINÉE ET LA DATE DU VOYAGE DE DANTE A PARIS. — AMOURS DE DANTE A PADOUE ; IL SE REND CHEZ LE MARQUIS MALASPINA A LA FIN DE L'ANNÉE 1307.

En s'écartant du théâtre de la guerre que les blancs et leurs alliés les gibelins entretenaient encore, Dante renonçait à l'espoir de rentrer de vive force à Florence ; mais il ne perdit pas celui de s'en ouvrir les portes par une autre voie. On le trouve se livrant à l'étude avec une nouvelle ardeur, continuant son poëme déjà commencé, entreprenant de nouveaux travaux dont il se délassait en retournant à la poésie légère ou amoureuse qui avait fait sa première réputation. Il se flattait qu'en acquérant une renommée plus grande, le cri de l'admiration publique contraindrait ses compatriotes à le recevoir parmi eux. En même temps, il adressait des lettres, soit aux principaux citoyens de Florence, soit au peuple florentin, pour solliciter indirectement son rappel en expliquant sa conduite. « O mon peuple ! que t'ai-je fait ? » s'écriait-il, empruntant les paroles d'un prophète[1]. Ces lettres n'existent plus aujourd'hui ; mais, au dire de Bruni qui les avait vues, elles respiraient un langage à la fois digne et convenable : le rebelle qui venait à peine de déposer les armes n'y prenait pas le ton de hauteur et de menace dont il se servit trop souvent dans la suite. Toutefois, le peuple de Florence ne s'émut pas à la voix de son poëte, sourd aux supplications de la prière comme à l'intercession de la gloire.

A ces premières années appartiennent quelques-unes des plus jolies pièces de poésie que Dante ait écrites. C'est à la même date, selon toute vraisemblance, qu'on doit placer l'ouvrage qu'il a intitulé *Convito* ou *Convivio* (Banquet), indiquant par ce titre qu'il s'apprête à donner, non pas seulement de la *pâture* à l'ignorance, mais une *nourriture* choisie aux esprits délicats. Il y a des écrivains, entre autres Ginguené, qui pensent que le *Convito*, parce qu'il n'est pas terminé, ne fut écrit que dans les dernières années de la vie de l'auteur, au plus tôt en 1313. M. Fauriel, d'après M. Balbo et d'autres critiques italiens, établit au contraire, dans son beau travail sur Dante, que ce livre, et même celui de l'*Éloquence*, doivent avoir été composés entre les années 1304 et 1307. Sans être tout à fait convaincu du fondement de la seconde moitié de cette assertion, nous n'hésitons pas à nous y ranger quant à la première ; et les meilleures raisons pour y adhérer sont tirées de l'ouvrage même dont il s'agit. En général, c'est à Dante qu'il faut recourir pour résoudre nombre de difficultés soulevées à son sujet, et pour la solution desquelles

---

1. « Popule meus, quid feci tibi? » Michée, chap. VI, vers. 3.

on a prodigué sans grand profit autant d'érudition que de subtilités. Déjà nous avons eu recours à *la Vita nuova* pour expliquer l'amour du chantre de Béatrix, nous nous adresserons encore à lui pour éclaircir d'autres mystères.

Après avoir exposé sous la forme figurée qui lui est propre, les dispositions que les *convives* doivent apporter à son *Banquet* et leur avoir donné en quelque sorte le *menu* du repas qui va leur être servi, Dante termine ainsi son introduction :

« Si je parle plus virilement ici que dans *la Vita nuova*, je n'entends pas me démentir moi-même, mais éclairer une œuvre par l'autre. La passion caractérisait la première, celle-ci se distinguera par une orce plus tempérée. On ne parle pas, on n'agit pas de même dans un âge ou dans un autre, et ce qui est digne d'éloges à un moment donné peut encourir le blâme à une époque différente.... *La Vita nuova* était l'œuvre de la jeunessse, le *Convito* est le fruit de l'âge mûr. »

Le rapprochement fait par Dante entre deux compositions bien diverses l'une de l'autre, mais qui, à son sens, se complètent sans se contredire, indique à peu près la date à laquelle on doit rapporter la seconde. Évidemment ce ne peut être aux dernières années de la vie de l'auteur. Il avait vingt-six ans quand il écrivit *la Vita nuova*; il en avait environ quarante, en 1305, quand il traça les paroles que nous venons de citer. On voit par ces mêmes paroles que les deux œuvres se succédaient sans intermédiaire. S'il y avait eu entre elles quelque publication de longue haleine, autre qu'un sonnet ou une ballade, il en serait fait mention dans ce passage, ou bien le rapprochement n'eût pas été posé dans les mêmes termes.

De même que *la Vita nuova* avait servi de cadre aux premières poésies de l'auteur, de même la nourriture du *Convito* devait se combiner de quatorze manières, c'est-à-dire de quatorze canzones, ayant pour objet l'amour et la vertu. Tels sont les mets qui devaient être servis sur la table symbolique. Mais des quatorze canzones promises trois seulement figurent dans le *Convito*; et comme le livre, bien qu'inachevé, ne laisse pas d'avoir une certaine étendue, on peut juger par là des proportions qu'il aurait acquises, si l'auteur avait donné aux onze parties qui manquent le développement des premières. Ginguené accuse la prolixité des commentaires de Dante sur les trois odes de son *Banquet* d'avoir donné l'exemple de la terrible méthode qu'ont suivie les commmentateurs de *la Divine Comédie*. C'est qu'il ne s'agissait pas pour Dante de commenter ses odes, mais de tendre un canevas sur lequel il pût exposer toutes les connaissances qu'il avait acquises. Tel est le véritable but de cette singulière composition où l'auteur se plaît à étaler son savoir en philosophie platonique et aristotélique, en astronomie, en histoire naturelle et dans toutes les sciences cultivées de son temps. Le livre, dans son état incomplet, est divisé en quatre traités. Le premier est consacré, soit à la déduction de principes généraux, tirés en partie d'Aristote, que l'auteur semble avoir pris pour guide, soit à des explications préliminaires, tant pour s'excuser d'avoir beaucoup à parler de lui-même que pour justifier le choix qu'il a fait de la langue vulgaire, de préférence au latin. Les traités suivants sont précédés chacun d'une canzone ou ballade qu'il commente dans le sens littéral ou allégorique, ou plutôt qui lui servent de point de départ pour traiter de hautes questions de science et de philosophie. Quelques-unes de ces questions seront abordées de nouveau dans le grand poëme, de sorte qu'à quelques égards le *Convito* peut servir d'éclaircissement à *la Commedia*. On comprend en effet que des sujets obscurs par eux-mêmes le deviennent encore plus dans le langage figuré de la poésie, avec la contrainte de la mesure et de la rime. C'est alors qu'il devient précieux d'avoir un point de confrontation qui aide à se reconnaître dans ce labyrinthe. Certaines thèses métaphysiques très-ardues, telles que la génération de l'âme, la création des anges, etc.; d'autres purement scientifiques, comme la solution du problème des taches dans la lune, enfin, de simples opinions de l'auteur sur la nature morale de l'homme et autres matières, se retrouvent dans le poëme, après avoir d'abord été examinées dans le *Banquet*. En nous réservant d'y revenir à mesure que l'occasion s'en présentera, nous ne donnerons pas ici une analyse plus détaillée du *Convito*. Seulement nous en extrairons encore un passage, parce qu'il concerne Dante plus directement et révèle les souffrances morales du pauvre exilé qui ne trouvait pas toujours dans le travail de l'esprit les consolations qu'il lui demandait.

« Ah! plût au régulateur de l'univers que ce qui fait mon excuse n'eût jamais existé, que l'on ne se fût pas rendu si coupable envers moi, et que je n'eusse pas souffert injustement la peine de l'exil et de la pauvreté! Il a plu aux citoyens de Florence, de cette belle et célèbre fille de Rome, de me jeter hors de son sein, où j'ai été nourri toute ma vie, où enfin, si elle le permet, je désire de tout mon cœur aller reposer mon âme fatiguée, et finir le peu de temps qui m'est encore accordé. Dans tous les pays où l'on parle notre langue, je me suis présenté errant, presque réduit à la mendicité, montrant malgré moi les plaies que me fait la fortune, et qu'on a souvent l'injustice d'imputer à celui qui les reçoit. J'étais véritablement comme un vaisseau sans voiles, sans gouvernail, jeté dans des ports, des golfes, sur des rivages divers, par le vent rigoureux de la douleur et de la pauvreté. Je me suis montré misérable aux yeux de beaucoup d'hommes, à qui peut-être mon peu de renommée avait donné une tout autre opinion de moi ; et le spectacle que je leur ai offert a non-seulement avili ma personne, mais peut-être rabaissé le prix de mes ouvrages.... C'est pourquoi je veux relever ceux-ci autant que je le pourrai par la pensée et par le style, pour leur donner plus de poids et d'autorité. »

Quand on a lu *la Divine Comédie*, on s'étonne presque d'entendre Dante parler de Florence sans lancer contre la ville qui l'avait vu naître les anathèmes et les malédictions dont le poëme offre tant d'exemples. Et pourtant c'est une âme bien profondément courbée sous le poids de sa misère, qui laisse voir l'accablement qui l'oppresse, tout en conservant le sentiment d'une juste fierté. Il fallait que le fardeau eût été non-seulement bien lourd, mais pesât depuis longtemps pour expliquer une telle amertume. En 1305, l'exilé n'était encore pour ainsi dire qu'au début de son pénible apprentissage, et il parle ici comme un homme atteint au cœur par des épreuves successives et multipliées. Ce langage pourrait donc, jusqu'à un certain point, justifier l'opinion de ceux qui veulent que le *Convito* ait été écrit postérieurement à l'année 1313. Mais il faut savoir que Dante revoyait soigneusement ses ouvrages, qu'il les corrigeait sans cesse et y ajoutait souvent. Nous verrons qu'il y a dans *la Divine Comédie* nombre de passages évidemment intercalés de cette manière. Pourquoi n'en serait-il pas de même ici? Au reste, il serait tout à fait chimérique de prétendre assigner à chaque écrit du poëte une date précise, comme à chacun de ses actes un ordre rigoureux de succession. Et après tout, qu'importe? L'essentiel, entre tant de notions éparses et confuses, est de ne rien laisser échapper de ce qui est vraiment caractéristique de l'homme et de son œuvre.

Nous venons de citer le traité de l'*Éloquence vulgaire*, et, en le citant, nous avons exprimé quelque doute sur l'ordre chronologique qu'on lui donne dans la liste assez longue des productions de l'auteur. Comme le *Convito*, il est inachevé. Mais on comprend que Dante ait interrompu volontairement son *Banquet*, qu'il se soit lassé de cette dialectique subtile et épineuse qui déjà l'avait entraîné si loin pour ne le conduire qu'au cinquième de l'espace qu'il comptait parcourir. Il n'en est pas de même de l'*Eloquentia*, où il trace les règles de l'art d'écrire en vers, analyse les divers genres de poésies et juge les auteurs qui s'y sont exercés. Il était là sur son terrain, et s'il a commencé ce livre dans le même temps que le *Convito*, on ne s'explique pas qu'il ne l'ait pas terminé. Boccace dit formellement que le traité fut écrit peu avant la mort de Dante, et cela semble en effet plus vraisemblable. D'autres anciens commentateurs sont de l'avis de

Boccace. Mais des biographes plus récents pensent que les douze premiers chapitres du moins en furent composés avant ou pendant 1305, parce qu'il y est parlé d'un marquis de Montferrat, mort cette année même, comme d'un personnage encore vivant. C'est à peu près la seule bonne raison alléguée par ceux qui défendent cette opinion ; elle n'est pas tout à fait décisive ; mais comme il n'y en a pas non plus de meilleure pour assigner au livre une autre date, nous en dirons ici quelques mots.

Le traité de l'*Éloquence vulgaire* (*de vulgari Eloquentia*) est écrit en latin, comme l'indique son titre, et cela peut paraître une singularité, quand on voit qu'il est une sorte d'art poétique, applicable non au latin mais à la langue vulgaire. D'abord qu'est-ce que la langue vulgaire, car Dante attache à ce mot un sens qu'il faut connaître ? « C'est celle, dit-il, qui sert aux enfants à distinguer les voix, qu'on apprend sans méthode en imitant sa nourrice. Il y a bien la langue grammaticale (latine), mais elle est artificielle ; la langue vulgaire est plus noble, et c'est de celle-ci que je veux parler. » Il veut que cette langue vulgaire soit *illustre*, *cardinale*, *aulique* et *courtisanesque* : *illustre*, c'est-à-dire resplendissante de lumière, comme les hommes qu'on appelle illustres, soit qu'illuminés de puissance, ils illuminent les autres par la justice et la charité, soit qu'excellemment éclairés ils propagent et répandent leurs lumières ; *cardinale* ou fondamentale, parce qu'elle est le gond, le pivot sur lequel tourne la porte pour s'ouvrir ou se fermer, parce qu'elle est semblable au père de famille qui sème les plantes utiles dans la forêt italienne et en arrache les ronces épineuses ; *aulique* parce que, comme à un juge suprême, viennent ressortir à son tribunal, commun à tous et n'appartenant en propre à personne, toutes les parties qui composent son royaume; *courtisanesque* ou de cour (*cortigiano*), parce que la science de la cour n'est que celle de mesurer les choses à leur juste valeur, d'où il vient que tout ce qui est sagement pesé dans les actions humaines, se dit être *de cour*. Quoiqu'il n'y ait pas en Italie de cour proprement dite, à la manière de celle d'Allemagne, les membres dispersés n'en existent pas moins, et il serait faux de dire que les Italiens manquent de cour, encore qu'ils manquent d'un prince unique. C'est donc à former une telle langue que tendent tous ses efforts, c'est le but de ses nombreux voyages; et ses recherches lui ont fait découvrir qu'elle n'existe à son point de perfection dans aucune ville de l'Italie, qu'elle appartient un peu à chacune, mais n'est le partage exclusif d'aucune.

Le traité de l'*Éloquence* devait renfermer quatre livres : nous n'en avons que deux. Dans le premier, l'auteur après des considérations générales sur les langues, passe en revue tous les dialectes nés en Italie, depuis environ un siècle, des deux côtés de l'Apennin. Il n'en est aucun qui le satisfasse. Il accuse l'idiome toscan, tout en lui accordant quelques éloges, d'être infecté de locutions vicieuses. Il dit des Génois que s'ils perdaient la lettre Z, ils deviendraient forcément muets, à moins qu'ils inventassent une autre langue. Quant aux dialectes en usage dans les contrées sises à la base des Alpes, Milan, Brescia, Alexandrie, etc., il les repousse en bloc comme encore informes et grossiers. Les villes de la Romagne et de la Marche d'Ancône ne sont guère mieux traitées. Il loue davantage Bologne, mais il n'y trouve pas encore le vrai langage vulgaire qu'il cherche, qu'il conçoit et qu'ont parfois parlé les poëtes siciliens, lombards et toscans. Cette analyse sévère, mais équitable, des éléments dont se composait la langue italienne, ne pouvait appartenir à personne mieux qu'à celui qui, après avoir poursuivi partout avec un zèle infatigable cette langue encore chimérique, mais qui allait cesser de l'être, en fut le créateur et le législateur.

Dans le second livre de l'*Éloquence*, Dante examine les divers genres de poésie, et le style qui convient à chacun d'eux. Il distingue trois espèces de style : le tragique ou sublime, approprié aux sujets d'une élévation soutenue ; le comique ou moyen, c'est-à-dire inhérent aux sujets qui admettent tous les tons, où le poëte peut tantôt monter et tantôt descendre ; enfin l'élégiaque ou style plaintif, propre aux malheureux qui ont besoin d'exhaler leurs souffrances. On voit par cette classification quel est le motif qui lui a fait donner le nom de *comédie* à un poëme qui n'est assurément pas comique dans le sens ordinaire du mot. *Commedia*, ce fut ce titre sous lequel le livre s'annonça, et qu'il a conservé, depuis la découverte de l'imprimerie, dans près de trente éditions. Dans le xvie siècle seulement, la *Commedia* parut pour la première fois, précédée du mot *divina* (d'où *diva*) qui lui resta inséparablement attaché, mais que l'admiration universelle lui avait donné longtemps avant cette consécration publique.

Le livre de l'*Éloquence*, à peu près oublié pendant deux siècles, reparut au bout de ce long intervalle, sous la forme d'une traduction italienne qui était du Trissin. En y lisant le nom de Dante, on crut à une imposture, et l'opinion ne consentit à restituer l'ouvrage à son auteur que lorsque le texte latin fut retrouvé et imprimé à Paris en 1577. Mais le débat n'en devint que plus animé. Les Toscans, blessés au vif dans leur prétention à la suprématie du langage, nièrent l'authenticité du livre et de l'auteur; ils soutinrent que l'original latin n'était qu'une traduction supposée, et la traduction le véritable original, publié sous un pseudonyme afin de décrier la langue toscane. Des écrivains de mérite, stimulés par le patriotisme, s'engagèrent avec ardeur dans cette controverse, et il en est encore, assure-t-on, qui persistent courageusement dans leur incrédulité. Toutefois il est aujourd'hui bien constaté que l'*Eloquentia* n'est pas l'œuvre d'un faussaire, mais appartient à l'illustre compatriote de ceux qui la repoussent. Il est seulement à regretter que Dante n'ait pas eu le loisir ou la volonté de poursuivre jusqu'à son terme la tâche qu'il s'était prescrite. Il devait y traiter de tous les genres de poésie, et il n'a parlé que de l'ode ou canzone, dont il donne les règles détaillées en y joignant des exemples tirés des poëtes, ses prédécesseurs ou ses contemporains, qui avaient le plus de réputation. Nous avons fait connaître en parlant de ces poëtes, quelques-uns des jugements portés sur ses émules par un juge de tant de compétence.

Bien que le sujet ne semble guère s'y prêter, le livre de l'*Éloquence* contient, ainsi que le *Convito*, quelques traits échappés aux pénibles impressions du banni. Ils nous arrivent, à travers les siècles, comme un écho plaintif, et malgré l'éloignement l'âme en est encore attendrie. En voici un, par exemple, bien expressif dans sa brièveté : « Tous les malheureux m'inspirent une grande pitié, mais plus que tous les autres ceux qui, dans l'affliction de l'exil, ne voient plus la patrie que dans leurs songes. »

C'est une question encore indécise de savoir si Dante a continué son poëme pendant les premières années de son exil, ou si, comme l'affirme M. Fauriel, il n'a repris ce travail qu'en 1307, lorsqu'il était chez le marquis Malaspina. Si grande que soit l'autorité de M. Fauriel en matière *dantesque*, il est difficile sur ce point de se soumettre à sa décision. Son opinion se fonde uniquement sur une anecdote, recueillie par Boccace, répétée par Benvenuto da Imola et les anciens commentateurs, puis contestée par des critiques modernes. Suivant Boccace, charmant conteur comme chacun sait, mais historien peu scrupuleux, Dante, en partant pour son ambassade de Rome, avait laissé dans sa maison, soit à dessein, soit par oubli, les sept premiers chants déjà faits de son poëme. Ces papiers, jetés pêle-mêle avec d'autres au moment de la confiscation qui suivit le triomphe des noirs, furent retrouvés par hasard, au bout de quelques années, en cherchant des titres dont Monna Gemma avait besoin pour se faire restituer sa dot sur les biens confisqués de son mari. Celui par qui fut faite cette heureuse trouvaille (*alcun parente*, dit le texte italien) lut les vers avec admiration, sans soupçonner toutefois leur origine, et les porta à un certain Dino Lambertuccio, fin connaisseur en matière de rimes. A la beauté du style et au nerf de la pensée, Dino reconnut la touche du maître; et sachant que Dante se trouvait alors chez le marquis Malaspina, il adressa le précieux manuscrit, non pas au poëte, mais au seigneur de la Lunigiane, afin que la puissante intercession de ce dernier déterminât l'auteur d'une œuvre si heureusement commencée à ne pas la laisser interrompue. Malaspina reçut les cahiers, et à sa prière, Dante qui ne pensait plus à son poëme consentit à s'y remettre.

Telle est à peu près l'histoire racontée par Boccace, histoire qui semble un peu arrangée à plaisir, mais que M. Fauriel tient pour *vraisemblable et pour vraie*. Ne peut-on pas lui demander toutefois avec le respect dû à un tel maître, s'il est bien *vraisemblable* qu'un poëte partant pour un long voyage, laisse derrière lui l'œuvre de ses veilles, de ses méditations, de son amour, et cela dans le moment si cher aux poëtes d'une création à peine ébauchée? Ou les auteurs du moyen âge ressemblaient mal à ceux des temps modernes, ou les petits cahiers en question ont été serrés les premiers et avec le plus de soin dans la valise du voyageur. Est-il *vraisemblable* que ce soit seulement au bout de cinq ans, car la confiscation avait été prononcée en 1302, que Monna Gemma ait eu besoin de papiers pour discuter avec le fisc des intérêts qui, en 1307, devaient être réglés depuis longtemps? Est-il *vraisemblable* encore que Dante, après l'engagement formel qui termine *la Vita nuova*, après avoir nourri pendant dix ans une pensée qui tenait aux affections les plus vives de son âme, après s'y être préparé par de longues études, et lui avoir donné un commencement d'exécution, y ait renoncé tout à coup parce que quelques feuilles s'étaient égarées; de telle sorte que si le hasard ne s'en était mêlé d'une part, et de l'autre le marquis de Malaspina, *la Divine Comédie* n'eût pas été écrite? Qu'on ait fortuitement retrouvé une copie des premiers chants de *l'Enfer*, et qu'on ait envoyé ce fragment à son auteur, on peut le croire, puisque Boccace le raconte deux fois dans ses ouvrages, et assure l'avoir appris de la bouche d'André Poggi. Mais que Dante n'ait pas emporté à Rome une copie de ces premiers chants, ou que, l'ayant oubliée, il n'en ait pas écrit une autre ; qu'il ait été, pour ce fait imperceptible, sur le point de renoncer à l'œuvre qui embrassait sa vie entière ; en un mot, que son poëme ne soit que le fruit d'un accident heureux, c'est ce qu'il est impossible d'admettre. D'ailleurs les faits s'y opposent. Il suffit, pour s'en convaincre, de laisser les commentateurs et de consulter Dante. Dans une magnifique imprécation qui remplit presque tout le VIe chant du *Purgatoire*, le poëte s'adresse à l'empereur Albert alors régnant, le gourmande de l'abandon dans lequel il laisse l'Italie, et l'engage à venir revendiquer ses droits. Or, comme cet empereur périt assassiné, en 1308, il faut en conclure que les premiers chants du *Purgatoire* sont antérieurs à cette date, et à plus forte raison *l'Enfer* tout entier, car il est plus que probable que la seconde *Cantica* n'a pas été commencée avant l'achèvement de la première. Il est probable encore que l'apostrophe adressée à l'empereur Albert et à ceux de sa race, et qui fait partie intégrante de la longue tirade mentionnée plus haut, n'est pas du nombre des passages ajoutés postérieurement à la confection du poëme. Et quand même cette adjonction serait aussi démontrée qu'elle est peu vraisemblable, il resterait encore à établir, dans le système adopté par M. Fauriel, comment Dante qui sans cesse allait d'un lieu à un autre, qui écrivait dans le même temps le *Convito* et peut-être l'*Eloquentia*, sans parler des poésies légères, aurait trouvé le temps de composer la *Cantica* de *l'Enfer* entre l'année 1307 où le manuscrit perdu fut retrouvé, et l'année 1308, où l'on sait positivement que cette *Cantica* était terminée, ainsi que nous le verrons tout à l'heure.

On peut conclure raisonnablement de cette discussion que si Dante suspendit la composition de son poëme pendant le temps de la crise qui consomma la ruine de son parti et la sienne propre, temps où il pouvait être en effet absorbé par la préoccupation des affaires publiques et privées, il dut, dès qu'il cessa d'être soldat militant dans cette cause perdue, c'est-à-dire dès 1304, revenir à la pensée dominante de son esprit, à ce poëme conçu sous l'invocation de la mort, commencé dans l'amertume des regrets, et qu'il allait poursuivre sous le poids d'impressions plus cruelles encore. Dante avait eu d'abord l'idée d'écrire son poëme en latin; il en composa même, dit-on, quelques chants dans cette langue. Boccace en cite les trois premiers vers[1], les seuls qui se soient conservés. Mais l'emploi d'une langue qui tombait, que la plus grande partie de la population n'entendait plus, ne s'accordait pas avec le désir d'élever un monument durable. Dante le reconnut. Il s'est expliqué lui-même dans le *Convito* sur les raisons qui lui firent donner la préférence à la langue vulgaire sur la langue latine, malgré la supériorité de celle-ci en beautés de langage. Il résolut donc d'employer la langue à laquelle il avait dû ses premiers succès, et qui lui fut à son tour si redevable. Il donna l'année 1300 pour

---

1. Ultima regna canam fluido contermina mundo,
    Spiritibus quæ lata patent, qua prima resolvunt
    Pro meritis cuicumque suis, data lege tonantis.

date à son voyage mystérieux. L'instant fugitif qui marque le passage d'un siècle à un autre, a quelque chose d'imposant dont l'imagination est vivement saisie. Et puis c'était l'année du jubilé, cette grande solennité qui avait mis toute l'Europe en mouvement. Les récits des historiens montrent combien devait être puissante l'émotion qu'elle avait laissée. Giovanni Villani, témoin oculaire, rapporte qu'il y eut constamment à Rome, pendant tout le cours de l'année, deux cent mille pèlerins qui, à peine repartis, étaient remplacés par d'autres. Dante aussi, nous l'avons vu, prit sa part de ce grand spectacle. Il ne pouvait choisir pour visiter le royaume des morts un moment plus favorable que celui où la pensée de la mort jetait des flots de population aux pieds du représentant de Dieu sur la terre.

Si Dante reprit la composition de son poëme dès les premières années de son exil, comme cela paraît certain, il est également hors de doute qu'il retoucha son ouvrage à diverses reprises. A mesure que les événements se déroulaient ou que de nouveaux personnages paraissaient sur la scène, il intercalait, selon qu'il en était frappé, un ou plusieurs tercets dans ses vers, ou en modifiait d'autres. Tel est, par exemple, dès le Ier chant de *l'Enfer*, le passage qui promet un sauveur à l'Italie dans la personne de Cane della Scala, encore enfant quand ce chant fut écrit. Tel serait aussi, d'après plusieurs critiques, l'épisode si touchant de la *Francesca*. Par la même raison, le poëte n'a pas moins retranché qu'ajouté, lorsque des impressions nouvelles remplaçaient de plus anciennes. Enfin, l'amour de l'art et de la perfection qu'il cherchait lui a sans doute dicté bien des corrections de style et de langage. L'instrument dont il se servait était encore bien défectueux : mots, tours, construction, tout était à créer dans une langue âpre et grossière, mélangée de mots latins, goths, lombards, etc., débris de tant de dominations. L'idiome toscan (Dante nous l'a dit, au grand scandale de ses compatriotes) était loin d'avoir la pureté qui, depuis, l'a fait classer à part parmi ceux de l'Italie. Chaque localité, outre la rudesse commune à toutes, avait ses idiotismes particuliers, ses locutions vicieuses. Il fallait un long travail de discernement et de patience pour faire un tout harmonieux et poli de tous ces éléments épars et corrompus. Cette partie de la gloire de Dante est restée dans l'ombre : rien ne la montre aux yeux, et il faut réfléchir et comparer pour s'en rendre compte. Lorsqu'un grand édifice est construit, on se contente d'en juger l'effet, de louer ou de blâmer suivant l'impression qu'on éprouve. On ne s'informe pas si les matériaux manquaient à l'architecte, s'il n'a pas dû les chercher au loin, les dégrossir, les façonner lui-même, sans guide comme sans aide, et souvent y suppléer à force de génie. Au contraire, on lui reprochera de n'avoir pas fait disparaître toutes les taches de rouille et de barbarie, sans toujours lui tenir compte de tant de difficultés heureusement vaincues. Nul doute que Dante, dans sa construction, n'ait effacé de sa main un grand nombre de ces taches. Faut-il être surpris qu'il en soit resté quelques-unes ?

Ces altérations successives dans le texte par une cause ou par une autre, ont rendu plus difficile d'en fixer la date avec une entière certitude. Avant la découverte de l'imprimerie, il n'y avait aucun moyen de constater l'époque de la publication d'un écrit. Il était censé publié quand l'auteur en livrait à des tiers une copie correcte; c'était comme une édition à un exemplaire. Mais une seconde copie paraissait bientôt, et d'autres après celle-ci, avec des corrections plus ou moins importantes; c'étaient les seconde et troisième éditions, mais toujours sujettes à de nouveaux changements. Quelquefois des copies partielles circulaient longtemps avant que le livre fût achevé. Ainsi en serait-il arrivé pour Dante, s'il faut croire ce que Franco Sacchetti raconte, dans deux de ses nouvelles [1], d'un forgeron et d'un ânier qui eurent maille à partir avec notre poëte, peu endurant de sa nature, pour avoir estropié ses vers en les chantant. Ainsi le peuple de Florence chantait les *canzones*, ou peut-être des fragments de *l'Enfer*, avant que l'auteur y eût mis la dernière main. Déjà le poëme avait transpiré dans la rumeur publique, soit que Dante eût communiqué ses premiers essais, soit que la copie trouvée par André Poggi eût passé de main en main.

1. ... Entrant dans la boutique du batteur de fer, Dante prit le marteau, les tenailles et tous les outils de l'artisan, puis, les jetant dans la rue, il lui dit : « Si tu ne veux pas que je gâte ce qui t'appartient, ne gâte pas non plus ce qui est à moi. — Et que vous ai-je donc gâté ? reprit l'ouvrier. — Tu chantes mon livre, et tu ne le dis pas comme je l'ai fait. Ce sont mes outils à moi, comme ceux-ci sont les tiens : alors pourquoi les gâter? » Le forgeron, bien qu'irrité, n'eut rien à répondre. Il ne put que ramasser ses outils dispersés. Novell. LII.

Un jour qu'il allait par la ville, tout armé, comme on l'était alors, Dante fit la rencontre d'un ânier qui chassait ses ânes devant lui, et chantait aussi des vers du poëte. De temps à autre l'ânier interrompait son chant pour fouetter ses bêtes, en criant *Arri!* Le frappant à son tour d'un coup de brassard, Dante lui dit : « Cotesto Arri « non vi misi io. » Cet *Arri*, moi je ne l'ai pas mis. Novell. LIII, ediz. Veron.

Au milieu de ces incertitudes, un document authentique nous apprend non tout à fait l'époque précise à laquelle la *Cantica* de *l'Enfer* fut terminée, mais qu'elle l'était certainement avant la fin de l'année 1308, et qu'à cette date l'auteur en envoyait une copie à Uguccione della Faggiola, qui était déjà son ami, et qui était devenu son allié en épousant la fille de Corso Donati. Ce document fort remarquable, et dont il est surprenant que M. Fauriel n'ait pas tenu compte dans sa belle étude sur Dante, consiste dans une lettre d'un certain frère Hilaire, publiée par l'abbé Méhus, et dont le manuscrit original se trouve dans la bibliothèque laurentienne. Frère Hilaire était prieur du couvent de Santa Croce del Corvo, à l'embouchure de la Magra. Dante ne le connaissait pas, mais il le savait ami d'Uguccione. Dans l'embarras de trouver une voie sûre pour communiquer avec ce dernier, le poëte, qui était alors dans la Lunigiane, eut recours au moine pour le prier de transmettre son message à leur commun protecteur. « Les moines, dit un auteur italien, étaient alors et sont encore aujourd'hui les messagers les plus sûrs et les plus respectés. » Laissons parler frère Hilaire écrivant à Uguccione. Après la salutation d'usage, et quelques citations de l'Écriture sainte, ainsi que le pratiquaient dans leurs lettres ceux de sa profession, il arrive au but de sa missive :

.... « Voilà que cet homme (Dante), sur le point d'aller dans les contrées ultramontaines, étant de passage dans le diocèse de Luni, se présente au monastère (del Corvo), soit dévotion pour le lieu, soit une autre cause. Je l'aperçois, et, comme moi ni

mes frères nous ne le connaissions, je lui demande ce qu'il veut. Il ne me répond pas d'abord ; je l'interroge de nouveau : « Que désirez-vous ? que vou-
« lez-vous ? » Alors regardant autour de lui : « La
« paix, » répondit-il. Animé du désir de savoir qui était un tel homme, je le prends à part et lui demande son nom. Quoique je ne l'eusse jamais vu, il y avait longtemps que sa réputation avait pénétré jusqu'à moi. Quand l'étranger vit qu'il excitait mon attention et que je l'écoutais avidement, sortant un petit livre de son sein, il me le remit en disant : « Voilà
« une partie de mon ouvrage que vous ne connaissez
« pas sans doute ; c'est un monument que je veux
« laisser derrière moi, afin que ma mémoire soit fidè-
« lement conservée. »

Le bon prieur ouvre le *petit livre* avec empressement et s'étonne tout d'abord de le voir écrit en langue vulgaire, étonnement que le poëte trouve d'autant plus fondé qu'il avoue avoir eu lui-même l'intention de se servir du latin, qui est la *langue légitime ;* ensuite il lui explique les motifs qui lui ont fait donner la préférence à la langue vulgaire, et que nous connaissons déjà. Après avoir raconté cette conversation, le religieux continue :

« Ayant ainsi parlé, l'étranger ajouta d'un ton affectueux qu'il désirait, si j'en avais le loisir, qu'en vous transmettant ce livre, j'y joignisse quelques brèves annotations...; que si, plus tard, vous cherchez les deux autres parties pour compléter l'œuvre, demandez la seconde, qui suit celle-ci, au noble seigneur Marcel Malaspina, et la troisième à l'illustre Frédéric, roi de Sicile ; car c'est à eux que l'auteur se propose de les dédier, vous ayant choisis tous trois pour vous offrir cet ouvrage divisé en trois cantiques. »

Nous ne nous arrêtons pas à ce qu'ont de caractéristique les circonstances et la naïveté de ce récit; cela ressort de soi-même. Nous constaterons seulement qu'en 1308 le poëme de *l'Enfer* était achevé. Uguccione, l'espoir du parti gibelin et le protecteur du poëte, en recevait la dédicace. La seconde partie devait être et fut en effet dédiée au marquis Marcel ou Morel Malaspina, digne aussi de cet honneur, comme nous le verrons bientôt. Quant au choix du roi de Sicile, il n'est pas de motif apparent qui l'explique, si ce n'est que ce prince avait été l'ennemi de Charles de Valois. Mais l'intention de lui dédier la troisième *Cantica* ne reçut point son accomplissement. Lorsque Dante annonçait cette intention, il connaissait à peine Cane della Scala, qui touchait encore à l'adolescence; plus tard, la reconnaissance lui fit un devoir de substituer le prince généreux qui fut son bienfaiteur au monarque éloigné qu'il n'avait même peut-être jamais vu.

Un autre renseignement précieux découle encore de la lettre du frère Hilaire, et fixe bien des incertitudes. Lorsque Dante vint charger le prieur d'un message pour Uguccione, il s'apprêtait à passer les monts, il allait à Paris. En entreprenant un voyage chanceux à une telle époque, il voulait à tout hasard laisser en mains sûres un monument qui recommandât sa mémoire. L'université de Paris jouissait alors d'une immense réputation, ses écoles de théologie et de philosophie étaient particulièrement célèbres. C'était là que le grand saint Thomas avait donné son enseignement. A mesure que Dante avançait vers la partie mystique de son poëme, il sentait peut-être, tout versé qu'il était dans la science théologique, le besoin ou le désir de compléter ses études en s'éclairant au foyer où cette science rayonnait alors de son plus vif éclat. Les biographes ne sont pas plus d'accord sur l'époque du voyage de Dante en France que sur la plupart des autres points de son histoire. Les uns le font aller à Paris vers le temps que nous indiquons; d'autres veulent qu'il n'ait passé les monts qu'après la mort de l'empereur Henri VII, en 1313, se fondant sur les grandes espérances que le poëte attachait à la personne de cet empereur, et sur le peu de vraisemblance qu'il ait quitté l'Italie tant que le parti gibelin, réveillé d'un bout à l'autre de la péninsule, conservait l'espoir de triompher. Sans doute l'exilé florentin qui suivait avec une ardente anxiété toutes les alternatives de la longue et malheureuse expédition de Henri VII, ne pouvait songer à s'éloigner dans un tel moment, lui qui avait reçu le césar germanique avec des acclamations d'allégresse. Mais Henri VII ne fut élu qu'à la fin de l'année 1308. On ne pouvait savoir encore s'il ne suivrait pas, à l'égard de l'Italie, la ligne politique de ses prédécesseurs, lesquels, depuis Frédéric II, n'avaient plus passé les Alpes et semblaient avoir abandonné les vieilles prétentions impériales. Henri VII, prince pauvre et sans autre domaine que son petit comté de Luxembourg, n'avait pas, comme les Habsbourg, auxquels il succédait, les moyens de fonder et étendre en Allemagne une puissance héréditaire forte et indépendante. La principale raison qui lui fit tourner les yeux vers l'Italie fut l'espoir d'y trouver une gloire et une fortune qu'il ne pouvait chercher ailleurs. Mais ce ne fut qu'à la diète de Spire, en août 1309, qu'il annonça l'intention d'aller revendiquer à Rome la couronne des empereurs, et, en annonçant ce dessein, il en renvoya l'exécution à l'année suivante. En effet, en 1310, seulement à la fin du mois de septembre, il franchit les Alpes et descendit en Piémont par le mont Cenis. Dante avait donc tout le temps nécessaire pour son voyage et d'excellentes raisons pour l'entreprendre. Avant de le suivre au delà des monts, il faut revenir sur nos pas, et remplir une lacune à laquelle la nécessité de ne pas interrompre des matières qui s'enchaînent ne nous a point permis de pourvoir plus tôt.

Nous avons laissé Dante recevant à Vérone une généreuse hospitalité, y établissant en quelque sorte son quartier général, d'où il se rendait dans une ville ou dans une autre, selon qu'il y était poussé par quelque motif particulier. En 1306, il vint à Padoue. Sa présence y est constatée par un acte public où il figure comme témoin; elle l'est encore par un témoignage d'une autre nature qui donnerait lieu de croire qu'il fit dans cette ville un séjour assez prolongé, ou qu'il y alla plusieurs fois. Une noble dame lui inspira, sinon un amour comparable à celui dont Béatrix avait été l'objet, au moins un sentiment assez vif pour être célébré dans des vers. Cette dame, aimée et chantée par le poëte, se nommait Pietra degli Scrovigni, famille désignée par les armes qu'elle portait (une truie d'azur sur champ d'argent) dans le chant de *l'Enfer*, où les usuriers de Florence et de Padoue étalent malgré eux l'écusson qui les décèle.

Quoiqu'on trouve nombre de traces indiquant que

Dante a séjourné plus ou moins de temps dans telle ou telle localité, le fil se rompt sans cesse, et l'on ne sait vraiment où le prendre avec certitude de 1305 à 1308. Boccace, sans suivre un ordre chronologique déterminé, le fait aller tour à tour dans le Casentin, dans la Lunigiane, sur les rochers de l'Apennin, et plusieurs fois à Bologne et à Padoue. Ce qui rend presque impossible d'éclaircir ces notions vagues et souvent contradictoires, c'est que les villes italiennes, et même tel couvent, tel château, se sont disputé l'honneur d'avoir reçu le proscrit dans leurs murs, afin de s'attribuer une part, bien indirecte, il est vrai, dans la confection du grand poëme; si bien, dit Tiraboschi, que, ne pouvant disputer entre elles sur la patrie de Dante, comme les villes de la Grèce l'ont fait sur celle d'Homère, il semble qu'elles aient voulu s'en dédommager en s'arrachant l'une à l'autre la gloire d'avoir en quelque façon donné le jour à *la Divine Comédie*.

Au milieu de ces nombreuses allées et venues, trahissant l'agitation d'un esprit qui ne peut nulle part trouver de repos, Dante s'efforçait toujours de désarmer son inexorable patrie. Rien ne pouvait le consoler de l'exil. Il adressait des lettres à ceux de ses concitoyens qui lui avaient conservé de l'intérêt. Ses liens de parenté avec Corso Donati devaient lui assurer l'appui secret de ce chef encore puissant. Quelques amis lui étaient restés fidèles; on aime à trouver parmi eux Dino Compagni, l'élégant historien du temps où il vécut. L'occasion paraissait favorable; le gouvernement des noirs s'était un peu relâché de sa première rigueur. Plusieurs exilés avaient obtenu, dans le courant de l'année 1307, la révocation de leur bannissement, entre autres Petrarco, le père de Pétrarque. Mais, soit que Dante ne sût pas assouplir sa fierté jusqu'à la prière, soit que les vieilles animosités subsistassent toujours, Florence ne se laissa point fléchir. Ce fut alors, peut-être par dépit, que Dante, qui avait comme rompu avec la portion remuante de son parti, parut s'y rattacher de nouveau. Les blancs continuaient à s'agiter, tantôt par des brigues, tantôt à force ouverte. Dante se joignit à eux encore une fois. Mais s'il en conçut des espérances, elles furent bientôt dissipées, et il ne tarda pas à rentrer dans son rôle d'isolement. A la fin de cette même année 1307, on le trouve dans la Lunigiane, chez le marquis Malaspina. Il faut l'y suivre.

CHAPITRE IV.
(1308-1313.)

LES MALASPINI. — DANTE VIENT A PARIS. — EXPÉDITION DE HENRI VII EN ITALIE. — DANTE SE DÉCLARE HAUTEMENT GIBELIN ; SES OPINIONS POLITIQUES EXPOSÉES DANS SON TRAITÉ DE LA MONARCHIE ET DANS SA LETTRE AUX SOUVERAINS ET AUX PEUPLES DE L'ITALIE, POUR LES SOMMER DE RECONNAÎTRE L'AUTORITÉ IMPÉRIALE. — IL SE REND AUPRÈS DE HENRI VII, LE QUITTE BIENTÔT ET LUI ADRESSE UNE LETTRE OU IL L'EXHORTE A SE HATER. — NOUVEAU DÉCRET DE PROSCRIPTION. — DANTE A GÊNES ET A PISE. — IL S'ABSTIENT DE SUIVRE L'EMPEREUR AU BLOCUS DE FLORENCE. — MORT DE HENRI VII.

Les Malaspini, seigneurs d'une petite contrée sise le long de la mer, entre la Ligurie et la Toscane, gouvernaient ce pays depuis le ixe siècle. Alliés avec les villes lombardes pour la défense des libertés de l'Italie, ils avaient été compris dans la fameuse paix de Constance, et se trouvaient ainsi par des antécédents glorieux étroitement liés à la cause des guelfes, opposée à celle que Dante était bien près d'embrasser. Conrad, marquis de la Lunigiane, mort avant 1300 (puisque Dante l'a placé dans son poëme où l'on sait qu'à de rares exceptions près il n'a introduit aucun personnage vivant à cette époque) n'avait pas laissé d'héritiers directs. Son neveu Franceschino et les neveux de celui-ci, Morel et Conradin, se partagèrent l'héritage ou le régirent conjointement, ce qui est plus probable. Pelli mentionne un acte du 6 octobre 1306 par lequel Franceschino donnait des pouvoirs pour négocier, en son nom et en celui de ses neveux, un arrangement avec l'évêque de Luni. Ce négociateur était Dante lui-même. Il résulterait de ce document que les premiers rapports du poëte avec ces princes se nouèrent sous les auspices de Franceschino. Mais quand il retourna dans la Lunigiane, en 1307, il y fut accueilli par le marquis Morel, et c'est envers ce dernier qu'il contracta les obligations les plus étroites. On ne dit pas que Morel ait cultivé la poésie, à l'exemple d'autres petits princes, ses contemporains. Mais il y avait dans sa famille des souvenirs encore peu éloignés qui devaient le disposer à honorer les lettres. Un Albert Malaspina qui florissait tout à la fin du XIIe siècle, homme *vaillant, courtois et libéral*, dit l'abbé Millot d'après les anciens manuscrits, s'était fait un nom par ses succès dans la poésie provençale, fort répandue, comme on sait, dans la haute Italie, et dans laquelle plusieurs Italiens se sont rendus célèbres. Dante trouva donc auprès du descendant d'Albert une hospitalité pleine de courtoisie et de délicatesse. Voilà comment la reconnaissance lui fit dédier à ce protecteur la seconde partie de son poëme, où il a placé par le même motif l'éloge de la noble Alagia, femme du marquis Morel et nièce d'Adrien V; elle était de la grande maison de Fiesque, et non moins remarquable par sa beauté que par sa naissance.

Engagé par les traditions de sa famille dans le parti des guelfes, le marquis Morel dut heurter plus d'une fois les sentiments du réfugié florentin qui, vers cette époque, était à peu près gibelin, au moins en théorie. Nous avons évité jusqu'à cette heure d'aborder, même de loin, le changement qui se fit dans les opinions de Dante, non pas tout à coup, comme on le lui a reproché, mais par une gradation lente et successive. Nous aurions pu en signaler plusieurs indices, antérieurs à son séjour dans la Lunigiane, en 1307. Mais pour ne pas scinder une question qui mérite d'être traitée à fond, il était plus opportun d'attendre le moment où les opinions du guelfe-blanc, devenu gibelin, éclatèrent avec retentissement à la face du soleil. Ce moment approche. Mais il faut auparavant dire un mot de cette période trop peu connue de la vie du poëte, qui fut comme un temps de trêve dans les combats de la politique, court répit pendant lequel l'homme de parti s'efface, et presque le poëte, pour ne laisser voir en première ligne que le théologien et le philosophe. C'est indiquer le voyage qu'il fit en France, et dont nous avons cru, sur l'autorité de quelques biographes, et surtout de frère Hilaire, pouvoir fixer la date vers la fin de l'année 1308. Il y avait donc un an environ que Dante jouissait de l'hospitalité du seigneur de la Lunigiane, lorsque, avant de passer les monts, incertain de l'issue d'un voyage long et hasardeux, il fit la démarche dont le prieur du monastère del Corvo nous a rendu compte.

Comment Dante n'aurait-il pas eu le désir de visiter Paris, la ville où la scolastique avait pris naissance, où elle se montrait encore dans toute sa grandeur, répandant ses rayons sur tout l'Occident? Initié par son maître, Brunetto, à la connaissance de la langue française, familiarisé par lui avec les noms glorieux qui avaient soutenu la réputation de cette Université qu'on appelait *la Citadelle de la foi*, il avait joie sans doute de venir à son tour s'abreuver à cette source vivifiante. On voudrait, l'accompagnant pas à pas dans la grande cité du moyen âge, dont déjà l'influence morale s'exerçait au loin, pénétrer avec le voyageur dans les sanctuaires de la science, assister familièrement à ses entretiens, connaître quels hommes il rechercha de préférence dans cette ville qui comptait tant de célébrités, quelles habitudes il y prit, enfin de quelle manière il y vécut. Par malheur, les indications de ses biographes sont très-succinctes, ou plutôt muettes sur tous ces points. Boccace se contente de dire qu'il se livra principalement à l'étude de la théologie et de la philosophie, sans omettre les autres sciences, dont il n'avait pu s'occuper jusque-là. La tradition nous le montre soutenant avec éclat plusieurs thèses sur diverses matières, une entre autres où il résolut spontanément quatorze questions qui lui avaient été posées. Dante acquit donc le renom d'un habile théologien et d'un dialecticien capable d'entrer en lice contre les plus rudes jouteurs. Tout en fréquentant l'Université, il ne dédaigna point les écoles particulières; car il parle, dans le Xe chant du *Paradis*, d'un certain Sigier, qui tenait une école dans la rue du Fouarre (*vico degli Strami*), et dont il suivit les leçons. Un commentateur nous apprend, sans en fournir de preuves, qu'il se fit recevoir bachelier, et qu'il aurait pris les degrés du doctorat, s'il n'en avait été empêché faute d'argent. Le doctorat était alors la plus haute illustration de l'intelligence. On voudrait, pour la gloire de notre Université, lire dans ses registres le nom d'Alighieri à la suite de celui de saint Thomas.

Si, pour se rendre compte des impressions que

Dante rapporta de son séjour en France, on consulte ce qu'il en laisse pénétrer dans les deux dernières parties de son poëme, on sera forcé de conclure que ces impressions ne furent pas heureuses, puisqu'elles sont si peu favorables à notre nation en général, et en particulier aux princes qui la gouvernaient. Il est rare qu'on ne voie pas en beau les lieux où l'on a vécu content. C'est qu'il n'y a pas de trêve pour les souffrances de l'âme, lors même que l'esprit est sérieusement occupé. Tout ramène à une affection dominante, et quand cette affection est douloureuse, rien n'en distrait. Le pauvre exilé en fit sûrement l'épreuve à Paris, comme ailleurs. Puis, s'il est vrai qu'à cette cause permanente de malaise se joignirent des privations d'un autre genre, triste effet de la pauvreté, on comprend encore mieux qu'il n'ait pas gardé de la France et de ses princes des souvenirs affectueux. Philippe le Bel régnait encore; c'était le frère de ce Charles de Valois que Dante regardait comme l'instrument de ses malheurs. Ce roi pouvait-il trouver grâce devant lui? Et en outre, rancune d'Italien à part, il faut bien convenir que les mesures violentes de Philippe le Bel, ses confiscations sous prétexte d'usure, le procès des templiers, qui s'instruisait alors avec grand appareil de supplices, tous ces actes n'étaient pas propres à réhabiliter, aux yeux de l'exilé, le frère de Charles de Valois.

Pendant que Dante, livré tout entier aux études qui convenaient le plus à la nature de son génie, ne pouvait cependant se consoler de l'exil, une grande rumeur agitait l'Italie. L'annonce d'une intervention prochaine de l'empereur Henri VII dans les affaires de la péninsule, avait ranimé l'espoir des gibelins aux abois, et répandu quelque inquiétude dans le parti des guelfes. C'était un événement d'une immense portée, dans les circonstances où se trouvait l'Italie, que la venue d'un successeur de Charlemagne pour revendiquer des droits presque tombés en désuétude. Mais par une contradiction singulière, ainsi que nous l'avons fait remarquer (voy. pages 41 et 42), à mesure que les populations italiennes avaient acquis plus de liberté, la théorie du pouvoir impérial s'était formulée en règles plus nettes et plus absolues. Grâce à l'étude de la jurisprudence, si répandue dans le XIIIe siècle, et à l'empire que le droit romain avait pris depuis qu'on enseignait partout dans les écoles le code Justinien, les empereurs germaniques étaient regardés, dans l'opinion des hommes les plus éclairés, comme les successeurs des empereurs romains et les héritiers légitimes de tous les droits dont ces derniers avaient joui. Cette tendance des esprits ne doit pas être perdue de vue, quand on veut juger l'expédition de Henri VII et la part que Dante y a prise. Il y avait encore cela de particulier qu'il ne s'agissait plus en apparence de la vieille querelle du sacerdoce et de l'empire. La cour pontificale n'était plus à Rome, mais à Avignon. L'empereur était l'allié de Clément V, il lui devait son élection, et c'était d'accord avec le pontife qu'il s'apprêtait à descendre en Italie, moins pour la conquérir que pour la pacifier. Lorsqu'il n'était encore qu'à Lausanne, dans l'été de 1310, la plupart des États italiens lui envoyèrent des députations; guelfes et gibelins croyaient avoir également droit à sa protection. Florence seule, après avoir nommé des ambassadeurs, ne les fit point partir, avertie de l'intention où était l'empereur de rappeler les réfugiés. Le roi de Naples, Robert, s'abstint aussi; mais sa couronne ne relevait plus de l'empire, et depuis soixante ans que les empereurs ne s'étaient plus occupés de l'Italie, la maison d'Anjou y avait acquis une prépondérance qu'elle ne voulait pas perdre : sous ce rapport, Robert était le compétiteur de Henri, il en fut bientôt l'ennemi déclaré.

Au milieu de l'attente universelle, Dante, on le pense bien, ne fut pas le dernier à s'émouvoir. Il était probablement de retour en Italie, quand l'empereur quitta Lausanne, vers la fin de 1310. Peut-être avait-il abrégé le séjour qu'il comptait faire en France. Mais dans quelles dispositions d'esprit se trouvait-il? de quel œil voyait-il venir les grands événements qui se préparaient? C'est ce qu'il importe de chercher et d'éclaircir.

Les guelfes blancs, dans leur lutte malheureuse contre les guelfes noirs, avaient été conduits par la force des choses à s'appuyer sur les gibelins, proscrits comme eux dans toutes les villes guelfes de la ligue toscane. Des partis vaincus, qui ont un ennemi commun à combattre, s'entendent facilement, sauf à reprendre leurs dissentiments après la victoire. Mais cette cause de séparation ne s'étant point produite, les points sur lesquels blancs et gibelins n'étaient pas d'accord, durent perdre de jour en jour de leur importance, à proportion que le rapprochement devenait plus intime, et finalement les deux opinions se confondirent. Cette tendance presque obligée des partis, bien qu'elle dût agir dans une certaine mesure sur les idées de notre poëte, ne suffit pas néanmoins à expliquer le changement qui se fit en elles. Pour déterminer un esprit de cette trempe, il fallait des raisons plus directes, et, si l'expression peut être employée, plus métaphysiques. Par le même motif, je ne les chercherai pas non plus dans les rapports d'amitié que le guelfe-blanc contracta, dès les premières années de son exil, avec Uguccione et quelques autres chefs gibelins. Mais, fidèle à la marche que j'ai déjà suivie, je les demanderai, ces raisons, à Dante lui-même, persuadé que, mieux que ses historiens et que ses commentateurs, il nous donnera la clef de sa conduite.

Dante a exposé tout son système politique dans un livre écrit en latin, qu'il intitula *de Monarchiá*, de la Monarchie. Il publia cet écrit peu après l'entrée de Henri VII en Italie, dans l'intention manifeste de soutenir les prétentions de ce prince. Ce n'était pourtant pas un pamphlet de circonstance, ainsi qu'on va le voir.

Le traité *de la Monarchie* est divisé en trois livres. L'auteur commence par établir, dans des considérations générales, que les hommes supérieurs étant redevables d'une partie de leur supériorité aux travaux de ceux qui les ont précédés, sont tenus à leur tour de laisser des richesses à ceux qui viendront après eux. Seulement l'homme à qui revient cette tâche, ne doit pas en pure perte dépenser ses efforts sur ce qui est depuis longtemps acquis à l'esprit humain. Quel avantage pourrait-on se promettre d'une nouvelle démonstration des propositions parfaitement démontrées par Euclide, ou d'une nouvelle apologie de la vieillesse, après que Cicéron l'a si bien défendue? Cela posé, comme entre les vérités utiles et peu connues, aucune n'est plus neuve ni plus importante que la connaissance de la monarchie temporelle, Dante annonce que cette vérité est celle qu'il se propose de mettre en lumière. D'abord, qu'est-ce que la monarchie temporelle? C'est une direction unique, placée au-dessus de toutes les autorités temporelles, et embrassant tout ce dont le temps est la mesure. Le but vers lequel il faut tendre est la paix universelle, et de même qu'il n'y a qu'une fin, de même il ne peut y avoir qu'une règle. L'humanité est une unité, mais une unité qui se compose de plusieurs parties. Ces parties, qui sont les divers royaumes, sont obligées de se soumettre à un seul régulateur, et celui-ci à un autre qui est Dieu. C'est ainsi que la monarchie universelle est nécessaire au bonheur des hommes. Voilà les principes généraux dont la déduction occupe la première partie de l'ouvrage [1].

Maintenant quel sera ce monarque temporel suprême, déclaré indispensable? Cette recherche est l'objet du second livre. Le peuple romain, qui a dominé sur tous les autres, n'a pas usurpé le pouvoir: il l'a reçu de Dieu, dans des vues longtemps cachées,

---

1. Remarquons en passant que la paix universelle, dernier terme du système qui vient d'être exposé, est aussi le but que poursuivait Henri IV, trois cents ans après Dante, mais par d'autres combinaisons. A l'époque où le pouvoir temporel se dégageait partout des entraves qui l'avaient contenu, Henri IV cherchait à construire une vaste république d'États, lesquels se servant mutuellement de contre-poids, et maintenus en équilibre, rendraient toute guerre impossible. Au contraire, Dante qui vivait dans un temps où le pouvoir absolu n'existait plus que dans les théories du droit romain, voulait reconstituer l'Europe sur cette base écroulée, et confier à une main unique et suprême le soin de maintenir l'harmonie entre tous les rouages de cette immense machine politique. Tous deux allaient ainsi contre les tendances de leur siècle, et par cela seul l'idée féconde, mais prématurée qu'ils ont jetée dans le monde, se trouvait d'avance condamnée, sinon sans appel, au moins à un long ajournement.

mais dont la révélation s'est manifestée à tous les yeux par l'établissement non interrompu de l'empire universel. Qu'on regarde ce qui s'est passé dans le monde! Des tentatives ont été faites chez d'autres nations pour fonder cet empire; quel en a été le succès? Ninus, roi des Assyriens, y a échoué; Sésostris, roi d'Égypte, n'a soumis qu'une partie de la terre; Cyrus, roi de Perse, paya de sa vie un dessein mort avec lui; Xerxès a vainement jeté des ponts sur la mer; Alexandre s'est approché du but plus près que les autres, mais il est tombé à moitié de sa course. Le peuple romain seul a pu établir la monarchie et a eu le droit de l'exercer.

Dans le troisième livre, le publiciste examine si l'autorité du monarque unique, c'est-à-dire de l'empereur, continuateur du peuple roi et de ses césars, est soumise directement à Dieu sans aucun intermédiaire. Il résout affirmativement cette question. Le pouvoir impérial ne relève que de Dieu et ne peut relever du vicaire spirituel de Jésus-Christ, car l'Église n'a pas toujours existé. Or, quand l'Église n'existait pas, ou quand elle n'avait encore aucune action temporelle, l'empire, issu de la volonté divine, n'en était pas moins dans toute sa force. Les exemples tirés de l'Ancien et du Nouveau Testament, la donation de Constantin, tous les arguments par lesquels on voudrait défendre l'opinion contraire, ou n'ont aucun fondement, ou sont mal interprétés [1]. En résumé, Dieu, principe de tout pouvoir; puis, im-

---

1. Il est presque inutile de faire observer que la thèse soutenue par Dante, lui donna pour ennemis tous les défenseurs, nombreux et puissants, de la suprématie temporelle des papes, de même qu'elle aigrit encore plus contre lui les guelfes de Florence S'il ne fut point

médiatement au-dessous de Dieu, l'empereur, principe d'unité, régulateur suprême, mais non chef absolu, centre auquel tout aboutit, lien du faisceau qui doit unir toutes les nations entre elles, en laissant néanmoins à chacune ses chefs nationaux et ses lois particulières.

Cette doctrine, en s'appliquant aux intérêts qui se débattaient alors, aboutissait directement à deux conséquences. L'une était de nier le droit papal de conférer l'empire comme un bienfait du saint-siége. Or, quand Henri de Luxembourg fut proclamé, la couronne que les rois élus de Germanie venaient chercher à Rome et recevaient des mains du pape, était encore dans l'opinion populaire le signe virtuel et nécessaire de la dignité impériale. Une seconde conséquence était, non pas de contester l'autorité temporelle des papes, mais de la soumettre à la direction du monarque unique, de l'assimiler, en tant que temporelle, à celle des autres chefs secondaires, dans cette vaste féodalité de royaumes relevant tous d'un seul et même suzerain.

Tel est le sens du traité *de la Monarchie*. Nous laisserons aux dissertateurs dont l'espèce abonde, le plaisir de se mesurer avec Dante, et de se rehausser en s'escrimant dans ce duel étrange. Libre à eux de prouver par raison démonstrative, et avec gonflement de satisfaction, combien ils sont plus habiles et plus clairvoyants que ce pauvre Alighieri, tout écrasé qu'il est de leurs vigoureux arguments et de leurs citations

---

poursuivi par les censures de l'Église, il le dut peut-être à la pitié qu'inspiraient ses malheurs; mais il n'y échappa point après sa mort, comme nous le verrons; et cette vengeance posthume suffirait seule pour attester la violence des ressentiments.

historiques. Nous ne marcherons pas sur leurs traces. La question pour nous n'est pas d'attaquer Dante ou de le justifier, mais de le faire connaître.

La profession de foi politique que Dante a développée dans un latin médiocre, il l'a renouvelée en vers sublimes dans le VIe chant de son *Purgatoire*. Il y prend à partie, un peu rudement il est vrai, l'empereur Albert, prédécesseur de Henri VII ; il lui reproche l'abandon dans lequel il laisse l'Italie qu'il compare à une *bête indomptable ;* il somme Albert d'imposer le frein à cette bête d'une *nature rebelle*, de la corriger de l'*éperon*, de ne pas souffrir que le *jardin de l'empire devienne un désert stérile ;* il lui montre Rome, *veuve et solitaire*, qui pleure en criant sans relâche : *Mon César, pourquoi me délaisses-tu ?* On le voit, les opinions exposées dans le livre *de la Monarchie* ne tiennent pas au jeu fortuit des événements. C'était bien le fond de la pensée de l'auteur, le résultat auquel l'avaient conduit ses travaux, ses recherches, ses méditations. S'il mit dans la croyance qu'il adopta toute la fougue qui tenait à son caractère, il n'est pas permis de douter qu'il y ait apporté de même une complète sincérité. Sa doctrine n'est pas celle d'un servilisme aveugle ou intéressé, mais la ferme conviction d'un esprit, chimérique peut-être, mais à vaste étendue, qui voulait fonder le monde politique sur l'unité, à l'image du monde intellectuel, dont la papauté était à ses yeux l'arbitre non contestable. De même que la Rome chrétienne, unie par un lien mystique à la Rome païenne, et embrassant ainsi tous les âges de l'humanité, devait, en vertu de sa mission divine, dominer sur toutes les intelligences ; de même, César, autre délégué de Dieu, aurait exercé sa souveraine suprématie sur la société temporelle tout entière, les deux pouvoirs agissant chacun dans sa sphère, et s'accordant pour mettre un frein, l'un à la pensée, l'autre à l'action. On comprend que le morcellement de l'Italie en une multitude de petites tyrannies, princières ou républicaines, mais toutes ombrageuses et rivales, ait conduit Dante à l'idée d'un pouvoir unique et régulateur, et que cette idée, une fois entrée dans cette tête puissante et s'y combinant avec l'idée chrétienne, soit devenue plus qu'un système, une religion. Il voyait de plus haut que ses contemporains. Ce serait le méconnaître que de chercher uniquement dans des passions de haine et de vengeance, bien qu'il n'y fût pas étranger, l'explication de ses convictions politiques. Quand il favorisait de tous ses efforts le triomphe de sa foi gibeline, il ne cédait pas à une impulsion basse et vulgaire. Mais encore une fois, je porte trop de respect à Dante pour m'ingérer de le justifier, même pour croire qu'il ait besoin d'apologie; je tâche seulement de le montrer sous le jour qui lui est propre.

Le traité *de la Monarchie* publié dans l'année 1311, ne fut pas le premier acte par lequel Dante manifesta hautement les nouveaux sentiments dont il était animé. Il n'avait pas attendu l'entrée de Henri VII en Italie pour faire éclater publiquement sa joie et ses espérances. Par une lettre qui fait partie du recueil édité par M. Wilte, et que le savant professeur rapporte à l'année 1310, au moment même où Henri passait les Alpes, Dante s'adressait aux peuples et aux souverains de l'Italie pour célébrer avec eux la venue du libérateur, et leur enjoindre de reconnaître son autorité. On dirait un inspiré qui parle : l'exaltation ne peut s'élever plus haut. Voici quelques passages de cette curieuse lettre qui perdrait trop à être seulement analysée :

« A tous et à chaque roi d'Italie, aux sénateurs de Rome, aux ducs, marquis, comtes, et à tous les peuples, l'humble Italien, Dante Alighieri de Florence, exilé sans l'avoir mérité, souhaite la paix.

« Voici l'heure et le temps désirés, où surgissent des signes de consolation et de paix. Un nouveau jour commence à répandre sa lumière; une aurore se montre à l'orient, qui dissipe les ténèbres de la longue misère. Le ciel resplendit et sa douce clarté confirme les augures des nations. Nous verrons l'allégresse attendue, nous qui sommes restés si longtemps dans le désert. Le soleil de la paix va se lever, et aux rayons de sa lumière, on verra la justice devenir de nouveau florissante, ceux qui ont soif se désaltérer et ceux qui aiment l'iniquité demeurer confondus. Le lion de la tribu de Juda, prêtant une oreille miséricordieuse aux mugissements de la prison universelle, a suscité un autre Moïse pour soustraire son peuple à l'oppression des Égyptiens. O Italie, réjouis-toi ! Après avoir été si digne de pitié, tu seras bientôt un objet d'envie pour le monde entier, même pour les Sarrasins; car voici ton époux, le clément Henri, le magnanime César, qui accourt à tes noces, lui la joie du siècle et la gloire de ton peuple....

« O sang des Lombards, s'il est encore en vous quelque reste de la semence troyenne et latine, faites que l'aigle, quand il descendra comme la foudre, ne trouve pas de jeunes corbeaux occupant la place de ses aiglons dispersés !.... Confessez avec le Psalmiste que celui qui résiste à la puissance, résiste à l'ordre de Dieu, et que répugner à l'ordre de Dieu, c'est faire comme l'impuissant qui se révolte.... Levez-vous donc tous, ô peuples d'Italie, au-devant de votre roi! Rendez-lui non-seulement l'obéissance, mais encore le gouvernement. Et ce n'est pas assez de vous lever, inclinez-vous en sa présence. Que votre respect n'ait pas de bornes, car vous buvez à ses fontaines, vous naviguez sur ses mers, vous foulez la plage de ses îles et le sommet des Alpes qui lui appartiennent; et toutes les choses publiques et privées dont vous jouissez, vous ne les possédez qu'en vertu du lien de sa loi....

« Ne marchez donc pas dans le vide, comme les nations dont les sens sont obscurcis par les ténèbres; mais ouvrez les yeux de votre intelligence, et reconnaissez que le maître du ciel et de la terre vous l'a donné pour roi. C'est Henri que Pierre, vicaire de Dieu, vous enjoint d'honorer; c'est sur lui que Clément, à cette heure successeur de Pierre, a fait reluire la bénédiction apostolique.... »

Nous ne suivrons pas le prince, objet d'un tel enthousiasme, dans toutes les chances, d'abord favorables et bientôt désastreuses de son expédition. Il suffira d'en rappeler quelques circonstances, celles peut-être qui tiennent le moins de place dans l'histoire, mais qui ont droit à toute notre attention, dès lors que le nom de Dante y est mêlé.

La Lombardie tout entière s'était soumise sans résistance. L'ancienne ligue lombarde n'existait plus, mais celle des guelfes toscans était encore puissante. D'ailleurs les premiers actes de Henri, en Piémont et à Milan, avaient justifié le titre de pacificateur sous lequel il s'était annoncé. Son cortége se grossissait à chaque pas des réfugiés de Florence et des autres villes, empressés d'accueillir cet envoyé de Dieu dont ils attendaient leur salut. Dante, il est presque superflu de le dire, ne manqua pas à ce rendez-vous; il dut même s'y rendre des premiers, à en juger d'après le manifeste qu'il venait de lancer sur l'Italie. Un homme dont la réputation avait déjà beaucoup de retentissement, et qui se déclarait avec éclat le champion de la cause impériale, ne pouvait rester confondu dans la foule. Cependant nous ne savons presque rien sur la réception qui lui fut faite. Qu'il se soit entretenu avec l'empereur dans une ou plusieurs conférences, cela ne laisse aucun doute, et lui-même le rappelle dans une lettre que nous examinerons tout à l'heure; mais rien ne nous est parvenu sur les rapports directs du prince et du poëte. Peut-être celui-ci, dès cette première épreuve, eut-il à rabattre quelque chose de ses sentiments exaltés : lorsque l'enthousiasme est monté à cette hauteur, s'il est mis en présence de la réalité, il n'a plus qu'à descendre. Dans tous les cas, le rôle de courtisan n'allait pas à cette nature altière et peu malléable. Dante ne resta pas longtemps à la cour de l'empereur. On croit qu'il se retira dans cette partie de la Toscane qu'il affectionnait le plus, et qu'arrose l'Arno, à son débouché de l'Apennin. Nous l'y trouvons avec certitude le 16 avril 1311.

Cette date est celle d'une lettre très-développée que le banni gibelin écrivit à l'empereur pour l'exhorter à ne point perdre un temps précieux et à marcher droit sur Florence. Quoique l'autorité impériale eût été d'abord reconnue sans contestation dans la Lombardie, quand on vit le peu de forces militaires dont

Henri pouvait disposer, et que pour entretenir cette faible armée il fallait lever sans cesse de nouveaux subsides, plusieurs villes se révoltèrent. Henri voulut les réduire avant de poursuivre sa marche : de là ces retards qui causaient à Dante autant de tristesse que d'impatience. Sa lettre respire, comme la précédente, la plus grande exaltation pour la personne de l'empereur, le *maître unique*, le *saint triomphateur*, l'*agneau de Dieu qui remet les péchés du monde*. On y trouve aussi la même confiance dans la justice de la cause impériale, mais une confiance à travers laquelle percent pourtant quelques germes d'inquiétude. Par exemple il lui dit : « Dans notre doute, nous nous écrions avec le précurseur : Es-tu celui qui doit venir ou faut-il en attendre un autre? » Mais il reprend aussitôt : « Nous croyons et nous espérons en toi, et nous affirmons que tu es l'envoyé de Dieu, le fils de l'Église et le restaurateur de la gloire romaine. » — Vient ensuite au milieu des images poétiques les plus disparates, entremêlées de nombreuses citations de la Bible et des poëtes latins, une diatribe fougueuse contre Florence, comparée tour à tour à l'impudique Myrrha, à l'impie Amata et à une vipère sur le point de mordre sa mère. Comme on retrouvera les mêmes violences de langage dans le cours du poëme, et avec un grand luxe de variantes, il est superflu de nous y arrêter ici.

A l'exemple de leur poëte exilé, mais par une cause contraire, les Florentins s'inquiétaient aussi. Redoutant l'orage près de fondre sur eux, ils soutenaient de leur argent les villes rebelles de la Lombardie, et tout en suscitant des obstacles au prétendu pacificateur, ils ne négligeaient pas de faire des préparatifs de défense. Toutefois, comme pour donner au moins en apparence une sorte de satisfaction aux intentions pacificatrices affichées par l'empereur, ils avaient rappelé leurs bannis, mais en leur imposant de payer une amende. Cette condition équivalait, pour ceux qui s'y soumettraient, à l'aveu que la peine qui les avait frappés était justement encourue; dès lors elle ne pouvait être acceptée par les âmes de quelque élévation. Et encore on eût dit que Florence craignait de s'être montrée trop généreuse par cette clémence hypocrite. Un second décret du 6 septembre 1311, rendu sous le priorat de Baldo d'Aguglione, digne continuateur de Cante Gabrielli, excepta de l'amnistie tous ceux qui par une raison quelconque inspiraient encore de l'ombrage au gouvernement des noirs. Dante fut nominativement compris dans cette liste où se lisaient plus de quatre cents noms. Il n'est pas à penser que cette nouvelle rigueur ait beaucoup affecté le poëte, alors dans le paroxysme de ses espérances; elle ne dut pas non plus le surprendre. Il avait si brusquement changé de langage, le ton qu'il avait pris était si hautain, si menaçant qu'il provoquait pour ainsi dire des représailles. La vengeance des Florentins serait encore plus facile à comprendre si, comme l'assure un des biographes de Dante les mieux instruits, il publia précisément à cette époque contre sa ville natale un pamphlet satirique qu'heureusement nous n'avons plus, mais qui était écrit par une plume trempée dans le fiel et la colère.

Parmi les chefs gibelins qui s'étaient groupés autour de Henri VII, plusieurs avaient reçu de lui des commissions et des charges importantes. On ne voit pas que Dante, quoiqu'il ne fût assurément pas des moins compromis ni des moins marquants, ait eu part à ces faveurs. Son ancien ami, Uguccione, ayant été nommé vicaire impérial à Gènes, Dante se rendit dans cette ville. C'était une démarche hasardeuse : voici pourquoi. Il y avait alors à Gènes un certain Branca Doria, d'une famille puissante, qui avait assassiné traîtreusement son beau-frère, et que pour cette raison Dante, par une fiction hardie, avait placé dans son *Enfer*, bien que Branca fût encore vivant. « Tu te trompes, Branca Doria n'est pas mort : il boit, il mange, il dort, il s'habille. » — « C'est une illusion, reprend l'interlocuteur, le traître a été plongé dans l'abîme, à l'heure même où il a commis son crime ; mais là-haut un démon a pris possession de son corps et le gouverne. » Or, le poëme de *l'Enfer* était déjà bien connu, de sorte que le traître Branca allait se trouver face à face de celui qui l'avait marqué du sceau de l'infamie. De plus, les Génois, assez maltraités dans les vers du poëte, ne demandaient pas mieux que de seconder les dispositions malveillantes de Branca ou du démon qui s'était emparé de son corps. Dans de telles circonstances, ce n'était pas trop de la protection d'Uguccione pour préserver le poëte des suites de sa témérité. Cette protection le mit à l'abri des persécutions, mais il quitta Gènes après un court séjour.

Malgré tant de soins qui le préoccupaient, Dante ne laissait pas de continuer la *Cantica* du *Purgatoire*, dont nous avons vu qu'il y avait déjà quelque chose d'écrit avant l'année 1308. Il avait pu s'en occuper pendant son séjour à Paris, puisqu'on ne dit pas qu'il ait cette fois laissé derrière lui ses chants commencés. Mais il y travailla surtout pendant le temps qu'il avait passé dans le Casentin, après avoir quitté la cour de l'empereur. C'est là, croit-on, que furent écrits les chants XVI, XVII et XVIII, où l'on remarque des vestiges de l'agitation violente à laquelle le poëte était alors en proie.

Lorsque Henri VII, avec sa faible armée, s'éloigna de Rome, à la fin de l'été 1312, pour s'avancer enfin contre cette Florence qui, par ses négociations et ses subsides, lui avait suscité tant d'ennemis, Dante n'était pas dans les rangs des exilés gibelins qui accompagnaient l'empereur. Il s'était retiré de nouveau dans les solitudes de l'Apennin, ou dans quelque coin caché de la Toscane. Ses traces échappent à ses historiens; il en est qui veulent qu'il soit resté à Pise où il avait porté ses pas en sortant de Gênes. Selon M. Fauriel, ç'aurait été par un sentiment honorable de patriotisme et de délicatesse que Dante se serait abstenu de paraître sous les murs de sa ville, les armes à la main et à la suite d'une armée étrangère. Sans vouloir rien ôter à la gloire de Dante non plus qu'à l'autorité de son digne apologiste, n'y aurait-il pas dans cette appréciation quelque anachronisme d'idées? Le sentiment qu'on attribue à l'illustre proscrit est tout à fait moderne et n'appartient pas à l'époque où il vécut. Dante ne s'était fait aucun scrupule d'assister de sa personne, en 1304, à l'attaque combinée des blancs et des gibelins contre Florence; il ne s'en était pas fait davantage, dans un écrit récent, d'appeler sur la ville rebelle toutes les rigueurs de la vengeance impériale. L'empereur à ses yeux n'était certes pas un étranger, et les villes mêmes qui lui faisaient la guerre ne le regardaient pas comme tel ; il l'était bien moins que le roi Robert, prince français, à qui les Florentins concédèrent l'année suivante la seigneurie de leur république, et qu'ils avaient déjà créé chef de la ligue toscane. Dans tout le cours des luttes dont l'Italie fut le théâtre, en ces temps malheureux, aucun parti ne se fit faute d'appeler à son secours les étrangers : il y avait des Allemands parmi les gibelins comme il y avait des Français parmi les guelfes. Dante, dans cette occasion, n'a de reproche ni d'éloge à recevoir. Il était de son siècle, et, s'il l'a devancé par le génie, il lui appartient par les mœurs et par les sentiments[1].

Cependant la fortune du malheureux Henri déclinait de jour en jour ; mais son âme n'en paraissait pas abattue. A l'aide de renforts qu'il avait fait venir

---

1. Dans un siècle bien postérieur à celui de Dante, on a vu, en France, pendant les guerres de religion, les huguenots faire venir des armées de reîtres et de lansquenets, sans que ceux qui les employaient crussent manquer de patriotisme. Sous Louis XIII et Louis XIV, les protestants de la Rochelle et ceux des Cévennes appelèrent les Anglais qui faisaient la guerre à leur patrie. Le parlement de Paris, au temps de la Fronde, refusait d'admettre les envoyés d'Anne d'Autriche, et recevait ceux des Espagnols, ennemis de la France. La tactique des partis est partout la même. Lorsqu'à une époque plus rapprochée de nous, les émigrés français combattaient avec les étrangers contre leur patrie, c'est qu'à leurs yeux la patrie n'était pas dans le sol, mais dans les institutions, surtout dans la royauté qu'on avait avilie et qu'on allait abolir. Ce pouvait être de leur part une illusion, une erreur de jugement; mais ils n'en étaient pas moins de bonne foi, et ils croyaient obéir à la voix de l'honneur et du devoir. Sans doute tous les sentiments ont leurs racines dans le cœur de l'homme ; mais ils n'ont pas à toutes les époques la même énergie et le même degré de développement. Ils ont, comme la mode, et selon la direction des idées générales, leur règne exclusif, et l'on voit l'opinion tolérer et flétrir tour à tour les mêmes actes. Seulement les générations vivantes appellent *progrès* les idées qui les dominent, et *préjugés* celles dont les âges antérieurs étaient tributaires; sorte de peine du talion qui se renouvelle de siècle en siècle, mais n'en arrête aucun.

d'Allemagne, et d'une alliance qu'il venait de contracter avec Frédéric, roi de Sicile, il s'était mis en marche pour attaquer Robert, son ennemi capital, lorsqu'une maladie dont il avait contracté le germe dans l'air empesté de Rome, l'enleva tout à coup, à la fleur de l'âge, le 24 août 1313. Cette mort, qu'on était loin de prévoir, fut reçue avec des transports de joie par les guelfes, avec désespoir par les gibelins dont elle ruinait définitivement la cause. Nul n'en pouvait être plus accablé que notre poëte, bien que ses illusions eussent dû recevoir déjà plus d'une atteinte. C'était pour lui le renversement de ses plus chères espérances et l'échec le plus cruel que lui réservait la fortune. Il ne pouvait plus se flatter désormais de rentrer dans sa patrie, ni de se venger de ses persécuteurs. Et ce qui était un sacrifice peut-être plus grand encore pour une âme comme la sienne, il dut renoncer au triomphe des croyances politiques dont il avait été l'apôtre si fervent.

CHAPITRE V.

(1313-1318.)

DANTE VA DANS LA ROMAGNE, PUIS A LUCQUES, SOUS LA PROTECTION D'UGUCCIONE. — IL ADRESSE UNE LETTRE AUX CARDINAUX ITALIENS ASSEMBLÉS EN CONCLAVE. — GENTUCCA. — DANTE REFUSE DE RENTRER DANS SA PATRIE A DES CONDITIONS HUMILIANTES. — QUATRIÈME ARRÊT DE PROSCRIPTION. — CHUTE D'UGUCCIONE. — DANTE SE RÉFUGIE A VÉRONE, PRÈS DE CANE DELLA SCALA; IL REÇOIT DE CE PRINCE UNE SOMPTUEUSE HOSPITALITÉ, ET LUI FAIT HOMMAGE, DANS UNE ÉPÎTRE DÉDICATOIRE, DU POEME DU PARADIS. — LE PRINCE ET LE POETE SE REFROIDISSENT L'UN POUR L'AUTRE. — DANTE QUITTE VÉRONE.

La fin prématurée de Henri VII fut le signal de la dispersion des gibelins rassemblés auprès de sa personne. Un exil sans espoir de retour commençait pour eux. Il y eut des villes guelfes qui célébrèrent par des réjouissances publiques ce qu'elles regardaient comme leur délivrance. Les difficultés de tous genres contre lesquelles le malheureux prince eut à lutter pendant les trois années de son expédition, avaient refroidi le zèle de bien de ses partisans. Plusieurs villes qui s'étaient données volontairement à lui, avaient cessé de lui être favorables. Deux puissances seulement ne l'abandonnèrent jamais et lui restèrent fidèles encore après sa mort. Ces deux puissances, l'une politique et l'autre morale, furent la république de Pise et le génie de Dante. Pise, qui ne s'était pas lassée de prodiguer à l'empereur des secours en hommes, en vaisseaux et en argent, lui fit élever un monument dans ses murs. Dante, de qui le zèle ne s'était pas ralenti par les disgrâces de la fortune, exhala sa douleur et ses regrets dans une *canzone*[1] où il parle de Henri descendu dans la tombe, comme il en avait parlé lorsqu'il attendait de lui la réalisation de ses vœux.

Dante apprit-il à Pise la mort de Henri VII, ou était-il errant en Toscane? Boccace raconte qu'aussitôt qu'il connut cette nouvelle il alla dans la Romagne, près des Polentani, seigneurs de Ravenne. Tiraboschi va plus loin que Boccace. Se fondant sur ce que Gianozzo Manetti, digne de beaucoup de foi, rapporte expressément qu'après la mort de Henri VII Dante, sur l'invitation de Guido Novello, prit la route de la Romagne, il en conclut que Ravenne fut le séjour ordinaire du poëte, à dater de la mort de l'empereur, sauf le temps qu'il put employer à quelques voyages ou à des ambassades[2]. Mais Dante, peu ménager de ses pas, changeait souvent de résidence. Si, comme l'affirment Boccace et Manetti, il accepta l'invitation de Guido Novello, il n'en est pas moins probable qu'il ne s'arrêta que peu de temps à Ravenne. Il se passait à Pise des événements qui durent l'y rappeler. Dans la détresse où se trouvait cette ville, menacée de toutes parts par les guelfes victorieux, elle eut recours à Uguccione della Faggiola et remit en ses mains le salut de la république. Elle n'eut pas

---

1. Cette *canzone* resta longtemps inédite et presque inconnue, elle a été retrouvée par M. Witte de Breslau, et publiée par lui en 1827.
2. Cette opinion ne saurait soutenir l'examen : sans parler du séjour de Dante à Lucques en 1314 et 1315, celui prolongé qu'il fit à Vérone, chez les Scaligeri, pendant les années 1316, 17 et 18, suffit pour la réfuter.

à s'en repentir. Non-seulement Uguccione sauva les Pisans des extrémités auxquelles ils étaient réduits, mais il s'empara de Lucques, y rappela les gibelins exilés, et battit, à la célèbre journée de Montecatini, l'armée des Florentins et de leurs alliés, commandée par les fils du roi Robert. Devenu tout-puissant à Pise et à Lucques, le vainqueur, avec qui Dante avait eu déjà tant de relations, ne lui permit pas sans doute d'aller chercher ailleurs un asile que le fugitif ne pouvait trouver nulle part, accompagné de plus de bienveillance et de sécurité. Il est d'ailleurs positif que Dante habita Lucques pendant une partie des années 1314 et 1315.

Cette même année 1314 vit notre poëte intervenir encore une fois dans les affaires publiques, non plus pour le triomphe des opinions gibelines, mais comme défenseur des intérêts catholiques. Le pape Clément V venait de mourir (20 avril 1314), et les cardinaux, assemblés à Carpentras, s'occupaient de lui donner un successeur. Frappé des maux que la translation du saint-siége à Avignon faisait souffrir à l'Église, Dante écrivit aux cardinaux italiens pour les engager à unir et concentrer leurs efforts vers l'élection d'un pape italien qui ramenât à Rome la cour pontificale. Ce fut aussi dans la suite le vœu le plus ardent de Pétrarque; c'était dès lors celui de l'Italie entière. Comme les cardinaux italiens étaient en minorité dans le conclave, l'événement ne répondit pas aux espérances du poëte. Sa lettre, qui n'eut aucun résultat ostensible, ne serait pas à mentionner si elle ne nous montrait Dante aussi zélé catholique qu'il s'était fait voir ardent propagateur des droits de l'empire. Il y gémit sur le sort de Rome *veuve et solitaire*, sort qui ne lui paraît pas moins lamentable que la *plaie des hérésies*. C'est pourquoi les *colonnes fondamentales* de l'Église militante doivent combattre pour l'*épouse du Christ* et pour le *siége de l'épouse*, qui est Rome. Cette profession de foi est à constater parce qu'elle prouve que, dans l'esprit de son auteur, la plénitude des pouvoirs temporels qu'il réclamait pour le *monarque unique* n'infirmait en rien la primauté spirituelle qu'il entend maintenir, intacte et vénérée, au siége du successeur de Pierre. Rome, veuve du vicaire du Christ, n'avait plus de signification pour Dante. La longue chaîne des desseins providentiels, qui rattachait à ses yeux la Rome papale à la Rome presque troyenne, fondée par Énée et continuée par le peuple roi, se trouvait rompue si le saint-siége restait à Avignon. Nous verrons cette opinion sur Rome exprimée d'une manière formelle dans le second chant de *l'Enfer*.

Retournons à Lucques, où nous avons laissé Dante sous la protection d'Uguccione. Il lui arriva dans cette ville quelque chose de semblable à ce qu'il avait éprouvé de la part des Génois. Dans les vers déjà très-répandus du poëme de *l'Enfer*, les habitants de Lucques n'avaient pas été plus ménagés que ceux de Gènes. Lucques y est désignée sous le nom de sa patrone sainte Zita : « Tout le monde y est vénal.... et là, pour de l'argent, le oui devient non, » dit un diable en jetant dans la poix bouillante un digne magistrat lucquois (*Enfer*, XXIe chant). Fondée ou non, l'accusation eut pour le poëte quelques désagréments; mais l'amitié d'Uguccione en arrêta les suites, et même le crédit de Dante sur le chef gibelin servit à le réconcilier avec les Lucquois. A la demande d'une dame nommée Gentucca, il s'entremit pour faire adoucir le sort des vaincus. On le pressent, la dame qui exerçait une telle influence, fut l'objet d'une nouvelle infidélité de l'amant de Béatrix, de celle précisément qui paraît avoir le plus pesé sur sa conscience, puisqu'il s'en accuse dans son poëme, en présence de Béatrix, et reçoit, confus et repentant, les reproches de la sainte irritée. Gentucca était de la famille des Antelminelli, disent les commentateurs, qui, d'ailleurs, se taisent sur elle. On voudrait qu'ils nous en eussent appris davantage.

Mais ce qui rend le séjour de Dante à Lucques une époque bien mémorable dans sa vie, c'est le refus plein de grandeur et de dignité par lequel il répondit à l'offre qu'il y reçut de rentrer dans sa patrie sous des conditions humiliantes. De temps en temps, le gouvernement de Florence, devenu plus clément, rappelait quelques-uns de ses exilés. Le plus souvent il leur vendait cette faveur, mais toujours il les soumettait à la cérémonie dite de l'*offrande.* Conformément à un ancien usage religieux, qui ne s'observait dans l'origine qu'à l'égard des criminels, il fallait que le banni gracié se présentât à l'église, un jour de fête ou de solennité, tenant une torche à la main et implorant la miséricorde de la Vierge ou du saint auquel on *l'offrait,* et qui était censé remettre la peine. L'amour de la patrie était tel, ou la fatigue de l'exil si grande, que des bannis d'un rang élevé s'étaient résignés à des conditions si dures. Dante ne put se résoudre à les accepter. Les amis qu'il avait encore à Florence ayant obtenu, peut-être sans son aveu, qu'il fût inscrit dans une de ces listes de pardon, s'empressèrent de lui annoncer ce qu'ils regardaient comme une bonne nouvelle. On a la réponse [1] de Dante à l'une de ces lettres, et c'est un de ses plus beaux titres devant la postérité. Cette réponse, qui demande à être transcrite sans qu'il en soit rien retranché, ne semble pas nous être parvenue dans son entier; mais ce qui s'en est conservé nous montre que l'âme du poëte était à la hauteur de son génie. La lettre est adressée à un religieux que Dante appelle *Pater*, et elle semble répondre aux instances des amis de l'exilé en général, et en particulier à celles d'un neveu commun au poëte et à ce religieux inconnu [2].

« J'ai reçu vos lettres avec la déférence et l'affection que je vous dois, et j'y ai vu avec reconnaissance à quel point vous vous intéressez à mon rappel dans la patrie. Votre amitié est d'autant plus faite pour m'émouvoir, qu'il est plus rare que les exilés conservent des amis. Ma réponse ne sera pas dans le sens qu'aurait accepté la faiblesse de quelques personnes;

---

1. Plusieurs écrivains, entre autres M. Witte, déjà souvent cité, croient que cette lettre n'a été écrite qu'en 1317, date à laquelle Dante n'était plus à Lucques. Pourquoi, en 1317, parlerait-il d'un exil de *près* de trois lustres? Il aurait dû dire *plus* de trois lustres, car en 1317 les trois lustres étaient accomplis. On peut donc s'en tenir à l'opinion la plus accréditée, que la lettre fut écrite à Lucques dans le courant de l'année 1315. — Quant à la lettre elle-même, monument glorieux de la grandeur d'âme de son auteur, elle fut découverte dans la Laurentienne par l'abbé Méhus, et publiée par Dionisi, chanoine de Vérone; elle fait partie du précieux recueil des lettres de Dante, qu'on doit à M. Charles Witte.

2. « Per literas *vestri, meique Nepotis*, nec non aliorum quamplurium « Amicorum significatum est, etc. » Comme le seul frère de Dante qui ait laissé postérité, fut François, marié à dona Piera di Donato Brunacci, le neveu ne peut être que Durante, fils unique de François, et il faut que le religieux soit un Brunacci, frère de D. Piera.

Note de M. de ROMANIS.

mais ne la jugez pas, je vous en supplie, sans l'avoir attentivement examinée.

« Ainsi, vos lettres, celles de notre commun neveu et de quelques autres amis, me préviennent que, d'après certains décrets sur l'absolution des bannis, je peux dès à présent revenir à Florence, si je consens à payer une somme d'argent et à subir la flétrissure de l'offrande.

« Cette proposition, ô mon père, renferme deux choses ridicules et déraisonnables; j'entends déraisonnables de la part de ceux qui me les ont transmises, non de vous dont les lettres, plus judicieuses et plus mesurées, ne contiennent rien de semblable.

« Telle est donc la glorieuse voie par laquelle on veut que Dante Alighieri rentre dans sa patrie après un exil de près de trois lustres! Telle est la manière dont on reconnaît son innocence, si manifeste à tous les yeux! C'est là le salaire réservé à tant de sueurs et de travaux consacrés à l'étude! Ah! qu'il serait avili l'homme qui, disciple de la philosophie, aurait assez d'aveuglement, assez de bassesse de cœur pour se soumettre, ainsi qu'un Ciollo ou d'autres misérables, à cette indigne condition de l'offrande! Après avoir défendu la justice, après avoir subi la spoliation, quelle honte pour l'homme qui porterait son argent à ses persécuteurs et leur rendrait grâce comme ayant bien mérité de lui!

« Non, mon père, ce n'est point par ce chemin que je veux revenir dans ma patrie. Si vous et vos amis vous en découvrez un autre où Dante n'ait rien à perdre de son honneur et de sa renommée, je l'accepte, et vous m'y verrez marcher à grands pas. Mais s'il n'y a que cette voie pour retourner à Florence, je n'y retournerai jamais. Eh quoi! le soleil et les astres ne luisent-ils pas sur tous les points de la terre ? Est-il donc nécessaire, pour contempler sous les cieux la douce vérité, que je me montre d'abord dépouillé de toute gloire, ou plutôt couvert d'opprobre devant le peuple et devant la ville de Florence? Non, quand même je devrais manquer de pain. »

A ce refus, empreint d'une si noble fierté, la réplique ne se fit pas attendre; mais Dante, sans doute, y était préparé : il savait qu'il venait de se fermer à jamais la porte de cette Florence toujours maudite par lui, et cependant toujours chère à son cœur. Semblable à un amant qui se venge de la cruauté de sa maîtresse en s'emportant contre elle, sans cesser pour cela de l'adorer, il passa les vingt années de son exil à injurier celle qui lui tenait rigueur, sans pouvoir se défendre de l'aimer ni se consoler de vivre éloigné d'elle. Cette fois, le coup qui le frappa lui fut principalement porté par une main étrangère. Le roi Robert, chef de la ligue des guelfes, et que les Florentins avaient en outre investi pour cinq ans de la seigneurie de leur ville, entretenait, à ce dernier titre, un vicaire à Florence. Il haïssait Uguccione et les amis de ce chef longtemps redoutable; il savait aussi que Dante, dans son *Purgatoire*, dont les chants commençaient à circuler, avait insulté la maison de France, mère de celle d'Anjou : enfin, il ne lui avait pas encore pardonné d'avoir écrit le livre *de la Monarchie*. Ce roi, pourtant, aimait et cultivait les lettres, il appelait les poëtes à sa cour; il fut dans la suite l'ami de Pétrarque. Ses goûts et sa générosité naturelle devaient le porter, sinon à protéger le poëte, qui était déjà l'honneur de l'Italie, au moins à lui pardonner; surtout ils devaient lui défendre de se joindre aux persécuteurs d'un homme que le malheur poursuivait depuis tant d'années. Mais son vicaire à Florence, soit qu'il agît à l'instigation du monarque, soit l'effet d'un zèle outré, sollicita du gouvernement florentin, qui n'y était que trop disposé, une nouvelle condamnation contre Dante. Par un jugement rendu dans le mois d'octobre 1315, la sentence d'exil perpétuel, prononcée par Cante de' Gabrielli, en 1302, fut de nouveau confirmée. C'était le quatrième arrêt de proscription.

La révolution si soudaine qui, le 10 avril 1316, précipita Uguccione plus promptement encore qu'il ne s'était élevé, atteignit notre poëte d'une manière peut-être non moins sensible que la nouvelle condamnation lancée contre lui. Le capitaine gibelin réduit à quitter en fugitif les villes de Pise et de Lucques, où il avait commandé en maître absolu, se retira près de Cane della Scala qui l'accueillit avec distinction et lui donna le commandement de ses troupes. Dante ne tarda pas à le suivre à Vérone. Il avait été déjà l'hôte bien venu des Scaliger, dans le temps qu'Alboin tenait les rênes du gouvernement. Alors Cane était un jeune homme, promettant ce qu'il serait un jour, mais qu'on ne pouvait juger encore; maintenant il avait tenu parole. La mort de son frère l'avait laissé, depuis cinq ans, seul chef de l'État, et il avait joué un rôle important dans les affaires de la Lombardie pendant l'expédition de Henri VII. Nommé par ce prince vicaire impérial dans la marche de Trévise, il s'était fait redouter de ses voisins : on commençait à l'appeler Can Grande. Qu'il se soit rendu célèbre dans le gouvernement et dans les armes, qu'il ait été un général illustre et un politique consommé ; ces qualités, si brillantes furent-elles, ne sont pas de notre sujet. Mais il protégea les lettres, il les cultiva lui-même[1], il se fit chérir du peuple qu'il gouvernait ; il fut libéral jusqu'à la prodigalité[2], enfin sa générosité s'étendit particulièrement sur notre poëte, et c'est par là qu'il nous intéresse. Sa cour où guelfes et gibelins trouvaient également un refuge, devint comme un foyer de lumières dans le temps barbare où il vécut. Les plus grands poëtes de l'Italie, ses premiers peintres et sculpteurs y reçurent tour à tour une hospitalité à la fois délicate et somptueuse. Une relation nous est restée de la magnificence avec laquelle cette hospitalité s'exerçait : le chroniqueur Sagacio Gazzata[3], re-

---

[1]. Le Quadrio cite de lui quelques pièces de poésie, peu remarquables sous le rapport de l'art, mais qui servent à constater le crédit dont les lettres jouissaient dans ce siècle de guerres et de confusion.

[2]. Une anecdote, conservée par Benvenuto da Imola, montre que Cane della Scala annonça de bien bonne heure le mépris qu'il faisait de l'argent. La crudité de certains détails nous aurait fait craindre de consigner ici l'anecdote, n'étaient l'exemple donné par M. Fauriel et le bonheur avec lequel il a vaincu la difficulté. Mais, comme un tour de force est périlleux à imiter, je laisse parler mon modèle. Benvenuto n'aura pas à souffrir d'un tel interprète, et le lecteur ne pourra de même qu'y gagner.

« Le trait dont il s'agit se rapporte à l'enfance de Can Francesco, et Benvenuto le cite comme une sorte de pronostic de la libéralité et de la magnificence future du jeune Cane. Son père Alberto l'avait introduit un jour, comme par faveur, dans son trésor, ne doutant pas que l'enfant ne restât stupéfait et ravi à la vue de tant d'or et d'argent. Or, que croit-on que fit le petit garçon, à qui l'on peut supposer l'âge de huit à neuf ans? Je ne le dirai pas en français, cela m'embarrasserait un peu. J'aime mieux le dire dans les termes mêmes du vieil auteur italien : *Il garzonetto si alzò suso li panni, ed ebbe a pisciare sopra il detto tesoro.* »

[3]. La chronique de Sagacio Gazzata, écrite dans le XIVe siècle, est en grande partie perdue. Panciroli, dans son histoire manuscrite de

tiré lui-même à la cour de Vérone et témoin reconnaissant de ce qu'il rapporte, nous a transmis les détails suivants :

« Il y avait dans le palais du seigneur della Scala des logements assignés aux bannis, et disposés selon la diversité de leur condition ; il y avait pour chacun des serviteurs particuliers, et une table servie avec somptuosité. On voyait sur la porte des appartements des emblèmes ou devises appropriés aux différentes professions de ceux qui les habitaient. Aux gens de guerre, des trophées; aux exilés, l'espérance; aux poëtes, les muses; Mercure pour les artistes; le paradis pour les prédicateurs. Leurs repas étaient égayés ou par des symphonies harmonieuses, ou par des bouffons et des joueurs de gobelet. Des peintures exécutées avec art, et propres à rappeler les caprices de la fortune, ornaient de vastes salles magnifiquement meublées. » Gazzata nous fait encore connaître que le seigneur de Vérone accueillait avec empressement tous les hommes distingués par leur naissance, fameux par leurs actions ou par leur savoir, qu'une infortune quelconque forçait à quitter leur patrie. Souvent Cane invitait à sa propre table les plus éminents de ses hôtes. Parmi ceux qui jouissaient de cette faveur, Gazzata nomme Guido da Castello [1], poëte de Reggio, qu'à cause de sa sincérité l'on nommait le *Simple Lombard*, et Dante Alighieri dont le génie, dit-il, charmait le dispensateur de tant de bienfaits.

Le témoignage qu'on vient de lire, et plus encore

Reggio, cite le passage en question, que Muratori a inséré dans son recueil.

1. Ce Guido da Castello est mentionné dans le XVIe chant du *Purgatoire*.

celui que Dante va nous donner, ne laissent pas d'hésitation sur l'accueil qu'il reçut à Vérone, non plus que sur la manière dont il y répondit. Nul doute qu'il n'ait trouvé dans cet asile, surtout pendant les premiers temps qu'il y demeura, tout l'adoucissement que son sort pouvait recevoir. Mais il ne lui était pas donné de pouvoir être heureux, en quelque lieu que ce fût, non pas tant peut-être parce qu'il était exilé, que parce que c'est la destinée des hommes de génie de porter partout avec eux l'inquiétude qui les dévore ; triste mais inflexible condition d'un privilége qui, même à ce prix, ne semble pourtant pas acheté trop cher.

L'affection et la reconnaissance portèrent Dante à répudier le dessein qu'il avait d'abord conçu de dédier au roi Frédéric de Sicile la troisième partie de son poëme. Au monarque étranger, qu'aucun titre particulier n'appelait à cet honneur, il substitua le prince italien qui se montrait son bienfaiteur et son ami. En conséquence, il adressa, de Vérone même, à Cane Scaliger une lettre que quelques écrivains placent à l'année 1320, mais qui doit être rapportée à une époque antérieure à celle où les bonnes relations du prince et du poëte éprouvèrent quelque altération. Si banal que soit le ton louangeur de ces sortes d'écrits, la franchise et la sincérité de Dante, qui lui firent tant d'ennemis, lui auraient interdit de s'y soumettre, s'il n'en avait trouvé la sanction dans son cœur. Or, la vive admiration et les sentiments affectueux qui éclatent dans cette lettre, ne permettent guère de croire qu'elle soit postérieure à l'année 1318 : en 1320, Dante n'aurait probablement pas tenu tout à fait le même langage.

« J'ai été témoin de votre somptuosité, dit-il à Cane, j'ai été témoin de vos bienfaits, et je les ai touchés. Je me suis convaincu que la réalité l'emportait encore sur les récits qui, pourtant me semblaient exagérés. Il s'en est suivi que presque à la première vue, je suis devenu votre ami dévoué, au lieu qu'auparavant, je ne me sentais disposé à ne le devenir qu'avec une certaine crainte. Quand je m'attribue le nom de votre ami, je ne pense pas mériter d'être taxé de présomption, ainsi que peut-être plusieurs m'en accuseront. Le lien sacré de l'amitié, peut rapprocher l'égal et le supérieur, et entre ces inégalités même, il peut se nouer de douces et utiles amitiés. »

Si Dante écrivait, en 1318, la dédicace de sa troisième *Cantica*, on devrait en conclure par une déduction naturelle, qu'à cette date, le poëme du *Paradis* était entièrement terminé. C'est aussi l'opinion de plusieurs auteurs. Toutefois il y a lieu d'en douter. On croit être sûr, au contraire, que dans les années suivantes, le poëte travaillait encore à cette dernière partie, et qu'en tous cas, ce ne fut pas à Vérone qu'il y mit la dernière main. Mais, lorsque Cane en reçut l'hommage, si tous les chants n'étaient pas achevés, le plan de ce qui manquait encore, était certainement dès lors conçu et arrêté.

Dans son épître dédicatoire, Dante ne se contente pas de payer au magnifique seigneur de Vérone, un légitime tribut de reconnaissance, dont tout porte à croire qu'il puisa l'expression dans la sincérité de son âme; il insère encore dans cette pièce d'une assez longue étendue, une sorte d'analyse du *Paradis*, puis un nouvel exposé des motifs qui justifient le titre de *Comédie*, donné au poëme entier, et enfin des avertissements un peu obscurs sur le sens allégorique de certains passages, d'où il semble résulter qu'il faut en chercher l'explication principalement dans la sainte Écriture, si familière au poëte. Alors, s'arrêtant tout à coup dans ses doctes investigations, il déclare que la misère de sa condition ne lui permet pas de les poursuivre, non plus que de donner suite à d'autres travaux utiles. Ce dernier trait n'est-il qu'un de ces retours sur soi-même, fréquents chez ceux qui souffrent, ou bien a-t-il été jeté là comme à dessein ? Cette mise en regard de deux situations si dissemblables, d'un côté l'indigence de l'exilé, et de l'autre la somptueuse opulence du protecteur, est-elle un indice que le premier n'avait pas toujours éprouvé de la part du second ces ménagements délicats dont les malheureux ont besoin ? L'infortune et le génie ont des susceptibilités imprévues qui échappent au vulgaire, et qu'il est impossible aux plus distingués de ne pas froisser quelquefois. Ce qu'il y a de certain, c'est qu'à peu près vers cette époque, le poëte et le prince se refroidirent l'un pour l'autre. Dante avait dans le caractère une fierté, dans les allures une indépendance, qui ne lui permettaient guère de vivre longtemps dans une cour. Celle qu'il habitait, au milieu de l'affluence de tant d'hôtes divers de mœurs et de conditions, devait par sa bigarrure et par son tumulte lui paraître à la longue importune. Ensuite, qu'il y ait eu dans son humeur une âpreté que le malheur aigrissait encore, que la liberté de sa parole ait été dans l'occasion jusqu'à la rudesse et au sarcasme, c'est ce que reconnaissent unanimement les contemporains du poëte et la plupart de ses premiers biographes, qui avaient été à même de recueillir sur lui des informations de la bouche même de ceux qui l'avaient approché.

Pétrarque, un peu suspect peut-être, lorsqu'il est question de Dante, s'il est vrai, comme on l'en accuse, qu'un si grand esprit ait eu la faiblesse de jalouser la gloire de son devancier, Pétrarque rapporte une anecdote que nous répéterons avec tous les biographes de notre poëte, bien qu'elle n'ait pas une authenticité absolue, mais parce qu'elle fait assez bien connaître, ainsi que le remarque M. Fauriel, la situation de l'exilé florentin à la cour de Vérone. Quand même l'anecdote ne serait pas vraie, on comprend que quelque chose de semblable à ce que raconte Pétrarque, a dû s'y passer et s'y renouveler plus d'une fois. Un jour donc, qu'il y avait un grand nombre de convives à la table hospitalière du seigneur della Scala, et que tous se divertissaient à entendre des bouffons, comme c'était alors l'usage dans les fêtes princières, il y en eut un, parmi ces derniers, qui parut plus que les autres réjouir la compagnie, sans doute à cause de la plus grande liberté de ses propos. S'apercevant que ces amusements grossiers n'inspiraient à Dante que du dégoût, Cane fit avancer le bouffon, lui donna de grands éloges; puis s'adressant au poëte, il lui dit insolemment : « Je suis étonné que cet homme, tout ignare qu'il est, sache se faire aimer de tous, tandis qu'on n'en peut dire autant de toi, malgré toute ta science. — Tu t'en étonnerais moins, reprit Dante, si tu te souvenais que l'amitié se fonde sur la similitude des mœurs, et que ceux-là se ressemblent qui se plaisent. »

Si Dante n'eut pas toujours à se louer de son bienfaiteur, au moins eut-il la sagesse de ne pas donner à son mécontentement l'éclat dont d'autres après lui ne se sont pas refusé la triste satisfaction. Il dira en termes généraux par quelle amertume s'achète le pain de l'hospitalité, et combien il est dur *de monter et de descendre l'escalier d'autrui;* mais il ne nommera personne, et cette plainte, traduite en vers sublimes (*Paradis*, chant XVIIe) sera comme un écho de douleur, répété de siècle en siècle, et toujours sympathique à ceux qu'atteint une même infortune. Quand il crut s'apercevoir qu'on ne le voyait plus avec la même bienveillance, il ne se plaignit point, mais il se retira.

CHAPITRE VI.

(1318-1321.)

DANTE SÉJOURNE SUCCESSIVEMENT DANS DIVERS LIEUX, A GUBBIO, A UDINE, AU COUVENT DES CAMALDULES, DANS L'AVELLANA, ENCORE UNE FOIS A VÉRONE, OU IL SOUTIENT UNE THÈSE PUBLIQUE; IL SE RETIRE DÉFINITIVEMENT A RAVENNE CHEZ GUIDO DA POLENTA. — SES ENFANTS L'Y REJOIGNENT. — DERNIERS ÉCRITS DE DANTE. — SA MORT. — HONNEURS QUI LUI FURENT RENDUS. — SON PORTRAIT PEINT PAR GIOTTO ET DÉCRIT PAR BOCCACE. — JUGEMENT DE J. VILLANI SUR DANTE ET SUR SES OUVRAGES.

En quittant Vérone, Dante pouvait trouver ailleurs de nouveaux mécomptes ; mais il n'avait pas du moins à craindre de manquer d'asile. Les hommes les plus éminents de l'Italie, admirateurs de ses talents, ou séduits par sa renommée, le recherchaient tous avec empressement. C'est ici que des traditions vagues et incertaines attachent son nom à divers lieux qu'il a visités à cette époque de sa vie, et qui se glorifient encore de ce souvenir. Le château de Gargagnano, aux environs de Vérone, la ville de Gubbio, le monastère des camaldules dans l'Avellana, Udine dans le Frioul vénitien et le bourg de Tolmino, près duquel on montre dans une grotte la pierre encore consacrée sous le nom de *Sedia di Dante*, reçurent tour à tour l'illustre proscrit.

Dante fut attiré à Gubbio par le comte Boson qu'il avait connu et distingué, dans les premiers temps de son exil. Ce Boson souvent appelé *Novello*, parce qu'il était fils d'un autre Boson, appartenait à la noble famille des Rafaelli qui tenait le premier rang dans la ville de Gubbio, plus importante alors qu'aujourd'hui. En sa qualité de gibelin, il avait été exilé avec ceux de son parti, vers 1300, peu avant que Dante ne le fût par les guelfes de Florence. Ils se rencontrèrent à Arezzo, et la parité de situation, de même que les affinités politiques établirent entre eux une liaison qu'aucun nuage semble n'avoir jamais troublée. Rentré plusieurs fois dans sa patrie, et plusieurs fois chassé, comme cela se pratiquait alors, Boson était dans une de ses phases de prospérité, au moment où Dante s'éloignait de Vérone. Son hospitalité, moins fastueuse que celle de Scaliger, mais peut-être plus cordiale, devait s'accommoder davantage avec un caractère ennemi de toute contrainte. Au milieu des orages d'une vie sans cesse agissante, et qui resta telle longtemps encore après la mort de Dante [1], le comte Boson trouva le temps de s'occuper de littérature. On pourrait dire de lui que l'amitié le rendit poëte; ses poésies, publiées par un de ses arrière-neveux, du même nom de Rafaelli, sont pour la plus grande partie des gloses et commentaires en *terza rima* sur *la Divine Comédie* [2]. La bibliothèque de Gubbio conserve précieusement l'original ou prétendu tel du sonnet dédié par Dante à Boson, et dans lequel il félicite le fils de son ami de s'appliquer avec succès à la connaissance des langues grecque et française. Ce

1. On trouve encore le comte Boson, capitaine des Pisans, puis vicaire de Louis de Bavière, en 1327, et dix ans plus tard, sénateur de Rome.

2. Il est en outre auteur d'un roman, non imprimé, qui a pour titre : l'*Avventuroso Ciciliano*.

jeune homme, croit-on, aurait inspiré assez d'intérêt à notre poëte pour recevoir de lui quelque direction dans ses études.

Il ne faut pas séparer le séjour de Dante à Gubbio de celui qu'il fit dans le territoire de cette ville, à l'abbaye de *Fonte-Avellana*, dans les plus hautes cimes de l'Apennin, là où les rochers en s'élevant « *font une bosse qu'on appelle Catria* » dit le poëte avec sa précision ordinaire. La cellule qu'il occupa se montre encore aux voyageurs, et les bons religieux, perdus dans cette solitude, revendiquent pour leur maison l'honneur d'avoir donné naissance à quelques chants du *Paradis*, prétention qu'il serait aussi difficile de combattre que de justifier.

Les princes ou chefs du parti gibelin n'étaient pas les seuls qui tinssent à honneur de recevoir dans leurs palais le prince de la poésie. A Udine, Dante fut accueilli par un illustre guelfe, Pagano della Torre, archevêque d'Aquilée, de cette famille des Torreggiani qui avaient disputé longtemps aux Visconti la souveraineté de Milan. Quelque implacables que soient les haines de parti, il en est qui fléchissent parfois devant la grandeur du génie et de l'adversité. Selon toute apparence, ce fut dans l'année 1319, que Dante visita Udine, et que de là il parcourut les montagnes et les rochers de Tolmino. L'opinion la plus générale veut qu'il ait terminé dans ce séjour la *Cantica* du *Paradis*; mais sur ce point, comme sur tant d'autres, il n'y a que des conjectures et nulle certitude.

Entré dans cette période de la vie qui touche à la vieillesse, Dante, à mesure que ses forces déclinaient, moins par la décadence de l'âge que par la progression continue de la souffrance, n'avait pas seulement à lutter contre les traverses de la fortune; ce n'était pas assez de perdre une à une les espérances qui l'avaient soutenu, il voyait encore tomber autour de lui ceux dont l'amitié lui avait donné le plus de consolation. L'année 1319 lui enleva son vieil ami Uguccione, son protecteur à Lucques, son compagnon d'exil à Vérone. Cane, dont Uguccione avait conservé la faveur, lui fit faire de somptueuses funérailles. Peut-être cet événement fut-il la cause qui détermina Dante à reprendre le chemin de Vérone, mais cette fois pour peu de temps. Les traces de son retour dans cette ville sont fixées par un incident d'assez mince importance, mais curieux comme indice des mœurs de l'époque. Il y soutint, au commencement de l'année 1320, dans l'église de Sainte-Hélène, une thèse publique sur la question *de la terre et de l'eau*. Le fait est constaté par un livre imprimé à Vérone, en 1503, cité par Apostolo Zeno et par Joseph Pelli, et dont Tiraboschi donne le titre latin [1]. M. Valery, en relatant cette circonstance dans son *Voyage littéraire*, où tant de recherches intéressantes sont consignées, y ajoute une réflexion judicieuse, qu'on nous saura gré de transcrire ici : « Cette séance publique dans une église, qui était dans les mœurs du temps, et que l'on regardait alors comme une marque d'honneur pour celui qui devait être entendu, confirme la remarque

---

1. Quæstio florulenta ac perutilis de duobus elementis aquæ et terræ tractans, nuper reperta, quæ olim Mantuæ auspicata, Veronæ vero disputata et decisa, ac manu propria scripta a Dante Florentino poeta clarissimo, quæ diligenter et accurate correcta fuit per rev. magistrum Joan. Benedictum Moncettum, Castilione Aretino regentem Patavinum ordinis eremitarum divi Augustini sacræque theologiæ doctorem excellentissimum.

déja faite sur la popularité de la science et de la littérature avant la découverte de l'imprimerie, alors qu'elles n'étaient ni étudiées ni apprises dans le cabinet, mais professées devant la foule et pour tout le monde. »

Nous touchons au terme de ces pérégrinations de plus en plus fréquentes, et cependant toujours occupées par des travaux sérieux, de ces allées et venues sans trêve ni relâche, dans lesquelles le pauvre exilé cherchait un repos qui fuyait devant lui. On en a fait un tort à son humeur difficile et ombrageuse, comme si le combat qu'il livrait depuis tant d'années à son propre génie et à sa fortune, ne suffisait pas à tout expliquer. Ravenne fut le dernier refuge de Dante. C'est là que l'attendait encore un protecteur digne de lui; c'est là qu'il devait atteindre prématurément le terme d'un vie si tourmentée.

Parmi ceux qui reçurent notre poëte avec une affable courtoisie, et qui, non contents d'encourager les lettres, les cultivèrent eux-mêmes, il faut mettre au premier rang Guido Novello da Polenta, seigneur de Ravenne. Disons d'abord quelques mots des Polentani : je les emprunterai surtout à Tiraboschi dont on connaît l'exactitude.

On a quelquefois confondu ce Guido avec Guido Novello, des comtes Guidi, vicaire du roi Manfred à Florence, et de qui nous avons parlé précédemment (p. 16). Le Guido dont il s'agit, était fils d'Ostasio da Polenta, d'une ancienne famille de la Romagne, considérable et influente dans le parti gibelin. On le nommait Novello pour le distinguer d'un Guido, son aïeul, rival de Paul Traversari, qui pendant la première moitié du XIIIe siècle avait été tour à tour chef du gouvernement, ou à la tête des exilés. En 1275, Guido Novello se fit seigneur de Ravenne, après en avoir chassé les Traversari et leurs partisans. Il conserva près de cinquante ans le pouvoir suprême, auquel il associa deux de ses fils, Ostasio et Lambert. Mais ce pouvoir toujours contesté fut plusieurs fois saisi par la faction contraire, ainsi qu'il advenait dans la plupart des petits États de l'Italie. De là, de fréquents exils, pendant lesquels Guido remplit la charge de podestat à Césenne, à Faenza, et même à Florence, selon les annales de Césenne, quoique les auteurs florentins n'en parlent pas. Finalement dépouillé de nouveau de la seigneurie de Ravenne, peu après la mort de Dante, en 1322, il s'enfuit à Bologne, où il fut nommé capitaine du peuple, et mourut l'année suivante. Un homme si absorbé par les affaires publiques, et ballotté par tant de chances contraires, était néanmoins, comme dit Boccace, « merveilleusement versé dans les arts libéraux, honorait les hommes de mérite, principalement ceux qui en science dépassaient les autres. » Ces nobles qualités expliquent l'accueil cordial qu'il fit au poëte, l'affection délicate qu'il lui témoigna, et l'honneur qu'il voulut lui rendre en prononçant son oraison funèbre. La poésie italienne faisait ses délices, et l'on a conservé quelques pièces de lui dans les anciens recueils de poésie.

S'il fut un lieu où Dante, après tant d'essais infructueux, réussit à trouver enfin une existence conforme à ses goûts et à son caractère, sans contredit ce lieu fut Ravenne. Ce n'était pas le faste de la cour de Vérone, mais ce n'en étaient pas non plus le tumulte et les exigences importunes. Des habitudes plus simples, une liberté plus grande, des rapports que la conformité des goûts rendait plus attachants, tout cela convenait mieux à l'exilé et valut à son âme comprimée un peu de calme et d'épanouissement. En dehors des soins d'une hospitalité délicate, il reçut encore à Ravenne les consolations de sa famille et celles de quelques amis restés fidèles au malheur, les uns, tels que le Florentin Dino Perini, exilés comme lui ; les autres, comme messer Giardino, originaires de la Romagne. Parmi ces derniers, il ne faut pas oublier Jean de Virgile, poëte bolonais, avec qui le disciple du grand Virgile entretint un commerce suivi de lettres et de vers latins.

Ce qui montre que, dans sa nouvelle retraite, notre poëte comptait sur une stabilité plus grande que celle dont il avait joui jusque là, c'est la pensée qu'il eut d'abord de réunir autour de lui les membres de sa famille. Le nombre en était déjà bien diminué. Il avait perdu trois de ses fils dans la première fleur de leur âge. Gemma, sa femme, probablement n'existait plus ; on ne trouve d'elle aucune trace depuis 1307, et il est douteux que Dante l'ait revue pendant tout le cours de son exil. Nous avons déjà fait la remarque qu'il ne l'a nommée nulle part dans ses écrits ; mais le silence qu'il a gardé sur elle, il l'a de même observé à l'égard du reste de sa famille. Cela tenait donc de sa part, non à une cause de mécontentement ou d'indifférence, mais à un sentiment de réserve sur ses affections domestiques, qu'il ne voulait pas jeter en pâture au public. On a eu plus tard souvent à regretter que d'autres hommes célèbres n'eussent pas imité cette sage discrétion. Il ne restait donc à Dante de ses six enfants que ses deux fils aînés, Pierre et Jacques, et sa fille Béatrix. Tous trois vinrent le rejoindre à Ravenne. Entouré de douces affections, dans une situation qui lui donnait plus de quiétude morale, il put ainsi se livrer avec moins de trouble, soit à l'achèvement de sa troisième *Cantica*, supposant qu'elle ne fût pas terminée, ce qu'il est difficile de savoir au juste, soit à un travail général de révision sur le poëme entier. On a déjà vu, et l'occasion viendra de le remarquer encore, que plusieurs passages indiquent par la date des événements auxquels ils se rapportent, une retouche subséquente. Il doit en avoir été de même pour d'autres qui, n'ayant pas trait à des noms ou à des faits historiques, ne peuvent plus être aujourd'hui reconnus.

Tout en élevant la poésie italienne à une hauteur qu'elle n'avait pas encore connue, et qu'elle ne devait jamais dépasser, Dante avait fait des efforts moins heureux, il est vrai, mais toutefois dignes d'applaudissements, pour ramener la poésie latine à son ancienne élégance. Il nous reste de lui deux églogues dans cette langue, imitées de celles du prince des poëtes latins, et où il n'est pas besoin de dire que l'imitation reste fort en arrière des grâces du modèle; elles sont adressées l'une et l'autre à ce Jean de Virgile que nous avons nommé tout à l'heure, et qui depuis composa l'éloge d'Alighieri en vers latins. Le poëte bolonais, malgré son admiration sincère et sa tendre amitié pour l'exilé florentin, avait peine à lui pardonner l'emploi de la langue vulgaire, comme langue poétique, à l'exclusion de celle plus savante que lui-même cultivait uniquement. Il lui reproche cette préférence dans une de ses églogues; dans une autre, il l'engage à venir prendre à Bologne la couronne de laurier. Déjà cette couronne, au dire de Boccace, avait été décernée au poëte lorsqu'il était l'hôte de Scaliger; mais Dante ne voulait la recevoir que dans sa patrie. Il se flattait encore que la gloire désormais attachée à son nom, et qui s'accroissait chaque jour, forcerait enfin l'ingrate Florence à lui ouvrir ses portes. Nous trouverons dans les derniers chants du *Paradis* un passage où l'on voit que cette espérance habitait toujours au fond de son cœur. C'était dans la ville natale et sur les mêmes fonts où il avait été baptisé, qu'il voulait recevoir la couronne de poëte. Que lui importait d'être couronné dans une autre ville ? Cette cérémonie du couronnement n'avait pas encore l'éclat qui fut déployé vingt ans après, lorsque Pétrarque reçut au Capitole, au milieu de la plus grande pompe, le laurier que le sénat romain lui décernait comme à l'héritier d'Horace et de Virgile. Mais ce n'en était pas moins un honneur prisé très-haut, et dont la langue latine seule avait été jusqu'alors en possession.

Il semble que, parvenu au terme de sa grande entreprise poétique, Dante, encore dans la vigueur de l'âge, et pouvant disposer de plus de loisirs dans une vie douce et calme, ait dû reprendre la composition du *Convito* et du traité *de l'Éloquence vulgaire*, qu'il n'avait pu terminer au milieu des agitations et des luttes de la politique. Mais il paraît qu'alors ses idées prirent une autre direction, ou plutôt se fixèrent exclusivement dans la contemplation des choses divines. De plus en plus dominé par sa foi religieuse, il chercha dans la doctrine à laquelle il avait toujours soumis sa raison, des occupations qui s'identifiassent davantage encore avec la disposition plus prononcée de son esprit. En conséquence, il essaya de donner en vers italiens une traduction ou pour mieux dire une paraphrase du symbole des apôtres, de l'oraison dominicale, des sept psaumes de la pénitence, et autres textes de même nature. Les motifs de cette résolution nous sont expliqués par lui-même. Il avait autrefois chanté des vers d'amour; il s'était étudié à les rendre de son mieux agréables et parfaits; maintenant qu'il reconnaît avoir vainement employé ses veilles et ses travaux, il ne veut plus s'occuper que de Dieu, et il se propose d'en parler en chrétien. Ces vers sont les derniers que Dante ait écrits; ils ont été de même les derniers imprimés, à moins qu'on ne veuille compter une édition rare et très-incomplète de la fin du xve siècle. L'abbé Quadrio en donna, en 1752, un recueil complet, en y ajoutant des observations littéraires. Les tercets de ces poésies sacrées ressemblent à ceux de *la Divine Comédie* pour le mécanisme des vers et l'entrelacement des rimes. On a dit que le chantre de *l'Enfer* n'était pas moins méconnaissable dans ses dernières productions que l'auteur du *Cid* dans sa traduction en vers français de *l'Imitation de Jésus-Christ*. Les critiques italiens ne partagent pas tout à fait cette opinion. Sans mettre la paraphrase de l'*Ave Maria* ou des psaumes pénitentiaux sur la même ligne que le grand poëme, ils y trouvent plus d'un trait où l'on reconnaît la touche du maître. Dante avait, comme le Psalmiste, à se plaindre de l'injustice des hommes; inspiration divine à part, il y a bien entre eux quelque parenté de génie : deux affinités qui expliquent pourquoi l'exilé de Florence trouvait tant de charmes aux sons plaintifs et sublimes de la lyre hébraïque.

Une circonstance fortuite vint distraire notre poëte de ses nouvelles études, et comme il s'agissait d'un service à rendre à son bienfaiteur, il n'hésita point. Le petit État de Ravenne, ayant on ne sait trop quelle difficulté avec la puissante république de Venise, était menacé d'une guerre qu'il ne pouvait soutenir. Il ne restait que la voie d'un accommodement, et Dante, à la prière de Guido Novello, se chargea de le négocier. D'après quelques versions, ce n'était pas la première fois que Guido l'employait comme ambassadeur près de ladite république. Déjà, en 1313, il aurait eu à remplir une mission analogue, et il en aurait rendu compte à son patron dans une lettre, insérée dans le recueil publié par Doni. Cette lettre, faussement attribuée à Dante, n'est qu'une longue et grossière diatribe contre les Vénitiens et leur gouvernement. Mais l'impostnre de Doni, déjà relevée dans l'édition suivante du même recueil, est aujourd'hui bien reconnue pour telle ; de sorte qu'avec la lettre qui n'a pas existé est tombée l'ambassade dont elle était l'unique fondement. Il n'en est pas ainsi de la négociation que Dante alla suivre à Venise dans l'année 1321 ; non-seulement elle est plus vraisemblable, mais elle se trouve constatée par Manetti, qui en raconte les détails : « Guido, dit-il, étant en guerre avec les Vénitiens, leur envoya Dante afin d'obtenir la paix. Celui-ci s'adressa plusieurs fois au sénat pour demander une audience publique, mais il fut toujours refusé, tant était grande la haine des Vénitiens contre Guido ; de quoi Dante, dolent et affligé, s'en revint à Ravenne, où il mourut peu de temps après. »

Le fait est encore confirmé par Philippe Villani et par Dominique di Bandino d'Arezzo[1]. Enfin Jean Villani dit dans son *Histoire :* « Au mois de septembre de l'année 1321, le jour de l'exaltation de la sainte croix, mourut dans la cité de Ravenne le grand et illustre poëte Dante Alighieri, de retour de son ambassade à Venise pour le service des seigneurs de Polenta, chez lesquels il demeurait. »

Ces paroles de Villani nous donnent avec certitude la date de la mort de Dante. Il mourut le 14 septembre 1321, âgé de cinquante-six ans. On le déposa dans une église des frères mineurs de Ravenne, en habit de poëte, selon le même Villani, et, selon d'autres, revêtu de la robe monastique, ce qui a fait dire aux écrivains franciscains qu'il s'était fait recevoir dans leur ordre. Guido Novello, qui l'avait honoré, vivant, voulut lui rendre, mort, des honneurs dignes de l'un et de l'autre. Il le fit inhumer avec pompe, et prononça dans son palais, après la cérémonie des funérailles, l'éloge de celui dont il avait si noblement secouru l'infortune. Il se proposait de lui élever un tombeau magnifique, bien qu'une telle gloire n'eût pas besoin de fastueux hommages. Boccace et Manetti affirment qu'un tombeau fut en effet érigé, mais ce n'était sans doute qu'une construction provisoire. Peu après la mort de son ami, Guido fut chassé de Ravenne par une de ces révolutions si fréquentes

---

[1]. Domenico di Bandino, né à Arezzo en 1340, professeur d'éloquence à Bologne et à Padoue, a écrit sous le nom de *Fons memorabilium universi*, une sorte d'encyclopédie d'une grande érudition, divisée en cinq parties, dont la dernière traite des hommes illustres en général et plus particulièrement des Florentins. Ce grand ouvrage, publié du vivant de l'auteur, vers 1412, n'a été imprimé que par fragments. Tiraboschi le cite souvent.

alors dans les seigneuries comme dans les républiques italiennes. Il n'eut ainsi pas le temps d'accomplir son dessein. Dante attendit cent soixante ans, pendant lesquels sa dépouille faillit être exhumée et ses cendres jetées au vent. Un légat du pape Jean XXII, dans son irritation fougueuse contre l'auteur du livre *de la Monarchie*[1], s'oublia jusqu'à donner l'ordre, heureusement inexécuté, de ce sacrilége attentat. En 1483, un mausolée fut enfin construit sous la direction du célèbre architecte et sculpteur Pierre Lombardi, et par les soins de Bernard Bembo, préteur de Ravenne pour la république de Venise et père du cardinal de ce nom. Restauré en 1692 par le cardinal légat Corsi et le pro-légat Salviati, tous deux Florentins, le mausolée, refait entièrement, fut mis dans l'état où il se trouve aujourd'hui par un autre cardinal, Louis-Valentin Gonzague, qui en fit la dépense à ses frais. Il consiste en un temple de forme carrée, couvert d'une coupole aux voûtes de laquelle sont attachés les médaillons de Virgile, de Brunetto Latini, les deux maîtres de Dante, et ceux de ses deux plus illustres protecteurs, Can Grande et Guido da Polenta. C'est à peu près tout ce qu'il y a de caractéristique

---

[1]. Le traité *de la Monarchie* n'avait peut-être pas beaucoup accru le nombre des partisans de Henri VII; mais il avait excité contre Dante tous les défenseurs de l'autorité pontificale, et lui valut encore, après sa mort, des ennemis et des outrages. L'antipape Nicolas V (Pierre de Corbière), suscité par l'empereur Louis de Bavière contre Jean XXII, s'appuyait pour soutenir son élection des doctrines exposées dans le livre *de la Monarchie*. De là, l'indignation et la sentence du cardinal légat, Bertrand de Poïet, contre l'auteur de ce livre, sentence dont l'exécution, si elle n'eût été arrêtée à temps, eût couvert le légat d'un opprobre éternel. Cette persécution posthume a été rachetée dans la suite par la protection de plusieurs papes et d'un grand nombre de princes de l'Église.

dans cette froide construction entièrement dépourvue de style et de grandeur. Il eût été bien extraordinaire que l'œuvre répondît au sujet, et ne se ressentît pas d'un siècle où le sentiment de l'art en général était tombé si bas, et où le grand poëme en particulier était à peine compris, même dans le pays dont il fait la gloire. Aussi le monument est-il en possession de tromper l'attente de tous ceux qui le visitent, et sur ce point l'accord est unanime. On y lit diverses inscriptions, soit conservées des tombeaux antérieurs, soit ajoutées au moment de la dernière restauration. Nous n'en rapporterons qu'une, parce qu'elle est attribuée à Dante : c'est son épitaphe composée par lui-même, en vers latins rimés, et trouvée, dit-on, parmi ses papiers[1].

« Défenseur des droits de la monarchie, j'ai chanté, en les traversant les régions supérieures et les plages du Phlégéton, tant que le voulurent les destins. Mais après que, devenu l'hôte d'un séjour meilleur, une partie de mon être fut retournée au ciel, près de son Créateur, je fus renfermé ici, moi Dante, repoussé du sol de la patrie, moi qu'engendra Florence, cette mère de peu d'amour. »

1. Jura monarchiæ, superos, Phlegetonta lacusque
    Lustrando cecini, voluerunt fata quousque.
    Sed quia pars cessit melioribus hospita castris,
    Auctoremque suum petiit felicior astris,
    Hic claudor Dantes, patris extorris ab oris,
    Quem genuit parvi Florentia mater amoris.

Il y a des admirateurs de Dante qui protestent contre le latin barbare de ces vers, et ne veulent absolument pas admettre qu'il en soit l'auteur, concédant tout au plus les deux derniers vers, à cause du sentiment qu'ils expriment. La mauvaise latinité n'est point ici péremptoire pour admettre ou rejeter, car il ne serait pas difficile de citer des vers latins qui appartiennent incontestablement à Dante, et qui ne sont guère meilleurs que ceux-ci.

Si cette épitaphe est d'Alighieri, et je ne vois pas, malgré le mauvais latin dans lequel elle est écrite, par quelle raison solide on repousserait l'opinion traditionnelle qui l'en déclare l'auteur, elle nous donne un indice qu'il n'est pas sans intérêt de constater en passant. C'est qu'aux yeux du poëte se mettant en face de la tombe, les deux titres qui doivent le plus recommander sa mémoire à la postérité, sont le livre *de la Monarchie* et le *Voyage poétique dans l'autre monde*. Au moment suprême où il voit la fiction du voyage se changer pour lui en réalité, il ne nomme que ces deux ouvrages renfermant, l'un son *credo* politique qu'il conserve intact bien qu'ayant succombé dans la lutte, l'autre la manifestation de sa foi religieuse. Quant au sentiment qui a le plus tourmenté la vie de l'exilé, il se retrouve également dans ce dernier adieu, mais sans violence, avec la modération qui convient à la pensée de la mort. Sur le point de quitter le séjour où elle a beaucoup souffert, l'âme n'a plus de malédictions, mais elle exhale encore un soupir.

Les Florentins, qui avaient repoussé leur poëte aussi longtemps qu'il vécut, commencèrent à lui rendre justice après sa mort. Ils demandèrent à diverses reprises, mais inutilement, qu'on leur rendît ses cendres. Jamais Ravenne ne voulut se dessaisir de son glorieux dépôt. Tout en applaudissant à cette obstination généreuse, on regrette toutefois que Florence ne l'ait point emporté dans cette contestation. Michel-Ange devait décorer le monument que l'ingrate patrie, cette *mère de peu d'amour*, mais alors mère repentante, se proposait d'élever à son enfant. Quel sublime commentaire de *la Divine Comédie* nous eût légué l'auteur du *Jugement dernier!* Dante et Michel-Ange! Pourquoi ces deux génies, jetés dans le même moule, ne se sont-ils pas rencontrés dans une œuvre qui laissât leurs noms inséparables? Le sort, qui ne se lassa point de persécuter le chantre de *l'Enfer*, lui refusa cette dernière faveur. N'ayant pu recouvrer les cendres de leur compatriote, les Florentins s'en dédommagèrent en couronnant son buste avec solennité dans leur église de Saint-Jean : exaucement tardif du vœu qui avait animé le poëte jusqu'à son dernier jour. Ils lui rendirent un hommage plus réel et mieux entendu, en instituant dans leur ville une chaire spéciale pour la lecture publique et l'explication de *la Divine Comédie*. A leur exemple, d'autres villes élevèrent des chaires semblables. C'était, avant l'invention de l'imprimerie, un moyen puissant de suppléer à la rareté des exemplaires et de donner à un ouvrage une popularité peut-être plus efficace que celle produite depuis par l'art de Gutenberg. La parole de Dante fut, comme celle de Dieu, enseignée dans les églises, car là seulement l'espace pouvait suffire au concours des auditeurs ; et, longtemps avant la fin du siècle qui avait vu mourir le grand poëte, le prodigieux mouvement intellectuel dont il fut le moteur s'était propagé d'un bout à l'autre de l'Italie.

Les traits de Dante nous ont été conservés par Giotto, son ami. En outre, Boccace nous a transmis sur ce point, de même que sur les habitudes du poëte dont il était le sincère admirateur, des détails précieux qui méritent d'autant plus de confiance que celui qui les donne a dû être mieux renseigné. Nous savons donc par lui que Dante était d'une taille moyenne, qu'arrivé à l'âge mûr il marchait un peu courbé, que son maintien était grave, son air noble et bienveillant. Il avait le visage long, les yeux grands, le nez aquilin, le menton fortement prononcé, la lèvre inférieure un peu en saillie sur l'autre. Son teint était brun, sa barbe noire et touffue, de même que ses cheveux[1]. Ses traits réfléchissaient une âme méditative et portée à la tristesse. Habituellement sobre, il mangeait à des heures réglées et se contentait de mets communs, louant la bonne chère dont il s'abstenait. Ses habits annonçaient une certaine recherche, mais toujours appropriée à son âge. Il ne parlait guère sans être interrogé, mais il répondait avec politesse, ce qui n'empêchait pas que dans l'occasion il s'énonçât avec promptitude et éloquence. Toujours modeste et mesuré dans ses manières, il ne le cédait à personne en courtoisie et en savoir-vivre.

Ainsi, d'après ce portrait, l'humeur hautaine et le ton dédaigneux qu'on a reprochés à Dante seraient des accusations mal fondées, ou n'auraient été chez lui que l'effet du malheur et de l'injustice. Villani, contemporain de Dante, ne lui est pas à cet égard aussi favorable que l'auteur du *Décaméron*, comme on va le voir. D'autres écrivains qui vivaient dans le xive siècle, et dont l'opinion n'a pu être prise légèrement, ont confirmé le jugement de Villani, entre autres Domenico d'Arezzo et le commentateur Ben-

---

[1]. A cette occasion, Boccace raconte que Dante, lorsque le bruit de ses ouvrages était déjà répandu partout, passant un jour à Vérone devant une porte où plusieurs femmes étaient assises, l'une d'elles dit aux autres : « Voilà celui qui va en enfer et en retourne comme il lui plaît; il rapporte ici des nouvelles de ceux qui sont là-bas. » A quoi l'une des commères repartit : « En vérité cela doit être ainsi, ne voyez-vous pas comme il a la barbe crépue et le teint brun à cause de la chaleur et de la fumée des lieux qu'il visite? »

venuto da Imola. Ce dernier, comme trait caractéristique, signale encore dans notre poëte une faculté d'absorption vraiment extraordinaire, et en donne pour preuve une anecdote qui vaut la peine d'être recueillie. Un jour que Dante était à Sienne dans la boutique d'un apothicaire, et qu'il avait eu la bonne fortune d'y trouver un livre vainement cherché par lui jusque-là, il se mit à le parcourir et bientôt s'y plongea avec une attention telle qu'il se tint immobile, appuyé sur un banc, pendant des heures entières, lisant toujours, sans même s'apercevoir de l'immense tumulte causé par le cortége d'une noce qui vint à passer dans la rue sur laquelle s'ouvrait la boutique.

Depuis plus de cinq siècles, bien des jugements ont été portés sur Dante; on les trouve partout, dans les livres spéciaux ou de simple littérature, dans des relations de voyages, dans des feuilletons de gazettes. Un malheur inhérent à toutes les grandes renommées est d'avoir plus à se défendre de quelques-uns de leurs admirateurs que de leurs ennemis déclarés. Dante peut-être y a moins échappé que tout autre. La mode, cette déesse frivole et tyrannique, l'a tour à tour pris et délaissé. Il était à peu près convenu, dans le xviiie siècle, que les poëmes du *Purgatoire* et du *Paradis* étaient indignes de leur aîné, et que, dans celui-ci, cent ou deux cents tercets tout au plus étaient supportables. Aujourd'hui, l'on s'est jeté violemment dans une voie contraire. Tout est *dantesque*. On s'est épris d'une passion nouvelle pour le livre si dédaigné. Il est revenu de mode de louer Dante, de le vanter à tout propos, presque de le lire : mode heureuse assurément, comme l'est parfois celle de la vertu, même en vivant d'emprunt. Mais, en faisant la part de l'engouement, il reste encore comme un fait acquis que le père de la poésie moderne est de nos jours plus étudié et mieux compris qu'il ne l'a été peut-être à aucune autre époque, au moins en France. Quelle en est la cause ? Ce serait une question intéressante à examiner; mais dont la poursuite nous éloignerait trop de notre sujet. En tout cas, le progrès que je constate sans m'y arrêter est une raison de plus pour ne pas répéter ici sur le grand *padre Alighieri* ce qui a été dit et redit mille fois depuis Boccace jusqu'à l'infatigable M. Artaud. Nous savons sous mille formes diverses ce qu'a pensé de lui la postérité dont il est tributaire depuis si longtemps ; mais nous ne connaissons pas aussi bien le jugement qu'en ont porté ses contemporains. C'est un autre point de vue, curieux aussi, mais pour lequel nous avons peu de témoins à consulter, devant les chercher à une époque si distante de nous, dans une langue qui ne faisait que de naître et dont la connaissance n'est point familière au commun des lecteurs français. On croit généralement que les hommes supérieurs ne sont mis à leur place que longtemps après leur mort. Cela est vrai de l'opinion populaire qui se forme de haut en bas par une gradation lente et successive. Mais il y a toujours dans les hautes régions de l'intelligence quelques opinions individuelles qui devancent celle du public. Boileau a su dire à Louis XIV que parmi tant de grands esprits qui avaient illustré son règne, le plus grand était Molière. Dans ce petit nombre de devanciers, sans doute fort restreint à l'époque turbulente où notre poëte vivait, il en est un dont la voix est venue jusqu'à nous, et qui se trouve réunir toutes les conditions indispensables de lumières, de sincérité et d'élévation d'esprit. C'est Jean Villani. On sait qu'il n'était que de dix ans moins âgé que Dante, et que Florence était aussi sa patrie. Ainsi que Dante encore, il parvint aux premiers emplois de la république, ayant été prieur dans les années 1316, 1317 et 1321. Comme il était soupçonné de pencher vers les opinions guelfes, mais sans emportement [1], son langage sera plus dégagé des préventions de l'esprit de parti, de celles du moins qui auraient pu le porter à surfaire la valeur d'un coreligionnaire politique. Son jugement peut ainsi être regardé comme reproduisant l'opinion des hommes éclairés, au temps même où Dante mourait dans l'exil.

« Dante Alighieri était profondément versé dans toutes les sciences, encore qu'il ait été laïque. Au premier rang comme poëte, philosophe et orateur, aussi habile dans l'art d'écrire que dans celui de parler avec noblesse et éloquence, il fut sans égal en poésie par le style le plus pur et le plus beau qui ait jamais été employé dans notre langue jusqu'à lui, et encore après lui. Dans sa jeunesse, il fit le livre de *la Vie nouvelle d'amour*, et pendant son exil des *canzones* morales et amoureuses, qui comptent parmi les meilleures. On a de lui trois nobles épîtres, dont l'une au gouvernement de Florence, dans laquelle il se plaint de l'injustice de son exil; la seconde est adressée à

---

1. Une preuve de la modération des opinions de Villani, est qu'on ne trouve pas son nom dans les listes de condamnation juridique que l'empereur Henri VII fit dresser contre les guelfes les plus ardents de Florence, après qu'il eut été contraint de lever le blocus de cette ville pour se retirer à Pise. Une autre preuve serait encore l'impartialité avec laquelle il a parlé de notre poëte que les exaltés du parti considéraient comme un apostat.

l'empereur Henri, alors au siége de Brescia, pour l'avertir en termes presque prophétiques de ne point perdre un temps irréparable ; il envoya la troisième aux cardinaux italiens, lorsque le saint-siége était vacant par la mort du pape Clément, afin qu'ils s'accordassent à élire un pape italien. Ces lettres, écrites toutes trois en latin, sont conçues dans un langage digne, et ornées de sentences excellentes, ce qui valut à leur auteur le suffrage des sages capables de les comprendre. Dante composa en vers élégants *la Comédie*, où, tout en prodiguant les comparaisons et les fleurs de la poésie, il traite de grandes questions de morale, de physique, d'astronomie, de philosophie et de théologie ; il y parle de l'existence et de la nature de l'enfer, du purgatoire et du paradis avec toute l'élévation que le sujet demande, ainsi que peut le voir tout lecteur doué d'intelligence. Dans cette *Comédie*, il se délecte à gourmander et à s'emporter, à la manière des poëtes, peut-être au delà des bornes convenables. Son exil lui a fourni l'occasion d'écrire la *Monarchie*, où il a tracé dans un latin de haut style les devoirs des papes et des empereurs. Le commentaire qu'il se proposait de publier en langue vulgaire, sur quatorze des *canzones* susmentionnées, s'est arrêté aux trois premières, interrompu par la mort. Mais c'eût été une œuvre remarquable et savante, à en juger d'après le style de ce qui est écrit, et d'après les belles dissertations philosophiques que l'auteur y a répandues. Il en est de même d'un livre qu'il intitula *de l'Éloquence vulgaire*, et qui, peut-être aussi par l'effet d'une mort prématurée, ne renferme que deux parties, au lieu de quatre qu'il avait promises. Il y examine, dans un latin nerveux et fleuri, les idiomes vulgaires de l'Italie, et les repousse tous par d'excellentes raisons. Cet homme de tant de savoir était, à cause de cela même, altier, difficile et dédaigneux : on eût dit que, comme un philosophe morose, il ne pouvait converser avec les simples mortels. Mais ses autres vertus, sa science, sa haute distinction méritent qu'il lui soit donné une perpétuelle mémoire dans notre chronique, d'autant plus que les admirables écrits qu'il a laissés font de sa gloire une des gloires de notre ville. » (Villani, livre IX, chap. cxxxiv.)

Voilà comment parlait Villani, il y a plus de cinq cents ans. A-t-on dit mieux depuis lui ?

Encore quelques mots sur la famille de Dante, car tout ce qui se rapporte à un grand homme, participe à l'avide intérêt qu'il inspire. Nous avons déjà parlé plus haut de deux fils du poëte, les seuls qui lui survécurent, Pierre et Jacques. Héritiers d'un nom devenu difficile à porter, tous deux le soutinrent dignement; ils sont comptés par les critiques italiens dans le nombre des poëtes de cet âge dont on se souvient encore. Nous reviendrons tout à l'heure sur le commentaire qu'ils ont fait du poëme paternel. Pierre, l'aîné des deux frères, fut en outre versé dans la science du droit, et devint un jurisconsulte renommé. Établi à Vérone, il amassa des richesses dans l'exercice de sa profession qui alors, comme aujourd'hui, était très-lucrative. Pétrarque fut son ami, et lui a dédié quelques vers. Pierre mourut à Trévise en 1364. On sait peu de chose de Jacques, sinon qu'il vécut principalement à Florence où il comptait des amis distingués dans les lettres et les sciences, entre autres le fameux Paul de l'Abaco qu'il nomme son maître dans une de ses pièces de poésie. Béatrix, la fille de Dante, comme pour consacrer une seconde fois le nom mystique qu'elle avait reçu, se fit religieuse à Ravenne; elle vivait encore en 1350, date à laquelle la république florentine, sur la demande de Boccace, lui fit présent de dix florins d'or. On aime à trouver le nom de Boccace honoré par une bonne action, et la rigide Florence devenue plus clémente envers les Alighieri.

La ville de Vérone conserve dans une de ses églises les tombeaux de deux Alighieri, Pierre et Louis, petits-fils du premier Pierre. Ces tombeaux furent élevés par un troisième frère, nommé François, dernier rejeton de cette grande race. Les trois frères, dit le spirituel voyageur, M. Valery, étaient des hommes lettrés et savants, dignes encore par la culture de leur esprit du nom qu'ils portaient. Ce nom ne s'éteignit pourtant pas avec eux, il passa par mariage dans une autre famille. Ginevra, fille du dernier Pierre, épousa, en 1549, Marc-Antoine Serego, et leur descendance s'est appelée Serego-Alighieri jusqu'à son extinction récente [1].

---

1. M. Valery a donné sur la personne qui, la dernière, a porté ce nom, des détails intéressants. (*Voyage historique et littéraire*, t. I, p. 293 et 313.)

APPENDICE.

§ I. Question des origines de l'épopée chrétienne.

En relatant les principales circonstances de la vie de Dante, et en y cherchant l'explication ou le motif des divers ouvrages qu'il a composés sous l'influence des alternatives de sa fortune, nous avons presque laissé de côté celui de ces ouvrages que nous avions précisément en vue, et qui a le plus illustré son auteur. C'eût été dépasser la mesure que de donner à la fois l'analyse et la traduction d'un livre, si beau que soit ce livre. Néanmoins une question préliminaire se présente au sujet de *la Divine Comédie*, question qu'il est impossible de passer sous silence, mais que nous avons différé d'aborder jusqu'ici, de peur de briser davantage le fil souvent interrompu de la narration. On se demande d'abord où Dante a pris l'idée première de son poëme, quelles causes ont déterminé son choix, comment il a été conduit à créer une machine poétique qui n'avait pas d'antécédent, et qui n'a pas trouvé d'imitateurs? Certes, ce serait faire trop d'honneur à Brunetto Latini que d'attribuer à son *Tesoretto* la conception de *la Divine Comédie*. L'origine doit être autre et plus ancienne, essayons de la constater.

L'histoire de l'humanité n'existe pas seulement dans le monde extérieur où elle se traduit par des faits et des noms; elle a ses sources premières dans le monde invisible de l'intelligence, sources auxquelles devra puiser tout homme s'adressant à ses semblables pour les émouvoir. L'art est dans la forme, mais la pensée préexiste à l'art et lui donne la vie. Il y a un ordre général de sentiments et d'idées qui est inhérent à la nature même de l'homme, qui n'en peut être séparé, et qui est vrai, d'une vérité absolue, dans tous les temps et dans tous les lieux. Mais, sur ce fonds commun à toute la race d'Adam, se forment et se développent accidentellement, par une multitude de causes, des opinions et des croyances, des mœurs, des coutumes, des préjugés qui varient à l'infini, et dont les changements perpétuels frappent d'une empreinte particulière un siècle, une nation, un individu. Unité et variété, fixité et mobilité, ces lois du monde matériel régissent aussi la nature morale. Tels sont les éléments livrés à l'art qui les reproduit, qui les combine, qui s'efforce de les rendre saisissables. Il y parvient avec plus ou moins de bonheur, selon qu'il obéit à une pensée plus ou moins générale. Tantôt l'art n'exprime qu'une des faces mobiles et accidentelles de l'homme; il peut y exceller, l'image est ressemblante et plaît à ceux qui s'y reconnaissent, mais elle passe avec eux. De là, tant de succès éphémères, presque incompréhensibles à quelques années de distance. Tantôt l'art, mieux avisé, ne s'arrête pas à la superficie des choses, il creuse, il entrevoit cette conscience du genre humain, partout la même et qui ne meurt jamais. Son œuvre alors, ayant plus de portée, s'efface moins vite, elle dure un siècle, l'âge d'une société, le temps d'une nation. Tantôt encore, mais rarement et à de longs intervalles, l'art monte plus haut; il s'attaque à l'homme dans ce qu'il a de plus intime, il le révèle à tous les yeux, il le saisit par son côté impérissable, et alors l'immortalité est acquise à cette seconde création. La vérité, dans le premier cas bornée et accidentelle, plus générale dans le second, prend ici un caractère d'universalité qui la fait comprendre toujours et partout. Élevée à cette puissance, l'œuvre n'appartient plus en propre à un peuple, elle devient le patrimoine de l'humanité tout entière. Qu'importe que Shakespeare soit né en Angleterre, Molière en France, Cervantes en Espagne ? Aussi longtemps que battra le cœur de l'homme, il ne cessera pas de se reconnaître en eux et de leur répondre par ses plus vives pulsations. Dante a été un de ces créateurs sublimes, et le plus étonnant de tous, parce qu'il est venu le premier dans les temps nouveaux, et qu'il est sorti tout radieux des ténèbres de la barbarie. Il embrasse, dans la concentration de sa pensée le passé, le présent et l'avenir : le passé, par la tradition païenne que son imagination conserve, malgré la soumission de l'esprit à la foi ; le présent, par la peinture saisissante des opinions et des idées contemporaines ; l'avenir par la croyance qui importe le plus à l'homme, celle de la vie future.

En sondant les mystères du monde à venir, Dante obéissait à l'impulsion chrétienne et secondait merveilleusement les instincts impérieux des générations qui avaient vécu depuis le grand renouvellement opéré par le christianisme. Tout en améliorant sous le point de vue matériel le sort des classes souffrantes, le christianisme ne leur avait point promis la richesse et les jouissances sensuelles ; au contraire, il leur avait annoncé qu'il y aurait toujours des pauvres et des riches. Mais il leur avait appris que la terre n'est qu'un lieu d'épreuves, un court passage où l'homme doit souffrir pour se racheter; puis, en regard de cette nécessité absolue et insurmontable, il ouvrait à tous, au sortir de l'exil terrestre, un immense avenir de bonheur sans trouble, ou de châtiment sans rémission, suivant que la loi d'expiation serait bien ou mal observée. Plus donc il y avait de misères, et il y en avait beaucoup à cette époque de tourmente et de convulsions, plus les regards interrogeaient avec avidité ce monde invisible, objet à la fois d'espoir et de terreur. Dante a tenté la solution de ce redoutable problème, mais il n'y avait pas touché le premier. Avant lui, des traditions éparses, des légendes pleines de merveilles, qui passaient de bouche en bouche, entretenaient la curiosité de la multitude, sans la satisfaire. Cette disposition devint plus prononcée, lorsque la croyance à la fin prochaine du monde, croyance si généralement répandue dans le xe siècle, rendit encore plus vive et plus ardente l'aspiration des âmes vers les choses éternelles. *La Diva Commedia* n'est qu'une légende élevée à la hauteur de la poésie; mais cette légende a étouffé toutes les autres, de même qu'Homère a fait oublier les rapsodes, ses prédécesseurs. Un poëme ne sort pas tout d'une pièce du génie d'un poëte, comme Minerve du cerveau de Jupiter. Toute œuvre humaine a des antécédents qui la préparent, et qui justifient sa raison d'être. Lors même que cette filiation, ayant perdu ses traces, ne serait plus apparente, elle n'en serait pas moins certaine. Ainsi en est-il arrivé pour Dante. S'il est facile de déterminer ce qu'il a pu devoir à ses devanciers sous le rapport de la science et de l'art proprement dit, il l'est moins de reconnaître les sources où l'idée fondamentale de son poëme a pris naissance, et de rattacher, par une transmission suivie, des notions presque imperceptibles à une œuvre qui nous étonne par la grandeur de ses proportions.

Un travail très-remarquable, et non moins ingénieux que solide, a été publié sur cette matière par M. Charles Labitte. Déjà d'autres critiques avaient signalé l'influence exercée sur le génie de Dante par les anciennes traditions ou légendes de l'enfer et du paradis. Remontant jusqu'à l'antiquité païenne, ils indiquent comme première origine de *la Diva Commedia*, la vision de Her l'Arménien, racontée par Platon; puis parcourant tout le cycle de l'ère chrétienne, période pendant laquelle les intérêts de la vie future agitent les masses et se traduisent en récits merveilleux, ils reconnaissent que ces récits ont dû vivement frapper le poëte et lui montrer la route qu'il a si glorieusement parcourue. Ainsi, le *Voyage de saint Brendan*, le *Purgatoire de saint Patrice*, la *Vision* de frère Albéric, le *Songe d'enfer* de Raoul de Houdan, et autres narrations analogues, telles seraient les sources où se cache l'idée mère de l'épopée dantesque. Sans entreprendre de confronter entre eux tous ces documents épars, nous en analyserons sommairement quelques-uns, soit pour prendre l'idée à son point de départ connu, soit pour constater sous quelle forme, après avoir traversé quinze siècles, elle se reproduisait à une époque rapprochée de Dante.

Écoutons d'abord le récit que Platon met dans la bouche de Socrate, livre X de la *République*. Un soldat qu'il nomme Her l'Arménien, avait été tué dans une bataille. Au bout de dix jours, son corps fut trouvé sain et entier, à côté d'autres corps déjà corrompus. Retiré du champ de bataille, Her ressuscite le douzième jour, et raconte ce que son âme a vu pendant qu'elle était séparée de son corps. Elle avait été transportée avec d'autres âmes dans un lieu singulier, où la terre était percée de deux ouvertures parallèles, qui correspondaient à deux autres pratiquées dans le ciel à égale distance. Des juges, assis entre les deux ouvertures, prononcent des sentences, et aussitôt les bons se précipitent à droite, les méchants à gauche, tous marqués d'un écriteau. Her se présente à son tour, mais les juges lui commandent de retourner sur la terre, afin d'annoncer aux hommes le spectacle dont il est témoin. Alors il regarde plus attentivement : il voit des âmes par bandes nombreuses monter et descendre à travers les ouvertures, celles-ci sans souillures, celles-là couvertes de boue. Les unes racontent les misères d'un séjour de mille ans au fond de l'abîme ; les autres, les joies qu'elles ont goûtées dans le ciel. Quand des âmes coupables veulent sortir du gouffre avant le temps prescrit, elles sont repoussées par de longs et affreux mugissements. Ainsi parla le soldat arménien. Dans cette tradition d'origine orientale, on est encore à une grande distance des idées chrétiennes sur le bonheur sans fin dont jouissent les élus, et les châtiments éternels que des démons implacables infligent aux méchants.

La vision d'Albéric, que le P. Lombardi a insérée dans son édition de Dante, est du commencement du XIIe siècle. Nous franchissons ainsi un long intermédiaire, pendant lequel l'idée, entée sur le christianisme, avait cheminé graduellement, plus distincte et plus complète. Cet Albéric, fils d'un seigneur châtelain de la Campanie, naquit en 1101, dans le château des Sept-Frères, ainsi nommé parce que la principale église du lieu était dédiée aux sept frères martyrs. Il avait près de dix ans, quand, atteint d'une maladie mortelle, il resta neuf jours plongé dans une sorte de catalepsie. Mais pendant que son corps n'avait plus de sensibilité apparente, son âme était emportée dans l'autre monde par une colombe, sous la conduite de saint Pierre et en la compagnie de deux anges, appelés Emmanuel et Élos. Ce saint cortége lui montre d'abord l'enfer et le purgatoire, où des démons, ministres de la vengeance divine, tourmentent les âmes coupables, et le mène ensuite de ciel en ciel jusqu'au trône de Dieu. Il trouve en enfer des vallées de glace, des lacs de poix enflammée, des fournaises ardentes, des solitudes sauvages, couvertes de grands arbres épineux, enfin, toutes les variétés de supplice, déjà décrites dans des récits antérieurs. De même que Dante est menacé par les démons *malebranches*, gardiens du lac de poix; de même Albéric est assailli par les diables de son enfer, pendant une courte absence de l'apôtre qui est allé ouvrir la porte du paradis à une âme purifiée. Un reptile d'une prodigieuse grandeur, dont la gueule est toujours béante, avale et rejette tour à tour des nuées d'âmes qui, comparées au monstre, ressemblent à des mouches. Les enfants, même ceux qui ne comptent encore qu'un an, sont martyrisés comme les autres pécheurs. Quoique les peines de l'enfer et celles du purgatoire semblent à quelques égards confondues, il y a cependant une différence marquée entre les deux séjours. Pour arriver au second, on traverse un fleuve de feu, sur lequel est un pont que les âmes des justes franchissent facilement; mais celles des pécheurs n'atteignent l'autre rive qu'après avoir été torturées et purifiées dans les flammes. Ici, le coupable ne désespère pas de ses crimes, et les larmes du repentir effacent les fautes sur le livre de la justice divine. Au delà du pont, se trouvent des plaines arides, couvertes de ronces, sans le moindre vestige de sentier, et où les âmes repentantes sont poursuivies par un dragon monstrueux qu'enfourche un démon, armé de serpents en guise de fouet. Enfin le voyageur, toujours guidé par le saint apôtre, s'approche des régions célestes ; il monte, comme Dante, de planète en planète, à peu près dans l'ordre où les place le système de Ptolémée, également suivi par le poëte florentin, et s'élève ainsi jusqu'à l'empyrée. Là est le trône de Dieu, entouré du chœur des anges, des chérubins, des patriarches, des apôtres et des confesseurs de la foi. Bien que le but du saint voyage semble dès lors rempli, le pèlerin ne s'arrête pourtant pas : la colombe, sur l'ordre de saint Pierre, lui fait encore parcourir cinquante régions du globe terrestre, où d'autres visions lui apparaissent ; puis l'apôtre le congédie après lui avoir fait avaler une grande carte sur laquelle cet itinéraire merveilleux était minutieusement décrit.

Alors tiré de son long assoupissement, Albéric se vit au milieu de ses proches qui le pleuraient déjà comme mort. Il guérit et se fit moine au Mont-Cassin, sous l'abbé Gérard, qui gouverna le monastère de 1111 à 1123. C'était, dit la chronique Cassinienne, un religieux d'une sainte vie, tout plongé dans les objets de sa vision et les méditant dans la componction et dans les larmes. Il n'écrivit point lui-même ce qu'il avait vu ; mais sous sa dictée, un frère, du nom de Guido, en recueillit les détails par ordre de l'abbé Gérard. Cette relation s'étant altérée dans des copies inexactes et amplifiées, le successeur de l'abbé Gérard la fit reviser et corriger par Albéric, en 1127, avec l'aide du diacre Pierre, ainsi que le rapporte ce dernier dans son écrit des hommes illustres du Mont-Cassin. Tel est l'historique du manuscrit où se lit la vision d'Albéric, divisée en cinquante chapitres, manuscrit d'une écriture très-ancienne et altérée par le temps, qui s'est conservé parmi beaucoup d'autres dans la célèbre abbaye.

On voit que depuis Platon, l'idée vague des peines et des récompenses futures, non-seulement avait pris des formes plus arrêtées, mais encore s'était revêtue des symboles et des formules d'une foi nouvelle. On a beaucoup discuté pour savoir si Dante avait eu connaissance de la vision d'Albéric, et si cette vision attribuée à un enfant de dix ans, n'était pas plutôt l'œuvre anonyme de plusieurs moines bénédictins. Recherches oiseuses à mon sens : là n'est point la question. Le seul point à constater, et qui ressort manifestement de l'écrit, quel qu'en soit l'auteur, c'est qu'à une époque antérieure à Dante, les idées qu'il a rendues siennes, existaient déjà, grossières et incomplètes encore, mais très-répandues et accueillies avec empressement. Albéric n'en a pas plus été l'inventeur que Dante ne le fut après lui. C'était le patrimoine commun de la société chrétienne, dont l'origine première remonte aux livres saints [1], et qu'avait grossi le tribut successif des siècles. Ainsi, par exemple, la

---

1. « Plusieurs passages de l'Ancien Testament font directement allusion aux peines de l'enfer, en termes plus ou moins mystérieux. On

vision de Tantale, antérieure de cinq ou six siècles à celle d'Albéric, offre avec cette dernière des rapports frappants de similitude. Comme le moine du Mont-Cassin, le jeune épicurien est préservé de l'atteinte des mauvais esprits par un ange de Dieu qui lui montre les choses de l'autre monde; il est conduit dans une vallée ténébreuse, dont le fond est un brasier ardent, surmonté d'un couvercle en forme de gril, sur lequel des démons sont assis, replongeant les âmes pécheresses dans la fournaise quand elles tentent d'en sortir. Voilà bien les *carni cotte* d'Albéric et les *lessi dolenti* d'Alighieri. Ailleurs, c'est une montagne de soufre incandescent, puis une tempête de neige, de grêle et de vent. Tantale voit aussi une bête démesurée, dont la gueule immense, toujours ouverte, engloutit les pécheurs contraints à s'y précipiter. Lucifer est un géant à cent bras, qui dépasse dans ses vastes proportions toutes les bêtes connues et déjà décrites. Le Lucifer de Dante broie

peut citer, entre autres, le cantique de Moïse à l'approche de la mort (*Deutér.*, chap. xxxii), où il parle du feu éternel qu'allumera la colère du Seigneur, de la faim qui consumera les impies, des animaux de diverses sortes dont ils sentiront les cruelles morsures, etc., et le chapitre xxiv du *Livre de Job* qui, en énumérant les péchés, dit que les pécheurs auront à souffrir les excès du chaud et du froid, et qu'ils seront rongés par les vers, comme de la pourriture. Dans le chapitre xxxiv d'Isaïe, il est question de torrents de bitume, de vallées consumées par le soufre et la poix, de fumée épaisse et éternelle. Les tourbillons, l'orage, les ténèbres, la grêle et le feu reviennent souvent dans le langage figuré des prophètes. Quoique ces images soient plus rares dans les livres du Nouveau Testament, cependant nous trouvons dans saint Matthieu (chap. viii, 12) et dans saint Luc (chap. xiii, 28) les ténèbres, les pleurs et les grincements de dents. Le même saint Luc (chap. xvi), en rapportant la parabole du riche et du mendiant, parle de la géhenne et du feu éternel. Enfin l'*Apocalypse* abonde en peintures terribles et effrayantes. » De Romanis.

les damnés sous ses triples mâchoires; celui de Tantale suce leur sang.

Ces images, ou d'autres analogues, étaient donc depuis longtemps en circulation quand le génie du poëte florentin s'en est emparé pour leur donner un éclat plus grand. Elles se retrouvent, plus semblables encore, dans une composition de la fin du XIIe siècle, connue sous le nom de *Purgatoire de saint Patrice*[1]. Cette fiction, qui eut une très-grande vogue, paraît avoir servi de texte au vieux roman de *Guerino il Meschino,* duquel, selon quelques critiques italiens, Dante aurait pris la fable de son poëme. On y trouve, en effet, une division de l'enfer par cercles, creusés en forme de puits; une peinture de Lucifer, géant à trois faces et à six ailes, fort ressemblant au Lucifer dantesque, et nombre de détails qui se rapportent identiquement à ceux de *la Divine Comédie,* soit dans le genre du supplice des damnés, soit même dans quelques comparaisons. Mais la date du *Meschino* est incertaine, son origine est également controversée; la traduction italienne, sur laquelle on veut que Dante ait modelé son poëme, est évidemment postérieure à la publication de *la Commedia;* de sorte que si le romancier ou le compilateur a pris le fond de son sujet dans les vieilles légendes qui se répétaient d'un bout de l'Europe à l'autre, il se peut également que, loin d'avoir fourni des matériaux au poëte, il ait emprunté de lui ces détails dont la similitude embarrasse les critiques[2]. Cette similitude, au

---

[1]. « Cette vision ne saurait remonter à une époque plus ancienne, puisque le moine Jocelin, auteur d'une *Vie de saint Patrice*, et qui écrivait vers 1180, n'en fait aucune mention. » DE ROMANIS.

[2]. On a remarqué, avec raison, que si Dante avait été plagiaire

reste, n'existe que dans la partie de l'Enfer, la première dans le poëme, mais qui ne vient que la seconde dans le roman; d'où l'on devrait induire que, donnant un exemple suivi par beaucoup de lecteurs des âges suivants, le compilateur s'est arrêté après la *Cantica* de *l'Enfer*, sans prendre connaissance du *Purgatoire* et du *Paradis*.

Les arts plastiques, qui ont pour mission de revêtir d'une forme sensible les idées populaires contemporaines, n'attestent pas moins que les légendes la tendance mystique du moyen âge. Les peintures du *Campo Santo*, à Pise, *le Jugement dernier* de Michel-Ange, et beaucoup d'autres essais moins célèbres, ne sont que des traductions plus ou moins littérales de *la Divine Comédie*, qui toutes portent l'empreinte de l'œuvre qui les inspira. Mais avant de devenir un type nouveau de poésie et une mine inépuisable pour l'art, Dante lui-même avait trouvé les images qu'il absorba dans son unité grandiose, déjà reproduites par les peintres et les sculpteurs. Quand il vint en France, les vitraux de nos cathédrales lui montrèrent avec profusion, et dans toute la naïveté des récits primitifs, les peines de l'enfer et les récompenses du paradis. Il est vrai qu'alors la première partie de son poëme était déjà terminée; mais il avait pu voir dans sa jeunesse, à Bologne, et ensuite à Rome, pendant ses ambassades, les belles enluminures de son ami Oderisi et de Franco de Bologne. Bien que la sculpture et la peinture proprement dites fussent encore dans l'enfance, nous savons cependant que, dès

---

de l'auteur ou du traducteur du *Meschino*, ses émules, et notamment Cecco d'Ascoli, son détracteur acharné, n'auraient pas manqué de l'accuser de plagiat.

leurs premiers pas, elles étaient entrées dans cette voie. Vasari rapporte que, vers le milieu du XIIIᵉ siècle, le célèbre Nicolas de Pise, s'arrêtant à Orvieto, lorsqu'il revenait de Naples à Florence, y sculpta sur le marbre, avec l'aide d'artistes allemands, des scènes du jugement dernier, dans lesquelles il représenta, sous les traits les plus beaux, les âmes des bienheureux retournées dans leurs corps, et avec des formes hideuses ou extravagantes, les démons occupés à tourmenter les âmes des méchants. Dans ce travail, dit-on, le grand artiste s'était surpassé lui-même. Les auteurs italiens relatent encore une vieille peinture du jugement dernier, exécutée avant le XIVᵉ siècle dans l'église collégiale de Toscanella, lieu dont on lit, peut-être à tort [1], la suscription en tête de la lettre que notre poëte écrivit à l'empereur Henri VII, après l'entrée de ce prince en Italie. Cette peinture exprimait les images des anciennes légendes sur la vie future, notamment celle qu'on trouve à la fois dans les deux visions de Tantale et d'Albéric, d'un dragon démesuré, dans la gueule duquel une multitude de diables forcent les âmes coupables à se précipiter. Sur un des côtés du tableau, la figure d'un pape, avec la tiare ornée d'une seule couronne, indiquait que l'œuvre était pour le moins antérieure à Boniface VIII,

---

1. Il y a des éditions qui portent : *Toscanella, sotto la fonte d'Arno*. C'est manifestement une erreur, puisqu'il n'existe aucun lieu du nom de Toscanella dans le voisinage des sources de l'Arno. Il faut lire : *Toscana, sotto la fonte d'Arno*, ou *Toscanella sotto le fonti della Marte*, c'est-à-dire de cette petite rivière qui, sortant du lac de Bolsène, passe sous les murs de Toscanella pour se jeter dans la Méditerranée, non loin de Civita Vecchia. Mais que la lettre en question ait été écrite à Toscanella ou ailleurs, on voit par la manière dont le poëte a plusieurs fois décrit cette contrée, ainsi que celle d'Orvieto, qu'il devait avoir de l'une et de l'autre une connaissance personnelle.

qui décora le premier la tiare pontificale de la double couronne. Maintenant, que Dante ait vu, soit ce tableau, soit le bas-relief de Nicolas de Pise, qu'il ait eu connaissance de la Vision d'Albéric, du Purgatoire de saint Patrice et de tant d'autres récits merveilleux, il est presque impossible d'en douter; mais c'est un fait de médiocre importance. Tous ces antécédents n'ont pu lui fournir que d'informes matériaux; ils n'ont de valeur que comme témoignage irrécusable de la direction des esprits à l'époque où le grand poëte a paru. L'éternité des peines et des récompenses, l'expiation temporaire à la faveur du repentir, les trois grandes divisions de l'enfer, du purgatoire et du paradis, enseignées par l'Église, toutes ces idées que l'épopée chrétienne a réunies dans un majestueux ensemble, lui préexistaient donc, à quelques différences près, mais éparses, confuses, incohérentes.

M. Labitte a traité la question des origines dantesques avec plus d'étendue et plus de profondeur qu'aucun autre écrivain. Il ne se contente pas d'indications sommaires, il scrute tous les témoignages historiques depuis Platon et Plutarque jusqu'à Brunetto Latini; il interroge les écrits des Pères, les lettres des papes, les récits des trouvères, et jusqu'aux monuments des arts dont les débris, tout mutilés qu'ils sont, racontent encore les préoccupations religieuses du moyen âge. Son livre, qui abonde en recherches curieuses, et où l'érudition est relevée par une haute critique, ne laisse plus rien à dire, et l'on ne peut qu'y renvoyer tout lecteur qui voudra s'instruire avec agrément. Quoiqu'il ne résulte pas de toutes ces histoires prodigieuses que Dante ait eu nécessairement connaissance de celle-ci ou de celle-là, il n'en reste pas moins comme un fait acquis et incontestable que, pendant la première partie du moyen âge, et d'un bout de l'Europe à l'autre, les esprits se préoccupaient singulièrement du redoutable problème de la vie future. Tantôt le zèle d'une piété sincère, tantôt celui plus suspect de l'autorité, exploitaient à leur profit les espérances ou les terreurs que ces étranges récits faisaient naître. Mais qu'ils fussent propagés par l'exaltation religieuse ou par les ruses de la politique, ils étaient accueillis avec avidité par les populations frémissantes. Il n'en faut pas davantage pour établir que Dante, entraîné par le courant de son siècle, a dû prendre la fable de son poëme, non pas peut-être dans telle légende plutôt que dans telle autre déterminée, mais dans cette tendance au mysticisme et au merveilleux, qui se faisait alors si généralement sentir, et que tant d'indices nous attestent encore. S'emparant avec son génie d'une idée puissante, il ne lui demande pas d'où elle vient, il la revêt des formes les plus magnifiques de la poésie, il se la rend propre, il absorbe dans sa création tous les jets antérieurs; puis, tel que ce fleuve dont il a décrit le cours [1], il s'avance vers l'océan de l'avenir avec son cortége de ruisseaux sans nom, dont le tribut à peine sensible se perd dans l'immensité qui le reçoit.

1. .... Dove 'l Po discende
Per aver pace co' seguaci sui. (*Inf.*, c. V.)

§ II. Biographes et commentateurs.

Pour compléter ces notions préliminaires, il nous reste à parler des nombreux historiens du poëte et de ses commentateurs, plus nombreux encore; car, entre tous les auteurs, il n'en est peut-être pas dont la vie ait été plus souvent écrite et l'œuvre interprétée plus de fois et en plus de paroles. Cela seul suffit pour indiquer que cette double tâche, si souvent entreprise, n'a jamais été remplie de manière à décourager de nouveaux efforts. Dans ces travaux, la principale part revient au siècle auquel Dante appartenait lui-même, sinon par le plus long cours de sa vie, du moins par son premier titre à l'immortalité. Rien ne prouve mieux la grande supériorité de Dante sur son siècle, en laissant de côté le grand nom de Boccace, que les écrits de ces hommes qui étaient pourtant les plus réputés parmi leurs contemporains. Ne pouvant s'élever à la hauteur du géant, ils l'ont fait descendre à leurs étroites proportions, et les défauts auxquels Dante n'échappe pas toujours, qui étaient ceux de son temps, mais qu'il fait oublier à force de génie, apparaissent chez eux bien plus à découvert, et sont à peu près le seul point de contact qu'ils aient avec l'auteur qu'ils expliquent.

A peine *la Divine Comédie* fut-elle publiée qu'elle excita l'admiration de toute l'Italie, ainsi que le témoignent les nombreux manuscrits que nous en avons, la plupart copiés dans ce siècle même, et plus encore les commentaires dont elle devint aussitôt le sujet. Les premiers commentateurs de Dante furent ses propres fils, Pierre et Jacques, tous deux comptés au nombre des poëtes de l'époque. L'inscription placée sur le tombeau de Pierre, à Trévise, atteste encore cet acte de piété filiale. Jacques, outre des annotations sur la *Cantica* de *l'Enfer,* fit du poëme entier un abrégé en *terza rima*, qui a été imprimé à la suite de l'édition de Venise de 1477. Quant à la glose proprement dite des deux frères, elle est restée inédite; mais il en existe plusieurs copies citées par les antiquaires italiens. Ils mentionnent aussi, sous la même date à peu près, c'est-à-dire de 1330 à 1340, les commentaires du franciscain Accorso de' Bonfantini, de Micchino da Mezzano, chanoine de Ravenne, d'un anonyme de l'ordre de Saint-Dominique, qui écrivait en 1334, et d'autres encore, restés ensevelis dans la poussière des bibliothèques. Vers 1350, Jean Visconti, archevêque et seigneur de Milan, si justement célèbre par la protection qu'il accordait aux lettres et par l'amitié dont il honora Boccace, voulant ériger au grand poëte un monument littéraire digne d'une telle renommée, en confia le soin à six hommes choisis parmi les plus doctes de l'Italie; il s'y trouvait, dit le savant abbé Méhus, deux théologiens, deux philosophes et deux lettrés florentins. Le résultat de leur concours fut un volumineux commentaire qui ne paraît pas avoir satisfait l'attente du prince qui en avait conçu l'idée. On en conserve une copie dans la Laurentienne, où est également la glose attribuée à Pétrarque. En comparant ces manuscrits entre eux, et avec le commentaire de Jacopo della Lana, écrit dans le même siècle, l'abbé Méhus a conjecturé que ce Jacopo et Pétrarque lui-même pourraient bien avoir fait partie de l'aréopage des six, institué par Jean Visconti. Mais on croit avec plus de fondement que Pétrarque n'a jamais écrit aucun commentaire sur Dante; et ce qui vient à l'appui de cette opinion, c'est que l'amant de Laure n'avait pas même dans sa bibliothèque, formée avec tant de soin, un exemplaire de *la Divine Comédie*, lorsque Boccace, son ami, lui en envoya un, en 1360, copié tout entier de la main du donateur. Dans la réponse à cet envoi [1], Pétrarque se justifie de n'avoir pas en sa possession le poëme de Dante, sur ce qu'ayant eu le désir de versifier en langue vulgaire, il avait craint de devenir copiste en s'inspirant des œuvres d'autrui. Or, il est difficile d'admettre qu'il ait commenté un livre qu'il affectait systématiquement de ne pas lire.

A vrai dire, le premier historien et commentateur de notre poëte a été Boccace. C'était comme une compensation que la fortune réservait à l'exilé florentin, de lui donner pour interprète un homme de génie. Par cela seul, hors de ligne dans la foule des commentateurs, Boccace était en outre placé dans la situation la plus favorable à l'accomplissement de son dessein. A lui, cette gloire ne faisait nul ombrage; créateur de la prose italienne, comme Dante l'avait été de la poésie, il était à l'aise pour lui rendre justice. Enfant, il avait pu voir celui dont il a raconté la vie; il était de la même ville. Son admiration lui avait fait rechercher soigneusement tous les vestiges encore frais du poëte objet de son culte. Par cette cause, il s'était lié d'amitié avec André Poggi, neveu

---

[1]. Nous avons parlé précédemment du soupçon de jalousie littéraire qui jette quelque ombre sur la glose de Pétrarque. Lui-même ne l'ignorait pas, il s'en plaint dans cette réponse à Boccace, de tout point fort curieuse; il essaye de s'en défendre, mais avec embarras et d'une manière qui confirme l'accusation plutôt qu'elle ne la détruit.

de Dante, et source abondante d'informations ; sans doute aussi, soit à Florence, soit dans ses voyages, il avait maintes fois questionné toutes les personnes, encore en grand nombre, qui pouvaient ajouter quelques détails à ceux déjà recueillis. Malgré le concours de toutes ces circonstances, il s'en faut que l'œuvre, quoique précieuse à certains égards, réponde à ce qu'on devait présumer de l'auteur. Le roman y tient la place de l'histoire ; on dirait une *Nouvelle* ajoutée au *Décaméron*. Boccace n'a guère présenté qu'une des faces de la vie de son héros ; il s'étend avec complaisance sur l'amour de Dante pour Béatrix ; il détaille et commente minutieusement et longuement des songes et des visions ; il explique, par des arguments tirés d'Aristote et de Platon, pourquoi l'influence des femmes éloigne ou décourage des fortes études ; il se jette dans une interminable dissertation sur l'origine du nom de poëte, mais il se tait sur certains actes qui tiennent cependant une place importante dans la vie du poëte, tels que ses services militaires, et même les diverses ambassades dont il fut chargé. S'il parle de la part que Dante a prise aux affaires publiques, c'est en termes tellement exagérés qu'on ne peut y avoir confiance ; et quant à la crise politique dont le résultat fut le bannissement du poëte ; quant aux longues pérégrinations de l'exilé pendant une période de près de vingt ans, il les résume dans quelques lignes qui n'apprennent rien de ce qu'on serait avide de savoir. Lorsque le gouvernement de Florence, bien changé depuis la proscription de 1302, institua, par un décret du 9 août 1373, une chaire publique spécialement consacrée à l'interprétation de *la Divine Co-*

médie, Boccace fut chargé, le premier, d'un professorat qu'il était aussi le plus capable de bien remplir. La république lui alloua, pour cet office, une rétribution annuelle de cent florins; et ce cours, d'un nouveau genre, se tint dans l'église Saint-Étienne, près le *Ponte Vecchio*, au grand applaudissement des auditeurs. Telle fut l'origine du commentaire de Boccace, qui n'est que le résumé de ses leçons orales. Malheureusement il s'arrête au XXVIIe chant de *l'Enfer*. A côté de nombreux et prolixes détails, étrangers au sujet, on y trouve l'explication des passages les plus difficiles du poëme qui, déjà, cinquante ans après la mort de l'auteur, avait besoin d'être expliqué.

La chaire, laissée vacante par la mort de Boccace, en 1375, ne fut point brisée après lui; elle échut à de moins illustres sans doute, mais ne cessa point d'attirer la même affluence. Dans le nombre des successeurs de Boccace, il est encore à citer des noms remarquables : en 1404, Philippe Villani, neveu de Jean et auteur d'une biographie des hommes illustres de Florence, où Dante n'est pas oublié; en 1412, le fameux Jean de Ravenne, disciple peu soumis de Pétrarque, puis à son tour chef d'une école d'où sont sortis la plupart des écrivains qui ont illustré le xve siècle. Un peu plus tard, le célèbre philologue François Philelphe, lorsqu'il vint à Florence, en 1428, ouvrir un cours de littérature grecque et latine, ne dédaigna point, malgré le mépris qu'il professait pour la langue vulgaire, d'expliquer à ses élèves *la Diva Commedia*. Son enseignement, pour lequel il ne reçut pas d'émoluments, se donnait dans l'église de *Santa Maria del Fiore*, les dimanches et jours de fête. Il est vrai que le savant professeur ne consentit à s'y prêter que par une sorte de condescendance en faveur des jeunes Florentins, passionnés pour leur poëte. Son fils, Mario Philelphe, de qui l'on a imprimé un recueil de lettres et de poésies, a laissé, parmi de nombreux ouvrages inédits, une vie de Dante, dont l'abbé Méhus a publié quelques fragments dans son spécimen historique. Vers la fin du même siècle, le célèbre Léonard Bruni d'Arezzo a écrit les vies de Dante et de Pétrarque, qu'on trouve souvent réimprimées en tête des œuvres de ces poëtes. Léonard est un historien plus sérieux que Boccace. Mais en reprochant à l'auteur du *Décaméron* d'avoir parlé de son héros comme il l'aurait fait d'un des personnages des *Dix journées*, lui-même est tombé dans l'excès contraire en ne tenant aucun compte de l'influence que les sentiments du cœur eurent sur la destinée, sur le génie et sur les œuvres du poëte. Le nom de Béatrix ne se trouve même pas dans la notice, très-succincte et incomplète, que Léonard nous a laissée. Toutefois cette notice est remarquable par l'exactitude, et surtout en ce qu'elle a été rédigée sur des pièces originales qui, en partie, n'existent plus, et dont il est à regretter que l'auteur ne nous ait pas conservé le texte. La même observation s'applique à la biographie de Dante, de Pétrarque et de Boccace, composée par Gianozzo Manetti, un des hommes les plus érudits du xve siècle, et publiée seulement en 1747 par les soins de cet abbé Méhus, à qui la saine critique littéraire a tant d'obligations. Enfin, Secco Polentone, chancelier du sénat de Padoue, en 1413, Domenico d'Arezzo, plus haut mentionné, et d'autres auteurs des xive et xve siècles, ont écrit sur Dante avec plus ou moins de développement. Mais ces histoires n'ont guère fait que reproduire celle de Boccace; on y trouve un panégyrique et non ce qu'on serait le plus désireux de connaître. Revenons aux commentateurs.

L'exemple donné par Florence fut presque aussitôt imité par les villes italiennes, où les lettres étaient le plus en crédit. Peu après le temps où Boccace occupa la première chaire *dantesque*, Bologne en établit une semblable et y plaça, comme professeur ou lecteur, Benvenuto de' Ramboldi da Imola, qui se montra digne de cet honneur. Il est certain, d'après des documents authentiques, que les leçons de Benvenuto se donnaient déjà en 1375; elles durèrent dix années consécutives. Nous leur devons un ample commentaire écrit en latin et dédié au marquis d'Este, Nicolas II, qui avait encouragé l'auteur à l'entreprendre. Ce travail considérable n'a pas été reproduit en entier par l'imprimerie; mais Muratori, dans ses Antiquités historiques [1], en a extrait un grand nombre de passages, et on le consulte encore avec fruit, malgré de nombreuses erreurs. A Pise, vers 1386, Francesco di Bartolo da Buti, autre professeur dantesque, développait son enseignement dans des lectures publiques qui lui servirent de même à composer un commentaire. On voit, par les registres de l'université de Plaisance, qu'un certain Philippe de Reggio recevait, pour des fonctions semblables, un traitement mensuel. A Venise également, une chaire de

1. « Il existe un commentaire italien sous le nom de Benvenuto, publié à Milan en 1473, et à Venise en 1477. Il diffère entièrement du commentaire latin, traduit en grande partie par Muratori, et semble être plutôt une reproduction du commentaire de Jacopo della Lana. »
Note de Tiraboschi.

lecture était confiée à Gabriel Squarro de Vérone; enfin, d'autres villes encore, comme prises d'émulation, cédèrent à l'entraînement général.

Pendant que ces leçons orales répandaient partout la connaissance de *la Divine Comédie*, des écrivains studieux lui consacraient, dans le silence du cabinet, leurs veilles et leurs recherches. Il en est plusieurs dont les travaux, quoique conservés dans les bibliothèques, sont restés à peu près inconnus, ou ne le sont que de ceux qui fouillent et compulsent ces dépôts. Dans ce nombre, il faut mettre le Napolitain Andrea, et un certain frère Riccardo, carmélite, dont les commentaires sont cités dans la préface de la belle édition de Milan (1478), donnée par Martin-Paul Nibbia. Cette édition est elle-même enrichie des anciens commentaires de Jacopo della Lana, Bolonais, et de Guido Terzago, noble milanais. Un jurisconsulte de Padoue, Albergo da Rosciate, a donné une traduction latine de la glose de Jacopo, en la refaisant en partie et en y ajoutant ses propres remarques. Mais avant qu'on eût traduit des commentaires en latin, le texte original avait été mis dans cette langue, et cette entreprise hasardeuse s'est renouvelée dans la suite. La plus ancienne version latine est celle du moine olivétain Matthieu Ronto, né en Grèce et mort à Sienne, dans un couvent de son ordre, en 1443. Il a traduit les tercets italiens en autant de tercets latins [1], mais d'un latin

---

1. Entre les copies de la traduction de Ronto qui se conservent encore dans les bibliothèques, Tiraboschi en signale une particulièrement remarquable par une richesse d'exécution qui fera battre le cœur de tout bibliophile. Elle est, dit-il, écrite avec luxe et ornée de belles miniatures qui paraissent être du commencement du xv⁰ siècle. En tête de chaque chant, on a mis des arguments en prose italienne

grossier et barbare, comme s'il eût voulu reprendre l'idée primitive, attribuée à Dante par Boccace et par Manetti, d'écrire son poëme en latin. Malgré son peu de succès, cette témérité a trouvé plus tard un imitateur. Mise en vers latins, *la Divine Comédie* fut encore traduite en prose dans la même langue. On sait que cette langue était alors celle des esprits cultivés; elle le devint encore plus dans le xv⁰ siècle, au milieu duquel l'étude du grec et du latin prit un immense développement. Le grec, moins répandu, resta la langue savante; mais le latin était la langue littéraire par excellence, et se rapprochait, bien que de loin, de la pureté et de l'élégance du siècle d'Auguste. La faveur dont il jouissait ne semblait pas ralentie par les grands monuments de la langue italienne, élevés par Dante, Boccace et Pétrarque, cette trinité resplendissante du xiv⁰ siècle. Pétrarque luimême avait fondé sa gloire bien plus sur ses poëmes latins, oubliés aujourd'hui, que sur les odes et les sonnets qui ont rendu son nom immortel. Donc, sur les instances du cardinal Amédée de Saluces, et de deux évêques anglais, le frère Jean Serra Valle, de l'ordre des frères mineurs, traduisit en prose latine le poëme de Dante, et y ajouta des annotations. Cette entreprise, commencée en 1416, était déjà terminée l'année suivante, comme l'atteste l'épître dédicatoire dans laquelle le traducteur se plaint du peu de temps qui lui a été donné, et demande grâce pour son mauvais latin [1].

de Jean Boccace, et à la fin de chacune des trois parties, est un *capitolo*, en *terza rima*, qui en contient l'épilogue, et qu'on croit être l'œuvre du même Boccace, ou peut-être de Jacques, fils de Dante.

[1]. La traduction du frère mineur Jean Serra Valle n'a pas été imprimée; les copies en sont même très-rares, et Tiraboschi croit qu'il n'existe que celle déposée à la bibliothèque du Vatican.

Un siècle s'était à peine écoulé depuis la mort du poëte, et déjà son œuvre non-seulement avait conquis une prodigieuse popularité, mais était devenue comme une science à part, ayant ses maîtres, ses disciples et ses adeptes dévoués. Clercs et laïques s'y livraient avec la même ardeur. On vit même le corps de l'Église tout entier s'associer à ce mouvement des esprits, et les Pères du concile de Constance, occupés de si graves intérêts, vouloir que l'un d'entre eux traduisît et annotât l'épopée chrétienne. Toutefois, fait observer Tiraboschi, tant de veilles et de fatigues ne produisirent pas de grands résultats. Au lieu de relever les beautés du poëme, au lieu d'en éclaircir les passages obscurs, ou les nombreuses allusions historiques, alors faciles à reconnaître, la plupart des interprètes ne s'attachèrent qu'à en rechercher les allégories et les mystères. Ils crurent que chaque vers du texte recélait pour ainsi dire un secret profond, et s'appliquant à le pénétrer, ils sacrifièrent trop souvent le sens littéral au sens mystique. Une fois entré dans cette voie, il ne fut plus guère possible d'en sortir.

Au xve siècle, si remarquable par les travaux de tant d'illustres érudits, appartient encore le commentaire de Christophe Landino, digne par son savoir et par ses talents de prendre place à côté des Pogge, des Philelphe, des Ficin, des Valla. Né à Florence, en 1424, Landino y remplit avec distinction une chaire publique de littérature, et eut l'honneur d'être choisi pour achever l'éducation de Laurent de Médicis, dont il resta l'ami. Poëte lui-même, il a laissé des commentaires sur Homère, sur Virgile et sur Dante. Ces derniers, réimprimés plusieurs fois, sont encore recherchés, quoique l'importance de travaux plus récents ait diminué quelque chose de leur prix. Bandini, dans son spécimen de la littérature florentine, s'est livré à des recherches particulières sur la vie et les ouvrages de Landino. Il lui attribue l'honneur d'avoir été le vrai restaurateur de l'université de Florence, et raconte que le commentaire sur Dante, un des premiers livres imprimés dans cette ville, et dont un exemplaire magnifique fut offert par Landino au sénat florentin, valut au commentateur le présent d'un *palazzo*, qu'il habita pendant les dernières années de sa vie, et où il mourut âgé de quatre-vingts ans.

On doit à Alexandre Vellutello, né à Lucques dans le commencement du xvie siècle, outre des travaux importants sur Pétrarque, pour lequel il s'était pris de passion, un commentaire de *la Divine Comédie* (Venise, 1544), souvent réimprimé, et quelquefois joint à celui de Landino. Les Italiens en font un cas particulier. Vellutello dédia son livre au pape Paul III, comme à l'autorité qui prédomine, par succession venue d'en haut, sur les trois monarchies spirituelles de l'enfer, du purgatoire et du paradis. Cette dédicace à un pape qui l'accepta, est à noter, parce qu'au commencement du siècle suivant, l'*index* de Madrid, moins tolérant que la cour pontificale, prescrivit de retrancher, des réimpressions faites en Espagne ou en pays espagnols, certains passages qui auraient dû, ce semble, paraître plus choquants à Rome qu'à Madrid, entre autres ceux relatifs au pape Anastase et à la donation de Constantin. Cette prétendue donation, dont on a fait à tort beaucoup de bruit, était depuis longtemps abandonnée par la chancellerie romaine qui ne pouvait s'émouvoir en voyant attaquer ce qu'elle ne défendait pas.

François Sansovino, fils du célèbre architecte Jacopo, prote d'imprimerie et ensuite imprimeur à Venise, qui composa, dit-on, plus de soixante et dix ouvrages, a écrit des notes sur Dante (Venise, 1564). Mais le grand nombre de ses productions dans différents genres de littérature, sans parler de nombreuses traductions du grec et du latin, ne lui permit pas de donner beaucoup de soin ni d'exactitude aux notes et observations, jointes aux éditions qu'il a données de plusieurs auteurs italiens. D'autres commentaires furent publiés, dans le même siècle, par Bernardino Daniello, de Lucques (Venise, 1568), et par Louis Dolce, cet esprit universel, mais universellement médiocre, qui fut grammairien, historien, orateur, philosophe, naturaliste, poëte lyrique, épique et tragique, éditeur, traducteur et commentateur. L'édition, donnée par l'Académie *della Crusca* peu de temps après sa fondation, et dont le texte, soigneusement épuré, fut l'objet des plus laborieuses recherches, parut à Florence en 1595. Cette édition et celle publiée à Venise l'année suivante terminent en quelque sorte la première série des travaux auxquels l'œuvre de Dante a fourni matière dans le pays qui l'avait vu naître. Le XVIIe siècle fut, en Italie, une époque de décadence : la littérature y tomba dans un état de langueur ; un goût faux et maniéré prit la place des inspirations du génie, et la terre qui avait produit tant de grands poëtes parut comme épuisée. Par une suite caractéristique de cet affaissement, l'étude dantesque se ralentit dans la même proportion que le goût s'était corrompu, de sorte que *la Diva Commedia* pourrait à la rigueur servir de thermomètre littéraire, puisqu'on voit les lettres italiennes descendre ou s'élever, selon que le poëme qui fait leur gloire est plus ou moins en honneur. A l'époque dont nous parlons, le père de la poésie moderne, presque méprisé, cessa pour ainsi dire d'être lu par ses compatriotes. Entre tant de beaux esprits qui se vantaient alors de tenir le sceptre du goût, on n'en trouve pas un qui se soit occupé de l'œuvre naguère l'objet d'un culte si fervent, et à peine, durant cette période, en peut-on citer dans toute l'Italie quelques rares éditions [1].

On voit reparaître les commentateurs au commencement du xviiie siècle, lorsque le poëme de Dante, longtemps oublié, commençait à reprendre un peu de faveur. Jean-Antoine Volpi, célèbre par le grand établissement d'imprimerie et de librairie qu'il fonda dans la ville de Padoue, de concert avec son frère Gaetano, comprit Dante dans les travaux d'éditeur et d'annotateur qu'il consacrait à plusieurs poëtes anciens et modernes. Son édition (Padoue, 1727) est augmentée de notes qu'on a jointes dans les éditions subséquentes à celles du jésuite Venturi. Le commentaire de ce dernier semble avoir eu pour but de combattre plutôt que de favoriser le mouvement qui ramenait la littérature italienne vers le poëte qui l'a fondée [2]. Son livre parut d'abord à Lucques en 1732,

---

1. On n'en compte que cinq pendant tout le xviie siècle. Il y en avait eu cinquante-neuf depuis l'invention de l'imprimerie jusqu'en 1600. Le xviiie siècle en a donné trente-sept, et le nôtre promet de laisser ses aînés loin derrière lui, lors même que la *réaction dantesque*, qui ne semble pas encore parvenue à son apogée, se ralentirait.

2. Cette tendance antidantesque fut secondée plus ouvertement dans le même siècle par deux autres jésuites, les PP. Bettinelli et

puis à Venise et à Vérone sous ce titre : *Dante avec une briève et courte explication du sens littéral, diverse en plusieurs passages de celles des anciens commentateurs*. Ainsi que le titre l'indique, le P. Venturi a le plus souvent négligé le sens allégorique pour s'occuper de préférence du littéral. C'était entendre son rôle mieux que ne l'avaient fait ses prédécesseurs. Mais ce qui lui tient encore plus à cœur que la saine interprétation du texte, c'est le soin qu'il prend de placer un correctif aux fréquentes attaques qui se trouvent dans le poëme contre plusieurs papes et contre les désordres de l'Église, voulant sans doute justifier par là l'hommage qu'il avait fait de son travail au pape Clément XII. Le révérend père a trouvé, soixante ans plus tard, un puissant contradicteur dans un autre religieux, le P. Lombardi, moine conventuel. Celui-ci, chaud défenseur du poëte, et de plus animé par l'antagonisme de robe, ne se contente pas de justifier Dante toutes les fois qu'il le croit attaqué, mais il ne manque presque jamais de prendre le contre-pied des assertions du jésuite, lors même que la gloire du poëte n'est point en jeu. L'édition de Lombardi parut à Rome en 1791. Dante, imprimé tant de fois dans toute l'Italie, ne l'avait point encore été dans la ville pontificale, quoique deux papes eussent accepté la dédicace de son poëme, et que l'autorité spirituelle laissât toute liberté aux éditeurs. Une exception avait pourtant été faite, et encore n'était-ce pas en faveur du texte italien. Le P. d'A-

---

Zaccaria, ce dernier dans ses *Annales littéraires*, l'autre dans ses *Lettres de Virgile*, qui firent dans le temps beaucoup de rumeur, et scandalisèrent à un haut degré les admirateurs de la vieille poésie italienne.

quin, auteur d'une traduction en vers latins, avait obtenu, en 1728, d'imprimer à Rome son édition, mais on avait exigé qu'elle fût mise sous la rubrique de Naples. Pour revenir au P. Lombardi, son édition se recommande par la pureté du texte, qui est conforme à celui de la rare édition de Milan, 1478. Ses notes sont aussi plus complètes que celles jointes aux éditions précédentes, ainsi qu'on doit l'attendre de tout commentateur qui, venant tard, profite des travaux de ses devanciers.

L'abbé Méhus, qu'on peut regarder comme le restaurateur de la critique littéraire en Italie, sans avoir rien publié sur Dante en particulier, n'a pas laissé d'éclaircir nombre de points qui se rattachent à la vie et aux ouvrages du poëte. A cet égard on consultera toujours avec fruit les notes et préfaces qu'il a insérées dans les livres édités par lui, notamment dans le recueil des *Lettres d'Ambroise le Camaldule*. Après lui, et dans une étude tout à fait spéciale, Joseph Pelli a traité la matière à fond. Ses Mémoires pour servir à la vie de Dante, étaient, jusqu'à l'époque où il a écrit, et sont peut-être encore à présent ce qui a été publié de plus complet sur notre poëte; il y discute avec beaucoup d'érudition et de savoir ce qu'ont avancé Boccace, Philippe Villani, Léonard d'Arezzo, Manetti, Philelphe, Secco et d'autres auteurs du xive et du xve siècle. Ses recherches ont beaucoup aidé les écrivains qui depuis ont traité le même sujet. Enfin, pour clore le xviiie siècle, où nous nous arrêtons, il ne faut pas oublier le judicieux Tiraboschi dans le recensement des écrivains qui ont parlé de Dante avec le plus de connaissance de cause; il lui a consacré un assez long article dans son *Histoire lit-*

téraire, où il juge le *gran padre Alighieri*, non en admirateur fanatique, mais en critique sage et éclairé. Ces qualités font de celui qui les possède à un si haut degré le meilleur guide pour un étranger à qui tant de choses, tenant au génie de la langue et de la nation, doivent nécessairement échapper. Aussi n'ai-je point eu scrupule de lui faire de fréquents emprunts.

Je ne parlerai pas ici, par des raisons qui se conçoivent sans qu'il soit nécessaire de les expliquer, des travaux plus récents auxquels Dante a donné matière dans sa terre natale. Nous avons déjà eu l'occasion de remarquer que le xixe siècle, qui semble être celui des révolutions, avait repris avec plus de ferveur que jamais l'étude du poëte qui a chanté dans un temps de discordes et de proscriptions. Ce mouvement devait surtout se faire sentir chez nous Français, qui réclamons le périlleux honneur de donner le branle à l'Europe civilisée. Il faut donc dire quelques mots des tentatives qui ont été hasardées avec plus ou moins de bonheur pour faire connaître en France le géant du moyen âge.

La première édition de *la Diva Commedia*, publiée de ce côté-ci des Alpes, le fut à Lyon (1547, in-16), par Jean de Tournes, avec de courtes explications empruntées au commentaire de Landino. En 1551, Guillaume Rouillé donna, dans la même ville, une seconde édition qu'il fallut réimprimer l'année suivante, tant la langue italienne était déjà cultivée parmi nous. Depuis l'expédition de Charles VIII, la France avait eu des rapports plus fréquents avec l'Italie, et la circonstance d'une reine née dans la patrie même d'Alighieri, avait dû contribuer à répandre dans le pays où elle régnait, la langue qu'avaient parlée Dante et Boccace. Sept ans après la mort de la première reine de Médicis, et quelques années avant que la seconde vînt en France, Balthazar Grangier, chanoine de Notre-Dame de Paris, et aumônier de Henri IV, publia la première traduction qui ait été écrite dans notre langue ; elle est intitulée : *La Comédie du Dante, de l'Enfer, du Purgatoire et du Paradis, mise en ryme françoise et commentée*, Paris, 1596 et 1597, 3 vol. pet. in-12. Les exemplaires portant cette dernière date (1597), sont ceux qui contiennent, avec un autre frontispice, l'épître dédicatoire à Henri IV, et un portrait de ce prince, dû au burin de l'habile graveur Thomas de Leu. La traduction de Grangier est aujourd'hui presque inintelligible, moins par la vétusté du langage que par la contrainte à laquelle le traducteur s'est soumis, de rendre le texte tercet par tercet et presque vers par vers. Il en est résulté les inversions les plus étranges. Mais les notes jointes à la traduction sont utiles et parfois curieuses ; elles font regretter que le bon aumônier n'ait pas mis sa *ryme françoise* dans cette prose naïve qui rend ses annotations souvent piquantes et toujours faciles à comprendre.

Tout défectueux qu'était le travail de Grangier, il s'écoula deux siècles avant qu'on entreprît de faire mieux apprécier Dante par une reproduction entière de son œuvre. La langue espagnole, de même introduite à la cour de France par deux reines, avait hérité de la faveur dont la langue italienne était auparavant en possession. D'ailleurs, la décadence de la littérature et des mœurs publiques en Italie, dans le XVIIe siècle, détournait les regards de cette contrée, et jetait comme un voile sur les jours meilleurs qu'elle avait connus. La poésie française, après de longs tâtonnements, demandait alors ses inspirations à la muse espagnole, et ce fut la lecture de Guillem de Castro qui réveilla le génie de Corneille, encore assoupi. Le xviiie siècle, emporté par le grand travail de démolition dont nous voyons aujourd'hui les résultats, s'y livrait au milieu de tous les raffinements de la volupté. Avec son bavardage philosophique et sa poésie de boudoir, il ne pouvait s'éprendre d'un goût bien vif pour la poésie sévère et mystique qui avait charmé le moyen âge. Donc, ce ne fut qu'en 1796 qu'une nouvelle traduction complète de *la Divine Comédie*, due à Colbert d'Estouteville, petit-fils du grand Colbert, fut publiée à Paris par les soins de Sallior, qui en revit le texte et le corrigea. Il paraîtrait que le duc d'Estouteville n'avait pas l'intention de livrer son ouvrage au public, puisque d'abord il ne l'a pas imprimé, et qu'ensuite il y avait intercalé des pensées qui n'appartiennent pas à Dante, mais à ses commentateurs. Malgré les changements faits par Sallior, la version fut trouvée faible et peu fidèle : elle n'eut aucun succès.

Antérieurement à cette publication, deux essais de traduction furent tentés, mais seulement sur la première *Cantica*, l'un en 1776 par Moutonnet-Clairfons, traducteur estimé des poëtes bucoliques grecs, l'autre en 1785 par Rivarol. Tous deux ont traduit le poëme de *l'Enfer* et se sont arrêtés là : ils ne réussirent pas également. Soit la faute de l'auteur, soit celle du public auquel il s'adressait, *l'Enfer* de Moutonnet, bien qu'il ne manquât ni de correction ni d'exactitude, eut peu de lecteurs et fut jugé sévèrement par le petit nombre de ceux à qui l'ancienne littérature italienne n'était pas étrangère. *L'Enfer* de Rivarol eut un sort bien différent ; mais Rivarol, il faut bien le reconnaître, dépassait le niveau intellectuel, ordinaire aux traducteurs, soit dit sans vouloir diminuer en rien l'estime justement due à cette classe d'écrivains si laborieuse et si utile. Il est des noms qui, en éveillant la curiosité du public, assurent d'avance une sorte de faveur à tout ce qu'ils adoptent, quand même le courant des sympathies populaires coulerait dans une autre direction. Le nom de Rivarol fut cause que celui de Dante, presque ignoré, eut un instant de vogue dans le monde élégant et frivole, qui ne donnait plus la loi aux gens de lettres, mais la recevait d'eux. Sa traduction, écrite à l'âge de trente ans, semble animée du feu de la jeunesse : on y retrouve toutes les qualités, mais aussi les défauts de ce spirituel et brillant écrivain. *Traduire ainsi, c'est créer*, lui dit Buffon ; mais Buffon probablement n'avait pas lu Dante dans le texte italien. Peut-être, en effet, Rivarol avait-il trop d'originalité dans l'esprit pour se soumettre à un joug quelconque. Il lui arrive parfois de compléter, par un trait puisé dans sa propre inspiration, la scène ou l'image que son devoir de traducteur l'obligeait à se contenter de reproduire : exemple dangereux pour ceux qui veulent embellir à leur manière l'original qu'ils défigurent en croyant le faire valoir. Il ne faut donc pas demander à Rivarol une fidélité trop rigoureuse ; non-seulement il ajoute, mais encore il retranche : il a un peu sacrifié les détails à l'effet des grands tableaux ; mais souvent il s'élève avec un rare bonheur d'expression, là où Dante semble le plus inimitable. Doué de plus d'imagination que de sentiment, il excelle dans le jet rapide de la pensée et dans sa peinture par l'image. Sa traduction est encore recherchée, elle ne saurait vieillir; on ne peut lui reprocher, mais le reproche est grave, que de ne pas rendre sous son véritable jour, et telle qu'elle existe, l'œuvre dont elle est une libre imitation plutôt qu'une version fidèle.

Ainsi, lorsque le xixe siècle s'ouvrait, le poëme de Dante n'était encore connu chez nous, dans son entier, que par deux traductions, l'une presque illisible, l'autre laissant beaucoup à désirer. Un homme parut alors, sorti des orages de la révolution, et qui, fidèle aux idées républicaines qu'il avait servies avec modération, consacra les loisirs que lui faisait l'établissement du régime impérial, à ranimer en France, par un enseignement public, le goût de la littérature italienne. Cet homme est Ginguené. Ses leçons à l'Athénée de Paris furent l'aurore de cette renaissance, et son *Histoire littéraire d'Italie*, vaste et savante composition qu'il n'eut pas le temps d'achever, contribua puissamment à ramener les nouvelles générations, à peine remises de la tourmente révolutionnaire, vers l'étude de la littérature la plus ancienne et la plus riche de l'Europe moderne. Il s'appliqua surtout à en rechercher les sources, à en suivre pas à pas les premiers développements; et le tableau que sa plume élégante en a tracé, forme un ensemble méthodique, complet et lumineux. Dante occupe et devait occuper une grande place dans cet exposé. Enfin, et pour la première fois, le vieux poëte trouvait un juge qui sût l'apprécier et lui marquer sa véritable place. C'était, de la part du critique français, la preuve d'une grande indépendance et d'une réelle supériorité d'esprit, car il avait à lutter contre les préjugés du siècle et de l'école auxquels il appartenait par son âge et par ses premières études. On en retrouve bien encore les traces dans certaines de ses appréciations : à peu d'hommes il appartient de briser les idoles qu'ils ont adorées. Né en 1749, digne enfant du siècle de Voltaire, Ginguené a laissé trop souvent dans son livre l'empreinte de cette incrédulité frivole et moqueuse que le patriarche de Ferney avait mise à la mode. Mais si le bout de l'oreille philosophique se montre quelquefois quand il parle de Dante théologien, il juge Dante poëte avec une haute intelligence et un sentiment profond de l'art. Nous avons mis à profit ses recherches sur les premiers rudiments de la poésie italienne, et nous nous réservons de citer souvent les remarques qu'il a insérées dans son analyse de *la Divine Comédie*.

Après Ginguené, l'écrivain français à qui Dante a le plus d'obligations est M. Fauriel, professeur à la Faculté des lettres, et auteur d'un livre excellent sur les premiers temps de notre histoire. Ceux qui ont entendu les leçons du savant professeur, en qui la science et l'érudition revêtaient les formes les plus aimables, ont retrouvé avec bonheur, dans la *Revue des Deux Mondes*, l'écho de cette voix attachante qui s'est tue trop tôt. La biographie intitulée *Dante*, insérée dans le recueil en question (oct. 1834), promettait un complément qui, par malheur, ne nous a pas été donné. Telle qu'elle est, elle offre un tableau limpide, dans lequel se réfléchissent, avec une merveilleuse entente, l'époque où Dante a vécu et l'image fidèle de ce génie créateur. En y regardant de près, on pourrait peut-être relever quelque méprise de date, signaler quelque lacune, ou combattre un peu d'esprit de système dans l'arrangement de certains faits pour les encadrer dans une idée préconçue ; mais ces taches légères ne déparent pas un ensemble harmonieux, qui restera comme un modèle d'étude littéraire.

Une étude, faite sous un autre point de vue, mais qui aboutit également, et avec une même intelligence du sujet, à nous montrer Dante dans sa vraie lumière, est celle que M. J. J. Ampère, digne disciple de M. Fauriel, a publiée sous le titre de : *Voyage dantesque*. Conduit par un respect religieux, le voyageur a visité les lieux que Dante a lui-même parcourus, cherchant avec amour les empreintes que le temps n'a pas effacées tout à fait, assez heureux pour les retrouver souvent, et pour leur rendre une nouvelle vie sous la touche vigoureuse de son pinceau. Ce petit volume en apprend plus sur Dante que bien des gros livres.

La langue française doit à M. le chevalier Artaud de Montor, membre d'une légion innombrable d'académies, la première traduction du poëme de Dante qui soit digne de ce nom. Publiée, par parties séparées, en 1811, 1812 et 1813, elle a été refondue et imprimée de nouveau en 1828, avec le texte en regard. Elle est accompagnée de notes très-étendues, extraites des anciens commentateurs, ou tirées des propres impressions du traducteur : les premières sont choisies avec discernement ; les autres, souvent intéressantes, le seraient encore plus si l'auteur parlait avec un peu plus de sobriété de ce qu'il a vu, de ce qu'il a écrit, de ce qu'il a pensé, et souvent, comme pour imiter Boccace, de détails absolument étrangers au sujet. La supériorité de M. Artaud sur ses deux devanciers, Grangier et Colbert, est incontestable.

Sa version est en général exacte et correcte. Mais, le dirai-je, au risque d'encourir une égale sévérité, elle est froide et traînante, le style en est pénible, incolore ; enfin elle manque totalement de cette chaleur vivifiante que Dante a répandue partout dans ses vers, et qui est l'essence même de la poésie. Les travaux de M. Artaud sur le poëte florentin ne se bornent pas à cette traduction. En 1841, il a publié sous le titre d'*Histoire de Dante Alighieri*, un gros volume de six cent trente-quatre pages, qui n'est pas seulement une histoire, mais une analyse très-détaillée des ouvrages de Dante, et particulièrement de *la Divine Comédie*. L'auteur s'y copie lui-même en citant avec prodigalité les passages les plus importants de sa version déjà connue. Son livre en est devenu plus épais, mais non meilleur. Avant lui, Ginguené avait suivi le même plan, et il y avait quelque témérité à refaire une œuvre si bien faite. En comparant les deux analyses, on trouve qu'elles sont l'une à l'autre, comme une copie correcte, mais roide et pâteuse, à un tableau qu'un jour bien ménagé éclaire harmonieusement dans toutes ses parties. M. Artaud est sans contredit un homme de labeur et de savoir. Son *Histoire de Dante* l'attesterait au besoin ; il n'y a pas de lacune, tout s'y trouve à peu près, elle est utile à consulter, et pourtant elle est fatigante à lire. Le style en est haché ; les couleurs, mal fondues, se heurtent comme à dessein. La personnalité de l'auteur s'y étale avec complaisance sur le premier plan, comme s'il s'agissait ici du *moi* de Montaigne. Presque à chaque page se trouvent des déclamations sentimentales, et, à la manière de Dante, des adjurations à la France et à l'Italie, qui ne sont pas, ainsi que dans le poëme, rachetées par une poésie sublime. En retranchant tout ce luxe inutile, il resterait les matériaux d'un bon livre : seulement le livre est à faire.

M. Artaud n'a point fermé la lice; d'autres émules y sont entrés après lui, et l'ont parcourue dans son entier. Tout en applaudissant à leurs efforts, je dois m'abstenir de les apprécier. Un admirateur de Dante ne peut qu'éprouver une vive satisfaction de voir la France d'aujourd'hui venger dignement le poëte florentin du long oubli où celle d'autrefois l'avait laissé. D'autres sans doute viendront encore recommencer une œuvre qui est, et qui sera toujours à refaire; car la meilleure traduction n'est bonne qu'à un point de vue relatif, elle ne peut l'être d'une manière absolue.

LA
DIVINE COMÉDIE

LA DIVINE COMÉDIE.

L'ENFER.

CHANT PREMIER.

Vers le milieu du chemin de la vie[1], je me trouvai dans une forêt obscure, après avoir perdu la vraie route. Hélas! qu'il en coûte à dire combien âpre, épaisse et sauvage était cette forêt[2] dont la pensée renouvelle l'effroi : la mort est à peine moins amère. Mais afin de faire connaître le secours que j'y reçus, je raconterai quelles choses m'y apparurent. Com-

1. C'est-à-dire à l'âge de trente-cinq ans, qui d'après l'estimation de Dante, fondée sur l'opinion d'Aristote, est la moitié de la durée de la vie d'un homme sainement constitué. Ainsi Dante, né en 1265, entreprit son voyage dans l'année 1300, le vendredi saint, dans la nuit du 4 au 5 avril, lorsque le soleil était dans le signe du bélier. Cette date fictive, antérieure de sept à huit années à l'époque où la première partie du poëme fut achevée, a permis au poëte d'introduire dans ses vers, sous la forme de prédiction, des événements qui n'étaient pas encore accomplis dans l'année 1300. Nous le verrons user fréquemment de cette latitude.

2. Dans son livre du *Convito*, Dante appelle l'erreur *la forêt trompeuse* de cette vie. Sur ce témoignage, les commentateurs ont pensé que la forêt dans laquelle le poëte s'égare au début de sa vision, désigne l'erreur humaine.

ment j'y entrai, je ne saurais bien le redire, tant mes yeux étaient chargés de sommeil alors que je quittai le droit chemin. Mais quand je fus au pied d'une colline où se terminait la vallée qui avait rempli mon cœur de crainte, je regardai dans l'espace, et je vis la cime de la montagne étinceler déjà des rayons de l'astre dont la lumière sert de guide aux mortels. Alors se calma quelque peu la terreur qu'avait laissée au fond de mon âme une nuit digne de tant de pitié. Tel celui qui, échappant à une mer en courroux, parvient hors d'haleine au rivage, puis se retourne vers l'onde périlleuse et la contemple; tel mon esprit encore éperdu se retourne pour regarder le terrible passage qu'homme[1] vivant n'a jamais franchi. Après avoir reposé mes membres fatigués, je repris ma route à travers la contrée déserte, mes pieds posant d'une manière inégale sur le sol incliné[2]. Et voilà, lorsque je commençais à monter, qu'une panthère agile[3], au pied rapide, à la peau tachetée, s'oppose incessamment à mes pas et embarrasse tellement ma marche, que plusieurs fois je me retourne pour fuir. C'était le commencement du jour; le soleil s'élevait sur l'horizon avec les mêmes étoiles[4] dont il était entouré quand l'amour divin imprima le mouvement pour la première fois à toutes ces merveilles. Déjà l'heure

---

1. Ce passage est entendu par les commentateurs, non dans le sens positif, mais dans le sens figuré : l'âme une fois engagée dans la forêt de l'erreur et des passions ne saurait retourner pure au ciel.

2. « Sì che 'l piè fermo sempre era 'l più basso. »

Manière naïve de décrire la marche de quelqu'un qui monte, alors qu'en effet le *pied ferme* est toujours celui qui se trouve le plus bas.

3. Par cette panthère, on entend communément la luxure qui est le premier ennemi à vaincre dans le chemin du salut.

4. Les étoiles dont parle ici le poëte, sont celles qui forment la

matinale et la douce saison me donnaient l'espoir[1] de dompter la bête à la peau riante, lorsque je fus saisi d'une nouvelle frayeur à la vue soudaine d'un lion[2] qui semblait venir sur moi, la tête haute, et poussé par une faim dévorante : on eût dit que l'air même en gémissait d'effroi. Une louve[3] était avec lui, dégoûtante déjà de beaucoup de souillures, et qui dans son affreuse maigreur paraissait chargée de désirs. L'embarras qu'elle me suscitait, non moins que la peur qui naissait de sa vue, me fit perdre l'espoir de gravir la colline. Tel celui qui se voyant enlever ce qu'il se plaisait à acquérir, pleure et s'attriste dans ses pensers; tel je devins devant cette bête implacable

constellation du bélier, voulant indiquer par là qu'il entreprit son voyage au printemps, qui, d'après la croyance reçue, est la saison par laquelle le monde a commencé.

1. Contrairement au sens adopté par les commentateurs, Rivarol a traduit : « Cette saison fortunée, le doux instant du matin et les couleurs variées de la panthère me donnaient quelque confiance. » Cette interprétation, peut-être plus naturellement indiquée par le texte, est formellement condamnée par un passage du XVIe chant (vers 107 et 108), qui ne laisse pas d'incertitude. Selon Rivarol, il est absurde de faire dire à Dante que la beauté du printemps et de la matinée lui avait donné l'idée d'écorcher une panthère; à quoi M. Artaud oppose avec raison qu'il n'est pas moins étrange de supposer que les couleurs variées de la panthère aient pu donner du courage à un homme qui se mourait de peur. Un critique italien, révolté du non-sens que, selon lui, tous les commentateurs et traducteurs prêtent à Dante, en suivant l'interprétation commune, soutient qu'il faut lire ainsi ce passage : « La peau riante de cette bête, l'heure matinale et la douce saison étaient autant de causes qui fortifiaient mon espérance. » — Il y a contre cette version les vers cités du XVIe chant, dans lesquels le poëte dit formellement qu'il avait eu l'espoir de s'emparer de la panthère.

2. Ce lion est le symbole de l'orgueil et de l'ambition.

3. La louve, nous dit-on, signifie l'avarice ; d'autres disent l'envie et veulent que, par la panthère et le lion, le poëte ait fait allusion à ses propres faiblesses (dont il s'accusera en temps et lieu), et par la louve aux vices de ses ennemis.

qui, toujours à l'encontre de mes pas, me repoussait peu à peu là où le soleil ne pénètre point.

Pendant que j'étais entraîné vers la plaine, s'offrit soudain à mes yeux quelqu'un dont un long silence avait comme altéré la voix[1]. Quand je l'aperçus dans ce vaste désert : « Aie pitié de moi, lui criai-je, qui que tu sois, homme ou fantôme ! » — « Homme, je l'étais, me répondit-il; j'ai cessé de l'être. Ceux de qui je reçus le jour furent Lombards, et eurent l'un et l'autre Mantoue pour patrie. Je naquis sous Jules[2], encore que sa venue au pouvoir ait suivi tardivement ma naissance, et je vécus à Rome, sous le grand Auguste, aux temps des dieux faux et imposteurs. Je fus poëte, et je chantai ce fils d'Anchise qui vint de Troie, après que le superbe Ilion[3] eut été la proie des flammes. Mais toi, pourquoi retourner vers tant de misères ? Pourquoi ne pas gravir le mont délicieux qui est le principe et la cause de toute félicité ? » — « Es-tu donc ce Virgile, lui répondis-je la rougeur sur le front, es-tu cette source vive qui répand comme un large fleuve toutes les richesses du langage ? O des autres poëtes honneur et lumière, puissent me recommander auprès de toi mes longues études et le

---

1. Il faut supposer, avec les commentateurs, que Virgile, car c'est lui qui entre en scène, avait d'abord proféré quelques paroles mal articulées, et que le son de sa voix avait quelque chose de rauque parce que l'invasion des barbares n'avait plus laissé entendre à l'Italie des accents aussi doux que ceux du chantre d'Énée.

2. Virgile naquit l'an 70 avant Jésus-Christ, sous le consulat de Pompée et de Crassus. César commençait à se faire connaître : il n'avait encore que trente ans, et par conséquent n'était pas *dans ses dernières années*, comme un traducteur moderne le fait dire à Virgile qu'il n'est pas permis de supposer aussi mal informé. Jules ne se fit décerner la dictature perpétuelle qu'en l'année 45, vingt-cinq ans après la naissance de Virgile.

3. Virgile a dit : « Ceciditque superbum Ilium. »

vif amour qui m'a fait rechercher ton livre! Tu es mon maître, tu es mon guide; c'est de toi seul que j'ai pris le beau style qui m'a valu quelque honneur. Vois le monstre qui me repousse et qui glace tout mon sang dans mes veines; défends-moi de ses atteintes, ô grand homme! » — « Si tu veux échapper à ce lieu sauvage, reprit-il après m'avoir regardé pleurer, il faut suivre une autre direction, car la bête qui cause tes angoisses ne laisse passer, dans la voie où elle se tient, personne qu'elle ne fasse périr sous ses attaques réitérées. Sa nature est si cruelle et si malfaisante que jamais elle ne peut satisfaire ses désirs avides, et qu'elle devient plus insatiable à mesure qu'elle se repaît davantage. Nombreux sont les animaux qui s'accouplent avec elle[1], et plus nombreux ils seront encore jusqu'à ce que vienne le Lévrier[2] qui en purgera le monde. Celui-ci prendra naissance entre Feltro et le Feltro[3]; il ne se nourrira ni de domaines ni de

1. Les nombreux animaux auxquels s'accouple la louve, emblème de l'envie, sont tous les crimes dont elle s'aide pour arriver à ses fins : la trahison, le meurtre, la fraude, etc.

2. Sous ce nom Dante a voulu désigner Can Grande della Scala, seigneur de Vérone, qui fut son protecteur. Quelques écrivains croient qu'il avait plutôt en vue le célèbre capitaine Uguccione della Faggiuola, autre protecteur de l'exilé, alors bien plus important dans le parti gibelin que le jeune Can encore en bas âge, et à qui nous avons vu que Dante dédia le poëme de l'Enfer. Mais l'indication du lieu où le Lévrier a pris naissance, indication qui ne peut se rapporter à Uguccione, marque suffisamment que c'est bien au seigneur de Vérone que Dante entend adresser cet hommage. Comme, en 1300, Can n'était âgé que d'environ neuf ans, et qu'il entrait à peine dans l'adolescence à l'époque où l'on a lieu de croire que la *Cantica* de *l'Enfer* était terminée, il faut en conclure que ce passage fut ajouté bien après la confection du poëme, sans doute dans le temps où le proscrit florentin était en grand honneur à la cour de Vérone, et où le prince était devenu, par son influence et par ses talents, l'espoir du parti gibelin.

3. Vérone, située entre Feltro dans la marche Trévisane et le mont Feltro.

trésors, mais de sagesse, d'amour et de vertu. Il sera le sauveur de cette Italie humiliée[1] pour qui moururent, frappés par le glaive, la vierge Camille, Euryale, Turnus et Nisus. Enfin il chassera le monstre de partout, jusqu'à ce qu'il l'ait repoussé dans l'enfer d'où l'envie l'avait fait sortir. Ainsi, pour ton salut, je t'invite à me suivre : je serai ton guide. Je t'arracherai de ces lieux par un chemin redoutable, où tu entendras les gémissements des damnés, où tu verras les esprits immortels souffrir en invoquant à grands cris la seconde mort[2]. Tu en verras d'autres, contents dans les souffrances, parce qu'ils espèrent arriver un jour parmi les bienheureux. Si tu veux monter jusqu'au trône céleste, une âme plus digne que moi t'en montrera la route, et je te quitterai pour te remettre à ses soins. Le souverain maître qui règne dans les cieux ne permet pas que l'accès m'en soit ouvert, parce que je n'ai point connu sa loi. Tous les mondes lui sont soumis; mais c'est de là-haut qu'il gouverne; là se voient sa cité et son trône suprême : heureux l'élu qu'il daigne y admettre en sa présence! » — « O poëte, repris-je, je te le demande au nom de ce Dieu que tu ne connus pas, fais que j'échappe au pressant danger qui me menace, et à des maux plus grands encore; mène-moi où tu as dit, afin que je voie la porte de saint Pierre, et ceux que le désespoir consume. » Alors il se mit en marche, et je me tins derrière lui.

1. Virgile a dit : « Humilemque vidimus Italiam. » — Au temps d'Énée, l'Italie était *humble :* c'est-à-dire sans gloire; au temps de Dante, elle était *humiliée.*

2. Les damnés dans leurs tourments appellent la *seconde mort*, c'est-à-dire la mort de l'âme dont l'immortalité cause leur désespoir.

CHANT II.

Le jour déclinait[1], et l'air plus obscur arrachait à leurs fatigues les êtres qui sont sur la terre[2]. Moi seul, je me préparais à soutenir la double épreuve du voyage et de la pitié, épreuve que retracera fidèlement cette faculté de l'esprit qui n'est pas sujette à l'erreur[3]. O muses! ô sublime intelligence! aidez-moi! O mémoire, qui as écrit ce que j'ai vu, manifeste ta haute origine!

Je parlai en ces mots : « Poëte qui me guides, vois, avant de tenter le passage redoutable, si mon courage y peut suffire. Tu as dit que le père de Sylvius[4], bien que corruptible, pénétra sous l'enveloppe des sens dans les âges immortels. Mais, si l'ennemi du mal lui fut propice, c'est qu'il pensait aux grandes destinées promises à la race troyenne : tout homme

---

1. Le poëte vient de nous dire qu'au moment où il avait entrepris de gravir la colline de la vertu, le soleil paraissait sur l'horizon; il commença son voyage poétique lorsque le soleil était dans le signe du bélier, c'est-à-dire lorsque les jours sont à peu près égaux aux nuits. Ainsi douze heures s'étaient écoulées, soit dans de vains efforts pour surmonter les monstres de la forêt, soit à converser avec Virgile.

2. « .... Nox erat, et terras animalia fessa per omnes.... »
   Æn., lib. VIII.

3. La mémoire. Cette faculté qui se borne à rappeler les impressions avec plus ou moins d'exactitude, n'exerce par elle-même aucun acte réfléchi; elle peut être soumise à des imperfections, elle ne l'est pas à l'erreur proprement dite.

4. Énée. Il descendit en enfer, dit Virgile, non pas dans une extase d'esprit, par l'effet d'une vision, mais avec son corps apte à toutes les opérations des sens. C'est ainsi que doit être entendu le mot *sensibilmente*, au dire de tous les annotateurs.

doué d'intelligence ne sera point surpris que ce héros ait été choisi dans les régions célestes pour être le père de la splendide Rome et de son vaste empire, lesquels, à dire la vérité, furent établis l'une et l'autre dans la vue du lieu saint où siége le successeur du plus grand des Pierre. Dans ce pèlerinage que tes chants ont rendu fameux, Énée entendit des choses qui furent cause de son triomphe et par suite de la pourpre papale. Plus tard, le vase d'élection[1] monta vivant jusqu'au ciel pour rendre témoignage à cette foi qui est le fondement de la voie du salut. Mais moi, qu'y viens-je faire? je ne suis ni Énée, ni Paul. Ni moi, ni personne ne me juge digne d'une telle grâce. Donc, si je m'y hasarde, je crains que ma venue ne soit insensée : tu es sage, tu me comprends mieux que je ne m'exprime. »

Tel celui qui ne veut plus ce qu'il voulait d'abord, qui changeant ses résolutions pour de nouvelles, abandonne ce qu'il avait commencé; tel je devins sur cette colline obscure, lorsque ma pensée plus réfléchie désavoua l'entreprise qu'elle avait été si prompte à consentir. « Si je t'ai bien compris, répondit l'ombre magnanime, ton âme est vaincue par cette lâcheté qui souvent énerve l'homme, et le détourne du chemin de l'honneur, de même qu'un animal timide s'arrête devant une ombre sans réalité. Afin de retremper ton courage, je t'apprendrai pourquoi je suis venu, et ce que j'ai entendu dans le premier moment où j'ai eu pitié de toi. J'étais parmi les âmes encore suspendues[2] entre la crainte et l'espoir : une dame m'appela, si

---

1. Saint Paul, appelé par Jésus-Christ : *Vas electionis* (*Act.*, cap. IX).
2. Les âmes habitant les limbes. Le mot *sospesi* a fourni matière à de nombreuses annotations; il sera parfaitement expliqué dans le

belle et si rayonnante que je la suppliai de commander. Ses yeux brillaient plus que les étoiles. Elle me dit d'une voix angélique, et dans un langage suave et harmonieux : — « O âme gracieuse de Mantoue,
« dont la renommée subsiste encore dans le monde,
« et y subsistera non moins longtemps que le mouve-
« ment des sphères divines, mon ami, et non l'ami de
« la Fortune, est arrêté dans la plaine déserte, et la peur
« l'a fait retourner sur ses pas. Peut-être s'est-il tout
« à fait égaré, et d'après ce que j'ai ouï dire de lui
« dans le ciel, je crains de m'être levée trop tard
« pour le secourir. Hâte-toi donc, aide-le de ta pa-
« role puissante, mets en œuvre tout ce qui sera né-
« cessaire à son salut. Béatrix[1] est celle qui t'envoie,

IVe chant où il est dit, par le même Virgile, que ces âmes en suspens, perdues mais non coupables, sont consumées par un désir sans espérance, dans un état intermédiaire entre les peines des damnés et la joie des bienheureux.

1. Personnage mixte, à la fois réel et symbolique, sous le nom duquel le poëte chrétien a personnifié la théologie, sans que l'homme ait cessé d'y mêler le souvenir de la femme qu'il aima si passionnément. Nous avons essayé de faire comprendre, sous ce double aspect, l'amour inspiré par Béatrix, et nous ne pouvons que renvoyer à ce qui en a été dit dans la notice sur Dante (p. 87 et suiv.). Il était convenable que celle dont la pensée anime tout le poëme, mais qui ne doit paraître qu'à la fin de la seconde *Cantica*, intervînt dès le début de la première, afin que l'importance du rôle qu'elle jouera fût au moins indiquée. Nous verrons que l'auteur aura soin d'entretenir l'attente qu'il a fait naître jusqu'à ce que vienne le moment de montrer Béatrix, non plus en perspective, mais sur le premier plan de la scène. — « Quelle femme a jamais reçu après sa mort un plus noble hommage? et quelle preuve plus forte pourrait-on avoir de l'élévation et de la pureté des sentiments qui avaient uni l'une à l'autre, pendant leur vie, deux âmes si dignes de s'aimer? C'est un exemple, peut-être unique, du parti qu'on pourrait tirer en poésie de la combinaison d'un personnage allégorique avec un être réel. L'effet mélancolique et attachant qu'il produit ici aurait dû engager à l'imiter, s'il n'y avait pas quelque chose d'inimitable dans ce qu'une sensibilité profonde peut seule dicter au génie. » (Ginguené, *Hist. littér.*)

« je viens d'un lieu où je dois retourner; le même
« amour qui me fait parler m'a conduite ici. Revenue
« près de mon Seigneur, je me louerai de toi dans sa
« présence. » — Elle se tut, et je repris en ces mots :
« O vous, dame de vertu, par qui seule l'espèce humaine l'emporte sur tout ce que renferme le ciel qui occupe le moins de place dans l'espace[1], votre commandement m'apporte tant de satisfaction que mon obéissance, fût-elle accomplie déjà, me semblerait encore tardive : il n'est pas besoin que votre volonté insiste davantage. Mais daignez m'apprendre comment, des vastes hauteurs où vous brûlez de retourner, vous n'appréhendez pas de descendre dans ce centre obscur? » — « Puisque tu le désires, reprit-elle,
« je te dirai brièvement pourquoi je ne crains pas de
« venir en ces lieux. On doit craindre seulement les
« choses qui ont le pouvoir de nuire à autrui, et non
« les autres qui ne sont pas redoutables par elles-
« mêmes. Grâce à la bonté de Dieu, je suis devenue
« telle que votre misère ne saurait m'atteindre, et
« que la flamme de cet incendie ne me menace pas.
« Il est dans le ciel une sainte protectrice[2] qui se
« tourmente des obstacles vers lesquels je t'envoie, et
« dont l'intercession tempère la sévérité du souverain
« juge. Dans sa prière, elle appela Lucie, et lui dit :

---

1. Ce ciel est celui de la lune, la plus petite des sphères célestes. La pensée est celle-ci : par la théologie dont Béatrix est l'emblème, ou selon d'autres par la poésie, l'homme surpasse les êtres qui peuvent exister sous le ciel de la sphère qui a les plus petits cercles, ou le moins de circonférence.

2. Les commentateurs s'accordent à voir dans ce personnage la clémence divine, que les docteurs nomment aussi la grâce prévenante, de même que dans celui de Lucie la grâce illuminante.

« — « *Ton fidèle défenseur*[1] *a maintenant besoin de
« ton aide, et je te le recommande.* » — Lucie, en-
« nemie des cœurs sans pitié, partit aussitôt, et vint
« aux lieux où j'étais assise avec l'antique Rachel[2]. Elle
« dit : — *Béatrix, vrai louange de Dieu, que ne se-
« coures-tu celui qui t'a tant aimée, et qui est sorti
« par toi de la route du vulgaire ? Ta pitié serait-
« elle sourde à ses plaintes ? Ne vois-tu pas la mort
« qu'il combat sur le fleuve dont aucune mer n'égale
« les orages*[3] ? » — A ces paroles, plus prompte que le
« fut jamais personne au monde à voler vers son bien-
« être ou à fuir sa perte, je descendis vers toi de mon
« siége bienheureux, me confiant dans l'honnêteté de
« langage qui t'honore, toi et ceux qui ont su le
« goûter. » —

« Quand elle eut cessé de parler, Béatrix tourna
sur moi ses yeux brillants de larmes, rendant ainsi
ma course plus rapide. Je suis venu comme elle le désirait, je t'ai débarrassé du monstre qui te fermait le
chemin le plus court sur la belle colline. Qu'est-ce
donc maintenant ? Pourquoi, pourquoi t'arrêtes-tu ?
Pourquoi caresser dans ton cœur une si grande faiblesse ? Pourquoi manques-tu de courage et de résolution lorsque trois bienheureuses s'inquiètent de toi
dans la cour du ciel, et que mes paroles te promettent

---

1. On croit que par ce mot *fidèle*, Dante fait allusion à sa propre
aversion contre les pélagiens, ennemis de la grâce.

2. Les interprètes des saintes Écritures reconnaissent en Rachel
un symbole de la vie contemplative ; et comme la contemplation est
le propre objet de la théologie, Béatrix et Rachel siégent dans le ciel
à côté l'une de l'autre. Nous les y retrouverons.

3. « Non vedi tu la morte.... » Ces deux vers doivent s'entendre dans
un sens allégorique. La *mort* est la mort de l'âme, c'est-à-dire le péché, et le *fleuve* est l'appétit ou la concupiscence des choses terrestres.

la plus noble récompense? » Telles de tendres fleurs couchées et fermées par la gelée de la nuit se rouvrent aux rayons du soleil et se relèvent sur leurs tiges; tel se ranima mon courage épuisé, et l'âme affranchie de crainte, je m'écriai dans une noble confiance : « Oh! qu'elle est compatissante celle qui m'a secouru, et que tu es généreux, toi qui as obéi avec tant de diligence à des paroles si dignes de foi! Ton langage a rallumé le désir dans mon cœur, et ma pensée revient, plus inébranlable, à ce qu'elle avait d'abord résolu. Marchons donc! Qu'il n'y ait plus entre nous qu'une seule volonté! Tu es mon guide, tu es mon seigneur, tu es mon maître. » Alors Virgile s'étant mis en mouvement, j'entrai sur ses pas dans un chemin escarpé et sauvage.

CHANT III.

« Par moi l'on va dans la cité plaintive; par moi l'on va dans l'éternelle douleur; par moi l'on va parmi les âmes perdues. La justice a guidé mon sublime Créateur; j'existe par le concours de la divine puissance, de la souveraine sagesse et du premier amour. Aucunes choses n'ont été créées antérieurement à moi[1], sinon éternelles, et je dure pour l'éternité : vous qui entrez, laissez toute espérance. »

Telles sont les paroles que je vis écrites au-dessus d'une porte, en caractères obscurs. « Maître, m'écriai-je, cette inscription me fait frémir. » Il me répondit, comme s'il avait lu dans mon cœur : « Il faut ici déposer toute défiance, il faut que toute lâcheté disparaisse. Nous sommes arrivés aux lieux où je t'ai dit que tu verrais la gente plaintive qui a perdu la connaissance du souverain bien. » Il me prit alors par la main en souriant, et ayant ainsi ranimé mon courage, il me fit pénétrer au sein des choses interdites aux mortels. Là, des soupirs, des pleurs et des désolations retentissaient dans un air que n'éclairait pas la lumière des étoiles. Mes yeux commencèrent à verser des larmes. Divers langages, d'horribles discours, des cris de douleur, des accents de colère, des voix fortes et rau-

---

1. Il indique par là que l'enfer fut créé pour la punition des anges rebelles à Dieu, par le concours des trois personnes de la sainte Trinité, dont chacune est désignée par l'attribut suprême que lui assigne saint Thomas : le Père par la puissance, le Verbe par la sagesse, l'Esprit-Saint par l'amour.

ques, et avec elles des bruits de mains faisaient un tumulte s'agitant sans relâche dans cet air éternellement ténébreux, comme le sable dispersé par l'orage. Et moi, dont la tête était ceinte du bandeau de l'erreur[1] : « O mon maître! qu'est-ce que j'entends? Quelle est cette population qui paraît abîmée dans la douleur? » Il me dit : « Ce misérable sort est réservé aux âmes de ceux qui vécurent sans honneur et sans infamie. Elles sont mêlées au chœur indigne des anges[2] qui, sans avoir été rebelles ni fidèles à Dieu, ne pensèrent qu'à eux-mêmes. Le ciel les a chassés pour n'être point terni par leur présence, et le profond abîme ne les reçut pas, car les coupables auraient pu s'en glorifier[3]. » — « O maître! quel est donc le supplice qui les

---

1. « .... Ch' avea d' error la testa cinta. » Au lieu d'*error*, on lit *orror* dans quelques manuscrits. Cette dernière leçon qu'il n'est pas permis d'adopter, lorsqu'elle est repoussée par les meilleures éditions, semble pourtant plus plausible, en ce qu'elle résulte plus naturellement du tableau de la désolation infernale.

2. « On a beaucoup disserté sur cette troisième espèce d'anges que Dante semble créer ici de sa propre autorité. Mais ne peut-on pas dire qu'habitué aux agitations d'une république où les partis se heurtaient et se combattaient sans cesse, il a voulu désigner et couvrir du mépris qu'ils méritent, ces hommes qui, lorsqu'il s'agit des intérêts de la patrie, gardent une neutralité coupable, toujours prêts, quoi qu'il arrive, à se ranger du parti vainqueur. » (Ging., *Hist. littér.*) — Lombardi essaye de justifier l'opinion de Dante sur les anges *neutres* par un passage de saint Clément d'Alexandrie.

3. « Chè alcuna gloria i rei avrebber d' elli. » Ce vers a été interprété dans deux sens contradictoires. Plusieurs auteurs ont soutenu que le mot *alcuna* doit être pris pour *niuna*, et sur cette assertion des plus contestables, ils ont traduit : « Parce qu'aucune gloire ne reviendrait aux damnés de les avoir dans leur compagnie. » Quand même le texte se prêterait à cette version, elle n'en serait pas moins un non-sens moral. Dieu ne se propose pas assurément la glorification des damnés, tandis qu'il est naturel de croire que Dieu n'a point permis à l'enfer de recevoir les anges neutres, parce que l'orgueil des damnés eût pu se prévaloir d'une assimilation qui les rehaussait à leurs propres yeux, eux d'une origine moins haute, assimilation qui

fait se lamenter avec de tels cris? » — « Je te le dirai en peu de mots : ils n'ont pas l'espérance de la mort, et leur vie si terne est mêlée de tant d'ignominie, qu'elle les rend envieux d'un sort même plus cruel. Le monde n'a pas conservé leur souvenir; la miséricorde et la justice les repoussent également. Mais c'est assez parler d'eux, regarde et passe. » Je regardai : je vis une bannière emportée en tournant avec tant de vitesse qu'elle semblait être jugée indigne du moindre repos[1]. Derrière elle, se pressait une multitude si compacte que je n'aurais jamais cru que la mort eût entassé tant de victimes. Dans le nombre, j'en reconnus plusieurs. Je regardai encore, et je vis l'ombre de celui qui a fait par lâcheté le grand refus[2]. Je

d'ailleurs eût été une injustice en infligeant la même peine à des fautes inégales.

1. Par une figure hardie, le poëte a transporté à la bannière l'indignité de ceux qui la suivaient en courant. C'est comme s'il avait dit : La vélocité de la course de ces âmes autour de la bannière me manifestait qu'elles étaient jugées indignes d'aucun repos. M. Artaud a été plus loin que Dante ; il a donné de l'indignation à la bannière : « Je vis un grand nombre d'âmes se précipiter à la suite d'un étendard emporté en courant, comme indigné du moindre retard. »

2. Les commentateurs ne sont pas d'accord sur le personnage indiqué par ces mots. Le plus grand nombre a cru que c'était le pape Célestin V, qui se démit de la papauté peu après son élection, en 1294, et fut ainsi cause de la nomination de Boniface VIII, et par suite de la ruine du parti gibelin; d'autres y trouvent une allusion à la renonciation d'Ésaü à son droit d'aînesse, d'autres encore à l'abdication de l'empire par Dioclétien. Ce dernier sentiment était celui du neveu de Dante, André Poggi; néanmoins il n'est guère admissible, non plus que l'opinion touchant Ésaü. Quant à saint Pierre Célestin, on peut difficilement supposer que Dante, à la vérité contempteur satirique de quelques papes, mais toujours soumis aux décisions de l'Église, ait placé dans l'enfer un homme que l'Église venait de canoniser, et dont la béatification ne pouvait lui être inconnue, puisqu'elle se fit en 1313. Lui qui ne cessa de corriger son poëme, n'aurait pas laissé subsister une censure qui devenait une inconvenance et une contradiction avec ses principes. D'ailleurs, dans

compris incontinent, et je ne doutai plus que cette tourbe ne fût celle de ces esprits timides qui déplaisent non moins à Dieu qu'à ses ennemis. Ces misérables qui ne furent jamais vivants[1], étaient exposés nus aux morsures incessantes des guêpes et des moucherons. Le sang qui ruisselait de leurs visages, descendait à leurs pieds, mêlé à des larmes, pour y être recueilli par des vers immondes.

Ayant porté mes regards plus au loin, je vis d'autres âmes s'agiter en foule sur les bords d'un grand fleuve[2]. « Maître, accorde-moi de savoir qui sont ces âmes, et d'où vient l'empressement qu'elles montrent à passer le fleuve, autant que je le distingue à travers la lumière épaisse? » Il me répondit : « Tu en seras instruit quand nous arrêterons nos pas sur la rive affligée de l'Achéron. » Alors, les yeux honteux et baissés, craignant d'avoir déplu par mes questions,

---

tout le cours de son voyage, le poëte ne reconnaît *par lui-même* dans l'autre monde que les personnes qu'il avait vues de ses yeux dans celui-ci. Or, sans le secours de Virgile, il reconnaît l'auteur du *grand refus*, et il est à peu près certain qu'il ne vit jamais le pape Célestin, depuis longtemps disparu de la scène lorsque Dante vint à Rome comme ambassadeur de la république florentine. D'après cette considération qui exclut, non-seulement Ésaü et Dioclétien, mais encore saint Pierre Célestin, d'après les raisons de convenance exposées plus haut, le P. Lombardi, appuyé sur le témoignage des historiens contemporains, pense que le coupable, *par lâcheté*, ne peut être que Torrigiano de' Cerchi, puissant gibelin, qui refusa par crainte la seigneurie de Florence que le peuple et les magistrats lui avaient offerte.

1. Qui ne vécurent que d'une vie négative.
2. L'Achéron. Le poëte ne craint pas de transporter les noms de la Fable ou de la mythologie dans son enfer chrétien. Voici l'Achéron, le Styx suivra, puis le Phlégéton et enfin le Cocyte. Il en est de même des personnages. Nous allons voir le vieux Caron, et à sa suite Minos, Phlégyas, Cerbère, les Euménides, Proserpine, etc., enfin tout le vieux bagage infernal.

je m'abstins de parler jusqu'à ce que nous eussions atteint le fleuve. Et voilà que vient vers nous, sur une barque, un vieillard blanchi par l'âge, qui criait : « Malheur à vous, âmes perverses! N'espérez plus revoir le ciel ; je viens pour vous mener à l'autre rive, dans d'éternelles ténèbres, entre la glace et le feu. Et toi qui es ici, homme vivant, retire-toi de ceux qui ne sont plus. » Mais voyant que je ne me retirais pas, il reprit : « Ce n'est pas de ce port, mais par d'autres chemins et sur une barque plus légère[1] que tu parviendras à la plage opposée. » Mon guide lui dit : « Caron, tu t'irrites en vain : on le veut ainsi là où l'on peut ce que l'on veut, n'en demande pas davantage. » Alors s'apaisèrent les joues velues du nocher de ce marais livide, lui dont les yeux roulaient comme des roues embrasées. Mais en entendant les paroles cruelles, les âmes nues et haletantes changèrent de couleur, et leurs dents s'entre-choquèrent. Elles blasphémaient Dieu et les auteurs de leurs jours et la race humaine et l'espace et le temps et la semence de leur semence et leur postérité. Ensuite poussant de longs gémissements, elles se portèrent toutes ensemble vers la rive funeste qui attend l'homme non craignant Dieu. Caron avec ses yeux de braise les rassemblait toutes par un signe, et frappait de la rame les plus attardées. Telles les feuilles d'automne[2] tombent l'une après l'autre jusqu'à ce que l'arbre ait rendu

---

1. C'est-à-dire une barque qui flotte plus légèrement sur l'eau et ne s'enfonce pas sous le poids d'un homme vivant. Le démon Caron fait son métier, il cherche à détourner le voyageur d'une entreprise que les préposés de Lucifer ne peuvent voir qu'avec regret.
2. Comparaison imitée de Virgile :

« Quàm multa in silvis autumni frigore primo
Lapsa cadunt folia, etc. » (*Æn.*, lib. VI.)

à la terre toutes ses dépouilles; telles, les âmes impies de la race d'Adam se jetaient une à une du rivage, au signe du nocher, semblables à l'oiseau qui obéit à un appel trompeur[1]. Elles traversent ainsi l'onde noire, et avant qu'elles soient descendues sur l'autre rive, une nouvelle troupe se rassemble sur le bord qu'elles ont quitté. « Mon fils, me dit le maître complaisant, ceux qui meurent dans la colère de Dieu se réunissent ici de toutes parts : ils ont hâte de passer le fleuve, parce que la justice de Dieu les poursuit à tel point que leur crainte se change en désir. Ici ne passe jamais une âme vertueuse, et si Caron t'a rudoyé, tu dois savoir maintenant à quelle cause attribuer sa colère[2]. » Comme il finissait de parler, la plage obscure trembla d'une telle force qu'au souvenir de l'effroi dont je fus saisi, je me sens encore baigné de sueur. Un vent s'exhala de cette terre trempée de larmes, et des éclairs y répandirent une lueur étincelante[3]. Alors je perdis tout sentiment de moi-même, et je tombai comme un homme que le sommeil maîtrise.

1. Semblables aux oiseaux qui se jettent dans le filet, attirés par le chant d'un oiseau de volière.
2. Le poëte indique que les raisons alléguées par Caron ne sont que des prétextes : le vieux nocher n'ignore pas que Dante visite l'enfer pour s'exciter à un repentir salutaire, et c'est la véritable cause d'une opposition si véhémente. Cette explication, tirée de Lombardi, est plus naturelle que celle de Venturi qui donne un autre sens aux paroles de Virgile. Elles signifient, selon lui: « Tu n'as pas à t'offenser des menaces de Caron; comme il ne vient ici que des méchants, il a jugé qu'un homme juste comme toi ne devait pas traverser le fleuve dans une telle compagnie. » Le démon Caron n'a pas tant de savoir-vivre.
3. C'était l'opinion des anciens que les exhalaisons humides de la terre amènent des vents qui, mêlés avec les nuages, produisent des éclairs et des tonnerres. L'orage qui fait tomber le poëte sans connaissance, aurait eu ainsi pour première cause les larmes des damnés.

CHANT IV.

Le lourd retentissement du tonnerre[1] m'arracha de ce sommeil profond ; secoué comme un homme qu'on réveille brusquement, je me levai. Mes yeux reposés se portèrent à droite et à gauche, cherchant à reconnaître en quels lieux je me trouvais. Je me vis sur le bord de l'abîme de douleur, où tonne le fracas de toutes les lamentations réunies, abîme tellement pro-

---

1. « Un greve tuono.... » Les auteurs ne sont pas d'accord sur la manière dont il faut entendre ici *tuono*. Est-ce le bruit même du tonnerre qui a réveillé le poëte ou ne l'aurait-il pas été plutôt par cet amas confus de gémissements, de malédictions, de clameurs qu'on entendait à l'entrée de l'abîme, et qui devait former un bruit assez semblable à celui du tonnerre ? Quoique cette dernière opinion soit celle des commentateurs qui ont le plus d'autorité, j'ose être d'un sentiment contraire, et voici pourquoi. En se plaçant au point de vue de la fiction poétique, l'évanouissement de Dante n'a pas eu seulement pour cause l'affreux tumulte produit par le châtiment des coupables, mais encore la circonstance d'un orage qui éclate sur la plage infernale. Le IIIe chant se termine par la description de cet orage : la terre tremble, le vent se déchaîne, les éclairs sillonnent les ténèbres, et le témoin de ces sublimes horreurs tombe sans connaissance, *comme vaincu par le sommeil*. Pour le sortir de cette léthargie ou de ce sommeil, il a fallu plus que le bruit montant de l'abîme, car ce bruit se fait entendre sans interruption, et s'il avait suffi pour réveiller le dormeur, à plus forte raison aurait-il suffi pour l'empêcher de s'endormir. Le réveil ne peut donc s'expliquer que par une cause accidentelle, plus forte, ou du moins autre que celle permanente. Cette cause est le bruit du tonnerre ; d'ailleurs ce dernier phénomène complète ceux précédemment énoncés, tels que le vent, les éclairs, etc. Il serait étrange que décrivant un orage, le poëte eût omis précisément ce qui en est le symptôme caractéristique ; mais il ne l'a pas omis, il l'a tenu en réserve pour motiver le réveil brusque et soudain par lequel s'ouvre le IVe chant.

fond, obscur et nébuleux, qu'en y attachant mes regards, je ne pouvais rien discerner. « Descendons dans ce monde ténébreux, me dit le poëte lui-même tout éperdu, je marcherai le premier, tu me suivras. » Moi qui l'avais vu pâlir : « Comment oserai-je descendre, lui dis-je, si tu trembles, toi qui as coutume de soutenir mon courage ? » Il me répondit : « Les angoisses de ceux qui souffrent ici-bas ont seules imprimé sur mon visage cette pitié que tu prends pour de la crainte. » A ces mots, il entra et me fit entrer après lui dans le premier cercle[1] qui entoure l'abîme. Là, selon que j'ai pu le distinguer en écoutant, il n'y avait pas de larmes, mais seulement des soupirs qui faisaient vibrer l'air immortel : ils provenaient d'une tristesse sans supplices, infligée dans ces ténèbres à une foule innombrable d'hommes, de femmes et d'enfants. « Tu ne me demandes pas, dit le maître plein de bonté, qui sont les esprits que tu vois ? Sache donc, avant de passer outre, que ces esprits n'ont point péché, et que même ils eurent des mérites ; mais n'ayant pas reçu le baptême, ce n'était pas assez, ainsi que l'enseigne cette foi dans laquelle tu mets ta confiance[2]. A la vérité ils vécurent avant le

---

1. Dante partage son enfer en neuf cercles, disposés à peu près comme les gradins des anciens amphithéâtres, seulement plus vastes et séparés par une plus grande élévation : sur ces neuf immenses paliers circulaires, sont réparties les âmes des damnés.

« 2. Ch' è parte della fede.... » Cette leçon, dit Lombardi, généralement admise dans les textes manuscrits et imprimés, antérieurs à l'édition de l'académie della Crusca, est la seule qui ne présente aucune difficulté. Sur plus de quatre-vingt-dix textes que les académiciens consultèrent pour la correction du poëme, deux seulement donnaient le mot *porta*, au lieu de *parte ;* et cette faible autorité leur a suffi pour repousser cette dernière leçon et admettre l'autre, attribuant l'*erreur* à l'ignorance des copistes. Loin que le baptême, ajoute le même critique, puisse être appelé la *porte de la foi*, c'est au con-

christianisme, mais ils n'ont pas adoré le Seigneur comme il doit l'être : moi-même je suis de ce nombre. Telle est la cause pour laquelle nous sommes perdus, et non pour aucun crime, malheureux seulement en ce que nous conservons un désir sans espérance. » En l'écoutant ainsi parler, mon cœur fut saisi d'une peine profonde, car il m'était évident que des âmes d'un haut prix étaient tenues en suspens dans ces limbes. Pour m'affermir par un nouveau témoignage dans cette foi qui confond toute erreur, je m'écriai : « Dis-moi, ô mon maître ! dis-moi, ô mon seigneur ! quelqu'une de ces âmes, soit par sa propre vertu, soit par celle d'un autre, est-elle jamais sortie de ce séjour pour monter à celui de la béatitude ? » Comprenant ma pensée sous le voile qui la couvrait[1], il répondit : « J'étais depuis peu de temps dans ces lieux, quand j'y vis venir un esprit puissant, couronné du signe de la victoire. Il en tira l'ombre de notre premier père, d'Abel, son fils, celles de Noé, de Moïse, législateur et soumis aux lois; puis le patriarche Abraham, le roi David, Israël avec son père et ses enfants, et Rachel pour qui Jacob a tant fait, et beaucoup d'autres qu'il

---

traire la foi qui est la porte du baptême, puisque c'est la foi qui dispose à recevoir ce sacrement. Dante a donc voulu dire que les bonnes œuvres ne suffisent pas au salut sans le baptême, vérité qui fait partie de la foi dans laquelle il met sa confiance.

1. Le désir que j'avais de le voir rendre témoignage à Jésus-Christ. En effet, au lieu de demander tout simplement à Virgile si Jésus-Christ était descendu en enfer pour en retirer les âmes des justes morts avant lui, Dante ne voulant pas, disent les commentateurs, faire ouvertement une question qui impliquait une sorte de doute, s'explique en termes ambigus. A cette occasion, le P. Lombardi fait la remarque que, dans toute la *Cantica* de *l'Enfer*, le poëte ne prononce jamais et ne fait prononcer par aucun de ses personnages le nom de Jésus-Christ, de peur, sans doute, de profaner ce nom sacré en le faisant retentir dans un tel lieu.

plaça parmi les bienheureux. Apprends encore qu'avant eux[1] les âmes humaines ne pouvaient être sauvées. »

Tout en discourant nous avancions à travers la forêt, j'entends la forêt des esprits entassés. La route parcourue depuis la cime du gouffre n'était pas encore longue, quand j'aperçus une flamme qui brillait, victorieuse de cet hémisphère de ténèbres. La distance encore grande ne m'empêchait pas toutefois de discerner qu'une population d'élite[2] occupait cette région. « O toi, qui honores les sciences et les arts, quelles sont ces âmes illustres, dignes d'avoir été mises à part du vulgaire? » Mon guide répondit : « Le grand éclat qu'elles ont jeté dans le monde encore plein de leur gloire, leur a mérité devant le juge suprême la grâce dont elles jouissent. » Cependant j'entendis une voix qui disait : « Honorez le poëte sublime; son ombre, un instant éloignée, est de retour parmi nous. » Quand la voix eut cessé de parler, je vis venir à nous quatre ombres majestueuses, dont la contenance n'exprimait ni joie ni tristesse. Le bon maître me dit : « Regarde celui qui, l'épée dans une main, marche en avant des autres, comme un roi. C'est Homère, le poëte souverain; l'autre est le satirique Horace, le troisième est Ovide, Lucain est le dernier. Chacun d'eux mérite autant que moi-même le nom que la voix de tous[3] a fait retentir; ils me rendent

---

1. Avant leur délivrance et la venue de celui qui l'opéra.
2. Les sages et les héros païens de l'antiquité et du moyen âge.
3. « La voce *sola*.... » Le mot *sola* ne doit pas être pris dans le sens propre, mais dans celui de l'unité qui résulte du concours unanime d'un grand nombre. Volpi, qui fait cette remarque, en donne pour exemple ce vers de Martial :

« Vox diversa sonat : populorum est vox tamen una. »

honneur, et en cela ils agissent dignement. » C'est ainsi que je vis se réunir l'admirable école de ce maître des chants sublimes[1], qui plane comme l'aigle sur les autres poëtes. Après avoir conversé quelque temps entre eux, ils se tournèrent vers moi en m'adressant un signe affectueux : mon maître les en remercia par un sourire. Ils me firent un honneur plus grand encore en m'admettant dans leur réunion, de sorte que je me trouvai, moi sixième, parmi de tels génies. Nous allâmes ensemble jusqu'à cette lumière que j'avais aperçue, discourant de choses qu'il est aussi convenable de taire en ce moment qu'il l'était alors d'en parler[2]. Bientôt nous parvînmes au pied d'un noble château[3], sept fois ceint de hautes murailles. Un agréable ruisseau que nous franchîmes sans obstacle, en défendait les contours. A la suite de ces sages, j'entrai par les sept portes du château, qui nous donnèrent accès dans une prairie de la plus fraîche verdure. Des esprits s'y tenaient, dont les regards étaient calmes et graves, et l'aspect d'une autorité imposante. Ils parlaient rare-

---

1. Quel est le maître des chants sublimes, Homère ou Virgile? Grande question fort agitée par les annotateurs, et qu'ils n'ont pas résolue.

2. Cette réserve est expliquée de deux manières : les uns en font honneur à la modestie du poëte qui ne veut pas rapporter des discours tenus à sa louange; d'autres l'imputent tout simplement à la crainte d'entrer dans une trop longue digression.

3. Les commentateurs, on le pense bien, n'ont pas manqué de s'exercer sur ce château, entouré de sept murailles, où l'on entre par sept portes, après avoir passé un petit fleuve à pied sec; et, comme il arrive presque toujours, ils ne sont pas d'accord entre eux. Les sept portes, d'après le plus grand nombre, représentent les sept vertus, composées des quatre vertus morales et des trois spéculatives, et selon quelques autres les sept arts libéraux. Le ruisseau signifie l'éloquence : on ne dit pas pourquoi cette éloquence coule si peu abondante, entre des rives si étroites.

ment, mais d'une voix pleine de suavité. Nous nous plaçâmes sur un des côtés de l'enceinte, dans un lieu ouvert, lumineux et élevé, d'où l'œil pouvait se porter au loin. Là, sur le vert émail, me furent montrées des âmes magnanimes, que je me glorifie en moi-même d'avoir vues. Je vis Électre[1] avec beaucoup d'autres des siens, parmi lesquels je reconnus Hector, Énée et César armé de ses yeux de vautour. Sur un autre point, je vis Camille, Penthésilée[2] et le roi Latinus assis auprès de sa fille Lavinie. Je vis ce Brutus qui chassa Tarquin, puis Lucrèce, Julie[3], Marcia[4], Cornélie et Saladin seul à l'écart[5]. En levant un peu les yeux, je vis le maître de ceux qui savent[6], assis au milieu de ses parents en philosophie, qui tous l'honoraient et lui témoignaient leur admiration. Là, je vis Socrate et Platon, qui entre les autres l'approchaient de plus près ; Démocrite, selon qui le monde

---

1. Cette Électre n'est pas la fille d'Agamemnon, mais une autre Électre, fille d'Atlas et mère de Dardanus qui fonda Troie ; elle est accompagnée des descendants de Dardanus : Hector, Énée, même César qui se vantait d'une origine troyenne :

« Nascetur pulchrâ Troianus origine Cæsar. » (*Æn.*, lib. 1.)

2. Reine des Amazones, qui secourut les Troyens ; elle fut tuée par Achille.

3. Fille de César et femme du grand Pompée.

4. Femme de Caton d'Utique : il sera parlé d'elle dans *le Purgatoire*.

5. Lombardi prétend que Saladin est *seul*, parce qu'à cette époque peu de guerriers musulmans furent illustres, et *à l'écart* parce qu'il venait de loin. Ginguené remarque que c'était un trait d'indépendance extraordinaire pour le temps dans lequel vivait le poëte, d'avoir osé mettre dans l'Élysée ce Saladin qui fut si redouté des chrétiens.

6. Aristote, admirablement caractérisé par quelques mots, comme plus haut Moïse, *législateur et soumis aux lois*, et César *armé de ses yeux de vautour*.

CHANT IV.

est l'œuvre du hasard ; Diogène, Anaxagore, Thalès, Empédocle, Héraclite, Zénon et Dioscoride le docte compilateur[1]. Je vis Orphée, Tullius[2], Linus, Sénèque le moraliste, le géomètre Euclide, Ptolémée[3], Hippocrate, Avicenne[4], Galien, Averrhoës[5] qui a fait le grand commentaire. Je ne peux les rappeler tous, tant me presse la matière qui est immense, et si fréquemment il arrive que la parole rapetisse le sujet. Ensuite l'illustre compagnie se retira, et mon sage conducteur me mena par un autre chemin, hors de ce séjour paisible, dans un air qui frémit et là où il n'y a plus de clarté.

1. Dante l'appelle le compilateur de la qualité (*della qualità*), parce qu'il a écrit sur la vertu des plantes, des herbes, des pierres, des poissons, etc. Dioscoride naquit en Cilicie et vécut dans le 1ᵉʳ siècle de notre ère : son livre sur la *matière médicale* est précieux en ce qu'il résume les connaissances botaniques des anciens.

2. Cicéron. Il est étrangement placé entre Orphée et Linus, deux poëtes des temps fabuleux, dont les noms seuls nous sont connus.

3. Astronome du xiᵉ siècle ; il a donné son nom au système astronomique suivi par Dante, et méritait une mention particulière de la part du disciple qui a si bien profité de ses écrits.

4. Célèbre philosophe et médecin arabe, qui florissait dans le xiᵉ siècle. Dans ce recensement rapide des illustrations païennes de tous les âges et de tous les pays, Dante ne pouvait oublier les Arabes à qui l'Europe du moyen âge était si redevable. (Voy. l'introduction, p. 59 et suiv.)

5. Autre grande célébrité arabe du xiiᵉ siècle. Ses commentaires sur Aristote étaient alors fort répandus, et jouissaient d'une faveur d'autant plus grande, que l'Europe ne connaissait encore les écrits du philosophe de Stagire que par des traductions latines faites sur celle arabe d'Averrhoës.

CHANT V.

Du premier cercle je descendis dans le second qui comprend moins d'espace, mais a de plus une douleur qui arrache des cris[1]. Minos[2], scrutateur des crimes, se tient à l'entrée du cercle, dans une attitude horrible et menaçante. Il juge, il condamne et désigne la peine d'après les replis de sa queue. Je m'explique : quand une âme criminelle vient en sa présence, elle se confesse sans réserve, et l'investigateur des fautes, voyant alors quelle région de l'enfer lui doit être assignée, se ceint avec sa queue autant de fois que l'âme a de degrés à descendre. Toujours on en voit un grand nombre devant lui, qui vont l'une après l'autre entendre leur jugement. Elles disent,

1. Voici le sens complet de ce passage que la concision du texte ne permet pas de rendre clairement sans périphrase : « Je descendis du premier cercle dans le second qui contient moins d'espace, mais qui renferme une douleur d'autant plus grande qu'outre l'affliction de l'âme, commune à tous les habitants de l'enfer, on y éprouve, ainsi que dans les cercles au-dessous, des tourments sensibles si grands qu'ils arrachent des cris. » — Il faut se souvenir que, dans la donnée poétique, chaque cercle va se rétrécissant quant à l'espace matériel qu'il renferme. L'enfer de Dante ressemble à un immense cône renversé, et creux comme le cratère d'un volcan. Mais à mesure qu'on descend, la progression est ascendante dans la gradation des fautes et des peines. Les amoureux ou ceux que l'amour a perdus, occupent le cercle le plus vaste, mais dont les habitants sont le moins maltraités. Pourtant la peinture de leur supplice fait frémir, et il a dû coûter à l'amant de Béatrix et au chantre de Francesca de châtier si sévèrement une faiblesse qui est, dit-on, celle des grandes âmes, et à laquelle l'illustre banni n'a pas non plus fermé son cœur.

2. Le vieux juge infernal, collègue d'Éaque et de Rhadamanthe, est devenu dans l'enfer chrétien un démon horrible, qui grince des

elles écoutent et sont précipitées. « O toi, qui viens dans le royaume des pleurs, me dit Minos en suspendant ses redoutables fonctions, prends garde où tu entres, et en qui tu mets ta confiance ; que le facile accès de ces lieux ne t'abuse pas [1] ! » Mon guide lui répondit : « Pourquoi ces cris ? ne t'oppose pas à une entreprise qui est arrêtée par le destin : on le veut ainsi là où l'on peut ce que l'on veut, n'en demande pas davantage [2]. »

Alors commençaient à se faire entendre des accents plaintifs : alors montaient jusqu'à moi des gémissements sans nombre. J'étais entré dans l'enceinte qui est privée de toute lumière, et qui mugit comme la mer dans la tempête, lorsqu'elle est battue par les vents contraires. La tourmente infernale qui ne s'apaise jamais, entraîne les esprits dans sa destruction ; elle les fouette sans relâche et les meurtrit de ses chocs répétés. C'est là qu'il y a des cris, des pleurs, des dé-

dents et a une queue phénoménale. Virgile le peint sous d'autres traits :

« Quæsitor Minos urnam movet, ille silentum
Conciliumque vocat, vitasque et crimina discit. »

Æn., lib. VI.

1. Réminiscence sensible de ces vers du VIe livre de l'*Énéide :*

« .... Facilis descensus Averni....
Sed revocare gradum, superasque evadere ad auras,
Hoc opus, hic labor est. »

2. « Vuolsi così.... » Ce sont les deux mêmes vers que Virgile adresse à Caron, quand ce dernier, par de semblables artifices, veut s'opposer au voyage de Dante. « Cette répétition des mêmes mots leur donne l'air d'une espèce de formule, et a quelque chose d'imposant. Elle paraît d'ailleurs imitée d'Homère qui ne manque presque jamais de faire redire par un envoyé les propres paroles de celui qui l'envoie. On s'est très-injustement moqué de cette sorte de formule ; elle donne aux messages dans Homère, comme ici à la répétition de Virgile, de l'autorité et de la dignité. » (Note de Ginguené.)

solations ; c'est là qu'on blasphème la vertu divine. J'appris que sont condamnés à un tel supplice les pécheurs charnels, dont la raison a été soumise à l'appétit des sens. De même que, par un temps froid, les étourneaux flottent par bandes nombreuses selon le caprice des vents ; de même le souffle de cet orage disperse les esprits pervers, les prend, les emporte, les heurte et les rejette. Nulle espérance ne les soutient, non pas l'espérance du repos, mais celle seulement d'une moindre torture. Ainsi que vont les grues chantant leurs plaintes et traçant une longue ligne dans les airs ; ainsi viennent avec leurs chants de douleur ces ombres portées par le tourbillon. « Maître, quelles âmes sont donc châtiées dans cet air obscur ? » — « Parmi celles que tu désires connaître, me répondit-il, la première commandait à des peuples nombreux, et de langages divers. Abandonnée sans réserve au vice de la luxure, elle écrivit dans sa loi que tout ce qui est agréable doit être tenu pour licite, croyant échapper ainsi au blâme qu'elle avait encouru. C'est Sémiramis de qui nous savons qu'elle donna le jour à Ninus et fut son épouse[1] : elle régissait la terre sur

---

1. « Che sugger dette a Nino, e fu sua sposa. » — « Qui donna à teter à Ninus et fut son épouse. » — On lit dans la plupart des éditions : « Che succedette a Nino, e fu sua sposa, » vers que les commentateurs expliquaient en disant que c'était une *synchyse*, ou transposition de mots. En effet, il aurait fallu dire logiquement : « qui fut l'épouse de Ninus et lui succéda. » — Dans les fragments qu'on a récemment retrouvés d'un commentaire sur Dante, composé par le P. Attacanti, de l'ordre des frères servites, ce vers est écrit tel que nous le reproduisons en tête de cette note. Son énergie concise et mordante est tout à fait dans la manière de Dante, et semble devoir lui appartenir à plus juste titre que la synchyse qu'on lui substitue. Il est d'ailleurs l'explication des deux vers qui précèdent : « A vizio di lussuria, » etc. La femme impudique qui fit une telle loi, fut une

laquelle règne le soudan. L'autre est celle qui[1] s'immola dans les douleurs de l'amour, après avoir rompu la foi promise aux cendres de Sichée. Vient ensuite l'impudique Cléopâtre. » Je vis Hélène, cause d'un temps si coupable; je vis le grand Achille que l'amour fit courir à sa perte[2]. Je vis Pâris[3] et Tristan, et plus de mille autres à qui l'amour a fait quitter la vie, et que nomma mon maître en les désignant du doigt.

Après qu'il m'eut fait connaître les dames et les chevaliers des anciens âges, la pitié me subjugua, et toute mon âme en fut troublée : « O poëte, commençai-je à dire, j'aimerais parler à ces deux ombres qui voltigent ensemble, légères au vent qui les balance. — « Attends, dit-il, qu'elles soient plus près de nous ; alors prie-les au nom de cet amour qui les conduit,

---

mère incestueuse. La pensée est ainsi complète, tandis que dire de Sémiramis qu'elle succéda à Ninus et fut sa femme, n'est qu'énoncer deux faits historiques, inutiles ici, et qui ne justifient pas l'accusation portée contre elle. Mais, en admettant cette leçon, il faut ou supposer que Ninus a été mis dans le vers pour Ninias, ou s'autoriser des assertions de quelques auteurs qui prétendent que Sémiramis eut un premier fils nommé Ninus qu'elle épousa, ce qui ne l'empêcha point d'épouser encore Ninias, fils de ce Ninus. Il arrive assez souvent au poëte de choisir entre deux versions historiques différentes celle qui est la plus hasardée, lorsque cette dernière s'accorde mieux avec la thèse qu'il soutient, ou avec ses préventions de parti.

1. Didon. Cette reine a trouvé un défenseur dans Pétrarque qui a dit (*Trionfo della Castità*) :

« Taccia 'l vulgo ignorante : i' dico Dido,
Cui studio d' onestate a morte spinse,
Non vano amor, com' è 'l pubblico grido. »

2. Allusion à l'amour d'Achille pour Polyxène, sœur de Pâris, amour qui fut cause de la mort du héros grec.

3. On ne croit pas que ce Pâris soit le fils de Priam, mais un des chevaliers errants qui portèrent ce nom, et qui, comme Tristan, autre héros fameux des romans de chevalerie, trouva la mort pour s'être livré aux séductions de l'amour.

et sans doute elles viendront. » Dès que le vent les eut poussées vers nous, je m'écriai : « O âmes tourmentées, venez converser avec nous, si nulle interdiction ne s'y oppose. » Telles des colombes appelées par le désir traversent les airs d'une aile ferme et déployée, et volent vers le nid amoureux, portées par une ardeur commune ; telles les deux âmes, sortant de la bande où est Didon, viennent à nous à travers le ciel orageux : tant a de pouvoir sur elles ma prière affectueuse. « O mortel gracieux et bienveillant [1], qui viens nous visiter dans ce sombre royaume, nous

1. Dante met ces paroles dans la bouche de Francesca, fille de Guido da Polenta, seigneur de Ravenne, laquelle avait épousé Lancelot (Gian Ciotto, Jean Boiteux, d'où Lancelot) fils de Malatesta, seigneur de Rimini. Ce Lancelot était laid et boiteux ; mais il avait un frère, nommé Paul, qui était beau et que Françoise aima : les amants surpris par le mari trompé, périrent ensemble et, dit-on, du même coup. Tel est le canevas, dont le fond se retrouve partout où il y a de belles dames qui lisent des romans d'amour, et qui ont des maris laids et jaloux, tel est, dis-je, le canevas sur lequel la poésie a brodé une de ses plus charmantes créations. Dans le temps même où l'œuvre de Dante était négligée et peu comprise, l'épisode de Françoise de Rimini n'en jouissait pas moins d'une grande célébrité. Il est cité par tous les auteurs, il a été traduit en vers dans toutes les langues, il est entré dans le domaine des arts, et la peinture moderne lui doit une de ses plus heureuses inspirations. Voltaire lui-même, dont tout l'esprit ne suffisait pourtant pas à comprendre Dante, a fait l'éloge de la *Francesca*, tout en parlant de son auteur comme d'un barbare, ou comme il a parlé de Shakspeare, ce parent en génie de l'exilé florentin. Il était difficile que le siècle de l'incrédulité eût l'intelligence de la poésie de la foi. Néanmoins un enfant de ce siècle lui a donné sur ce point un glorieux démenti. Ginguené, nous en avons déjà fait la remarque, a eu le sentiment de la poésie dantesque. Voici comment il parle de l'épisode qui nous occupe : « En relisant dans l'original, pour la millième fois peut-être, cet épisode justement célèbre, je comprends moins que jamais comment, dans ce siècle, dans cette disposition d'esprit, dans un pareil sujet, au milieu de tous ces tableaux sombres et terribles, Dante put trouver pour celui-ci des couleurs si harmonieuses et si douces, comment il les créa, puisqu'elles n'existaient pas avant lui, et comment il sut les

qui avons teint le monde de notre sang ; si le Roi de l'univers pouvait nous être propice, nous le prierions pour ton repos, puisque tu as pitié de notre infortune. Aussi longtemps que le vent continuera de se taire, et selon qu'il te plaira d'écouter, nous écouterons ou nous parlerons. J'ai pris naissance près de la mer où le Pô descend pour s'y reposer, avec son cortége de rivières[1]. L'amour qui se révèle spontanément à tout cœur aimable, enflamma celui-ci pour la beauté qui me fut ravie d'une manière si cruelle que j'en frémis

approprier à une langue rude encore et presque naissante. Ce ne fut ni dans la force, ni dans l'élévation de son génie, ni dans l'étendue de son savoir, qu'il trouva le secret de ces couleurs si neuves et si vraies, c'est dans son âme sensible et passionnée, c'est dans le souvenir de ses tendres émotions, de ses innocentes amours. Ce n'était point le philosophe profond, l'imperturbable théologien, ni même le poëte sublime qui pouvait peindre et inventer ainsi : c'était l'amant de Béatrix. Si l'on a peine à comprendre comment il a pu placer en enfer ce couple aimable pour une si passagère et si pardonnable erreur, on voit ensuite qu'il a été comme au-devant de ce reproche, en mettant Paul et Francesca dans le cercle où les peines sont les moins cruelles, en ne les condamnant qu'à être agités par un vent impétueux, image allégorique du tumulte des passions, et surtout en ne les séparant pas l'un de l'autre. Ce sont des infortunés sans doute, mais ce ne sont pas des damnés, puisqu'ils sont et seront toujours ensemble. » (*Hist. litt.*) — C'est à Pesaro, où les Malatesti avaient été contraints de se retirer, que s'accomplit la vengeance de Lancelot. Quand cette famille fut rappelée à Rimini, on y transporta les corps des deux amants qu'une même tombe reçut. Deux siècles plus tard, ces corps se retrouvèrent encore entiers, et enveloppés de leurs habits de soie.

1. Remarquons en passant quelle exactitude topographique accompagne cette belle image. En jetant les yeux sur une carte, on voit le Pô, le plus considérable des fleuves d'Italie, recevoir dans son cours un grand nombre d'affluents, *suoi seguaci*, avec lesquels il va se reposer dans la mer, à quelques milles de Ravenne, patrie de Francesca. Ce sont à gauche les deux Doire, la Sesia, le Tessin, l'Adda, l'Oglio, le Mincio, et à droite la Stura, le Tanaro, la Trebbia, la Secchia, etc., tous noms célèbres dans les guerres dont l'Italie a été si souvent le théâtre, et plus récemment illustrés par nos armes.

encore; l'amour qui prescrit d'aimer qui nous aime, me fit prendre à lui plaire un plaisir si grand, qu'ici même, comme tu le vois, ce plaisir ne m'abandonne pas; l'amour nous conduisit tous deux à une même mort : le séjour de Caïn attend celui qui éteignit notre vie [1]. » Ainsi nous parla cette âme offensée. En l'écoutant, j'inclinai la tête et la tins profondément baissée jusqu'à ce que le poëte me dit : « A quoi penses-tu? » — « Hélas! répondis-je, combien de pensées enivrantes, combien de doux désirs ont conduit ces infortunés au terme fatal de leurs jours! » Ensuite me tournant vers eux, je repris : « Françoise, je pleure sur ton martyre avec une pieuse tristesse; mais dis encore : au temps des doux soupirs, comment et à quelle occasion l'amour vous a-t-il permis de fixer l'incertitude de vos désirs? » Elle me répondit : « Il n'est pas de plus grande douleur que de se rappeler, au sein de l'affliction, l'image d'un bonheur qui n'est plus, et ton maître [2] ne l'ignore point. Mais, puisque tu souhaites si vivement de connaître la première origine de notre amour, je te la dirai moins

---

1. Quand le poëte jetait cette menace au fratricide, non-seulement ce dernier vivait encore, mais il était puissant.

2. Ces mots *tuo dottore* semblent au premier abord désigner Virgile, tant de fois invoqué sous ce nom dans le poëme; mais la sentence qui lui serait attribuée, ne se lit pas, au moins d'une manière aussi expresse, dans les vers du poëte latin. Elle se trouve presque littéralement dans Boëce, dont on sait que la lecture était très-familière à notre poëte, dans le temps de ses disgrâces : *In omni adversitate fortunæ infelicissimum genus infortunii est fuisse felicem.* (*De Consol.*, lib. II). Sur ce fondement, plusieurs commentateurs ont pensé que le *tuo dottore* se rapportait à l'auteur de *la Consolation*, oubliant peut-être que la Francesca ne devait pas posséder parfaitement Boëce ni Virgile, et qu'il lui suffisait de savoir ce dernier détenu comme elle dans le triste séjour de l'enfer, pour lui adresser non une sentence tirée d'un livre, mais une vérité morale de tous les temps.

encore par mes paroles, que par mes larmes. Nous lisions un jour avec délices l'histoire de Lancelot, et de quelle manière il fut enchaîné par les liens de l'amour. Nous étions seuls et sans aucune défiance. Plusieurs fois cette lecture avait allumé nos regards et décoloré nos visages. Mais il vint un moment qui nous perdit. Quand nous lûmes qu'un si digne amant avait scellé d'un baiser la bouche souriante, objet de ses désirs, celui qui ne doit plus être séparé de moi, déposa tout tremblant un baiser sur mes lèvres. Le livre et son auteur furent pour nous ce qu'avait été Gallehaut[1]. Ce jour-là nous ne lûmes pas davantage[2]. » Pendant que l'un des esprits parlait, l'autre pleurait tellement que de pitié je me sentis défaillir, comme si je mourais, et je tombai ainsi que tombe un corps sans vie[3].

1. Personnage qui favorisa les amours de Geneviève et de Lancelot. Nous savons par Benvenuto da Imola qu'on appelait alors communément du nom de Gallehaut ceux qui font le honteux métier d'entremetteur d'amour. On croit que Gallehaut est aussi le nom de l'auteur du roman et encore le titre sous lequel le livre fut d'abord connu.

2. Avec quelle réserve le poëte s'arrête ici, laissant à la pitié du lecteur le soin de compléter ce pathétique tableau !

3. « E caddi, come corpo morto cade. » Les Italiens admirent avec raison l'harmonie imitative de ce vers. On peut voir en passant la différence du génie des deux langues : *corps mort*, si vulgaire en français, n'a rien que de noble en italien.

CHANT VI.

En recouvrant la connaissance que la pitié m'avait fait perdre, et le cœur encore troublé de la tristesse dont le sort des deux amants l'avait rempli, je vois autour de moi, de quelque côté que je me porte, que je me tourne ou que je regarde, de nouveaux supplices et de nouveaux suppliciés. Je suis dans le cercle de la pluie éternelle, maudite, froide et pesante, d'une pluie immuable dans son action comme dans sa nature. Une grêle épaisse, une eau noire mêlée de neige s'y déchargent dans l'air obscur : la terre qui les reçoit en reste infectée. Cerbère[1], bête étrange et cruelle, aboie de ses trois gueules contre ce peuple de submergés. Les yeux du monstre sont sanglants, ses poils sales et hideux, ses flancs énormes ; de ses pattes armées de pointes aiguës, il griffe les

---

1. Cerbère, chien dans l'enfer païen, est un démon de l'enfer chrétien, tout en conservant ses trois gueules. Orphée l'endormit quand il alla chercher Eurydice ; Hercule sut l'enchaîner ; Énée l'apaisa en lui jetant un gâteau soigneusement préparé ; Dante ne fait pas tant de façons avec le démon Cerbère : il se contente de lui faire jeter par Virgile quelques pincées de terre. On peut être curieux de comparer l'ancienne et la nouvelle version :

> « Cerberus hæc ingens latratu regna trifauci
> Personat, adverso recubans immanis in antro,
> Cui vates horrere videns jam colla colubris
> Melle soporatam et medicatis frugibus offam
> Objicit : ille fame rabidâ tria guttura pandens
> Corripit objectam, atque immania terga resolvit
> Fusus humi, totoque ingens extenditur antro. »
>
> *Æn.*, lib. VI.

coupables, pénètre dans leurs chairs et les déchire par lambeaux[1]. En même temps la pluie terrible les fait hurler comme des chiens ; ils n'ont contre ses attaques d'autre défense que de présenter alternativement le côté de leur corps le moins endolori, et les misérables se tournent et retournent sans cesse. Quand l'immense reptile[2] nous aperçut, il ouvrit ses mâchoires et nous en montra les défenses : la colère agitait tous ses membres. Alors mon guide étendit les mains, prit de la terre et la jeta dans les gueules béantes. Tel un chien qui aboie en convoitant une proie, ne s'apaise que lorsqu'il mord la pâture qu'il veut être seul à dévorer ; ainsi se calmèrent les gueules immondes du démon Cerbère dont les aboiements étourdissent les âmes au point qu'elles voudraient avoir perdu l'ouïe.

Nous passions au milieu des âmes battues par la tempête pluvieuse et nous foulions leurs ombres semblables à des corps. Toutes, elles gisaient sur la terre, hormis une qui s'assit dès qu'elle nous vit à sa portée. « O toi, dit-elle, qui es amené dans cet enfer, reconnais-moi si tu le peux : tu étais entré dans le monde avant que j'en fusse sorti[3]. » Je lui répondis : « Les

---

1. *Isquatra.* Ce mot veut dire au propre écarteler, déchirer en lambeaux. Un traducteur l'a rendu par *pourfendre.* Cerbère pourfendeur d'âmes, et les pourfendant avec ses griffes, est une image plutôt grotesque que terrible. Travestir n'est point traduire, et c'est pourtant ce que nous faisons tous plus ou moins, pauvres traducteurs !

2. Cette dénomination pourrait paraître étrange, appliquée à Cerbère, si l'on oubliait que le chien à trois têtes est aussi un démon. Or, dans le langage des Écritures, démon signifie serpent.

3. « Tu fosti, prima ch' io disfatto, fatto. » Ces deux mots *disfatto* et *fatto*, ainsi rapprochés, forment une de ces pointes ou oppositions que les Italiens nomment *concetti*. Les poëtes italiens en offrent de

angoisses que tu éprouves ont peut-être effacé tes traits de mon souvenir, car il ne me semble pas que je t'aie jamais vu. Mais dis-moi qui tu es, pourquoi tu as été mis dans un lieu de si grande douleur, condamné à une peine telle que s'il en est de plus affreuse il n'y en a pas de plus déplaisante. » Il reprit : « Ta ville où débordent tant de haines et de jalousies que depuis longtemps la mesure en est comble, m'a vu jouir de la douce clarté des cieux. Vous, mes concitoyens, vous me nommiez Ciacco [1] : c'est pour le honteux péché de gourmandise que tu me vois fustigé par cette pluie. Je ne suis pas la seule âme qui s'attriste : toutes celles ici présentes subissent la même peine pour une faute semblable. » Il se tut. Je répondis : « Ciacco, tes tourments m'oppressent jusqu'à m'arracher des larmes [2] ; mais, si tu le sais, dis-moi où veulent en venir les citoyens de la ville partagée en factions ? s'y trouve-t-il encore quelque juste ? Quelle cause a donc fomenté tant de discordes ? » Il reprit : « Après de longues contestations, ils en vien-

---

nombreux exemples, et les vers de Dante, tout pleins qu'ils soient de sens et d'idées, ne sont pas toujours exempts de ces puérils jeux de mots.

1. Ciacco, équivalent de pourceau, désigne quelque ignoble parasite florentin, dont le nom n'est pas venu jusqu'à nous. Un auteur moderne a prétendu que Ciacco, à l'époque de Dante et peut-être encore à cette heure dans le pays de Florence, signifiait Jacopo. Quand cela serait, il n'en devrait pas moins ici être tenu pour un surnom. Celui qui le portait, disent les anciens commentateurs, Benvenuto et Landino, n'était pas un homme sans naissance : il avait de l'éducation, et sa conversation était pleine de sel et d'enjouement.

2. « Après les larmes que l'infortune des deux amants vient d'arracher au poëte, on regrette de le voir en répandre sitôt après sur le sort de ce vil Ciacco, connu seulement par le sobriquet honteux qu'il devait à sa gourmandise. » (Ginguené, *Histoire littéraire*.)

dront à répandre le sang, et le parti non moins sauvage[1] que les bois d'où son chef est sorti, opprimera l'autre[2] et le chassera. Ensuite celui-ci devra tomber dans l'espace de trois soleils[3], et le premier reprendra le dessus par la puissance de tel[4] qui maintenant temporise. Levant sa tête altière, cette faction tiendra longtemps ses ennemis sous un joug pesant dont ils s'affligeront et s'indigneront en vain. Il est encore deux justes[5] dans Florence, mais ils ne sont point écoutés. L'orgueil, l'envie et l'avarice sont les trois étincelles qui ont embrasé tous les cœurs. » Ici s'arrêtèrent les paroles lamentables. Je continuai : « Tu ne m'as pas appris tout ce que je désire savoir,

1. Dante appelle *parti sauvage* (*parte selvaggia*) le parti des blancs, qui était le sien, dans ces dissensions auxquelles ses vers donnent seuls aujourd'hui quelque intérêt. Il applique à ce parti le nom de sauvage, parce que son chef était Vieri de' Cerchi, homme riche mais nouveau, sorti récemment des bois de Val di Nievole, entre Pistoie et Pescia. Quant à la querelle des noirs et des blancs, nous en avons assez parlé ailleurs pour n'avoir plus à y revenir. Voy. l'introduction, p. 31.
2. Le parti des noirs.
3. Dans l'espace de trois révolutions du soleil autour du zodiaque, c'est-à-dire de trois ans.
4. Charles de Valois, qui rétablit la faction des noirs.— Il eût été sans doute plus clair de substituer, dans la traduction, les noms et les faits à des allusions qui ne sont plus assez transparentes pour se passer de commentaire. Mais l'inconvénient d'une note pour expliquer un texte équivoque, est encore préférable à la mutilation ou à l'altération de ce même texte. Néanmoins on ne saurait disconvenir que le discours de Ciacco, en réponse aux trois questions de Dante, ne soit froid et obscur, surtout dans la partie qui a trait aux guerres civiles de Florence; je doute qu'il soit possible de traduire ce passage sans sacrifier la concision à la clarté, ou réciproquement.
5. Ces deux justes que Dante ne nomme pas sont, croit-on, Dante lui-même et son ami Guido Cavalcante. Vellutello pense qu'il s'agit plutôt de deux notables florentins dont parle l'historien Jean Villani : Barduccio et Giovanni da Vespignano.

accorde-moi quelques paroles encore. Farinata[1] et Tegghiaio[2] qui furent de si dignes émules, Jacob Rusticucci[3], Arrigo[4], Mosca et d'autres, dont toute l'application fut de bien faire[5], où sont-ils? Fais que je le sache, car un vif désir me presse d'apprendre s'ils sont béatifiés dans le ciel ou punis dans l'enfer. » — « Ils sont, me dit-il, parmi des âmes plus coupables; des fautes différentes les ont précipités plus bas dans l'a-

1. C'est le célèbre chef du parti gibelin, Farinata degli Uberti, qui a joué un rôle important dans les guerres civiles de Florence (voy. l'introduction, p. 14 et 15) et que les historiens nomment le plus grand homme d'État de son siècle. Nous le retrouverons plus loin. Son petit-fils, Fazio degli Uberti, acquit un autre genre de célébrité, qui le met plus directement en rapport avec notre poëte. A l'exemple du chantre de Béatrix, il se proposa de donner dans une trilogie la description poétique des trois parties du monde alors connues; et de même que son modèle avait pris Virgile pour guide dans son voyage outre-tombe, il choisit pour le conduire dans ses pérégrinations terrestres l'historien et géographe Solin. Mais son *Dittamondo* (les Dits du monde), interrompu par la mort de l'auteur en 1367, n'est qu'une pâle copie, restée bien au-dessous de l'original. Toutefois, les Italiens regardent Fazio comme un des poëtes remarquables de son temps, et l'Académie della Crusca, dans son amour pour les œuvres du XIV° siècle, a donné de nos jours une nouvelle édition du *Dittamondo*, en essayant de la purger des fautes qui fourmillent dans les premières éditions.—Le peintre Paul Farinato, né à Vérone dans le XVI° siècle, descendait des Uberti de Florence.

2. Tegghiaio Aldobrandi degli Adimari. La famille des Adimari, l'une des plus anciennes et des plus illustres du parti guelfe, a produit plusieurs hommes célèbres. Tegghiaio, dont il est ici question, était un des magistrats de Florence les plus honorés, vers le milieu du XIII° siècle, bien qu'il fût accusé d'un vice honteux, pour lequel Dante l'a logé dans un autre cercle de l'enfer, où nous le verrons. — Les poëtes Alexandre et Louis Adimari, qui ont vécu, l'un dans le XVI° et l'autre dans le XVII° siècle, étaient de la même famille.

3. Nous le trouverons au XVI° chant : voy. p. 336, note 4.

4. Cet Arrigo était de la famille noble des Fisanti; Mosca, de celle des Lamberti : il reparaîtra plus tard dans le XXVIII° chant : voy. p. 457, note 1.

5. Cet éloge a été regardé comme une ironie par quelques commentateurs, entre autres par Landino, qui n'ont pas cru que Dante

bîme, et tu pourras les voir si tu descends jusque-là. Mais quand tu seras revenu sur la terre de félicité, rappelle-moi, je t'en conjure, à la mémoire des hommes[1]. J'ai fini de parler, ne m'interroge plus. » Alors il détourna les yeux, me considéra quelques moments, puis, inclinant la tête, retomba près de ses compagnons de misère. Mon maître me dit : « Il ne

louât sérieusement des hommes qu'il a placés dans les bas cercles de son Enfer, parmi les pécheurs les plus coupables. Ils n'ont pas voulu voir, répond Lombardi, que Dante prononce ses jugements, tantôt comme théologien sévère, tantôt comme citoyen impliqué lui-même dans les turbulentes factions de son temps. Or, les mêmes hommes qu'il condamne pour leur manquement à la loi de Dieu, il les loue pour leurs vertus civiques, lorsqu'à son point de vue la patrie n'a rien à leur reprocher. Ceux-ci étaient de ce nombre.

1. On aura déjà remarqué que les âmes avec lesquelles Dante s'entretient pendant son voyage dans l'enfer, parlent toutes de la terre comme du séjour de la félicité ; elles s'inquiètent du souvenir qu'elles y ont laissé, et s'informent avec empressement de ce qui se passe dans le monde. Au fond, ces sentiments sont en opposition avec ceux que le christianisme tend à développer, et dans un poëme écrit sous l'inspiration de la foi, ce contraste a lieu d'étonner. La pensée chrétienne est que la terre n'est qu'un lieu de passage et d'exil, que la renommée humaine ne pèse d'aucun poids dans les balances de celui qui ne tient compte que de ce qui a été fait en son nom, enfin que l'âme vraiment détachée du monde ne désire pas que sa mémoire s'y conserve. C'est que Dante, homme d'aspirations ardentes et de raison soumise, appartient encore par l'imagination à ce paganisme dont l'esprit se résumait dans le culte de la vie et la glorification de ses joies. Les malheurs de l'illustre banni ne paraissent donc pas lui avoir laissé de rancune contre le séjour qu'*éclaire la douce clarté des cieux*, si fréquentes y soient les vicissitudes et les déceptions. A l'époque de Dante, la tristesse de l'âme, cette fille maladive du christianisme, n'avait pas encore eu le temps de naître, ou n'habitait que dans les thébaïdes. L'homme employait franchement toutes ses forces dans les luttes de la vie, et ne les usait pas à se regarder vivre, comme il a fait de nos jours. Le chrétien du moyen âge, tout en croyant à la vie future, jouissait de celle présente sans trop de scrupule, et surtout sans se croire tenu de la déprécier. L'école mélancolique ne devait venir que cinq siècles plus tard, fruit d'une civilisation avancée et d'un immense épuisement du cœur et de l'esprit.

se relèvera plus, avant que sonne la trompette de l'ange, avant que vienne la puissance ennemie du mal, alors que chacun retrouvera sa tombe, reprendra sa chair et sa figure, et entendra ce qui doit retentir dans l'éternité. »

Nous passâmes à pas lents à travers ce mélange impur des ombres et de la pluie, conversant entre nous sur la vie future. « Mais ces tourments, demandai-je à mon maître, doivent-ils s'accroître après le jour de la grande sentence? Deviendront-ils moins rigoureux, ou encore plus cuisants? » Il me répondit : « Retourne à ce qu'enseigne ta science[1] : d'autant plus grande est la perfection, d'autant plus vif est aussi le sentiment du bonheur ou de la souffrance. Quoique cette race maudite ne doive jamais arriver à la vraie perfection, toutefois elle se flatte d'en approcher davantage après ce moment suprême. » Continuant à parcourir cette route, en parlant de plus de choses que je n'en rapporte, nous arrivâmes au déclin où la pente se précipite, et nous y trouvâmes Plutus[2], ce grand ennemi de Dieu.

1. Cette science est celle d'Aristote. Selon ce philosophe, plus l'être est parfait, plus il est susceptible du sentiment du plaisir et de celui de la douleur. Or, quoique cette race maudite ne doive jamais s'élever à la vraie perfection, qui est surnaturelle, toutefois à l'égard de la perfection naturelle qui dépend de l'union de l'âme avec le corps, elle se flatte d'en approcher davantage après le jugement universel qui lui rendra son corps ; et alors étant d'une perfection relative plus grande, elle souffrira davantage.

2. *Pluto*, le dieu des richesses, et non le roi des enfers, est appelé grand ennemi de Dieu, à cause des désordres produits dans le monde par l'amour de l'argent; il est préposé à la garde du cercle où sont punis les avares et les prodigues.

CHANT VII.

« Apparais, ô Satan[1]! apparais dans toutes tes splendeurs, ô prince de l'enfer! » Ainsi cria Plutus d'une voix rauque et dans un langage qui m'était incompréhensible. Mais mon sage conducteur, versé dans toute science, me dit, pour raffermir mon courage : « Ne cède pas à ta frayeur; quelque pouvoir qu'ait ce démon, il ne t'empêchera pas de descendre par cette roche escarpée. » Puis se tournant vers le gardien aux lèvres gonflées d'orgueil, il lui dit :

1. « Pape Satan, pape Satan aleppe. » Ce vers qu'on a cru composé de plusieurs idiomes, a occupé tous les commentateurs. Ils l'ont traduit : « Capperi Satanasso, capperi gran Satanasso ! » sous-entendant : « Così è dunque qui rispettata la tua autorità ? » *Pape*, disent-ils, n'est que l'interjection latine *papæ*, qui exprime à la fois l'étonnement et l'indignation, et de laquelle s'est formé le nom de *pape* donné au souverain pontife, dont l'autorité est si grande, dit Boccace, qu'elle fait naître la surprise et l'admiration dans tous les esprits. *Satan* est le nom générique que Dante donne dans son poëme à toutes les espèces de démons : il signifie en hébreu adversaire, ennemi, et s'applique à Plutus, le plus grand ennemi de l'homme. Enfin *aleppe* est tiré de la première lettre de l'alphabet hébreu, *aleph*, qui s'emploie dans le sens de grand. Telle est l'explication dont il fallait se contenter, à moins d'adopter celle donnée par le célèbre Benvenuto Cellini, qui, l'on ne s'y attendrait guère, faisait dériver du français les mots *pape* et *aleppe*. Mais la traduction donnée par M. Artaud (Paris, 1828) renferme dans une note fort curieuse une interprétation nouvelle, proposée par l'abbé Lanci, interprète des langues orientales à la bibliothèque du Vatican, et auteur d'une dissertation tant sur le vers dont il s'agit que sur celui, non moins étrange, qui se trouve dans le XXXIe chant. Nous empruntons à l'intéressante publication due à M. Artaud le passage suivant d'une lettre de M. Lanci : « J'ai démontré que les mots *pape Satan*, etc., sont des expressions hébraïques qui signifient mot à mot : *Splendi,*

« Tais-toi, loup maudit[1], consume ta rage au dedans de toi-même. Ce n'est pas sans une juste cause que nous pénétrons dans cette profondeur : on le veut ainsi, là où Michel consomma le châtiment du viol orgueilleux[2]. » Telles des voiles enflées par le vent tombent en s'entremêlant lorsque le mât fléchit et se rompt; tel tomba sur la terre ce démon cruel. Alors nous descendîmes dans la quatrième région, nous enfonçant de plus en plus dans l'antre de désolation où sont enserrés tous les maux de l'univers. O justice de Dieu! qui donc accumule tant et tant de supplices nouveaux dont mes yeux furent témoins[3]? Pourquoi

---

aspetto di Satana, splendi, aspetto di Satana primaio, que j'exprime ainsi dans une phrase italienne plus correcte : *Ti mostra, Satanasso, ti mostra nella maestà de' tuoi splendori, principe Satanasso;* et selon moi, Plutus par ces paroles invite Lucifer à se faire voir du fond de l'abîme pour effrayer Dante, personne vivante, qui rompt et brave les lois de l'enfer. » Suit l'explication du vers de Nembrod, dans le XXXIe chant, que nous rapporterons en son lieu. M. Artaud se déclare satisfait de cette solution; mais on n'en a pas jugé de même de l'autre côté des Alpes, où le vers de Plutus est encore et probablement restera toujours un champ ouvert aux discussions subtiles et savantes.

1. Deux explications sont données pour justifier cette apostrophe de *loup maudit*, adressée au démon Plutus. D'abord, elle dérive logiquement du symbole de l'avarice, laquelle est figurée par une louve dans le Ier chant du poëme, et des attributions de Plutus qui est le dieu des avares. Ensuite la voix rauque de ce démon et les paroles inintelligibles qu'il vient de proférer comme des hurlements, rendent l'assimilation toute naturelle.

2. La sainte Écriture, particulièrement dans les livres prophétiques, appelle *viol, adultère, fornication* l'idolâtrie et toute désobéissance du peuple juif à la loi de Dieu. La grande désobéissance ou révolte des anges contre Dieu même ayant été l'effet de l'orgueil, Dante la nomme le *viol orgueilleux*.

3. Presque tous les commentateurs réprouvent cette interprétation, quoiqu'elle soit la plus conforme au texte, en disant qu'elle serait ou la négation de la vengeance de Dieu, ou de la part de l'auteur une ignorance qu'on ne peut lui attribuer. J'en demande

nos fautes nous font-elles encourir de si grandes tortures ? De même qu'au-dessus de Charybde, les eaux se brisent dans le choc de leur course opposée ; de même se rencontrent et se heurtent les pécheurs dans ce branle infernal[1]. Là, je vis des âmes entassées en plus grand nombre qu'ailleurs. Divisées en deux bandes et poussant d'affreux hurlements, elles roulaient de part et d'autre des poids que leurs poitrines remuaient avec effort. Elles se frappaient dans leur rencontre, et revenaient ensuite sur leurs pas, criant les unes aux autres : « Pourquoi retiens-tu ? et toi, pourquoi jettes-tu[2] ? » Ainsi tournaient les âmes des points opposés de l'enceinte obscure, en se criant les honteuses paroles ; puis parvenues, chacune aux

humblement pardon aux commentateurs, mais il n'y a pas de plus pauvre manière de raisonner. Il faudrait renoncer à la poésie, si les sentiments qui entrent dans son domaine ne pouvaient être exprimés que d'une manière directe et affirmative. Et même sans être poëte, un homme qui, transporté des beautés de la nature, s'écrierait : Qui donc a fait toutes ces merveilles, serait-il nécessairement un athée ou un ignorant ? Malgré l'autorité de Venturi, Lombardi et autres, je ne pense pas qu'il faille dire avec eux : « Qui pourrait se représenter dans son esprit, ou décrire dans ses vers autant de peines, etc. » et cela par la raison que Dante a dit :

« . . . . tante chi stipa
Nuove travaglie e pene, quante io viddi ? »

1. « Cosi convien che qui la gente *riddi*. » Le verbe *riddare* est intraduisible dans son laconisme ; il veut dire mener le branle, conduire une danse en rond.

2. Les deux bandes qui se heurtent et s'injurient, sont les prodigues et les avares. Partis du même point, mais marchant en sens contraires, ils se heurtent avec leurs fardeaux quand ils se rencontrent. Le prodigue dit à l'avare : Pourquoi retiens-tu ? c'est-à-dire pourquoi agissant comme si tu étais encore dans le monde, retiens-tu avidement ce que le devoir et la justice devraient te faire laisser aux autres ? et l'avare dit au prodigue : Pourquoi jettes-tu ? c'est-à-dire pourquoi sans discernement et par caprice, comme tu l'as toujours fait, dissipes-tu ton avoir ? (JAC. DELLA LANA.)

limites de son demi-cercle, elles se retournaient aussitôt pour recommencer la joute éternelle. Et moi qui avais le cœur brisé de pitié : « Dis-moi, ô mon maître! qui sont ces coupables? Ont-ils tous été clercs, ceux que je vois à notre gauche avec la tonsure sacrée? » Il me répondit : « Ils ont tous été tellement louches des yeux de l'esprit, durant la première vie, qu'ils n'ont su faire aucune dépense avec mesure. Leurs cris le proclament encore assez haut, quand ils arrivent aux deux points du cercle où des fautes contraires les séparent. Ceux-ci ont été clercs et papes et cardinaux, dont la tête est dégarnie de cheveux, et sur qui l'avarice épuisa tous ses excès. » — « Maître, dans le nombre de ceux que ces vices ont rendus immondes, il en est bien quelques-uns que je pourrai reconnaître? » — « Vaine pensée! répondit-il; l'ignoble vie qui les couvrit de souillures, les rend maintenant méconnaissables. Condamnés à s'entre-heurter éternellement, ils se relèveront de la tombe, ceux-ci le poing fermé[1], ceux-là sans chevelure[2]. Avoir prodigué et thésaurisé mal à propos, c'est ce qui leur a fermé le monde de la béatitude pour les livrer à cette guerre que mes paroles n'ont pas besoin d'embellir[3].

« Tu peux maintenant, ô mon fils! connaître la courte vanité des biens que dispense la fortune, et sur lesquels s'acharne la race humaine; car tout l'or qui est ou qui a été sur la terre ne pourrait faire reposer une seule de ces âmes fatiguées. » — « Maître, repris-je, quelle est donc cette fortune dont tu me

1. Les avares, en signe de ténacité.
2. Les prodigues, comme s'ils avaient consumé jusqu'à leur chevelure dans de folles dissipations.
3. Il n'est pas nécessaire de chercher de belles paroles pour peindre ce combat que Dante a vu dans sa réalité.

parles, et qui tient tous les biens du monde dans ses serres? — O créatures insensées! s'écria-t-il. Combien grande est l'ignorance qui vous oppresse! Mais je veux que tu te pénètres de mes maximes. Celui dont la science dépasse toutes limites, a fait le ciel et lui a donné des guides, distribuant la lumière avec une harmonie si merveilleuse que sur tous les points qui se correspondent de la terre au ciel, resplendit une égale clarté. Il a voulu de même établir une puissance dispensatrice des splendeurs mondaines, qui, à des temps marqués, en transportât les biens frivoles de nation à nation et d'une race à l'autre, en dépit des calculs de la prudence humaine. Voilà pourquoi une nation commande, tandis qu'une autre languit, soumises également aux arrêts de celle qui se tient cachée comme le serpent sous l'herbe. Votre savoir n'a rien à lui opposer : elle pourvoit, elle juge, elle poursuit son règne, comme les autres divinités[1] poursuivent le leur. Ses permutations n'ont pas de trêve; la nécessité l'emporte dans un mouvement rapide, source d'innombrables vicissitudes. Telle est celle qui est si souvent maudite par ceux même qui devraient la glorifier, loin de l'accuser à tort avec emportement. Mais dans sa béatitude elle n'entend pas ces clameurs : ainsi que les autres intelligences primitives, joyeuse, elle tourne sa sphère et jouit de sa félicité[2].

1. Il y a dans le texte « les autres dieux » (*gli altri Dei*). Dante donne ce nom aux intelligences motrices des cieux. En divers passages des saintes Écritures, les anges sont ainsi qualifiés. (LOMBARDI.)
2. « On ne trouve dans aucun poëte, dit Ginguené, un plus beau portrait de la fortune, peut-être pas même dans cette belle ode d'Horace (*O Diva gratum quæ regis Antium*), au-dessus de laquelle il n'y a rien, sur le même sujet, dans la poésie ancienne. Dante a profité d'une idée de l'ancienne philosophie, adoptée par le christianisme, de cette idée d'une intelligence secondaire, chargée de pré-

« Mais un spectacle encore plus digne de pitié nous appelle plus bas. Déjà descendent les étoiles qui montaient quand je me mis en mouvement[1]. Nous devons nous hâter. » Après avoir traversé le cercle jusqu'à l'autre rive[2], nous vîmes une source bouillonnante, dont l'eau presque noire se verse dans un fossé qui lui sert d'écoulement. En suivant le cours de l'onde obscure, nous descendîmes par une route escarpée sur les bords d'un marais qui se nomme Styx : il est formé par ce triste ruisseau, au pied des plages sombres et malfaisantes de cette nouvelle enceinte. Attentif à ce qui pouvait s'offrir à mes regards, je vis dans ce bourbier des âmes couvertes de fange : toutes, elles étaient nues, et leurs traits semblaient irrités. Elles se frappaient non-seulement avec les mains, mais avec la tête, avec la poitrine, avec les pieds, et de leurs dents elles se déchiraient en lambeaux. Le sage maître me dit : « Tu vois, mon fils, les âmes de ceux que la colère a subjugués, et sache encore qu'au fond de ces eaux croupissantes il y a d'autres âmes sans nombre qui soupirent et font bouillonner l'onde jusqu'à la surface, ainsi que tes yeux te le montrent partout où ils se portent. Plongées dans la vase, elles disent : « Nous fûmes implacables sous le « doux ciel que le soleil réjouit, couvant en nous-« mêmes la fumée d'une lente rancune ; maintenant

sider à chacune des sphères célestes; et il a en quelque sorte ressuscité et rajeuni la déesse de la fortune, en plaçant une de ces intelligences à la direction de la sphère des biens de ce monde. C'est un des morceaux de Dante qui sont rarement cités, mais que relisent souvent ceux qui ont une fois vaincu les difficultés et goûté les beautés sévères de ce poëte inégal et sublime. »

1. Il indique qu'il était plus de minuit; il y avait environ six heures qu'il était entré dans l'enfer, à la tombée de la nuit.

2. Jusqu'à la rive opposée à celle par laquelle ils étaient entrés.

« nous nous attristons dans la bourbe immonde. » Tel est l'hymne que leur gosier murmure sourdement, car elles ne sauraient articuler une parole entière. » Décrivant ainsi le grand arc de la mare fétide, entre la rive laissée à sec et le milieu submergé, les regards fixés sur ceux qui croupissent dans la fange, nous parvînmes enfin au pied d'une tour.

CHANT VIII.

Poursuivant mon récit[1], je dis qu'avant d'arriver au pied de la haute tour, nos yeux s'étaient fixés sur sa cime où brillaient deux flammes légères que nous y vîmes placer. Sur une autre tour, une lueur semblable répondait de loin à ce signal[2]; mais l'œil pouvait à peine la distinguer. Me tournant vers le maître dont l'intelligence est comme une mer de savoir, je m'écriai : « Que disent ces flammes ? Que répond cet autre feu, et qui sont ceux qui les allument ? » Il me répondit : « Tu peux déjà découvrir ce qui s'apprête sur les ondes impures, à moins que les vapeurs du bourbier ne t'en dérobent la vue. » Jamais flèche chas-

1. Ceux qui, sur le témoignage de Boccace et de Benvenuto da Imola, pensent que Dante avait écrit les sept premiers chants de son poëme avant son exil et même avant son départ pour Rome, allèguent comme une nouvelle preuve de leur opinion les premiers vers de ce chant, où il semble, en effet, que le poëte reprenne une œuvre interrompue. Mais cette forme poétique a peu de valeur par elle-même, et n'est pas assez marquée pour qu'on en puisse conclure la reprise d'un travail abandonné depuis longtemps. S'il paraît incontestable, comme nous l'avons vu dans la notice sur Dante, que sa première *Cantica* a été commencée avant l'année 1300, il ne l'est guère moins qu'après un intervalle de plusieurs années, l'auteur se remettant à l'œuvre a refondu sa première ébauche dans une unité de pensée et d'harmonie, sans vouloir marquer le point de suture où se rejoignent l'ancienne et la nouvelle partie.

2. « C'est le télégraphe à feu dont les anciens se servaient, et dont parle Polybe; il en est aussi parlé dans l'*Agamemnon* d'Eschyle. Clytemnestre annonce au chœur que Troie est prise, qu'elle l'a été cette nuit même, que Vulcain en a apporté la nouvelle, que ses feux ont brillé successivement sur huit montagnes. »
Note de G<small>INGUENÉ</small>.

sée par la corde tendue ne fendit les airs avec autant de rapidité qu'en déployait un frêle esquif en s'avançant vers nous, sous le gouvernail d'un seul nautonier qui criait : « Te voilà donc arrivée, âme félonne ! » — « Phlégyas[1], Phlégyas, c'est en vain que tu cries cette fois, lui dit mon maître ; tu ne nous auras avec toi que pour nous faire passer le lac fangeux. » Tel s'afflige avec amertume celui qui découvre l'insigne tromperie dont il a été dupe, tel gémit Phlégyas en réprimant sa colère. Mon guide entra dans la barque et m'y fit entrer après lui : seulement alors elle parut chargée. Dès que nous y eûmes pris place, l'antique proue fendit l'onde épaisse sur laquelle un poids inaccoutumé laissait une trace plus profonde.

Pendant que nous courions sur le marais de la mort, une ombre couverte de vase apparut devant moi, et me dit : « Qui es-tu, toi qui viens avant l'heure ? » — « Je viens, répondis-je, mais je ne reste pas. Mais qui es-tu, toi dont la faute a rendu l'aspect si repoussant ? » — « Tu vois, reprit-il, que je suis une âme qui pleure. »

---

1. Phlégyas, roi des Lapithes, devait le jour à Mars, et eut pour fille Coronis qui fut séduite par Apollon. Pour venger cet outrage, il mit le feu au temple de Delphes. Apollon le tua de ses flèches. Dans l'enfer païen, le malheureux Phlégyas voit pendre au-dessus de sa tête un rocher près de l'écraser, et son exemple apprend aux hommes à ne pas mépriser les dieux. Dante en fait un second Caron, gardien des coupables par colère, parce que, disent plusieurs commentateurs, il fut dominé lui-même par cette passion ; d'autres ont pensé que c'est à titre d'impie méprisant les dieux que Phlégyas est condamné à mener les âmes coupables dans la cité de *Dité* dont on aperçoit déjà la tour, et qui est le séjour des incrédules.

Voici comment Virgile a parlé de Phlégyas :

> « . . . . . Phlegyasque miserrimus omnes
> Admonet, et magnâ testatur voce per umbras :
> Discite justitiam moniti, et non temnere divos.

Æn., lib. VI.

— « Reste donc, lui dis-je, esprit maudit, reste avec tes pleurs et tes souillures, car je te reconnais, encore que tu sois couvert de boue. » Alors il tendit ses deux mains vers le navire, mais mon maître le repoussa en lui disant : « Loin d'ici ! Va-t'en avec les autres chiens, tes pareils. » Ensuite il m'entoura de ses bras, me baisa le visage, et me dit : « Ame justement indignée, bénie soit celle qui t'a porté dans ses flancs ! Cette ombre a été dans le monde un homme plein d'orgueil, nulle vertu n'embellit sa mémoire ; aussi conserve-t-elle encore sa fureur hautaine. Combien de rois là-haut s'estiment grands, qui seront jetés ici comme des pourceaux dans la fange, laissant après eux d'horribles mépris ! » — « Maître, lui dis-je, j'aurais un vif désir de voir plonger cet orgueilleux dans la vase, pendant que nous sommes encore sur le lac. » Il me répondit : « Avant d'avoir aperçu le rivage, tu seras satisfait, et tu jouiras de l'accomplissement de ton vœu. » Bientôt je vis la gente fangeuse qui habite ces lieux accabler de ses outrages l'ombre altière : j'en loue et j'en remercie encore le Seigneur ! Les âmes perdues criaient toutes ensemble : « Sus à Philippe Argenti[1] ! » Seule victime laissée à sa rage, l'indomptable Florentin se déchirait de ses dents. Nous le quittâmes, je n'ai plus à parler de lui.

1. De la noble famille Cavicciuli, rameau de celle des Adimari. Boccace rapporte qu'il était riche et puissant, mais que pour la plus petite cause il entrait dans des transports de fureur. Dante, que nous avons vu jusqu'à cette heure si compatissant, même pour un Ciacco, n'a pour l'altier Florentin que des paroles de colère et de malédiction. Les commentateurs expliquent cette espèce de contradiction en disant que la pitié du poëte, dans tout le cours de son voyage infernal, ne s'étend jamais sur les pécheurs qui ont offensé directement Dieu et le prochain ; loin de les plaindre, il applaudit à leur châtiment, tandis qu'il s'attendrit à la vue des souffrances des autres.

Cependant j'entendis un nouveau bruit de plaintes ; mes yeux attentifs se portèrent devant moi. Le maître me dit : « Mon fils, nous approchons de la ville qui se nomme Dité[1], ville de pécheurs plus coupables et en plus grand nombre. » — « Maître, déjà je distingue au fond de la vallée des tours semblables à des mosquées et vermeilles comme si elles sortaient des flammes. » — « Le feu qui les consume en dedans les fait paraître rouges, et cette teinte colore, comme tu le vois, toute cette basse région de l'enfer. » Parvenus en dedans des larges fossés qui entourent la cité sans consolation, dont les murs semblent de fer, nous abordâmes, mais non sans avoir fait un long circuit. « Sortez, cria le nocher d'une voix rauque ; voilà l'entrée ! » Du haut des portes, plus de mille de ces esprits tombés du ciel disaient avec rage : « Quel est celui qui, sans la mort, va dans le royaume des morts ? » Mon sage guide leur indiqua par un signe qu'il voulait leur parler en secret. Alors contenant un peu leur fureur, ils dirent : « Viens seul, et que celui-là s'en aille, qui a eu l'audace d'entrer dans cet empire ! Qu'il s'en retourne seul, et qu'il essaye de retrouver, s'il le peut, les détours de la route si follement entreprise ! Tu resteras ici, toi qui lui as servi de guide dans ces régions ténébreuses. » Pense, ô lec-

---

[1]. Il donne à sa ville infernale le nom même de celui qui la gouverne, c'est-à-dire de Lucifer. Le roi du vieil enfer, Pluton, s'appelait *Dis*.

« Noctes atque dies patet atri janua *Ditis*. »

Æn., lib. VI.

Les commentateurs croient que la cité de Dité ne désigne pas seulement le séjour des incrédules, qui a la forme d'une ville, mais encore tout le reste de l'entonnoir infernal, depuis ce point jusqu'à celui où se tient Lucifer.

teur! si je fus déconcerté en entendant ces paroles maudites; je n'espérais plus retourner jamais sur la terre. « O maître qui m'es si cher! toi qui, ranimant tant de fois ma confiance, m'as tiré des périls les plus menaçants, ne me délaisse pas dans mon désespoir; et s'il m'est interdit de pénétrer plus avant, retrouvons promptement ensemble les traces de nos pas. » — « Ne crains rien, répondit mon sage conducteur, car nul ne peut contester le droit de notre passage à Tel[1] de qui nous l'avons reçu. Attends-moi dans ces lieux, soutiens ton âme ébranlée, et nourris-la de bonnes espérances : je ne te laisserai pas dans ce monde souterrain. » Il dit et part, et le tendre père m'abandonne, et je reste seul entre le oui et le non[2] qui se heurtent dans mon esprit. Je ne pus entendre ce qu'il leur exposa; mais il était avec eux depuis quelques instants à peine, qu'accourant en foule à la défense des murs, nos ennemis en fermèrent les portes sur mon maître, resté hors de l'enceinte. Il revint vers moi, à pas lents; ses yeux étaient fixés à terre : sur son front ne se lisait plus la confiance, et il disait en soupirant : « Qui m'a refusé les portes de la cité dolente? » Puis m'adressant la parole : « Et toi, si tu me vois indigné, ne t'épouvante pas, car je surmonterai l'épreuve, si grande puisse être la défense qui

---

1. Dieu, par la permission de qui les deux poëtes ont entrepris leur voyage. Dante emploie souvent le pronom relatif « tel » (*tale*) dans le sens où il s'en sert ici, c'est-à-dire pour désigner Dieu même ou quelque haut personnage.

2. Reviendra-t-il, ou ne reviendra-t-il pas? Cette manière de dire a beaucoup de vivacité et de grâce en italien. Pétrarque l'a imitée heureusement :

« . . . . Vivomi intra due,
Nè sì, nè no nel cor mi sona intero. »

se prépare. Cette arrogance n'est pas nouvelle; ils en usèrent jadis devant une autre porte[1] plus accessible, et dont les serrures arrachées déposent encore de tant d'audace. C'est la porte au-dessus de laquelle tu as vu l'inscription terrible. Mais déjà descend de la colline, et passe sans escorte à travers les cercles celui par qui nous sera ouverte la cité rebelle. »

1. Allusion aux paroles de l'Église dans l'office du samedi saint : « Hodie portas mortis, et seras pariter Salvator noster disrupit. » Dante suppose que lorsque Jésus-Christ descendit dans l'enfer pour retirer des limbes les âmes des saints Pères, les démons tentèrent de lui en interdire l'entrée, et que les portes, forcées par le Sauveur, sont restées depuis lors, les serrures arrachées. (LOMBARDI.)

CHANT IX.

En voyant la pâleur que l'effroi peignait sur mon visage, mon maître contint sa propre agitation. Attentif, il s'arrêta comme un homme qui écoute, car dans cet air obscur et chargé de vapeurs, l'œil ne pouvait se porter au loin. « Il faudra pourtant, disait-il, que la victoire nous reste[1], à moins que.... mais non.... un tel secours s'est offert.... Ah! combien me tarde l'arrivée de celui qui doit venir! » Je vis bien qu'il cherchait par ces paroles, différentes des premières, à corriger celles qui d'abord lui étaient échappées. Néanmoins ma peur en devint plus grande, parce que je prêtais à ses phrases inachevées une signification que peut-être elles n'avaient pas. « Jamais, lui demandai-je, est-il descendu dans cette sombre cavité quelque esprit du premier cercle, un de ceux dont la seule peine

---

1.   « Pure a noi converrà vincer la punga,
   Cominciò ei : se.... non....tal ne s'offerse....
   Oh quanto tarda a me ch'altri qui giunga! »

Ce tercet plein de réticences et de sentiments tronqués, a fourni matière à bien des dissertations, sans qu'aucune ait complétement résolu la difficulté. Entre toutes les solutions, celle que Rosa Morando a insérée dans ses *Observations sur l'Enfer*, paraît, au jugement de Lombardi, la plus satisfaisante : « Virgile voyant que le libérateur attendu tardait à paraître, se prit à dire : Il faudra bien après tout que ces démons acharnés nous cèdent et que nous remportions la victoire, si.... (Béatrix ne m'a point abusé par une vaine promesse); mais non.... (ce doute n'est point permis) ; un tel secours s'est offert (c'est-à-dire celle qui m'offrit son aide est aussi sincère que puissante auprès de Dieu). Puis, par un revirement de pensée fort naturel, ne s'occupant plus que de l'ange qu'il attend, il s'écrie : Ah! combien il me tarde, etc. »

est la perte de toute espérance[1]? » — « Il arrive rarement, me répondit-il, qu'aucun de nous descende dans le chemin que je parcours en ce moment. Il est vrai qu'une fois déjà j'y suis venu, conjuré par cette cruelle Erichtho[2], dont les enchantements rappelaient les ombres dans leurs corps. J'étais moi-même une ombre depuis peu de temps, lorsque la magicienne me fit entrer dans la ville maudite pour retirer un esprit du cercle de Judas. C'est le cercle le plus bas, le plus obscur et le plus éloigné du ciel[3] qui contient tous les mondes. Le chemin m'est connu, sois donc rassuré. Ce marais, d'où s'exhale une si grande infection, enveloppe de toutes parts la cité dolente, dans laquelle nous ne pouvons entrer désormais sans ressentir une

1. Dante cherche à se rassurer contre la crainte de demeurer captif en enfer; et pour savoir si son maître ne lui a pas promis plus qu'il ne pouvait tenir, il lui demande si quelque habitant des limbes a jamais obtenu la permission d'entrer dans la ville de Dité.

2. Il est question dans le poëme de Lucain, livre VI, d'une magicienne de Thessalie, nommée Erichtho, qui sur la demande de Sextus Pompée, au temps de la bataille de Pharsale, évoque une ombre pour apprendre d'elle l'issue de la guerre civile. Il est bien clair que Virgile, mort trente ans après la bataille de Pharsale, ne peut pas avoir été l'objet des conjurations de cette Erichtho; et certains commentateurs, trompés par le nom de la magicienne, auraient avec raison signalé l'anachronisme de la fiction poétique employée par Dante, si ce dernier s'était prononcé sur l'identité du personnage. C'est ce qu'il n'a pas fait. Or, nous savons par un passage d'Ovide et par d'autres auteurs que le nom d'Erichtho se donnait indistinctement aux femmes qui se livraient à la divination et aux sortiléges. Rien ne s'oppose donc à croire qu'il s'agit ici d'une autre Erichtho que de celle chantée par Lucain; et au pis aller, peu importerait encore l'anachronisme en pareille matière. — Mais à ce sujet un reproche plus sérieux et peut-être plus fondé est fait au poëte par Rivarol qui censure sans ménagement toute cette fable, et la traite de froide et chétive invention.

3. Le neuvième ciel ou premier mobile; d'après le système suivi par Dante, ce ciel embrasse toutes les autres sphères et leur communique le mouvement.

juste indignation. » Il ajouta d'autres paroles encore ; mais ma mémoire ne les a pas retenues, tant mon attention fut attirée sur la haute tour, à la cime flamboyante ; je vis s'y dresser à la fois trois furies infernales, teintes de sang, et semblables à des femmes par les formes et par la contenance. Leurs corps étaient ceints d'hydres aux sombres couleurs ; pour chevelure, elles avaient des serpents et des vipères, dont les anneaux enlaçaient leurs tempes horribles. Déjà mon guide avait reconnu les suivantes de la reine des pleurs éternels. « Regarde, me dit-il, les féroces Euménides : celle qui est à gauche est Mégère ; à droite est Alecto qui pleure ; Tisiphone est au milieu. » Il se tut. Toutes trois, elles se déchiraient la poitrine avec les ongles, se frappaient de leurs mains, et poussaient de tels cris, que d'effroi je me pressai contre mon maître. Elles criaient en regardant vers nous : « Qu'on apporte la tête de Méduse, et nous le convertirons en pierre. Pourquoi vengeâmes-nous si mal l'audacieux attentat de Thésée[1] ? » Mon guide me dit alors : « Retourne-toi, tiens les yeux fermés, car si ton regard affrontait la Gorgone, il ne serait plus question de revenir sur la terre. » Aussitôt il me tourna lui-même en arrière, et ne se fiant pas à mes seules mains, des siennes il me couvrit encore les yeux. O

---

1. « Mal non vengiammo in Teseo l'assalto. » La difficulté de ce vers consiste à savoir s'il est, dans la bouche des furies qui le prononcent, une vanterie de la vengeance que l'enfer tira de Thésée, en le retenant captif, ou un regret que cette vengeance n'ait pas été plus complète. Bien que chacune de ces interprétations ait trouvé de chauds défenseurs, la seconde néanmoins semble préférable, comme se rapportant mieux à ce qui vient d'être dit des Euménides, ainsi qu'à la donnée mythologique à laquelle le poëte fait allusion : en effet, le châtiment fut incomplet, et c'est la presque impunité de l'ancien attentat qui encourage celui dont l'enfer est de nouveau menacé.

vous qui avez le jugement sain[1], comprenez la doctrine qui se cache sous le voile de ces vers étranges.

Mais voilà qu'arrive sur les ondes épaisses un fracas plein d'épouvante, qui fait trembler les deux rives. Tel un vent impétueux, chassé par les courants contraires d'un air embrasé, frappe les forêts, casse les branches, sans ralentir sa course, abat et disperse les fleurs, et, précédé par des flots de poussière, marche superbe, en poussant au loin les troupeaux et les bergers. « A cette heure, dit le poëte en délivrant mes yeux, dirige tes regards sur cette écume antique, du côté où les brouillards s'élèvent plus épais. » De même que des grenouilles, en présence du serpent ennemi, se précipitent au fond des eaux et s'y tiennent tapies contre terre ; de même des milliers de ces âmes déchues s'enfuyaient devant celui qui marchait sur le Styx, sans en toucher la surface. La main gauche étendue devant lui, il écartait de son visage les vapeurs épaisses, et semblait n'être las que de cette seule importunité. Je compris que c'était un messager du ciel, et me tournai vers mon maître ; mais il me fit signe de m'incliner et de garder le silence. Ah ! de

---

[1].   « O voi ch'avete gl' intelletti sani,
Mirate la dottrina che s'asconde
Sotto 'l velame delli versi strani. »

Ce tercet est comme une parenthèse intercalée et répétée plusieurs fois dans le poëme, avec les mêmes termes, comme pour avertir le lecteur de chercher le sens caché sous l'allégorie. Encouragés par cette invitation et la prenant au pied de la lettre, les commentateurs n'ont pas manqué de se mettre à l'œuvre. Nous ne rapporterons pas tout ce qu'ils ont trouvé d'ingénieux, remarquant seulement avec Ginguené que si Dante s'est en effet proposé de fournir matière à l'esprit de recherche et d'interprétation, c'est un vœu qui a été exaucé bien au delà de ce qu'il pouvait désirer. Quoi qu'il en soit, ces trois vers, ajoute le critique, sont très-beaux : tous les Italiens les savent et les citent souvent.

quelle indignation paraissait transporté l'envoyé céleste! Il alla droit à la porte, et l'ouvrit avec une baguette sans trouver aucune résistance. « O bannis du ciel, race abjecte! s'écria-t-il du seuil de l'horrible porte, d'où vous vient tant d'insolence? Pourquoi vous révolter contre cette volonté qui jamais n'est détournée de son but, et qui tant de fois s'est appesantie pour accroître votre affliction? A quoi peut servir de se heurter contre les destins[1]? Votre Cerbère, vous ne l'avez pas oublié, porte encore sur son cou mis à nu les marques de sa rébellion[2]. » L'ange ensuite, sans nous parler, reprit sa route sur le lac fangeux, semblable à un homme que des soins impérieux rendent étranger aux préoccupations de ceux qui l'entourent. Pour nous que les saintes paroles avaient rassurés, dirigeant nos pas vers la porte fatale, nous en franchîmes le seuil, sans autre guerre à soutenir. Désireux de connaître quel ordre de coupables était détenu dans une telle forteresse, je scrutai d'un œil avide l'espace immense qui s'étendait autour de moi, et je vis que partout il était couvert de deuil et de supplices. Ainsi qu'auprès d'Arles[3], où le Rhône

---

1. Il est presque superflu de faire observer que *destin* doit s'entendre ici dans le sens de divine et invariable disposition de toutes choses. Notre providence est le *fatum* des anciens; l'idée est au fond la même et également incompréhensible.

2. La fable d'Hercule et de Cerbère, mise dans la bouche d'un ange, révolte le P. Lombardi qui cherche à expliquer dans le sens chrétien une allusion trop manifestement empruntée à la mythologie pour en contester l'évidence, sauf à laisser au poëte la responsabilité de ce mélange du sacré et du profane, dont nous verrons bien d'autres exemples.

3. A peu de distance d'Arles, du côté de la porte qui mène aux Capucins, on voit encore, dit-on, des sépulcres et des sarcophages que, d'après leurs inscriptions et les figures qui y sont représentées, on croit appartenir à l'époque romaine.

ralentit ses ondes, ainsi qu'à Pola[1], près du Quarnaro qui ferme l'Italie et en baigne les limites, on voit des sépulcres en grand nombre soulever inégalement la terre; ainsi, des hauteurs inégales s'élevaient de toutes parts dans l'enceinte maudite, mais d'un aspect bien plus lamentable. Entre les tombes éparses, des flammes étaient répandues, qui les brûlaient d'un feu non moins ardent que si le fer de l'ouvrier eût dû s'y tremper. Chaque tombe était entr'ouverte, et il en sortait d'affreux gémissements que la plus vive douleur pouvait seule arracher. « Maître, quels sont ceux qui, ensevelis dans ces arches, se font entendre par des soupirs si plaintifs? » Il me répondit : « Ce sont les hérésiarques[2] avec les fauteurs de leurs doctrines; les tombes en sont plus chargées que tu ne crois : ici le semblable est inhumé avec son semblable, et les monuments sont embrasés de flammes plus ou moins ardentes[3]. » Alors prenant à droite, nous passâmes entre les sépulcres et les murs de la vaste enceinte.

1. Ville très-ancienne et autrefois la plus importante de l'Istrie ; elle est située près du golfe vulgairement appelé Quarnaro, qui sépare l'Italie de la Croatie.
2. « Quoique le poëte nomme ici les hérésiarques, il ne veut pas dire les sectaires, les fondateurs de religions, ou les schismatiques qui ont divisé et troublé le monde par leur imposture, puisque ce n'est qu'au XXVIIIe chant qu'il les classe. Il veut indiquer seulement les incrédules, esprits forts, athées, matérialistes, épicuriens et tous les personnages enfin qui ont suivi des opinions singulières sur Dieu et sur la Providence, mais qui n'ont fait du mal qu'à eux-mêmes. Il désigne aussi les hérétiques de toute espèce, à qui on ne peut reprocher que l'erreur et non la mauvaise foi. » (RIVAROL.)
3. Selon le genre plus ou moins criminel de l'hérésie.

CHANT X.

Cependant nous marchions par un sentier étroit, mon guide le premier et moi sur ses traces, entre les tombeaux et le mur de la cité maudite. « O sublime génie ! m'écriai-je, toi qui me diriges comme il te plaît à travers les plages impies, daigne par quelques paroles contenter mes désirs. Pourrais-je voir ceux qui gisent dans ces sépulcres? Déjà les couvercles en sont levés, et personne n'en garde l'approche. » Il me répondit : « Toutes les tombes seront fermées le jour où les coupables reviendront de la vallée de Josaphat avec leurs corps qu'ils ont laissés sur la terre. De ce côté, est le champ d'Épicure et de tous ses partisans qui font mourir l'âme avec le corps ; ainsi la demande que tu m'as adressée sera bientôt satisfaite, de même qu'un autre désir que tu me tais[1]. » — « O mon généreux guide ! mon cœur n'a rien de caché pour toi, et s'il ne se révèle pas tout entier, c'est uniquement pour ne pas sortir de cette sage brièveté de paroles, à laquelle tu m'as disposé, et que je n'imite pas en ce moment pour la première fois. » —

« O Toscan, qui pénètres, en vie, dans la cité de feu, et parles avec une sage mesure, qu'il te plaise de t'arrêter en ce lieu! Ton langage te fait reconnaître pour être né dans cette noble patrie à laquelle j'ai peut-être été trop fatal. » Telles sont les paroles qui

[1]. Le désir non exprimé par Dante était de savoir si parmi les sectateurs d'Épicure, il ne trouverait pas ses compatriotes Farinata et Cavalcante.

sortirent tout à coup d'une des tombes. Tremblant, je me rapprochai de mon guide ; mais il me dit : « Que fais-tu ? Retourne-toi et regarde : c'est Farinata[1] qui s'est dressé sur sa couche ; tu peux le voir de la tête jusqu'à la ceinture. » Déjà mes yeux s'étaient fixés sur les siens, tandis qu'il levait fièrement son front orgueilleux, comme pour défier l'enfer et ses vengeances. Alors mon guide, de ses mains promptes et courageuses, me poussa vers lui parmi les sépultures, en me disant : « Que tes paroles soient nettes et claires. » L'esprit, lorsque je fus au pied de sa tombe, me regarda quelques instants, puis d'un accent presque dédaigneux : « Qui furent tes ancêtres ? » me demanda-t-il. Et moi, qui désirais obéir[2], je le satisfis pleinement sans rien lui celer. Pendant que je parlais, sa tête se relevait encore plus. Ensuite il reprit : « Tes ancêtres furent mes ennemis acharnés, ceux de ma famille et ceux de mon parti : aussi par deux fois je les ai dispersés[3]. » — « S'ils ont été bannis, répondis-je, ils revinrent de l'exil l'une et l'autre fois[4] ; c'est un art que les vôtres n'ont pas si bien appris. » Alors près de cette ombre en surgit une autre[5], découverte

---

1. Farinata degli Uberti, dont il a déjà été parlé. Voy. le chant VIe, p. 298, note 1. Le chef glorieux du parti gibelin est placé dans cette partie de l'enfer à cause de ses opinions philosophiques. Il faut se souvenir que Dante était guelfe à la date qu'il a donnée à son poëme, et devait être tenu pour tel par Farinata. C'est ce qui explique comment il échange des paroles amères avec un chef du parti dont il a plus tard suivi le drapeau.

2. Obéir moins à cet interrogateur qu'à Virgile qui lui avait recommandé d'être net dans ses paroles.

3. En 1248, avec le secours de l'empereur Frédéric II, et en 1260 après la bataille de Monte Aperto, gagnée par Farinata.

4. En 1250, après la mort de Frédéric II, et en 1266 par la protection de Charles d'Anjou.

5. Quoique Dante ne dise pas le nom de ce personnage, on voit

jusqu'au menton seulement, et qui, je crois, s'était levée sur ses genoux. Ses yeux erraient autour de moi, comme pour chercher si quelque autre me suivait; mais voyant son attente évanouie, elle dit en pleurant : « Si c'est par la hauteur du génie que tu as obtenu de venir dans cette prison ténébreuse, où est donc mon fils[1]? Pourquoi n'est-il pas avec toi? » — « Je ne viens point par ma propre vertu, répondis-je ; celui qui attend ici proche est mon conducteur, lui pour qui votre Guido *eut* peut-être trop peu d'estime. » Les paroles de cet esprit et la nature de la peine qu'il endurait m'avaient instruit de son nom : c'est pourquoi je n'avais pas hésité dans ma réponse. Mais l'ombre se dressant tout à coup, s'écria : « Eh quoi! tu as dit : il *eut*. A-t-il donc cessé de vivre ? La douce lumière du jour n'éclaire-t-elle plus ses yeux ? » Comme il vit que je tardais à répondre, il retomba et ne se

---

clairement par ce qui suit que c'est Cavalcante Cavalcanti, noble et riche Florentin, père du célèbre Guido. Il professait, quoique avec plus de réserve, la même doctrine philosophique que Farinata, son compagnon d'infortune. Mais il paraît, d'après le témoignage des anciens auteurs, que, loin d'avoir les mêmes opinions politiques, il était au contraire un adhérent zélé du parti guelfe ; ce qui ajoutait pour l'un et pour l'autre au supplice encouru par leur athéisme commun, celui d'une cohabitation qui ne devait guère paraître moins insupportable à des esprits qu'on nous montre encore si dominés par leurs vieux ressentiments.

1. Ce fils est le poëte Guido (voy. l'introduction, p. 72). Tout renommé poëte qu'il était, Guido tenait la philosophie, où il excellait également, en plus grand honneur que la poésie. Or, c'est la poésie qui, sous la figure de Virgile, ouvre à Dante l'entrée de l'enfer, ainsi qu'il le fait entendre à Cavalcante, surpris de ce que son fils, esprit distingué, n'ait pu pénétrer dans les cercles avec son ami. Si Guido préféra la philosophie à la poésie, il fut de toute manière mal inspiré, car c'est la dédaignée de son esprit qui l'a fait vivre dans la postérité. Il n'est rien resté de lui qui le fasse connaître comme un grand philosophe, tandis que ses vers nous le montrent poëte aimable et cultivé pour le temps où il écrivait.

montra plus¹. Mais l'autre magnanime², à la prière de qui je m'étais arrêté, n'avait point changé de visage, et sans rien céder de l'arrogance de son maintien, il continua son premier discours : « Il est vrai, dit-il, que les miens ont mal appris l'art de se réintégrer, et c'est ce qui me tourmente plus que ce lit de feu. Mais la dame qui règne dans cet empire n'aura pas cinquante fois rallumé son flambeau³, que tu ne saches à ton tour combien cet art est fatal. Si tu dois revoir le doux aspect du monde⁴, dis-moi pourquoi ce peuple, dans chacune de ses lois⁵, témoigne tant de cruauté contre les miens? » Je lui répondis : « Les massacres et le grand carnage qui ont rougi les eaux

1. Sur une fausse interprétation de la réponse de Dante, le malheureux père se persuade que son fils n'existe plus, et sans vouloir en entendre davantage, il se rejette dans son tombeau. « Voilà encore, dit Ginguené, une de ces beautés fortes et neuves qui n'avaient point de modèle avant notre poëte, et qui sont à jamais dignes d'en servir. »
2. Farinata, interrompu par l'apparition de Cavalcante.
3. Proserpine était la déesse des enfers. On sait que les poëtes réunissaient en une seule personne les trois déesses qui s'appelaient Lucine ou Lune dans le ciel, Diane dans les forêts et Proserpine ou Hécate dans l'enfer. C'est donc dans cinquante pleines lunes ou cinquante mois lunaires, que Dante apprendra combien il est difficile de rétablir une cause perdue. Ce laps de temps, qui fait environ quatre années solaires, indique clairement l'année 1304, qui fut en effet une année désastreuse pour le parti auquel Dante appartenait, par la défaite des blancs devant Florence, défaite dont ils ne se relevèrent jamais (voy. la notice, p. 127).
4. « E se tu mai nel dolce mondo regge, etc. » Ce vers a fort occupé les annotateurs anciens et modernes, surtout à cause de l'acception du verbe *regge*. Landino et d'autres après lui l'ont expliqué dans le sens d'une prière conditionnelle, d'un augure officieux, correspondant à peu près à cette manière de parler : Si le sort doit vous être propice, dites-moi, etc. Donc ici : Si le ciel t'accorde de retourner dans le monde pour jouir de son doux aspect, dis-moi, etc.
5. A l'époque de laquelle parle Farinata, les Uberti, chefs de la faction gibeline et promoteurs du gouvernement aristocratique, étaient devenus tellement odieux au peuple florentin, que non-seule-

de l'Arbia[1], font prononcer de telles prières dans notre temple[2]. » Il reprit en secouant la tête et en soupirant : « Je n'étais pas seul dans le temps que tu rappelles, et certes de graves raisons justifiaient mon concours; mais j'étais seul dans cette assemblée où chacun approuva que Florence fût détruite, et seul je la défendis à visage découvert. » — « Ah! lui dis-je, puisse votre postérité jouir enfin de quelque repos! Mais veuillez délier un nœud où s'embarrasse mon esprit. Il paraît, si j'ai bien entendu, que vous voyez avant le temps les choses que le temps doit amener, et néanmoins le présent semble échapper à votre regard. » — « Nous voyons, me répondit-il, de la même manière que ceux dont la vue débile discerne mieux les objets éloignés : de cette lumière seulement nous permet de jouir le maître suprême. Lorsque les événements s'approchent ou s'accomplissent, notre clairvoyance s'évanouit, et à moins que le récit ne nous en soit apporté, nous ne savons rien de ce qui se passe sur votre terre. Tu peux comprendre par là que toute prescience cessera pour nous, de ce moment solennel[3]

ment ils étaient exceptés des amnisties, parfois accordées à d'autres gibelins, mais encore qu'il ne se promulguait pas de loi d'exil, sans que la sentence de leur bannissement ne fût rappelée.

1. Allusion à la bataille de Monte Aperto, près la rivière de l'Arbia. Le succès de cette journée fut dû principalement à Farinata, et c'est la cause de la haine des Florentins contre lui; mais ils oublient qu'après la bataille, lorsque Florence était menacée de destruction par les gibelins victorieux, Farinata seul la défendit et la sauva dans le conseil où sa ruine était déjà résolue (voy. l'introduction, p. 16).

2. Dante appelle *temple* la salle où se tenaient les magistrats suprêmes de la république, parce que c'était la coutume à Florence, coutume qui dura jusqu'à la fin du xiiie siècle (selon ce que rapporte Machiavel), de convoquer les magistrats dans les églises.

3. Du jour du jugement dernier; alors le temps sera fini, et par conséquent il n'y aura plus d'avenir.

où se fermera la porte de l'avenir. » Alors, tout ému de ma faute : « Veuillez, lui dis-je, apprendre à votre compagnon[1] que son fils compte encore parmi les vivants ; dites-lui que mon hésitation à répondre n'est venue que de l'erreur qui me préoccupait, et que vos paroles ont dissipée. »

Comme dans ce moment la voix de mon maître me rappelait, je me hâtai de demander à l'esprit quels étaient ceux qui partageaient son infortune. Il me répondit : « Nous sommes plus de mille gisant ici, parmi lesquels se trouvent le second Frédéric[2] et le Cardinal[3]; je me tais sur les autres. » Il dit et disparut. Tout préoccupé des paroles hostiles que je venais d'entendre, je rejoignis l'illustre poëte, et nous reprîmes notre route. Il me dit en marchant : « Pourquoi parais-tu si troublé ? » Je satisfis à sa demande. « Que ta mémoire conserve donc fidèlement ce que tu as entendu de funeste, me recommanda cet esprit sublime ; mais attends que tu sois ailleurs[4], » et son doigt se leva vers le ciel. « Quand tu seras devant le doux rayonnement de celle[5] dont l'œil embrasse

---

1. Cavalcante. Dante le désigne par *quel caduto*, expression très-belle, mais intraduisible. Dira-t-on : Apprends *à ce tombé* ? Il y a mille exemples semblables dans *la Divine Comédie*, dus à la fois au génie de la langue et à celui du poëte.

2. L'empereur Frédéric II.

3. Octavien degli Ubaldini, Florentin ; il jouissait de tant de considération et d'autorité qu'on ne l'appelait communément que le Cardinal. C'était, dit Landino, un homme de grand mérite et de grand courage, mais qui avait les mœurs d'un tyran plutôt que d'un prêtre. Il ne se faisait aucun scrupule d'aider les gibelins aux dépens de l'autorité pontificale, et disait que, *s'il avait une âme*, il l'avait perdue pour eux.

4. « Ed ora attendi qui, » etc. Des deux manières d'entendre ce vers, j'ai préféré celle qui semble mieux se lier au vers suivant, comme à l'avertissement que le poëte vient de recevoir de son maître.

5. Béatrix. Elle embrasse tout, parce qu'elle voit tout en Dieu.

toutes choses, tu apprendras d'elle le voyage de ta vie[1]. » A ces mots il prit à gauche, et nous éloignant des murs, nous suivîmes un sentier qui aboutit à une vallée, de laquelle s'exhalait au loin une odeur empestée.

[1]. Préparation à ce qui sera plus clairement prédit à l'exilé, non à la vérité par Béatrix, mais par le fondateur des Alighieri, dans le XVIIe chant du *Paradis*.

CHANT XI.

Nous parvînmes sur la rive [1] qui domine cette vallée, et dont l'escarpement circulaire est formé par d'énormes pierres rompues : de là, nous plongions sur un amas de supplices encore plus cruels. Mais l'horrible infection qui montait du profond abîme, nous fit reculer derrière un tombeau plus grand que les autres. Il était ouvert et portait cette inscription : « Je garde le pape Anastase [2] que Photin a fait sortir de la voie de vérité. » Le maître me dit : « Il faut user ici d'une sage lenteur, afin d'accoutumer d'abord nos

---

1. Rive qui termine le cercle des incrédules, et qui regarde au-dessus de celui des violents. Lorsque le poëte parle de rive élevée et escarpée, il ne faut pas oublier que, par la nature des lieux qu'il décrit, on descend toujours, et qu'ainsi l'escarpement est sous les pieds des voyageurs, et non au-dessus de leurs têtes. D'ordinaire, le passage d'un cercle à l'autre de l'enfer nous est représenté comme un chemin difficile, parsemé d'obstacles, et parfois presque impraticable. Tel est celui qui mène à cette vallée infecte, séjour d'un autre ordre de pécheurs. Mais Virgile et son disciple ne s'y engagent que dans le chant suivant; l'infection qui s'échappe de la vallée, les force à suspendre un instant leur marche, et ils profitent de cet intervalle pour jeter un coup d'œil sur l'espace déjà parcouru et sur celui qui reste à franchir. Sans cesser d'être poëte, Dante va nous exposer la pensée philosophique de son enfer, et la classification profonde et raisonnée d'après laquelle il en a établi les gradations.

2. Aucun des quatre papes qui portèrent le nom d'Anastase ne fut contemporain de Photin, et encore moins imbu des opinions de cet hérésiarque touchant la divinité de Jésus-Christ. Il faut donc que Dante, dans ses préventions contre la cour de Rome, se soit laissé tromper par la chronique du dominicain frère Martin de Pologne, chronique mal digérée, dans laquelle confondant l'empereur Anastase Ier avec un des papes Anastase, l'auteur attribue à ce dernier l'erreur qui fut celle de l'empereur grec. (LOMBARDI.)

sens à l'air fétide qui souffle d'en bas; ensuite nous n'y prendrons plus garde. » — « Trouve donc, lui répondis-je, quelque moyen pour que ce temps ne soit pas perdu. » — « C'est à quoi tu me vois penser, » reprit-il. Puis il continua : « Mon fils, en dedans de ces roches entassées, sont trois cercles plus petits que ceux que tu quittes, et qui comme eux se resserrent de degré en degré. Ils sont tous remplis d'esprits pervers; mais, afin qu'en passant il te suffise de regarder, apprends la cause et le mode de leur affliction. Toute malice qui encourt la haine du ciel, a pour terme l'injure, et celle-ci s'exerce contre autrui soit par la force, soit par la fraude. Mais parce que la fraude est un mal inhérent à l'homme, elle déplaît davantage à Dieu[1], et pour cette cause les frauduleux sont placés plus bas et ont plus de douleur en partage.

« Le premier cercle tout entier est celui des coupables par violence, et comme il est trois ordres de personnes que la violence atteint, ce cercle est partagé en trois sections distinctes. On peut faire violence à Dieu, à soi et au prochain, tant en ce qui les concerne que dans les choses qui se rapportent à eux, comme tu vas le comprendre. Contre la personne du prochain, l'attentat se fait jour par le meurtre ou par des blessures dangereuses, et contre ses biens par des ravages, par des incendies, par des extorsions : c'est pourquoi les homicides, les déprédateurs et les incendiaires, par bandes distinctes, endurent dans le premier compartiment les peines dues à leurs crimes. L'homme peut porter une main violente contre lui-

---

1. La fraude étant l'abus de l'intelligence qui est l'attribut distinctif de l'homme, le rend plus coupable que l'abus de la force qui lui est commune avec les animaux.

CHANT XI.

même et contre ses propres biens : ainsi, dans l'enceinte suivante, sont condamnés à se repentir sans fruit ceux qui sortent volontairement de votre monde, et ceux qui dissipent leur fortune dans le jeu et dans de folles largesses, n'ayant plus qu'à verser des larmes là où la joie leur était offerte. Enfin on peut faire violence à la Divinité en la niant dans son cœur, en la blasphémant dans ses paroles, en méprisant l'ordre de la nature et de la Providence : ainsi la dernière et plus petite section marque du sceau d'une égale infamie et Sodome et Cahors[1] et quiconque méprisant Dieu l'outrage dans sa pensée ou dans ses discours.

« La fraude dont toute conscience sent le remords[2] peut être employée par l'homme contre ceux ou qui lui accordent ou qui lui refusent de la confiance. Il semble que ce dernier mode détruise seulement le lien d'amour que la nature a formé entre tous les êtres : ainsi, dans le second cercle[3], habitent les hypocrites, les flatteurs, les sorciers, les faussaires, les lar-

1. Le nom de Sodome indique suffisamment de quel genre de pécheurs il est question. Quant à celui de Cahors, cela demande une courte explication. Il paraît qu'au temps où Dante vivait, cette ancienne ville de Guyenne était un nid d'usuriers. On voit dans le glossaire de du Cange et dans le commentaire de Boccace, qu'elle avait cette triste réputation, au point que son nom seul n'était pas moins significatif dans ce sens que celui de Sodome dans un autre : Cahors est donc la personnification de l'usure, et tous ceux qui pratiquent ce honteux métier sont réputés lui appartenir. — Il y a une autre ville, du nom de Cahors, qui est située en Provence, et que plusieurs auteurs croient être celle ici désignée, parce qu'elle est plus rapprochée du séjour d'Avignon nouvellement adopté par cette cour papale dont l'avarice prétendue est souvent l'objet des sarcasmes du poëte.

2. « Sua quemque fraus, et suus terror maxime vexat : suum quem-« que scelus agitat. » (Cicer. *pro Rosc.*)

3. Second cercle par rapport à ceux qu'il énumère en ce moment ; mais dans l'ordre général des cercles de l'enfer, celui-ci est le huitième.

rons, les simoniaques, les vils entremetteurs, les signataires de contrats illicites, et tous ceux couverts de semblables souillures. L'autre genre de fraude ne blesse pas seulement le sentiment de bienveillance qu'inspire la nature, mais encore celui plus sacré qui naît de la foi donnée et reçue : ainsi, dans le cercle le plus petit, dans ce centre où gémit Dité sous le poids de l'univers, quiconque a trahi est perdu pour l'éternité. »

« Maître, lui dis-je, tes discours sont pleins de clarté, et font connaître distinctement ces sombres profondeurs et le peuple qu'elles renferment. Mais dis-moi : ceux du marais fétide[1], ceux que le vent emporte[2], ceux battus par la pluie[3], et ceux qui s'entre-choquent avec de si âpres paroles[4], pourquoi ne sont-ils pas punis dans la cité brûlante, si Dieu les réprouve? et s'il ne les réprouve pas, pourquoi sont-ils châtiés avec tant de rigueur? » — « Pourquoi, me répondit-il, ton intelligence s'égare-t-elle si loin du chemin qu'elle a coutume de suivre, ou dans quelle préoccupation est-elle donc tombée? Ne te souvient-il plus dans quels termes *ton Éthique*[5] traite des trois dispositions que Dieu condamne : l'incon-

---

1. Les colériques.
2. Les luxurieux.
3. Les gourmands.
4. Les prodigues et les avares.
5. La *morale* d'Aristote, étudiée par toi. Il y a un peu plus bas : « ta physique; » c'est aussi la *physique* d'Aristote, non moins familière à Dante que l'*Éthique*. Il est à remarquer que Virgile ne nomme pas Aristote et ne le désigne même pas; il dit simplement : *ta morale, ta physique*. On ne pouvait faire une profession de foi plus ouverte d'aristotélisme. Aussi, dans cette dissertation métaphysique, peut-être un peu longue, le poëte s'est-il appuyé de celui qu'il a nommé *le maître de ceux qui savent*.

tinence, la malice et la stupide bestialité? et comment l'incontinence offensant moins Dieu, encourt une moindre réprobation? En appliquant cette maxime et en rappelant à ta mémoire quels sont les coupables dont la pénitence s'accomplit en dehors de cette enceinte, tu comprendras pourquoi la divine justice les a séparés des autres criminels, et pourquoi, moins indignée, elle ne laisse pas cependant de s'appesantir sur eux. » — « O lumière, m'écriai-je, qui éclaircis la vue la plus trouble, toi dont les doctes solutions font que douter n'a pas pour moi moins de charme que savoir, achève de dénouer la trame qui retient mon intelligence, et revenant un peu sur tes pas, apprends-moi pourquoi l'usure offense la bonté divine. » Il reprit : « La philosophie montre à celui qui s'y adonne et en considère l'ensemble, comment la nature procède de l'entendement divin et de son art providentiel; d'un autre côté, ta physique enseigne, dès ses premières leçons, que l'art humain suit la nature d'aussi près que possible, comme le disciple le maître, de telle sorte que l'art est pour ainsi dire fils de Dieu [1]. Maintenant si tu te rappelles bien la Genèse [2], tu sais que c'est à ces deux sources, la nature et l'art, que l'homme a dû puiser dès l'origine des choses le soutien de sa vie quotidienne et l'épargne qui assure son avenir [3]. L'usurier suit une

---

1. La nature procédant de Dieu et l'art de la nature, on peut faire disparaître le terme moyen du rapport, et dire que l'art procède de Dieu.

2. La Genèse, dès ses premières pages, apprend à l'homme déchu la nécessité du travail : « In sudore vultûs tui vesceris. » (Cap. III.)

3. De la nature et de l'art, lequel s'entend ici dans le sens du travail, l'homme tire les subsistances nécessaires à sa vie (*prender sua vita*), et l'épargne que la prévoyance lui conseille d'amasser (*ed avanzar la gente*).

autre route : comme il place ailleurs son espérance, il méprise la nature en elle-même et l'art qui marche après elle[1].

« Mais suis-moi, il est temps de partir; déjà les Poissons[2] se montrent à l'horizon, et le Chariot tout entier[3] se découvre du côté d'où vient le Caurus[4].

1. Ne tirant sa subsistance ni de la nature (puisque l'argent improductif par lui-même n'est pas un fruit de la nature) ni de l'art (puisque sans risque ni travail il jouit des bienfaits de l'industrie) l'usurier méprise ainsi doublement la nature, en elle-même, en dédaignant ce qu'elle lui offre, et indirectement dans l'art ou le travail qu'il néglige également.
2. Le signe des Poissons, qui précède immédiatement celui du Bélier dans lequel nous savons qu'était le soleil, devait alors se lever environ deux heures avant le soleil; le jour allait donc bientôt paraître. Dans le VIIe chant, le poëte a mentionné l'heure de minuit : il n'y avait pas tout à fait douze heures qu'il voyageait dans l'enfer.
3. La constellation du Chariot ou de la grande Ourse.
4. Quand les Poissons se lèvent, le Chariot se montre du côté d'où vient le Caurus, vent qui souffle entre l'occident et le septentrion, appelé Caurus par les Latins, Argeste par les Grecs, et Mistral par les marins. (DANIELLO.)

Puisque Dante a pris un moment de repos dans son voyage, nous ferons comme lui, et nous en profiterons pour dire quelques mots des critiques assez vives dont ce chant a été l'objet. Sous le rapport de l'art, il était assurément très-convenable de mettre un point d'arrêt entre ces scènes de désolation dont l'enfer offre l'incessant spectacle. Seulement il eût été à désirer que la poésie, variant ses couleurs, nous présentât des images un peu moins lamentables; mais la nature du sujet ne le permettait pas. Là où il n'y a pas d'action proprement dite, mais un simple récit, il arrive, si le narrateur ou le poëte s'interrompt, que le vide se fait avec le silence; et comme il remplit à lui seul toute la scène, il ne peut ni se taire ni s'effacer : il faut qu'il se montre sans cesse et qu'il se fasse toujours entendre. S'étant interdit par cette nécessité l'emploi des ressources ordinaires de l'art, dans toute composition de longue haleine, pour soutenir l'intérêt par les contrastes, Dante y a suppléé en ayant recours au seul moyen qui lui restât, et qui se trouvait en même temps merveilleusement approprié à la trempe de son génie et au goût de ses contemporains. Sans sortir de son sujet, il le fait voir sous une autre face, et remontant de l'effet à la cause, il suspend sa représentation visible pour l'étudier à sa source cachée, dans les mauvais penchants de l'âme humaine. Sa métaphysique du

L'escarpement de la colline ne tardera pas à s'adoucir. »

péché, qui pourrait au besoin servir de guide à un prédicateur dans la chaire, ou au tribunal de la pénitence, doit sans doute paraître un peu froide à côté des vives peintures qui l'enchâssent. Il serait puéril de le contester ; mais, après avoir fait cette concession, il faut constater que, dans cette transformation, le poëte, loin de s'effacer, se reconnaît encore d'une manière surprenante. Tout vrai connaisseur de la langue italienne, dit un critique éclairé, admirera toujours le mérite d'une difficulté si grande et si heureusement vaincue, celui d'avoir exprimé dans un langage pur de forme, plein de grâce, de naturel et de précision ce qu'il serait presque impossible de rendre en prose avec autant de force, d'élégance et de clarté. Ce qu'il y a surtout à dire, c'est que *la Divine Comédie* est une œuvre qui ne ressemble à aucune autre, et qu'il ne faut pas juger d'après des règles conventionnelles. Quand elle n'aurait que le mérite de résumer en quelque sorte toutes les connaissances et les opinions d'une époque qui nous est si peu connue, elle mériterait encore d'être étudiée. Ces connaissances sont depuis longtemps dépassées par la science moderne ; ces opinions, aujourd'hui surannées, n'inspirent plus à notre siècle sceptique et railleur qu'une pitié dédaigneuse. Mais les unes et les autres n'en tiennent pas moins une grande place dans l'histoire de l'esprit humain, et il est remarquable que le plus beau monument littéraire du moyen âge en soit aussi l'encyclopédie la plus complète.

CHANT XII.

Le lieu où nous descendions était si sauvage par lui-même et si terrible par ce qu'il renfermait, que la vue s'en détournait avec effroi. Tel le grand éboulement[1] qui frappa l'Adige, en deçà de Trente, soit l'effet d'un tremblement de terre, soit celui d'un affaissement souterrain, a fait disparaître toute voie praticable et n'offre plus à l'œil que d'informes débris depuis le sommet déchiré de la montagne jusqu'aux bords du fleuve ; telle était la descente de cette roche

---

1. Bien des opinions différentes se sont produites relativement au lieu où il faut chercher les traces du grand éboulement qui fournit à notre poëte une si magnifique comparaison. Il serait trop long de rapporter toutes les suppositions émises sur un sujet qui ne peut avoir pour les lecteurs français qu'un intérêt secondaire. Voici comment M. Valery, juge compétent et chercheur infatigable, résume la question : « Entre Roveredo et Ala, petite ville du Tyrol italien, est le *Slavino di Marco*, montagne éboulée, espèce d'avalanche de pierre, que Dante a voulu, dit-on maintenant, bien mieux que *la Chiusa*, désigner par ces vers : *Qual è quella ruina*, etc. On ne peut guère aujourd'hui juger de ce qu'était *lo Slavino*, mais après avoir visité *la Chiusa*, qui se trouve plus bas sur la même route, j'inclinerais à revenir à l'avis des premiers commentateurs et de Maffei, et à reconnaître de nouveau *la Chiusa* pour la fameuse ruine ; elle donne l'idée d'un vestibule de l'enfer, de l'entrée du cercle où les violents sont punis, par l'immense suite de rochers qu'elle présente, et que la route des Français a mutilés sans leur ôter leur formidable aspect. » (*Voyage hist. et litt.*, t. I.) Chacun doit comprendre que dans une question de cette nature le témoignage des premiers commentateurs est d'une grande autorité. Au temps de Boccace et de Benvenuto, la ruine devait être encore telle que le poëte la décrit ; mais la lente transformation opérée par le cours des siècles ne peut qu'égarer aujourd'hui ceux qui veulent opposer des raisonnements aux faits et à la tradition.

abrupte. Sur le haut de la rive écroulée, était ce monstre[1], opprobre de la Crète, qui a été conçu dans le flanc de la vache simulée. Quand il nous aperçut, il se mordit lui-même, comme fait celui qu'une rage intérieure consume. « Crois-tu peut-être, lui cria mon sage conducteur, voir encore le duc d'Athènes qui, sur la terre, t'arracha la vie? Va-t'en, bête infâme! celui qui m'accompagne ne vient pas à l'instigation de ta sœur; mais il vient pour voir les peines qui vous sont infligées. » Tel un taureau qui a rompu ses liens au moment où il vient de recevoir le coup mortel, sans pouvoir s'élancer, bondit çà et là; tel s'agitait le Minotaure. Aussitôt mon guide me cria : « Cours, hâte-toi de descendre, tandis qu'il est en furie. » Nous descendîmes donc par ce monceau de pierres, inaccoutumées au poids qu'elles portaient, et qui souvent se dérobaient sous mes pieds. Je marchais tout pensif; mon maître me dit : « Tu penses peut-être à cette ruine qui est gardée par la bête dont je viens d'étouffer la colère? Or, je veux que tu saches que l'écroulement du rocher n'avait pas encore eu lieu, quand je pénétrai dans ces basses régions de l'enfer. Mais, si mon calcul est exact, peu avant la venue de celui[2] qui ravit à Dité la riche proie du cercle supérieur, la fétide et profonde vallée trembla dans toute son étendue; je pensai que l'univers ressentait ce vif amour dont l'influence a fait croire à cer-

---

1. Le Minotaure, conçu par Pasiphaé, « la fausse vache » (*falsa vacca*), et tué par Thésée, le *duc d'Athènes*. Ariane, qui guida Thésée dans le labyrinthe, était sœur du monstre.

2. Jésus-Christ, qui descendu dans les limbes, ou *cercle supérieur*, en retira les saintes âmes que le poëte nomme *la riche proie soustraite à Lucifer*.

tains philosophes[1] que le monde est rentré plusieurs fois dans le chaos. Ce fut dans cet instant que la roche antique s'ouvrit et se précipita. Mais fixe les yeux sur la vallée, car nous approchons de la rivière de sang, dans laquelle est plongé celui qui par violence a fait tort à autrui. » O aveugle convoitise ! ô colère insensée, qui nous stimules de ton aiguillon durant la courte vie du monde, et nous submerges dans une douleur éternelle !

Je vis une large fosse, courbée en arc, ainsi qu'elle devait être pour embrasser tout l'espace circulaire, suivant ce que mon guide m'avait annoncé. Entre cette fosse et le pied de l'escarpement, couraient à la file l'un de l'autre des Centaures armés de flèches[2],

---

1. « Selon Empédocle, six principes concouraient à la formation du monde : les quatre éléments, puis l'amour et la discorde ; quand les éléments et les mouvements célestes étaient dans un parfait amour, toutes choses retournaient au chaos ; mais à la cessation de cette harmonie, le monde reprenait sa forme primitive. »

2. Nous venons de voir le Minotaure gardien du passage de la roche écroulée. Voici maintenant les Centaures préposés comme surveillants des coupables par violence, sans doute à cause de leurs propres attentats. Ces monstres demi-hommes et demi-chevaux, fils d'Ixion et d'une nue que Jupiter avait substituée à Junon, habitaient en Thessalie, aux environs des monts Ossa et Pélion. Ayant voulu aux noces de Pirithoüs et d'Hippodamie enlever cette princesse et les femmes qui l'accompagnaient, Hercule fondit sur eux avec les Lapithes, en tua un grand nombre, et força les autres à se sauver en Arcadie où il les extermina presque tous dans la suite. Parmi les plus célèbres d'entre eux, étaient les trois que Dante va mettre en scène : Nessus, fils d'Ixion et de la Nue, tué par Hercule avec une flèche empoisonnée, mais vengeur de sa mort par la tunique trempée dans son sang, qui fut cause de la mort du demi-dieu ; Chiron, fils de Saturne métamorphosé en cheval et de Philyre, habile à la chasse, versé dans les sciences, qui eut pour élèves Esculape, Hercule, Achille, Jason, Thésée, etc. ; et Pholus, fils de Silène, l'un des combattants dans la grande querelle des Centaures et des Lapithes : Hercule à qui il avait donné l'hospitalité, lui fit de magnifiques funérailles, et l'ensevelit sur le mont Pholoé.

comme s'ils eussent encore suivi dans les forêts la trace des animaux sauvages. En nous voyant descendre, ils s'arrêtèrent; trois d'entre eux se détachant de la troupe vinrent à nous, munis d'arcs et de traits choisis avec soin. L'un des trois nous cria de loin : « O vous qui descendez la colline, quel martyre venez-vous chercher? Dites-le du point où vous êtes, sinon ma flèche va partir. » Mon maître répliqua : « Nous répondrons nous-mêmes à Chiron; faudra-t-il toujours que trop de précipitation te soit funeste? » Alors me touchant légèrement, il reprit : « C'est Nessus qui mourut pour la belle Déjanire, et trouva sa vengeance dans sa mort même. Celui du milieu, dont la tête s'incline sur la poitrine, est le grand Chiron qui nourrit Achille; le troisième est Pholus, fameux par sa colère. Des milliers de Centaures vont et viennent autour de la fosse, replongeant à coups de flèche dans le lac de sang toute âme qui en sort plus qu'elle n'y a droit d'après sa faute. » Nous nous approchâmes de ces gardiens agiles; Chiron prit un trait, et avec le bout qui s'ajuste à la corde, il releva la barbe épaisse dont ses mâchoires étaient garnies. Quand sa bouche immense fut découverte, il dit à ses compagnons : « Avez-vous remarqué que celui qui marche le second remue ce qu'il touche? Ainsi n'ont point coutume de faire les pieds des morts. » Mais mon maître qui était déjà tout près de la poitrine du Centaure, où les deux natures se confondent, lui répondit : « Sans doute, il est vivant; c'est moi qui dois lui montrer les sombres bords; la nécessité le conduit et non le plaisir. Une sainte femme[1] a quitté les cantiques d'allégresse pour me

---

1. Béatrix : elle a quitté le paradis où l'on chante l'*Alleluia*.

commettre ce soin tout nouveau pour moi ; il n'est pas un malfaiteur, et moi je ne suis pas une âme perverse. Mais, au nom de cette vertu par qui je porte mes pas dans ces régions sauvages, donne-nous un des tiens, qui nous accompagnant nous montre le gué du fleuve, et prête sa croupe à celui qui n'est pas un esprit se soutenant dans les airs. » Chiron se tournant à droite dit à Nessus : « Va, sers-leur de guide, et s'il survient une autre bande, qu'elle s'éloigne. »

Nous nous acheminâmes donc avec notre escorte le long du lac vermeil dont les eaux bouillonnantes arrachaient de grands cris aux damnés. J'en vis beaucoup qui étaient plongés dans le sang jusqu'aux yeux. « Ce sont, nous dit le Centaure, des tyrans qui furent sanguinaires et déprédateurs. Là s'expient les violences impitoyables; là est Alexandre[1] et ce cruel Denis par qui la Sicile a vu tant d'années de douleur. Ce front sous une chevelure noire est celui d'Ezzelino[2], et cet autre aux cheveux blonds appartient à Obizzo d'Este[3] dont il n'est que trop vrai que la vie

---

1. « Vellutello le premier, ensuite Daniello, et plus récemment Venturi, ont prétendu dans leurs commentaires que ce tyran est Alexandre de Phères, en Thessalie, fameux par ses cruautés, qui fut vaincu par Pélopidas et tué par sa femme. Landino et les autres premiers commentateurs avaient établi que c'était Alexandre le Grand, et le P. Lombardi a embrassé leur opinion. D'après Justin qui raconte des traits nombreux de cruauté exercés par ce conquérant sur ses parents et ses plus intimes amis, et d'après l'énergique expression de Lucain qui l'appelle *felix prædo* (Phars., X, 21), on peut, dit-il, le placer avec justice parmi les tyrans *che dier nel sangue e nell' aver di piglio*. Le nom d'Alexandre seul et sans aucune désignation, dit assez l'intention du poëte ; et l'omission qu'il a faite de lui parmi les grandes âmes, *spiriti magni*, qu'il place dans les limbes, prouve qu'il le réservait pour ce lieu de supplices. »   (Note de GINGUENÉ.)

2. Ezzelino III da Romano, dit le Féroce, tyran de Padoue, Vicence, Vérone, etc., mort en 1259. Voy. l'introduction, p. 14.

3. Obizzo II, marquis d'Este, seigneur de Ferrare, Modène et Reg-

fut éteinte par un fils dénaturé. » Quand il eut cessé de parler, je me tournai vers le poëte en l'interrogeant du regard; il me dit : « C'est Nessus qui maintenant doit t'instruire, je ne parlerai qu'après lui. » Un peu plus loin le Centaure s'arrêta devant une multitude d'âmes, dont les têtes s'élevaient hors du gouffre brûlant; il nous montra une ombre se tenant seule à l'écart, et nous dit : « Voilà celui[1] qui en la présence de Dieu a percé le cœur que l'on révère encore sur la Tamise. » Je vis ensuite d'autres coupables qui sortaient de l'eau, non-seulement de la hauteur de la tête, mais de toute la poitrine; dans le nombre j'en reconnus plusieurs. Le sang devenait ainsi peu à peu moins profond, jusqu'à ne plus couvrir que les pieds, et ce fut là que nous trouvâmes un gué favorable. « De même que de ce côté, dit le Centaure, tu vois le fleuve aller toujours en diminuant, de même de l'autre côté, comme tu dois le comprendre, ses eaux creusent leur lit de plus en plus, jusqu'à ce qu'elles atteignent le degré de profondeur où les tyrans sont

---

gio, mort en 1293. L'accusation de parricide que Dante fait peser sur la mémoire d'Azzo VIII, fils et successeur d'Obizzo, n'est pas confirmée par l'histoire : la *Biographie universelle* la déclare dénuée de fondement.

1. Pendant que Charles d'Anjou, roi de Sicile, était à Viterbe, en 1271, avec son neveu Philippe le Hardi pour presser les cardinaux de donner un chef à l'Église qui en était privée depuis deux ans, Gui, comte de Montfort, lieutenant de Charles en Toscane, rencontra dans l'église de Viterbe le prince Henri, fils de Richard, comte de Cornouailles et neveu du roi d'Angleterre Henri III. Gui avait à venger la mort de son père, sujet rebelle tué dans une révolte en Angleterre; profitant de l'occasion, il attaqua le prince anglais pendant le sacrifice de la messe, et le perça de sa main au moment de l'élévation de la sainte hostie. Charles d'Anjou n'osa point punir cet attentat sacrilége, en expiation duquel le roi Henri III fit ériger une colonne à l'entrée du pont de la Tamise, et y fit placer, dans une coupe d'or, le cœur de son neveu.

condamnés à gémir. C'est là que la divine justice châtie cet Attila qui fut le fléau de Dieu sur la terre, et Pyrrhus¹ et Sextus²; c'est là que coulent les larmes que l'éternelle cuisson arrache à René Cornetto et à René Pazzi³ qui désolèrent tant de contrées. » Il dit, se retourne et repasse le gué.

1. Est-ce Pyrrhus, fils d'Achille, ou Pyrrhus roi des Épirotes, l'implacable ennemi des Romains? On peut choisir.

2. Sextus Tarquinius, qui viola Lucrèce. C'est l'opinion du plus grand nombre des commentateurs; d'autres nomment Sextus Pompée, fameux par ses pirateries, de qui Lucain a dit dans la *Pharsale :*

« Sextus erat magno proles indigna parente, etc. »

3. René Cornetto désola par ses pirateries la plage maritime de Rome, et l'autre René, de l'illustre famille des Pazzi de Florence, s'était rendu redoutable par des meurtres multipliés.

CHANT XIII.

Nessus n'avait pas encore atteint l'autre rive, que nous entrâmes dans un bois qui n'était frayé par aucun sentier. On n'y voyait ni verts feuillages ni tendres rameaux, mais des feuilles d'une sombre couleur et des branches noueuses et entremêlées; au lieu de fruits, des épines chargées de poisons. Les bêtes sauvages qui ont en horreur les lieux cultivés, et que l'on voit entre la Cecina[1] et Corneto[2], n'ont pas de repaire plus affreux et plus impénétrable. C'est là que font leurs nids ces hideuses Harpies[3] qui chassèrent les Troyens des Strophades, sinistre annonce de leurs maux à venir. Elles ont de larges ailes, un cou et un visage humains, des pieds armés de serres et une vaste poitrine couverte de plumes; leurs cris lugubres se font entendre sur le haut de ces arbres étranges. Le poëte me dit : « Avant de pénétrer plus avant, sache que tu es dans la seconde section[4], et

1. Rivière qui se perd dans la mer Tyrrhénienne, près de Piombino.
2. Ville de l'État ecclésiastique, au nord de Civita Vecchia.
3. Réminiscence du IIIe livre de l'*Énéide*. En peignant les Harpies, Dante a emprunté plusieurs traits à son maître, mais avec cette touche originale que le génie conserve même en imitant.

« Tristius haud illis monstrum, nec sævior ulla
Pestis et ira Deum Stygiis sese extulit undis,
Virginei volucrum vultus, fœdissima ventris
Proluvies, uncæque manus, et pallida semper
Ora fame. »
Æn., lib. III.

4. Du septième cercle.

que tu y seras jusqu'à ce que tu arrives à celle du sable, plus horrible encore. Mais regarde attentivement[1] et connais d'après ce que tu verras quelle foi tu peux prêter à mes paroles. »

Déjà j'entendais de toutes parts des gémissements plaintifs, et pourtant je ne voyais personne : je m'arrêtai saisi d'effroi. Mon maître crut[2], du moins je le présume, que j'attribuais ces voix qui sortaient d'entre les arbres, à des ombres qui se cachaient à cause de nous. « Si tu romps, me dit-il, la moindre branche sur l'une de ces tiges, tes conjectures s'évanouiront. »

1. « Però riguarda ben se vederai
Cose, che daran fede al mio sermone. »

Les interprètes ne sont d'accord ni sur le texte de ces deux vers ni sur le sens à leur donner. Suivant la leçon adoptée par l'académie della Crusca, il faudrait traduire : « En regardant avec attention tu verras des choses telles que tu refuserais de les croire si maintenant je te les racontais. » Cette version ne se rapporte pas au texte généralement suivi, ni je crois, au sens moral qu'il faut chercher à ces paroles de Virgile. Ce maître n'a pas coutume de raconter d'avance à son disciple ce que ce dernier va voir de ses yeux, et par conséquent n'a nul besoin de s'excuser de ne pas le faire en cette occasion ; mais il a rapporté dans son livre des choses merveilleuses et incroyables, sur lesquelles il suppose que Dante conserve quelque incrédulité, comme cela se voit clairement dans un passage de ce même chant (vers 46 et suiv.). Il est donc évident que le chantre d'Énée en appelle ici au témoignage des Harpies et au prodige que nous verrons tout à l'heure des arbres animés qui ont du sang et de la voix, pour justifier ce qu'il a dit dans son poëme. Cette petite satisfaction d'auteur est peut-être puérile ; les fictions poétiques peuvent se passer d'une confirmation visuelle, et les Harpies vivront dans les vers de Virgile, comme dans ceux de Dante, sans que la véracité du cygne de Mantoue ait besoin de l'attestat du géant de Florence.

2. « Io credo ch' ei credette ch' io credesse. » — Je crois qu'il crut que je croyais. — Grangier a traduit avec une scrupuleuse fidélité :

Je croys bien qu'il croyoit que j'eusse la croyance....

Ce vers, dit Venturi, contient un de ces jeux de mots que nos grammairiens appellent une annomination, et qui est peu digne de la poésie

Alors j'étendis la main, je cueillis un rameau d'un grand arbre, et le tronc me cria : « Pourquoi me brises-tu ? » Aussitôt un sang noir coula de la blessure, et j'entendis crier de nouveau : « Pourquoi me déchires-tu ? Ton cœur est-il donc dépourvu de toute pitié ? Nous fûmes des hommes, et nous sommes devenus des troncs informes. Ta main devait encore être plus compatissante, lors même que nos âmes n'eussent animé que de vils reptiles. » De même que dans un foyer le bois encore vert gémit par l'extrémité que la flamme n'embrase pas, et donne passage à l'air qui s'en échappe avec bruit; ainsi de cette tige mutilée sortaient à la fois des paroles et du sang. Dans mon trouble, le rameau que je tenais tomba de mes mains, et je restai comme un homme que la peur a glacé. « O âme offensée, répondit mon sage conducteur, si ce mortel avait pu croire d'abord ce qu'il ne connaissait que par mes vers[1], sans doute il n'eut point levé la main contre toi ; mais ce qu'il y a d'incroyable dans un tel prodige, m'a fait l'induire à un acte qui maintenant me

sérieuse. Par contre, d'autres commentateurs ont justifié Dante par des exemples ; ils citent celui de l'Arioste :

« Io credea, e credo credere il vero »
   Orl., c. IX.

et de Virgile lui-même, qui a dit dans l'*Énéide* :

« Et nati natorum, et qui nascentur ab illis. »

Ces jeux de mots, auxquels la langue italienne se prête plus que toute autre, reviennent assez souvent dans les vers de Dante, poëte pourtant très-sérieux, mais qui prend tous les tons.

1. Voici le passage qui fixe le sens de celui discuté plus haut (p. 342, note 1). Dante nous avertit par la bouche de Virgile que cette fiction est empruntée de celui qu'il nomme son maître ; elle a été imitée par l'Arioste et par Tasse.

pèse à moi-même. Mais apprends-lui qui tu étais, afin qu'en forme de réparation il renouvelle ta mémoire dans le monde où il lui est permis de retourner. »

Le tronc reprit en ces termes : « Vous me flattez de si douces paroles que je ne peux garder le silence ; et vous, soyez indulgents si je cède un peu trop à l'attrait de cet entretien. Je suis celui[1] qui tins les deux clefs[2] du cœur de Frédéric, et qui les maniai avec tant d'adresse, les comprimant et les relâchant tour à tour, qu'aucun rival ne put m'enlever sa confiance. Je remplis mes glorieuses fonctions avec tant de zèle et de fidélité que j'en perdis le sommeil et les

---

1. Le personnage qui entre en scène est le fameux Pierre des Vignes, chancelier de l'empereur Frédéric II, homme d'un vaste savoir, d'une haute intelligence dans la conduite des affaires, et de plus jurisconsulte, orateur et poëte. A ce dernier titre, il en a été dit quelques mots dans l'introduction (voy. p. 67). Né à Capoue, d'une famille obscure, il s'éleva par ses talents et par la faveur impériale aux plus hautes charges de l'empire. Mais devenu suspect à un maître qui, après l'avoir comblé de bienfaits, lui fit crever les yeux sur de faux soupçons, Pierre ne voulut pas survivre à cet indigne traitement, et se brisa la tête contre les murs de sa prison, en 1246. Les protestations qu'il fait de son innocence ont été confirmées par la plupart des historiens, quoique M. de Sismondi, sur le témoignage de Matthieu Pâris, semble croire au projet d'empoisonnement dont le chancelier fut accusé. Une autre accusation a poursuivi Pierre des Vignes après sa mort, celle d'avoir composé le fameux livre des *Trois imposteurs*, livre que La Monnoie, dans une savante dissertation, a prouvé n'avoir jamais été *vu* par aucun de ceux qui l'ont cité, et par conséquent n'avoir jamais existé. On ne peut donc en charger la mémoire de l'infortuné chancelier. Quant à l'ouvrage intitulé : *De tribus impostoribus*, anno *MDIIC* (1598), dont un des trois exemplaires connus a été acheté par la Bibliothèque royale, à la vente du duc de La Vrillière, au prix de quatre cent soixante-quatorze francs, il est aujourd'hui reconnu que c'est l'œuvre d'un faussaire, et qu'il a été imprimé en Allemagne dans le courant du xviiie siècle.

2. Ces deux clefs du cœur de Frédéric, comme de tous les cœurs humains, sont l'amour et la haine.

forces. La courtisane[1], ruine et honte commune des cours, dont les yeux caressants ne cessèrent jamais de couver le palais de César, enflamma tous les esprits contre moi d'un courroux qui se communiquant à Auguste changea mes joyeux honneurs en un deuil funèbre. Mon esprit, dans son indignation, croyant se soustraire au mépris par la mort, me rendit coupable envers moi-même, d'innocent que j'étais. Par les nouvelles racines de cet arbre, je vous atteste que je ne parjurai jamais la foi que je devais à un maître si digne lui-même d'être honoré. Si l'un de vous retourne dans le monde, qu'il rétablisse ma mémoire encore blessée du coup que l'envie lui porta. » Après quelques moments d'attente, et voyant que l'ombre se taisait, le poëte me dit : « Ne perds pas de temps, interroge-le, si tu désires en savoir davantage. » Je répondis : « Daigne toi-même lui demander ce que tu jugeras devoir me satisfaire, car je ne pourrais, si grande est la pitié qui m'oppresse. » Mon maître continua : « O esprit emprisonné, si celui qui m'accompagne exauce librement le vœu que tu viens d'exprimer, qu'il te plaise encore de lui apprendre comment l'âme se lie dans ces tiges noueuses, et autant que tu le pourras, si jamais aucune âme se dégage de membres si étranges. » Le tronc alors souffla fortement, puis l'air se convertit en ces paroles : « Je vous répondrai brièvement. Quand l'âme hostile contre elle-même quitte le corps d'où elle s'est arrachée volon-

---

1. Cette courtisane est l'Envie. Le poëte lui donne des yeux lascifs (*occhi putti*). Ce dernier mot est aujourd'hui intraduisible ; mais ce n'est pas une raison pour le rendre par *vindicatifs*, comme l'a fait un traducteur. L'envie est sans doute haineuse et vindicative, mais elle a soin que ses yeux ne le disent pas.

tairement, Minos l'envoie dans la septième bouche. Elle tombe dans cette forêt et n'y choisit point sa place; mais là où la fortune la jette, elle germe comme un grain de blé. Elle s'élève en faible rejeton et bientôt en plante des forêts. Les Harpies, en se nourrissant de ses feuilles, lui causent une douleur cruelle, en même temps qu'elles lui ouvrent un passage pour la voix de cette douleur. Au dernier jour nous viendrons comme les autres chercher nos dépouilles, mais sans pouvoir nous en revêtir, car il n'est pas juste que l'homme récupère ce que sa volonté lui a fait perdre. Nous traînerons ici nos corps, et ils resteront suspendus dans la sombre forêt, chacun aux épines de l'arbre où doit demeurer captive l'âme qui lui a été si funeste. »

Le tronc avait cessé de parler; et comme s'il eût voulu poursuivre nous écoutions encore, lorsque nous fûmes surpris par une rumeur semblable à celle qui annonce le passage du sanglier, quand le chasseur attentif à son poste écoute le fracas des branches et les aboiements des chiens. Et voilà que sur la gauche apparaissent deux ombres nues et sanglantes, si pressées dans leur fuite qu'elles rompaient tous les obstacles de la forêt. Celle qui était en avant disait : « Accours, accours, ô mort! » L'autre qui déplorait de rester en arrière, criait : « Lano[1], tes jambes n'étaient pas aussi rapides aux joutes de Toppo. » En-

---

1. Siennois, qui après avoir dissipé sa fortune s'enrôla dans les troupes de Sienne; il prit part au combat de Pieve del Toppo, où les Siennois furent défaits par les Arétins. Plutôt que de continuer à traîner une vie misérable, Lano se jeta volontairement parmi les ennemis et trouva la mort qu'il cherchait. C'est comme dissipateur violent qu'il figure ici, et non pour avoir dans une bataille préféré la mort à la honte de fuir ou de se rendre.

suite, et sans doute pour reprendre haleine, elle se tapit dans un buisson qui sembla ne plus faire qu'un groupe avec elle. A leur poursuite, couraient à travers le bois qui en était rempli, des chiennes noires et avides, agiles comme des lévriers échappés à leurs chaînes. S'élançant sur le buisson où se cachait le fugitif, elles déchirèrent à la fois le pécheur et le feuillage, emportant avec elles des branches mutilées et des lambeaux sanglants. Mon guide me prit alors par la main et me mena vers ce buisson, secours inutile et martyr lui-même dans une lutte si fatale : le sang coulait de ses blessures, et il disait en gémissant : « O Jacques de Saint-André[1], qu'as-tu gagné en me faisant servir à ta défense? En quoi suis-je coupable de ta vie criminelle? » Arrivé près de l'âme plaintive, mon maître lui dit : « Qui étais-tu, toi dont les plaies nombreuses laissent échapper avec ton sang de telles paroles de douleur? » Il répondit[2] : « O âmes qui êtes venues pour voir l'outrage injuste qui a dispersé mes rameaux loin de moi, veuillez les rassembler près de

---

1. Jacques de Saint-André, noble de Padoue et grand dissipateur. On raconte de lui des traits de folle prodigalité, deux entre autres recueillis par Grangier. « Allant à Venise par la Brenta avec quelques autres gentilshommes, et voyant qu'un chacun des autres s'exerçoit à jouer des instruments ou à chanter, pour n'estre oisif, il jettoit ses écus un à un dans la dicte rivière. Une autre fois plusieurs gentilshommes l'estant allés trouver en sa maison des champs, et lui, les voyant de loin, pour leur faire honneur, il fit mettre le feu en toutes les cabanes et métairies de ses laboureurs. »

2. Boccace rapporte que Dante fort animé contre Florence, quand il écrivait cette partie de son poëme, a tu volontairement le nom de ce personnage, afin de frapper de plus de terreur les familles de ceux, alors en assez grand nombre à ce qu'il paraît, qui s'étaient donné la mort en se pendant de leurs propres mains : il voulait que chacune de ces familles pût croire que le pendu anonyme était un de ses membres. Dès lors toutes recherches pour pénétrer ce mystère sem-

leur touffe attristée. Je naquis dans cette ville[1] qui a quitté son ancien protecteur pour prendre Jean-Baptiste, ce qui est cause que l'art funeste de son premier maître ne cessera de l'affliger. Et si ce n'eût été que sur les rives de l'Arno il restât encore quel-

blaient superflues; elles n'en ont été que plus actives. Au lieu d'un coupable, les commentateurs en ont trouvé deux, placés l'un et l'autre dans les conditions voulues : Roch de' Mozzi et Lotto degli Agli, tous deux de Florence, et qui tous deux se pendirent pour ne pas survivre, le premier à sa ruine, le second à une sentence rendue contre lui.

1. Florence, d'abord dédiée à Mars, puis placée sous l'invocation de saint Jean-Baptiste. Lors de cette révolution religieuse, la statue équestre de Mars fut transportée du temple de ce dieu sur le haut d'une tour près de l'Arno. Tour et statue furent précipitées dans le fleuve, à l'époque des destructions de Totila. Mais quand Charlemagne fit reconstruire Florence, vers 801, la statue retirée de l'Arno fut placée sur le pont qui conserve toujours le nom de *Ponte Vecchio*. On l'y voyait encore plusieurs années après la mort de Dante, lorsqu'elle fut emportée avec une partie du pont par un débordement du fleuve. C'est au rétablissement de cette statue que le poëte fait allusion en disant que Mars avait protégé la reconstruction de Florence. Mais Mars, dans son dépit de protecteur évincé, emploie son art, c'est-à-dire la guerre, pour punir la ville félonne; et tout en la punissant, il ne laisse pas de la protéger encore et même plus efficacement que le nouveau patron, puisque si la statue du dieu n'eût pas été remise sur les bords de l'Arno, jamais, nous dit le poëte, les Florentins n'eussent pu rebâtir leur ville. L'assertion n'est pas flatteuse pour le saint précurseur. Mais voici comment on explique la chose. Mars signifie le génie militaire de Florence, et Jean-Baptiste les florins de la république, qui portaient l'effigie de ce saint; de sorte que Dante a voulu seulement reprocher à ses compatriotes d'avoir abandonné la valeur guerrière qui faisait autrefois leur gloire, pour le culte de l'argent qui fait aujourd'hui leur honte. C'est possible. Cependant il est peu de lecteurs qui arriveraient d'eux-mêmes à cette subtile interprétation, et ce qui frappe d'abord c'est la mise en regard des superstitions païennes et des croyances chrétiennes, en donnant aux premières, du moins en apparence, une sorte de supériorité que la nature d'un tel sujet rend encore plus inadmissible. Le fait mérite d'être constaté, mais il ne faut pas aller au delà. Au reste quiconque connaît la terre fortunée que Dante avait certainement en vue quand il mettait dans la bouche de ses damnés tant de regrets pour

ques vestiges d'un culte aboli, les citoyens eussent en vain épuisé leurs efforts à reconstruire leur ville sur les cendres dont Attila[1] l'avait couverte. Je me fis à moi-même un gibet de ma propre maison. »

le monde qui est si doux, a pu s'apercevoir que les anciennes fictions mythologiques, les vieilles tendances superstitieuses sont loin d'y être effacées. La confusion qu'on remarque dans *la Divine Comédie*, se retrouve encore aujourd'hui dans les idées, dans les mœurs et même dans les croyances des peuples chez qui cette œuvre s'est produite. La forme a changé, mais au fond l'esprit est resté le même ; et l'on peut dire dans un certain degré de vérité que l'Italie n'a pas cessé d'être païenne. Que devait-elle donc être au temps de Dante ?

1. Florence n'a pas été détruite par Attila qui détruisit beaucoup de villes, mais n'entra jamais en Toscane ; elle fut prise et saccagée par Totila, roi des Ostrogoths, dans le milieu du vi^e siècle, reprise par Narsès et finalement ruinée. A l'époque où Dante écrivait, la destruction de Florence par Attila était une tradition fabuleuse, très-accréditée en Italie, particulièrement auprès du peuple florentin.

CHANT XIV.

L'amour du lieu natal stimulant ma pitié, je rassemblai les rameaux épars, et les rendis à celui dont la voix était déjà fatiguée. Nous arrivâmes aux limites qui séparent la seconde section de la troisième, et où se voit la redoutable manifestation d'une justice inexorable. Pour bien montrer les choses nouvelles qui m'apparurent, je dis que nous parvînmes à une lande dont l'aridité ne souffre aucune plante. La forêt de douleur la ceint comme une guirlande, ainsi qu'elle-même est entourée par le fleuve de sang. Là, nous nous arrêtâmes tout près du bord[1]. Le sol n'était qu'un amas de sables arides, semblables à ceux qui furent jadis foulés par Caton[2] et par ses soldats. O vengeance de Dieu, combien ne dois-tu pas être redoutée de quiconque lira ce qui s'est manifesté devant moi !

Je vis des troupes nombreuses d'âmes nues, qui toutes pleuraient amèrement; des peines différentes paraissaient leur être imposées. Les unes gisaient sur

1. Sans oser mettre le pied sur cette lande par la raison qui sera dite tout à l'heure. Il y a dans le texte : *a randa, a randa,* en rasant, en rasant, c'est-à-dire en approchant d'aussi près que possible.

2. Le sable foulé par Caton est celui de Libye, lorsqu'après la mort de Pompée il voulut avec le reste de l'armée rejoindre Juba, roi des Numides. Lucain fait ainsi parler Caton entrant en Libye :

« Vadimus in campos steriles exustaque mundi,
Qua nimius Titan, et raræ in fontibus undæ....
Ingrediar, primusque gradus in pulvere ponam. »

Phars., lib. IX.

CHANT XIV. 351

la terre, regardant en haut; d'autres étaient assises, ramassées sur elles-mêmes; d'autres encore marchaient sans s'arrêter jamais [1]. Celles qui suivaient les contours de l'enceinte étaient en plus grand nombre, et en moindre celles couchées sur le sol; mais les gémissements de ces dernières se faisaient entendre par-dessus tous les autres. De larges étincelles de feu pleuvaient lentement sur toute la plaine de sable, comme on voit dans les Alpes descendre des flocons de neige quand l'air n'est pas agité par le vent. De même que, sous le ciel brûlant de l'Inde, tombaient jusqu'à terre des flammes épaisses qu'Alexandre [2] fit fouler sous les pieds de ses soldats, afin d'en étouffer les vapeurs à mesure qu'elles se formaient; de même l'éternelle pluie de feu descendait sur le sable qu'elle embrasait, comme la pierre allume une matière inflammable : terrible surcroît à une douleur déjà si grande! Les misérables mains des suppliciés s'agitaient sans repos, secouant çà et là les étincelles brûlantes. « Maître, m'écriai-je, toi qui as vaincu tous ceux qui nous faisaient obstacle, hormis ces démons impitoyables qui fondirent sur nous à l'entrée de la ville maudite, dis-moi quel est cet intrépide [3] au regard sombre et dédaigneux, qui semble ne pas se soucier de l'incendie,

---

1. Trois catégories de pécheurs, qui seront successivement passées en revue : ceux qui gisent par terre sont les violents contre Dieu; ils vont passer sous nos yeux, les premiers; ceux qui marchent sans s'arrêter, sont les violents contre les lois de la nature; ils paraîtront dans le chant suivant; enfin ceux accroupis sont les violents contre l'art (les usuriers) : nous les verrons dans le XVIIe chant.

2. Les historiens ne parlent pas de ce prodige; il en est fait mention dans une lettre supposée d'Alexandre à Aristote.

3. Capanée, le plus altier des sept rois argiens qui assiégèrent Thèbes pour remettre Polynice sur le trône. Il est représenté par

gisant sur l'arène comme si la pluie ne pouvait abattre son audace?» Mais l'ombre altière ayant entendu la demande que j'adressais à mon guide, s'écria : « Tel je fus vivant, tel je suis après ma mort. Quand même Jupiter en courroux fatiguerait l'ouvrier qui trempa les foudres aiguës dont je fus frappé le dernier jour de ma vie; quand même il fatiguerait tour à tour les laborieux artisans de la forge noircie de l'Etna, et qu'appelant à son aide le fidèle Vulcain, comme il fit au combat de Phlégra[1], il lancerait sur moi tous ses tonnerres, toujours encore une complète allégresse manquerait à sa vengeance. » Mon guide alors, avec une véhémence que je ne lui avais pas encore entendu mettre dans ses paroles : « O Capanée, lui dit-il, c'est par cela même que ton orgueil ne s'est point amorti, que ta punition surpasse toutes les autres. Nul martyre, si ce n'est ta rage même, ne serait un supplice équivalent à cette rage. » Se tournant ensuite vers moi, il reprit d'un ton affectueux : « Il fut un des sept rois qui assiégèrent Thèbes; il méprisa Dieu, et tu vois que, loin de l'implorer, il le brave encore; mais comme je viens de le dire, ses mépris mêmes sont le plus digne ornement d'un cœur si rebelle. Maintenant suis la trace de mes pas, garde-toi de poser le pied sur l'arène brûlante, mais tiens-toi toujours serré vers le bois de douleur. »

Silencieux, nous arrivâmes à une petite rivière qui dégorge de la forêt, et dont la teinte rougeâtre me

---

Stace et par les poëtes comme un insigne blasphémateur. Jupiter irrité le foudroya sous les murs de la ville assiégée.

1. Le combat que les géants soutinrent contre les dieux, et dans lequel, après avoir entassé l'Ossa sur le Pélion, ils succombèrent sous les foudres forgées par Vulcain.

fait encore frissonner. Ainsi que du Bulican[1] sortent les eaux que les pécheresses se partagent entre elles, ainsi coulait sur le sable cette rivière sanglante. Son lit et les contours de ses rives étaient revêtus de pierre, d'où je compris que c'était le chemin qu'il fallait suivre. « Entre tout ce que tu as vu depuis que nous sommes entrés par la porte dont chacun peut franchir le seuil, rien n'est plus digne de remarque que ce ruisseau qui amortit toutes les étincelles qu'il reçoit. » A ces paroles de mon guide, je le priai de contenter l'appétit qu'il venait d'éveiller si vivement. Il reprit en ces termes : « Au milieu des mers est un pays maintenant ruiné; il se nomme la Crète[2], et eut jadis un roi[3] sous lequel le monde connut la chasteté.

---

1. Petit lac d'eaux chaudes minérales, près de Viterbe, et où il y avait des bains. Les premiers commentateurs ont cru que les eaux du Bulican étaient conduites à Viterbe par des canaux et distribuées dans le quartier des courtisanes. Ceux qui ont visité Viterbe, en se proposant de vérifier cette opinion, entre autres Lombardi et plus récemment M. Artaud, affirment qu'elle n'est confirmée par aucun indice local, et que d'ailleurs l'honnête ville de Viterbe n'a jamais joui d'une rue ou d'un quartier spécialement affecté à l'espèce de population qui est mise en cause. Mais un historien de Viterbe, Feliciano Bussi, donne sur le Bulican une courte notice qui est la meilleure explication de ce passage du poëme. « Comme ces bains étaient jadis très-fréquentés, il est probable que dans leur voisinage des courtisanes avaient fondé un de leurs établissements, dans l'espoir de mettre à contribution non-seulement ceux qui s'y transportaient de loin pour se guérir ou se baigner, mais encore les diverses personnes qui séjournaient dans ce lieu, ou y entretenaient des rapports habituels. »

2. Toute cette description de la Crète est empreinte du souvenir des vers de Virgile :

« Creta Jovis magni medio jacet insula ponto, etc. »
Æn., lib. III.

3. Saturne, sous qui le monde fut chaste, a dit Juvénal :

« Credo pudicitiam Saturno rege moratam
In terris. »

Il s'y trouve une montagne, l'Ida, riante autrefois par ses sources et ses feuillages, aujourd'hui déserte, et comme marquée du sceau de la décrépitude. Rhéa l'avait choisie pour y cacher le berceau de son fils; et afin de mieux étouffer les pleurs de l'enfant[1], elle y suscitait de grands bruits de voix et d'instruments. Dans le sein de la montagne, se tient debout un vieillard[2] d'une haute stature; ses épaules sont tournées vers Damiette, et ses regards attachés sur Rome, comme sur son miroir. Sa tête est de l'or le plus fin, il a les bras et la poitrine formés d'un argent pur, le reste du buste est de cuivre; depuis la ceinture ses membres sont en fer affiné, mais le pied droit est d'argile, et c'est sur ce pied plus que sur l'autre que pèse toute la vaste charpente. Chaque partie, celle

---

1. Rhéa, fille du Ciel et de Vesta, femme de Saturne que la fable accuse d'avoir dévoré ses enfants. Lorsque Jupiter eut chassé Saturne du ciel, Rhéa suivit son époux en Italie, et l'aida à y introduire ces mœurs douces et pures qui ont fait donner à l'âge d'or le nom de siècle de Rhée.

2. Par cette statue formée de la tête aux pieds de matériaux qui suivent une progression décroissante, comme la statue décrite par Daniel, le poëte a voulu figurer le temps. Il en place l'image symbolique dans l'île de Crète, parce qu'avec Saturne a commencé, selon les poëtes, le premier âge du temps. Les métaux dont elle se compose représentent la décadence des mœurs pendant les âges successifs du monde. La même image (celle des métaux) avait été employée par Ovide, Juvénal et d'autres poëtes pour marquer la dépravation croissante de l'humanité. Le vieillard a les épaules tournées à l'orient, vers Damiette, terre d'Égypte et siége principal de l'idolâtrie; il a les yeux fixés à l'occident, sur Rome, symbole de la vraie religion et gage de la vie bienheureuse. Les larmes qui s'écoulent par les nombreuses fissures de la statue, sont les diverses souillures des hommes qui finissent toutes par aboutir à l'enfer.

Cette allégorie fournit à Ginguené les réflexions suivantes : « Cette grande image, poétiquement rendue, couvre des allégories que tous les commentateurs depuis Boccace ont très-amplement expliquées, mais

de l'or exceptée, est rompue par des ouvertures à travers lesquelles suintent des larmes qui, réunies, percent la montagne, et s'y creusent un chemin jusque dans l'abîme infernal. Leur cours y forme l'Achéron, le Styx et le Phlégéton, et ensuite s'échappe par ce conduit étroit[1] pour donner naissance au Cocyte, dans ce cercle au-dessous duquel on ne peut plus descendre. Tu verras quel est ce marais, l'heure n'est pas venue de te l'apprendre. » Je répondis : « Si le ruisseau dont tu m'expliques la formation dérive ainsi de notre monde, pourquoi est-ce seulement ici qu'il nous apparaît ? » — « Tu sais, répliqua-t-il, que ces lieux sont d'une forme ronde ; quelque longue qu'ait été la route, quelque bas que tu sois descendu en te dirigeant toujours vers la gauche, néanmoins tu n'as pas encore décrit en entier tout l'espace cir-

---

où il vaut peut-être mieux ne voir que ce qui y est, c'est-à-dire une idée un peu gigantesque, mais poétique, du temps, des quatre âges du monde, et des maux qui ont fait pleurer la race humaine dans chacun de ces âges, excepté dans le premier à qui la poésie de tous les autres siècles, et les regrets de tous les hommes, ont donné le nom d'âge d'or. Cette idée des fleuves de l'enfer, nés des larmes de tous les hommes, porte à l'âme une émotion mélancolique où se combinent les deux grands ressorts de la tragédie, la terreur et la pitié. » — A côté du jugement du critique français, mettons celui d'un critique italien moderne : on retrouvera dans ce rapprochement les nuances qui diversifient l'esprit des deux nations. « Dans ce cadre merveilleux, dit M. Biagioli, où l'intention du poëte est de montrer que les fautes du genre humain sont le supplice qui le tourmente, que le péché même est l'enfer du coupable, que les larmes de l'humanité criminelle sont le moyen dont se sert la justice divine pour la frapper dans ce monde, dans ce cadre, dis-je, les esprits cultivés admireront les élans du génie, la sublimité des images, la nouveauté et la grâce des plus belles formes du langage, un sujet de méditation pour le sage et d'effroi pour le méchant, une philosophie profonde et vraie, une rare puissance d'imagination et vraiment un génie divin. »

1. La petite rivière sur les bords de laquelle se trouvent en ce moment les poëtes.

culaire[1]; ne sois donc pas surpris d'apercevoir des choses nouvelles qui te semblent inexplicables. » Je repris encore : « Maître, où se trouvent le Phlégéton et le Léthé? Sur l'un, tu te tais, et de l'autre, tu viens de dire qu'il était formé des larmes du vieillard. » — « Certes, répondit-il, j'approuve que tu me fasses des questions ; mais le bouillonnement de l'eau sanglante[2] devait résoudre un de tes doutes. Quant au Léthé, tu le verras, mais hors de ce gouffre[3], là où les âmes vont se purifier, quand le repentir a racheté leurs fautes. A cette heure il est temps de nous éloigner de la forêt; suis-moi, les marges du ruisseau nous offrent un sentier que la flamme n'attaque pas, et sur lequel s'éteignent les vapeurs brûlantes. »

1. Dante s'étonne d'apercevoir pour la première fois le ruisseau qui vient du mont Ida, et qui traverse tout l'enfer. Virgile lui répond : « Souviens-toi que l'enfer est d'une forme ronde, qu'en descendant tu as toujours pris à gauche, que tout en faisant beaucoup de chemin tu n'es cependant pas encore arrivé au point qui correspond à celui par lequel tu as commencé à descendre, et qu'ainsi n'ayant point parcouru le cercle tout entier, tu ne dois pas être surpris de voir à droite un objet qui n'avait pas encore frappé tes yeux. »
2. Le lac de sang dans lequel sont plongés les tyrans.
3. Dans le purgatoire.

CHANT XV.

Nous marchions, portés par l'un des bords durcis du torrent; la vapeur qui s'en élève forme en se condensant un abri sous lequel l'onde et ses rives se trouvent préservées du feu. Ainsi que les Flamands, entre Cadsant[1] et Bruges, dans la crainte des flots qui s'avancent contre eux, ont élevé des digues pour forcer la mer à s'enfuir; ou ainsi que les Padouans, le long de la Brenta, abritent leur ville et leurs châteaux avant que le Chiarentana[2] sente l'ardeur du soleil; de même étaient construits ces boulevards, mais dans de moindres dimensions, comme il plut à l'architecte, quel qu'il soit[3], qui les éleva.

Déjà nous étions assez éloignés de la forêt pour qu'il fût impossible de l'apercevoir en se retournant, lorsque nous rencontrâmes une troupe d'âmes venant à nous le long de la digue sur laquelle nous cheminions. Elles nous regardèrent, ainsi qu'on a coutume

---

1. « Cadsant ou Kadsand, ou encore Cassandria, île de la Flandre hollandaise, entre la ville de l'Écluse et l'île Zélande. Le poëte a changé un peu le mot de Cadsant, il a voulu sans doute l'adoucir, et en a fait Guzzante. »   MOUTONNET.

2. Partie des Alpes où la Brenta prend sa source; elle est couverte de neige, dont la fonte, dans le moment des chaleurs, grossit le cours du fleuve et force les riverains à se prémunir contre les inondations.

3. De même que la surface de la terre a été modifiée par le travail de l'homme; de même l'enfer, bien que création divine, a pu être changé dans quelques-unes de ses parties par l'œuvre des démons.

de se regarder le soir sous une lune encore nouvelle; leurs yeux s'attachaient sur nous avec la même application que ceux d'un tailleur déjà vieux sur l'instrument de son travail. Je fus reconnu par un membre de cette troupe, qui saisit le bas de ma robe, en s'écriant : « Quelle surprise! » Pendant qu'il me tendait les bras, mes regards s'arrêtèrent sur ses traits meurtris par le feu; son visage, à demi brûlé, ne m'empêcha point de le reconnaître, et je lui dis en m'inclinant avec respect : « Êtes-vous donc en ces lieux, messer Brunetto[1]? » — « O mon fils, me répondit-il, permets que Brunetto Latini, laissant aller ses compagnons, retourne un moment avec toi. » — « Je vous le demande moi-même avec instances, et si vous désirez que je m'asseye à côté de vous, je suis prêt à le faire, pourvu que ne le désapprouve pas celui qui daigne me servir de guide. » — « O mon fils! reprit-il, quand l'un de nous s'arrête un seul instant, il reste étendu pendant cent ans sous la pluie brûlante, sans défense contre le feu qui le frappe. Poursuis donc ta

---

1. Brunetto Latini, le maître de Dante. Nous l'avons déjà fait connaître; voy. l'introduction, page 70. — Quant au sale péché pour lequel il est en enfer, quelques auteurs cités par Mazzuchelli ont cru que Dante, en consignant une telle imputation dans ses vers, avait cédé à l'influence de l'esprit de parti. Mais, remarque Tiraboschi, en voyant que le poëte, loin de se montrer détracteur ou envieux à l'endroit de son ancien maître, lui témoigne au contraire autant de déférence que d'affection, on doit croire que l'accusation n'était que trop fondée. Cependant comme le témoignage du disciple dépose seul contre le maître, on peut toujours demander compte au premier de l'impitoyable justice avec laquelle il marque du sceau de l'infamie un homme qui lui était cher, auquel il devait de la reconnaissance, et dont sans lui la turpitude fût restée ignorée; de même que sans les tristes indiscrétions de Jean-Jacques, on n'eût pas connu les faiblesses de la femme qui le sauva de la misère. Les caresses du génie sont comme celles du maître des dieux, qui donnaient la mort.

marche, je me tiendrai près de toi, puis je rejoindrai la bande à laquelle j'appartiens, et qui va pleurant sa damnation éternelle. » Je n'osais descendre de la digue pour marcher à sa hauteur, mais je tenais la tête inclinée, comme un homme dont l'attitude témoigne de la vénération.

Il commença en ces mots : « Quelle fortune ou quel destin te conduit ici-bas avant le dernier jour, et qui est celui qui te montre la route? » — « Là-haut, lui répondis-je, dans le monde éclairé par le soleil, avant l'âge de maturité où je suis parvenu[1], je m'égarai dans une forêt dangereuse; hier matin seulement je tâchai d'en sortir, mais j'allais y retomber, lorsque celui-ci m'apparut, et il me ramène par ce chemin. » Brunetto répliqua : « Si ton étoile[2] ne se dément pas, et si elle ne m'a point abusé lorsque je jouissais de cette vie si pleine de charme, tu ne peux manquer d'arriver au port avec gloire. En voyant combien le ciel t'était propice, je t'aurais secondé dans ton œuvre[3], pour peu que la mort me l'eût per-

1. « Avanti che l'età mia fosse piena. » La plupart des commentateurs ont expliqué ce vers par celui qui commence le poëme : « Nel mezzo del cammin di nostra vita, » et en ont conclu que le poëte, d'après son aveu, avait trente-cinq ans lorsqu'il *se perdit* dans la forêt des vices. Lombardi a rectifié le premier cette méprise en démontrant qu'il y a deux dates différentes, et par suite deux sens distincts qu'il ne faut pas confondre. Dante était à *la moitié du chemin de la vie* quand il s'aperçut de son égarement; mais lorsqu'il s'égara, cet âge était loin d'être accompli. C'est ce qu'il expose à Brunetto; il parle ici de l'époque où il a perdu la *vraie route*, et il a parlé en commençant de celle où il reconnut s'être fourvoyé.

2. C'est sans doute d'après ce passage que s'est répandue l'histoire de l'horoscope tiré par Brunetto, lors de la naissance de son futur disciple : voy. l'Essai, page 87.

3. D'après ce qui suit, cette œuvre ne peut être que celle de régulariser le gouvernement de Florence, troublé par les factions.

mis[1]. Mais ce peuple ingrat et méchant, qui dans les temps anciens descendit de Fiesole[2], et qui se ressent encore de l'âpreté de ses montagnes, deviendra ton ennemi à cause même du bien que tu lui auras fait. Et c'est à bon droit; le figuier suave ne doit pas porter ses fruits au milieu des sorbes acides. Une vieille tradition proclame dans le monde que ce peuple est aveugle[3]; race d'ailleurs avare, envieuse et superbe. Puisses-tu te préserver de la contagion de ses mœurs ! Ta fortune te réserve cet honneur que les deux partis te rechercheront l'un et l'autre avec toute la soif du

---

1. Brunetto a l'air de se plaindre d'être mort prématurément, quoiqu'il ait atteint un âge très-avancé ; mais, comme le remarque Tiraboschi, il faut entendre ce qu'il dit, non par rapport à son âge, mais relativement à Dante, en la compagnie duquel il eût désiré de vivre plus longtemps. Un traducteur fait dire à Brunetto : « Si je ne fusse pas *mort pour l'éternité.* » La mort n'est éternelle que relativement au temps : on ne meurt pas pour l'éternité, et on doit le savoir en enfer mieux qu'ailleurs.

2. Ville située sur une hauteur, à trois milles de Florence. « Elle est certainement une des plus anciennes cités de cette partie de l'Étrurie, qui était nommée royale, parce qu'elle était gouvernée par douze rois. Il est incontestable qu'au temps de Dante, Fiesole était déjà déchue depuis plusieurs siècles de son antique splendeur, et que ses habitants les plus considérables s'étaient établis à Florence, où ils furent admis aux honneurs et aux charges publiques comme les Florentins natifs. Mais que la population de Fiesole tout entière se soit portée sur l'Arno, et que de cette transmigration Florence ait tiré son origine comme ville, ainsi que notre poëte le donne clairement à entendre, c'est une assertion contredite par l'histoire et la tradition. »   LANDINO.

3. L'origine de cette dénomination est rapportée de la manière suivante par les commentateurs, appuyés du témoignage de Villani. Les Florentins, à la requête de ceux de Pise, envoyèrent leur milice pour garder cette ville, pendant que les Pisans allaient à la conquête de Majorque, alors au pouvoir des Sarrasins. Revenus victorieux, les Pisans, pour récompenser la fidélité de leurs alliés, leur donnèrent à choisir dans le butin qu'ils rapportaient, ou de deux portes de bronze habilement travaillées, ou de deux colonnes de porphyre à moitié dé-

désir; mais cette soif trompera toujours leurs lèvres altérées. Que les bêtes de Fiesole se déchirent entre elles, mais qu'elles ne touchent pas aux plantes généreuses, s'il en croît encore quelqu'une sur leur fumier, aux plantes en qui revit la vertueuse semence de ces Romains[1] qui continuèrent à habiter un lieu devenu le nid de tant de méchanceté. »

— « Si mes vœux ardents eussent été exaucés, lui répondis-je, vous ne seriez pas encore banni du séjour de la race des hommes. J'ai toujours présente à mon souvenir, et mon cœur en ce moment s'en émeut, votre tendre et paternelle image[2], dans le temps où

gradées, mais qu'ils avaient recouvertes de riches étoffes. Les Florentins prirent les colonnes, dont ils ne connurent le mauvais état qu'après les avoir conduites à Florence. De là cette dénomination d'*orbi*, aveugles, donnée aux Florentins ; les Pisans eurent en compensation celle de *traditori*, traîtres.

1. Florence avait été fondée par les Romains environ un siècle avant notre ère ; plusieurs familles florentines, et celle des Alighieri était du nombre, avaient la prétention de descendre des premiers fondateurs, et d'avoir conservé la pureté de leur origine à travers toutes les invasions des barbares.

2. « Il n'y a rien dans aucun poëme de plus profondément senti et de mieux exprimé. Si l'on reconnaît dans ce qui précède cette belle réponse le ressentiment que Dante conservait contre son ingrate patrie, on reconnaît aussi dans cette réponse même que son âme s'ouvrait facilement aux affections douces, et que son style se pliait naturellement à les rendre. Ce poëte terrible est, toutes les fois que son sujet le comporte ou l'exige, le poëte le plus sensible et le plus touchant. » A ce juste hommage, Ginguené ajoute dans une note : « Mais il fallait commencer par ne pas mettre son cher maître dans cette exécrable catégorie de pécheurs. » Dira-t-on à la justification du disciple révélateur que le vice imputé à sire Brunetto n'a pas été toujours et partout l'objet de la réprobation que nos mœurs y attachent ? Le bon Plutarque en fait honneur à la plupart de ses héros, sans y mettre aucune importance sous le rapport de la moralité. Il raconte, par exemple, comme la chose du monde la plus simple que l'inimitié de Thémistocle et d'Aristide prit naissance à l'occasion d'une rivalité qui, dans nos sociétés modernes, eût passé pour honteuse. Mais le ministre des vengeances de l'enfer chrétien ne pouvait tomber

vous m'enseigniez par quel chemin l'homme peut se rendre immortel ; et aussi longtemps que je vivrai, mes paroles déposeront de la reconnaissance que j'en conserve. Ce que vous me racontez du sort qui m'attend, je l'inscris dans ma mémoire à côté d'une semblable annonce[1], afin de les éclaircir l'une et l'autre auprès de telle femme qui saura les expliquer, s'il m'est donné d'arriver jusqu'à elle. Seulement soyez certain que, pourvu que ma conscience ne me fasse pas de reproche, je suis préparé aux coups de la fortune, quels qu'ils soient. Cette menace ne m'est pas nouvelle : ainsi, que la fortune tourne sa roue comme il lui plaira, et le villageois l'instrument de son labeur ! » A ces mots mon guide se retournant[2], me regarda et dit : « Il écoute bien celui qui conserve ce qu'il entend. » M'entretenant toujours avec messer Brunetto, je lui demandai quels étaient ses compagnons les plus connus et les plus éminents. « Il est bon, répondit-il, que tu en connaisses quelques-uns, mais il vaut mieux que je me taise sur

dans une telle méprise. C'est pourquoi ses révélations acquièrent un caractère plus grave, lorsqu'elles flétrissent des hommes qui étaient entourés de l'estime publique, et qui avaient des titres particuliers à son indulgence.

1. La prédiction de Farinata, faite dans le Xe chant ; Dante la conserve dans sa mémoire pour l'éclaircir quand il sera en la présence de Béatrix : celle de messer Brunetto doit être déférée au même tribunal.

2. Il faut supposer ici avec les commentateurs que Virgile, pendant l'entretien de Dante avec Brunetto, marchait seul en avant, mais à portée d'entendre ce qu'ils disaient. Or, ayant entendu son disciple énoncer sur la force d'âme dans les luttes contre la fortune des sentiments conformes à ceux qu'il a lui-même exprimés sur le même sujet, il se retourne pour l'en féliciter :

« .... Superanda omnis fortuna ferendo est, etc. »

Æn., lib. V.

les autres : le temps ne me suffirait pas à les nommer tous. En somme, sache que tous ont été clercs[1] et lettrés, de grande réputation, souillés tous dans le monde par le même péché. Dans cette troupe dolente, se retrouvent Priscien[2] et François d'Accorso[3]; et si tu avais eu le désir d'un si révoltant spectacle, tu aurais pu voir celui[4] que le serviteur des serviteurs de Dieu transféra des rives de l'Arno à celles du Bacchiglione, où il a laissé ses membres flétris. J'en nom-

---

1. Selon quelques interprètes, le mot « clercs » (*cherci*) ne devrait pas se prendre ici dans la signification d'homme d'église. Lombardi pense qu'il faut l'entendre par *scolari*, correspondant à ce que signifiait dans le même temps le mot latin *clericus*.

2. Priscien (Priscianus), célèbre grammairien de Césarée, qui florissait au commencement du VIe siècle. On ignore les particularités de sa vie. Mais Cassiodore relate qu'en 525 il tenait à Constantinople une école fameuse par le concours extraordinaire qu'elle attirait.

3. Jurisconsulte né à Florence vers 1182, et auteur de la grande glose qui porte son nom. Quoique Boileau ait dit de lui dans le *Lutrin* :

> Grossi des visions d'Accurse et d'Alciat,

il n'en a pas moins joui d'une immense réputation, jusqu'à être nommé l'*Idole des jurisconsultes*. On sait peu de chose de sa vie privée, de même que celle de Priscien. Aussi croit-on que l'individu est mis ici pour l'espèce, c'est-à-dire que Dante a voulu désigner en général les grammairiens et les jurisconsultes comme pouvant plus que d'autres, à cause de leurs fréquentes relations avec la jeunesse, tomber dans un vice honteux. Alors Accurse et Priscien seraient les boucs émissaires offerts en holocauste sur l'autel de la morale publique.

4. Andrea de' Mozzi, évêque de Florence. Landino rapporte de ce prélat qu'il était tellement décrié pour l'infamie de ses mœurs, que son propre frère, afin de n'avoir plus le reflet direct d'une telle honte, sollicita près du pape la translation de l'évêque sur un autre siége. Telle fut la cause qui lui fit quitter les rives de l'Arno pour celles du Bacchiglione, c'est-à-dire l'évêché de Florence pour celui de Vicence, où il laissa « ses membres flétris » (*li mal protesi nervi*). Cette expression, au jugement de Monti, a dans la langue italienne un sens d'une grande énergie et tout à fait dans la manière de Dante, mais qu'il n'est pas possible d'aborder dans la traduction.

merais d'autres encore, mais je ne peux te suivre ni parler plus longtemps, car je vois surgir du sable de nouvelles vapeurs. Une autre bande arrive, avec laquelle je ne dois pas me trouver. Un dernier mot : Je te recommande mon *Trésor*[1] par lequel je vis encore dans le monde. »

Alors il se retourna et se mit à courir, semblable à ceux qui disputent le drap vert[2] dans les joutes de Vérone, et il paraissait être, non le vaincu, mais celui qui triomphe.

---

1. Ouvrage composé par Brunetto pendant son séjour à Paris, et qu'il a écrit en français pour la raison qu'il explique lui-même : « Ci commence le livre du *Trésor*, lequel translata maître Brunet Latin de Florence, et le composa en françois, pour ce que nous sommes en France, et pour ce que la parleure en est plus délitable et plus commune à tous les langaiges. » Martino Conali, autre Italien qui dans le même siècle traduisit en français une histoire latine de Venise, disait aussi : « La langue françoise cort parmi le monde, et est plus délitable à lire et à oïr que nulle autre. » Traduit en italien, puis remis en français par un anonyme du xve siècle, le *Trésor* contient, dans trois parties distinctes, un abrégé de l'Ancien et du Nouveau Testament, la description des éléments et du ciel, la géographie des pays alors connus, un traité de morale extrait d'Aristote, enfin des préceptes de rhétorique et de politique, tirés de Platon, Xénophon, Végèce, Solin et autres. Il semble que l'auteur se soit proposé de rassembler en un seul faisceau toutes les connaissances éparses de son temps.

2. Allusion aux courses qui étaient alors en usage à Vérone, le premier dimanche de carême, et que Dante eut sans doute occasion de voir pendant son séjour dans cette ville. Ces courses étaient exécutées par des hommes nus, à peu près dans le même temps où il y avait, disent les historiens, des courses de femmes nues dans le midi de la France. Non-seulement les mœurs chrétiennes toléraient ces souvenirs du paganisme, mais elles leur donnaient une sorte de consécration religieuse par le choix du jour fixé pour leur célébration. Le prix de la course était une pièce de drap vert. Des courses ont encore lieu en Italie, dans lesquelles le vainqueur reçoit de même une riche pièce d'étoffe, dite *palio*. Dante ne s'est point servi de cette expression, il a dit simplement *drappo*.

CHANT XVI.

Déjà l'on entendait le bruit sourd de l'eau qui tombe dans le cercle suivant, bruit semblable au bourdonnement des abeilles, lorsque trois ombres se détachant ensemble d'une troupe qui passait, vinrent à nous en courant sous l'atteinte de la pluie meurtrière. Chacune d'elles criait : « Arrête, ô toi qui à tes vêtements parais appartenir à notre indigne patrie ! » Hélas! de combien de plaies anciennes et récentes les flammes avaient sillonné leurs membres! A ce souvenir mon cœur se brise encore de pitié. Leurs cris ayant éveillé l'attention de mon maître, il se tourna vers moi : « Attends-les, me dit-il, il est convenable que tu leur montres de la courtoisie, et même ce serait à toi de les prévenir, n'étaient ces flèches ardentes dont le sol est partout embrasé. » Lorsqu'elles nous virent arrêtés, elles recommencèrent à gémir[1]; puis arrivées près de nous, elles formèrent à elles trois une roue qui tournait sans repos. Tels des champions nus et frottés d'huile, cherchent avant d'en venir aux mains par où commencer l'attaque et comment prendre leur avantage; telles, les ombres en tournant tenaient leurs regards attachés sur les miens, quoique dans ce double et rapide mouvement, la tête eût sans cesse à suivre une direction contraire à celle des

---

1. Elles recommencèrent les gémissements (voy. chant XIVe, v. 20) qu'elles avaient un instant interrompus pour nous prier de les attendre.

pieds. L'une d'elles commença en ces termes : « Si l'horreur de ce sable mouvant et de notre aspect défiguré nous livre au mépris, nous et nos prières, que du moins notre ancienne renommée dispose ton esprit à nous dire qui tu es, toi qui poses avec tant d'assurance un pied vivant dans l'enfer. Celui dont tu me vois fouler les traces, nu maintenant et méconnaissable, fut d'une plus haute condition que tu ne penses peut-être. Petit-fils de la chaste Gualdrada[1], il eut nom Guido Guerra[2], et il brilla durant sa vie dans les armées et dans les conseils. Cet autre qui me suit est Tegghiaio Aldobrandi[3], dont la voix aurait dû être mieux écoutée dans le monde; et moi qui partage leur supplice, je fus Jacques Rusticucci[4], ce-

1. Fille de Bellincion Berti, de la noble famille des Ravignani de Florence; elle était d'une beauté singulière. Jean Villani rapporte que, passant à Florence, l'empereur Othon IV, frappé de la beauté de Gualdrada, demanda qui elle était; à quoi Bellincion, présent, répondit : « Elle est fille de tel qui trouvera bon que vous lui donniez un baiser, si tel est le plaisir de Votre Majesté. » Ces paroles furent entendues de la jeune fille ; elle rougit, se leva et dit : « Jamais homme vivant ne m'embrassera, s'il n'est mon mari. » L'empereur loua la sagesse de cette réponse et conseilla au comte Guido, un de ses premiers barons, d'épouser cette belle et noble fille. Le conseil fut suivi.

2. Du comte Guido et de la belle Gualdrada naquirent plusieurs fils, dont l'un, nommé Roger, fut père de Guido Guerra. Cette famille Guido, très-influente dans la Toscane, était partagée en guelfes et gibelins. Celui qui figure ici, zélé guelfe, se signala dans les guerres de l'époque, et particulièrement à la bataille de Grandella, parmi les chefs de l'armée de Charles d'Anjou. Dante dit de lui :

« Fece col senno assai e con la spada. »

Vers que Tasse a imité en disant de Godefroi de Bouillon :

« Molto egli oprò col senno e con la mano. »

3. Il a déjà été nommé : voir la note qui le concerne, chant VIe, p. 298. Quant au conseil qu'il donna, et qu'on aurait dû suivre, il a trait à la bataille de Monte Aperto : voy. l'introduction, p. 15.

4. Noble et riche Florentin. On ne sait guère de lui que ce qu'il

lui dont l'épouse intraitable a plus que toute autre cause occasionné la faute. » Si j'avais pu me mettre à l'abri du feu, je me serais précipité entre leurs bras, et je crois que mon maître ne l'eût pas désapprouvé ; mais la crainte de la pluie qui m'eût brûlé et meurtri surmonta le désir qui me rendait avide de leurs embrassements. Je répondis : « Ce n'est pas du mépris, mais de la pitié que j'éprouvai dès que mon seigneur m'eut donné à entendre qui vous étiez, et le sentiment que m'inspire votre sort est tel que mon cœur en sera longtemps oppressé. Votre patrie est la mienne ; toujours j'entendis citer avec respect vos noms honorables, et rappeler avec admiration vos actions glorieuses. Je visite ce séjour d'amertume, que je ne dois quitter qu'après en avoir touché les dernières limites, et je vais cueillir les fruits délectables qui m'ont été promis par un guide qui ne promet pas en vain. » — « Puisse ton âme gouverner tes sens pendant de longs jours, reprit l'ombre qui m'avait déjà parlé, et puisse ta renommée reluire après toi ! Mais apprends-nous si l'honneur et la politesse habitent encore dans notre ville, comme autrefois, ou si ces vertus en sont entièrement bannies, car nous sommes inquiets et tour-

en raconte, qu'il avait une femme revêche, cause principale de son infortune, et avis donné en passant aux femmes dont la mauvaise humeur peut avoir de si désastreuses conséquences. — « Il est étrange, observe M. de Sismondi, qu'un vice aussi honteux se soit aussi généralement répandu dans une république qui, sous les autres rapports, nous paraît austère et vertueuse. Il est curieux aussi de voir comment les âmes républicaines et religieuses en même temps, prenaient dans ce siècle les jugements de Dieu. Quand on leur voit prodiguer tant de respect à ceux qui sont soumis aux vengeances éternelles, on croit retrouver ces idées de fatalisme sur lesquelles les Grecs ont fondé leurs tragédies. Les crimes de Tegghiaio et de Rusticucci, comme ceux d'Œdipe et d'Oreste, semblent l'effet de la colère des dieux ; mais sous le poids de cette colère, les hommes se montrent grands encore. »

mentés de ce qu'en rapporte Guillaume Borsiere[1], venu récemment parmi nous, et qui se lamente ici proche avec nos compagnons. » — « O Florence ! m'écriai-je en élevant les yeux, les familles nouvelles et les gains rapides ont engendré dans ton sein l'orgueil et la licence dont déjà tu déplores les excès ! » Comprenant le sens de ma réponse, les trois ombres se regardèrent l'une l'autre, trop certaines désormais d'une vérité qu'elles soupçonnaient déjà. Elles répondirent ensemble : « Heureux celui qui, comme toi, satisfait aux demandes des autres, s'il peut conserver impunément dans toutes les occasions la franchise de son langage[2] ! Mais si tu sors de ces lieux obscurs, si tu revois la douce lumière des étoiles, alors que tu te plairas à dire : « Je descendis dans l'enfer, » parle de nous à ceux que nous avons quittés. » A ces mots, rompant leur roue, les ombres s'enfuirent : leurs pieds agiles semblaient être des ailes, et plus promptes que la parole[3] elles disparurent.

---

1. Cavalier florentin très-bienvenu dans les petites cours de l'Italie, et d'un esprit prompt et facétieux. « L'on raconte de lui, dit Grangier d'après Boccace (dans une de ses Nouvelles) qu'étant à Gênes, et comme Erminio Grimaldi, homme riche, mais avare, lui demandoit ce qu'on pourroit mettre en peinture dans une salle d'une sienne maison, nouvellement bastie, que l'on n'auroit point veue cy-devant, il respondit : Je vous dirai une chose de laquelle vous n'eustes jamais cognoissance : peignez la libéralité. »

2. Ce passage a été entendu de deux manière. Dante, selon quelques interprètes, n'a voulu qu'applaudir à la facilité de sa parole ; selon d'autres, il fait allusion aux ennemis que lui suscitera la trop grande liberté de son langage. De ces deux interprétations, la première semble puérile et la seconde bien préférable.

3. Il y a dans le texte, mot à mot : « Un amen n'aurait pu se dire en aussi peu de temps qu'elles en mirent à disparaître. » Cet amen a embarrassé tous les traducteurs. Il en est un qui l'a rendu par ces mots : « Le vœu touchant qui termine la prière, » afin, dit-il

Mon guide jugea qu'il était temps de s'éloigner. Je le suivais, et nous avions fait peu de chemin encore, que déjà le bruit de l'eau était devenu tel qu'à peine en parlant eût-on pu s'entendre. De même que ce fleuve qui, tombé du mont Viso, à la gauche de l'Apennin, suit son cours vers l'orient sans mêler ses eaux [1], et perd à Forli le nom d'Acquacheta qu'il conserve jusqu'à sa descente dans la vallée; et de même qu'il se précipite d'un seul jet du haut des Alpes, en mugissant avec fracas, non loin de San Benedetto [2], vaste asile trop abandonné ; ainsi, sur la rive écroulée, retentissaient les eaux sanglantes avec un bruit dont l'oreille avait peine à soutenir les éclats répétés. J'étais ceint d'une corde [3], à l'aide de laquelle j'avais eu l'espoir de prendre la panthère à la peau tachetée [4]. Je détachai cette corde, sur la demande de mon maître, et la lui présentai, roulée sur elle-même. Alors se tournant à droite, il la jeta dans le gouffre, assez loin de la rive. « Il faut, disais-je à part moi

---

dans une note, *d'aborder le texte sans périphraser.* Moutonnet a dit, et j'ai pris sa version : « plus promptes que la parole, » etc.

1. Description de la cascade du Montone, petit fleuve de la Romagne, qui sort de l'Apennin, au-dessus d'une abbaye de bénédictins, perd à Forli son nom d'Acquacheta pour prendre celui de Montone, et suit son propre chemin, c'est-à-dire, qu'à la différence des autres rivières qui, sortant comme lui du mont Viso, se jettent toutes dans le Pô, lui descend jusqu'à la mer où il entre près de Ravenne.

2. Abbaye autrefois renommée, près de la chute du torrent ; son étendue et ses richesses auraient pu suffire à l'entretien de beaucoup de monde, mais elle n'était habitée que par un petit nombre.

3. Cette corde, nous dit-on, est l'allégorie de la mortification par laquelle on surmonte les appétits sensuels dont la panthère est le symbole.

4. Voici qui fixe clairement le sens dans lequel il faut entendre le passage du Ier chant, où il est question de la panthère : voy. p. 263, note 1.

en le voyant suivre la corde d'un œil vigilant, qu'un résultat étrange réponde à un signe si nouveau. » Oh! combien il faut être prudent en présence de ceux qui non-seulement voient les actions, mais encore pénètrent jusqu'au fond de la pensée! Le maître me dit : « Incessamment viendra d'en bas ce que j'attends, et tes yeux auront à se convaincre par eux-mêmes de l'erreur de ton esprit. » L'homme pour ne pas s'exposer à une honte qu'il n'a pas méritée, devrait toujours fermer ses lèvres à cette sorte de vérité qui a la face du mensonge. Mais ici je ne peux me taire. Je te jure donc, ô lecteur, par les vers de ce poëme, s'ils sont dignes de quelque durée, que je vis s'élever de l'abîme une figure[1] qui nageait dans cet air épais et obscur : prodige surprenant, même pour un cœur intrépide. Elle montait en tournoyant, ainsi qu'on voit un habile plongeur, pour dégager l'ancre que retient un écueil caché sous la mer, déployer toute la force de ses bras étendus, pendant qu'il replie ses pieds sur lui-même.

1. Cette figure ou ce monstre est Géryon, symbole de la fraude ; il est préposé à la garde du cercle où sont punis les frauduleux. Le poëte feint que le bruit de l'eau ne permettant pas à Virgile de se faire entendre, ce dernier est obligé de jeter une corde au monstre pour l'inviter à monter, dans l'espoir d'une nouvelle proie. Cette corde, quoiqu'elle soit un instrument d'austérité, devait servir à tromper le démon, parce qu'elle peut être en même temps un moyen d'hypocrisie. — Selon la fable, Géryon était roi d'Érythée ; c'était un géant à trois corps, gardé par un chien à deux têtes et par un dragon qui n'en comptait pas moins de sept ; il fut tué par Hercule ainsi que ses défenseurs.

CHANT XVII.

Mon maître s'écria : « Voici la bête à la queue aiguisée, qui transperce les montagnes, qui fracasse les murs et les armes les plus impénétrables; voilà celle qui corrompt le monde entier! En disant ces paroles, il lui fit signe d'approcher de la rive, à la limite des pierres qui nous avaient portés; et cette image immonde de la fraude s'approcha, présentant la tête et le corps, mais la queue pendante sur l'abîme. Son visage était le visage d'un homme juste, tant l'expression en était attirante; le corps était celui d'un serpent. En forme de bras, elle avait deux pattes velues; des nœuds et des petits cercles étaient peints sur son dos, sur sa poitrine et sur ses flancs. Jamais couleurs plus variées ne parsemèrent les tissus que fabriquent les Turcs et les Tartares[1]; et jamais toiles ne furent ourdies avec plus d'art par Arachné. De même que se tient parfois sur le rivage une barque, touchant d'un côté à la terre, et de l'autre baignée par les flots; ou de même que, chez les Germains gloutons, le castor se tapit pour guetter sa proie; ainsi se tenait le monstre pervers sur le bord calciné qui sert de rempart au sable brûlant. Il agitait dans le vide sa queue armée d'une double pointe, comme celle du scorpion, et dont il recourbait la fourche vé-

---

1. Ces peuples, dit Vellutello, excellaient dès lors dans cette fabrication.

néneuse. Mon guide me dit : « Il faut nous avancer jusqu'auprès de cette bête malfaisante, couchée le long du bord. » Alors descendant à droite, nous fîmes quelques pas en nous tenant sur l'extrémité de la digue pour éviter la double atteinte du sable et des flammes. Arrivés près du monstre, je vis un peu plus loin des ombres assises sur l'arène, aux abords de la bouche infernale. Le maître reprit : « Afin que tu emportes une connaissance entière de l'enceinte que nous allons quitter, va et vois quel est le sort de cette multitude; mais que tes entretiens soient courts : j'emploierai ce temps à parler à la bête pour qu'elle nous prête le secours de ses larges épaules. » Je m'approchai donc seul de la gente éplorée qui habite cette dernière partie[1] du septième cercle. Dans leurs yeux se dilatait une douleur inexprimable; leurs mains s'occupaient sans relâche tantôt d'écarter les étincelles, tantôt d'amortir la chaleur du sol. Ce n'est pas autrement que de leurs pieds ou de leurs museaux s'agitent les chiens lorsque, dans la chaleur de l'été, les mouches et les taons les dévorent. En vain mes regards se fixèrent sur plusieurs de ces visages calcinés par le feu, je n'en pus reconnaître aucun; mais je m'aperçus que de leurs cous pendaient des bourses[2] d'une certaine couleur, marquées de signes par-

---

1. Cette troisième section du cercle des violents renferme ceux que le poëte a nommés les violents contre l'art, c'est-à-dire les usuriers.

2. Voici une satire aussi piquante qu'ingénieuse : Dante ne nommera point les pécheurs, mais il leur attache un écusson sur lequel sont représentées les armoiries de leurs familles. Seulement ce qui était dans le monde, surtout à cette époque, un signe de haute considération, devient en enfer le sceau de l'infamie, ou comme le dit un des plus dignes appréciateurs de l'épopée du moyen âge : « L'orgueil sert ici d'enseigne et comme de dénonciateur à l'avarice. » Mais

ticuliers, et dont leurs yeux semblaient se repaître avec complaisance. Tandis qu'en marchant je les examinais, je distinguai sur une bourse jaune un lion d'azur¹. Regardant toujours, je vis une bourse rouge comme du sang montrer une oie² plus blanche que du lait. Une ombre qui portait une grosse truie d'azur³ dans un champ d'argent, me dit : « Que fais-tu dans cette fosse ? Hâte-toi d'en sortir, et puisque tu es encore vivant⁴ sache que Vitaliano⁵ dont la demeure touchait la mienne, doit ici s'asseoir à ma gauche. Je suis seul Padouan parmi ces Florentins qui ne cessent de m'étourdir en criant : « Qu'il vienne le chevalier souverain⁶ qui sera porteur d'une bourse marquée de

comme notre poëte est une de ces natures qui ne vont pas de biais, comme ses coups frappent d'ordinaire en plein visage, il ne tardera pas à reprendre l'allure qui lui est habituelle. Il nommera ceux qu'il flagelle, et cette fois ce ne seront pas seulement les morts, mais les contemporains qu'il exposera vivants sur le pilori de l'enfer.

1. Telles étaient les armes de la noble famille des Gianfigliazzi de Florence. — Il est à remarquer que Dante, si versé dans la science de la vénerie, qui lui a fourni tant de belles comparaisons, ne l'était pas moins dans celle du blason. L'une et l'autre sont des sciences éminemment aristocratiques, que les allures républicaines du temps ne réprouvaient pas. C'est que si la liberté s'était fait jour dans les institutions de ces petits États, les mœurs et les habitudes se maintenaient féodales. De là ce contraste qui apparaît souvent dans notre poëte, et nous le montre à la fois adhérent zélé du parti qui défendait les intérêts démocratiques, et promoteur non moins ardent des prérogatives de la naissance : il y a des moments où il semble ne plus se souvenir de ses rancunes de parti, mais il n'oublie jamais qu'il est né gentilhomme.

2. Armes des Ubbriachi de Florence.

3. Armes des Scrovigni, famille de Padoue. C'est à cette famille qu'appartenait Monna Pietra degli Scrovigni, de qui Dante s'occupa pendant son séjour à Padoue : voy. la notice, p. 156.

4. Et que tu pourras le redire quand tu retourneras dans le monde.

5. Le *voisin* Vitaliano de Dente, usurier de Padoue, alors vivant, a dû être fort sensible à ce bon souvenir.

6. Ce chevalier souverain, ou roi des usuriers, est Giovanni

trois becs! » En achevant de parler, il se tordait la bouche et tira la langue[1] semblable à un bœuf qui lèche ses naseaux.

Dans la crainte qu'un plus long retard ne mécontentât celui qui m'avait recommandé d'être bref dans mes paroles, je quittai ces âmes affligées et revins sur mes pas. Je trouvai mon maître déjà monté sur la croupe de l'animal sauvage. « Sois ferme et hardi, me dit-il, il n'y a pas d'autre échelle pour descendre[2]. Monte devant moi, car je veux être placé de manière que la queue de la bête ne puisse t'atteindre. » Tel celui qui sentant les approches de la fièvre, tremble et frissonne au seul aspect d'un lieu que le soleil n'éclaire pas; tel je devins aux paroles du poëte. Mais ses reproches éveillèrent en moi cette honte qui donne du courage au serviteur timide en face d'un bon maître. Je m'ajustai donc sur les vastes épaules; je voulus dire à mon guide : « Serre-moi contre ta poitrine; » mais ma voix ne put se faire jour. Lui, qui m'avait

---

Buiamonte qui exerçait encore sa noble profession quand déjà circulaient les chants de *la Divine Comédie*. On ne dit pas à quelle ville il appartenait.

1. *Tirer la langue* est sans aucun doute une locution triviale dans notre langue. Il n'y en a pourtant pas d'autre à prendre, à moins de dénaturer le texte, car cette trivialité même est ici la pensée du poëte. Mieux vaut s'y résigner que de chercher à en sortir, en disant avec un traducteur moderne : « Il avança la langue. » Qu'il s'agisse d'une ombre ou d'un bœuf, avancer la langue est plus que trivial, c'est burlesque.

2. C'était en effet une singulière échelle que celle qui devait servir au voyageur à descendre dans le huitième cercle, et il faut convenir qu'elle était propre à faire naître le sentiment de terreur dont nous allons voir une peinture à la fois si naïve et si poétique. Tout ce passage est touché avec une exquise délicatesse, les images y abondent, et les impressions qu'éprouve le poëte se communiquent à l'âme du lecteur

si généreusement secouru dans une autre occasion périlleuse, m'enlaça de ses bras aussitôt que je fus monté, et me soutint dans l'espace. Puis s'adressant à la bête, il dit : « Géryon, tu peux te mouvoir, modère tes longues roues et descends peu à peu : pense au nouveau poids que tu portes. » Le monstre s'éloigna de la rive à reculons, comme une barque quitte la plage; et lorsqu'il se sentit dégagé[1], tournant sa croupe du côté où d'abord était sa poitrine, il déploya sa queue, frétillante comme l'anguille, en même temps qu'il attirait l'air par le mouvement de ses nageoires. Je ne crois pas que Phaéton, lorsque abandonnant les rênes de ses coursiers, il imprima sur le ciel la marque de feu qui se voit encore[2], ni que le malheureux Icare, quand par la fusion de la cire il sentit ses ailes l'abandonner, pendant que son père lui criait : « Tu prends une mauvaise route, » aient pu ressentir une frayeur plus grande que fut la mienne, au moment où, suspendu dans les airs, je ne voyais plus que la bête qui me portait. Elle s'en va lentement lentement, tourne et descend; mais je ne m'en aperçois que par l'air qui me frappe alternativement de face et de côté. Déjà, vers la droite, j'entends le gouffre retentir au-dessous de nous avec un horrible fracas; j'incline la tête et risque un furtif regard. Alors, l'aspect du précipice où je vois des feux et entends des plaintes, me rend plus craintif, et tout tremblant je me tiens de mon mieux. Je reconnais bientôt (ce que je n'avais pas vu d'abord) que

1. « .... Si sentì a giuoco. » On dit que le faucon est *a giuoco* quand il est dans un lieu assez ouvert pour voler où il veut.   LANDINO.
2. Allusion à la fable selon laquelle la voie Lactée est la partie du ciel brûlée par le char du téméraire Phaéton.

nous descendons et que nous tournons au milieu de supplices plus cruels, qui nous avoisinent de toutes parts. Tel le faucon qui a plané longtemps dans les airs, et qui, sans attendre sa proie ni le signal du rappel, sans s'arrêter aux cris du fauconnier mécontent, descend plein de lassitude des hauteurs où son agilité s'est déployée par cent tours et retours, et va furieux et rebelle se poser loin de son maître; tel Géryon nous déposa au pied de la roche escarpée, et débarrassé de son poids, s'éloigna comme la flèche chassée par la corde tendue.

CHANT XVIII.

Il est dans l'enfer un lieu nommé *Malebolge*[1] qui, dans son étendue et dans ses contours, n'est qu'une masse rocheuse d'une couleur pareille à celle du fer. Précisément au milieu de ce champ de malice, s'ouvre un puits large et profond, dont la structure sera décrite en son lieu. L'enceinte comprise entre ce puits et le pied de la rive élevée est d'une forme arrondie; elle est partagée en dix vallées distinctes, semblables à ces fossés que l'on creuse en grand nombre pour la défense des places, et qui en font la sûreté. De même que ces forteresses débouchent par de petits ponts sur l'espace extérieur; de même, du point où nous étions, partent des files de rochers qui relient entre eux les retranchements et les fossés jusqu'au puits qui les termine et les rassemble. Tel est le lieu où nous nous trouvâmes, après avoir quitté les épaules de Géryon.

1. Dante nomme *bolge* chacun des compartiments du huitième cercle, et *malebolge*, fosses maudites, la réunion de ces compartiments. Comme il est nécessaire pour comprendre ce qui va suivre de se rendre compte de l'architecture assez compliquée de ce cercle, voici, à peu de changements près, l'explication qu'en donne M. Biagioli. Qu'on se représente un puits large et profond, au fond et au milieu duquel s'ouvre un second puits, ayant pour diamètre à peu près la dixième partie de celui du premier. Le grand puits est le huitième cercle, le petit puits est le neuvième. Qu'on se figure le fond du grand puits formant un plan circulaire, incliné vers le bord du petit. Dans toute l'étendue de ce plan, tournent dix fosses profondes, creusées dans le roc vif dont tout le fond est formé, et ayant pour centre commun le puits inférieur; ces dix fosses tournent ainsi pa-

Le poëte prit à gauche, et je me tins derrière lui ; je ne tardai pas à voir sur la droite de nouveaux sujets de pitié, de nouveaux supplices et de nouveaux vengeurs, dont le premier bolge était rempli. Dans le fond, des pécheurs nus allaient et venaient à la rencontre les uns des autres, ceux-ci en nous montrant le visage, ceux-là marchant dans le même sens que nous, mais à plus grands pas. C'est dans un ordre semblable qu'à Rome, au temps du Jubilé[1], la foule immense des pèlerins traverse le pont Saint-Ange ; d'un côté passent les fidèles, qui, tournés vers le château, vont à l'église Saint-Pierre ; et de l'autre, ceux qui s'en revenant se dirigent sur Monte Giordano. Çà et là, sur le noir rocher, des démons aux cornes aiguës battaient cruellement avec de grands fouets les

---

rallèlement l'une à l'autre, et leur circonférence se rétrécit de plus en plus à mesure qu'elles se rapprochent du centre. Si les dernières fosses contiennent moins d'espace que les premières, c'est que le nombre des pécheurs est d'autant moindre que le crime est plus grand. Maintenant, à partir du bord du grand puits, dix rochers cintrés en forme d'arc, sont jetés d'une fosse à l'autre, de manière à servir de pont, tout en laissant les damnés qui sont en dessous circuler sous ces arches gigantesques. Les rochers vont en diminuant de grosseur de fosse en fosse, dans la même proportion que celles-ci diminuent de circonférence. Telle est l'image du lieu où les poëtes se trouvent à cette heure engagés, et dont ils vont parcourir toutes les divisions.

1. En 1300, c'est-à-dire dans l'année même que Dante a donnée pour date à son voyage, le pape Boniface VIII institua le jubilé (du mot hébreu *jobel*, corne de bois, parce qu'on se servait d'une telle corne pour annoncer au peuple l'année jubilaire). D'après d'anciennes traditions, une indulgence plénière pour la rémission de tous les péchés fut accordée par le souverain pontife aux chrétiens qui, après s'être mis en état de grâce, visiteraient à Rome, quinze jours durant, les églises de Saint-Pierre et de Saint-Paul. Le terme de quinze jours fut porté à trente pour les Romains, parce qu'ils n'avaient pas à se déplacer. Quoique Boniface ne compte point parmi les papes qui ont inspiré le plus de vénération, soit dit sans entrer dans les griefs

âmes qui restaient en arrière. Oh! comme devant ces bras infatigables se précipitaient les pécheurs! il n'en était pas un qui attendît une seconde ou une troisième atteinte. Pendant que je marchais, mes yeux tombèrent sur un de ces misérables qu'il me sembla ne pas apercevoir pour la première fois. Je m'arrêtai pour le mieux envisager, et mon maître complaisant, s'arrêtant aussi, voulut bien que je retournasse quelques pas en arrière. Le fustigé crut se celer en baissant la tête, mais ce fut en vain, et je lui dis : « O toi, qui portes les yeux vers la terre, si tes traits ne sont pas trompeurs, tu es Venedico Caccianimico[1]; mais qui t'a fait trouver ici-bas les *Salse* de Bologne[2]? » Il me répondit : « Je ne l'avoue pas volontiers, mais je ne saurais résister au pur accent de ta voix qui me fait

de Dante contre lui, les grâces spirituelles dont il se faisait le dispensateur, n'en furent pas moins reçues avec acclamation par toute la chrétienté. De toutes parts, on se précipita vers Rome, et pendant l'année entière la ville éternelle vit toutes les générations vivantes, sans distinction d'âge ni de sexe, défiler dans ses murs. Afin d'obvier aux inconvénients de l'affluence dont le pont du château Saint-Ange était un des principaux théâtres, il devint nécessaire de le partager dans sa longueur par un mur de séparation. D'un côté passaient les pèlerins qui allaient à l'église Saint-Pierre, et de l'autre ceux qui en revenaient.

1. Bolonais qui vendit sa propre sœur Ghisole à cet Obizzo d'Este, marquis de Ferrare, que nous avons vu parmi les tyrans sanguinaires.

2. « .... A sì pungenti salse. » Selon Boccace, dont l'interprétation a une grande autorité quand il s'agit d'un fait local et d'un personnage presque contemporain, le mot *salse* ne doit pas être pris ici métaphoriquement, mais désigne un lieu abominable, dans une contrée sauvage, à peu de distance de Bologne, où l'on avait coutume de jeter les corps réputés infâmes, et qu'on n'avait pas voulu recevoir dans les cimetières, ni même près des lieux habités. La nature du péché de Venedico et la circonstance qu'il était de Bologne ont fait penser à Boccace que l'intention du poëte était bien de faire allusion à cette espèce de voirie humaine.

souvenir du monde où j'ai vécu. Je suis celui qui, quoi qu'on ait pu dire[1], entraînai la belle Ghisole à céder aux désirs du marquis[2]. Je ne suis pas le seul Bolonais qui gémisse ici; au contraire, ces lieux en sont tellement remplis, qu'à peine entre la Savena et le Reno reste-t-il autant de lèvres répétant *sipa*[3]. Et s'il faut un témoignage à mes paroles, rappelle-toi combien notre avarice est avérée dans le monde. » Il n'avait pas fini de parler, qu'un démon le frappa de son fouet, en criant : « Marche, infâme, il n'y a pas ici de femme à vendre. »

Ayant rejoint mon guide, nous fîmes quelques pas jusqu'à un rocher qui sort de l'escarpement où s'arrête le septième cercle[4]. Nous y montâmes sans peine, et quittant la ceinture éternelle[5] d'où il s'élève, pour

---

1. C'est-à-dire de quelque manière que l'histoire ait été rapportée, car il y avait des variantes : certains récits démentaient la complicité de messer Venedico dans cette séduction; d'autres en diminuaient la honte en alléguant la non complète consommation du crime.

2. Il y a ici une nuance délicate qui a été négligée par les interprètes, et qui mérite, ce me semble, qu'il en soit tenu compte. En avouant presque malgré lui la cause pour laquelle il est en enfer, Venedico ne confesse pas toute la vérité. Il se garde de dire qu'il a *vendu* sa sœur, il dit seulement qu'il l'a *induite à céder*. C'est un démon qui complète l'aveu en apostrophant le coupable par un mot dont la susceptibilité de notre langue n'admet pas la traduction, et qui ajoute : *Il n'y a pas ici de femme à vendre.*

3. Idiotisme du dialecte bolonais pour dire *sia*. — La Savena et le Reno, rivières du Bolonais.

4. Un des rochers dont il a été parlé plus haut (voy. la première note de ce chant), et qui partant du pied du précipice au fond duquel Géryon a laissé les voyageurs, mène du premier bolge au second.

5. « Da quelle cerchie eterne ci partimmo, » nous partîmes de ces cercles éternels. — Entre les explications nombreuses et contradictoires que les commentateurs ont données de ce vers, j'ai suivi celle de Daniello qui croit que par *cercles* l'auteur n'a pu entendre ici que le rempart escarpé qui sépare les cercles précédents du huitième, et les entoure éternellement, c'est-à-dire sans interruption, avec continuité.

suivre à droite sa surface raboteuse, nous atteignîmes le point où il s'ouvre en dessous, comme une voûte immense, pour donner passage aux suppliciés. Alors le maître me dit : « Arrête-toi, et cherche à rencontrer les regards de ces autres âmes perverses dont tu n'as pu voir le visage, parce qu'elles suivaient notre direction. » De ce pont antique nous contemplions la file profonde, qui de l'autre côté du bolge venait vers nous, et que le fouet fatal poursuivait également. Sans attendre mes questions, mon guide vénéré reprit en ces termes : « Regarde cette ombre plus grande que les autres, à qui l'extrême douleur n'arrache pas une larme, et vois quel aspect royal elle conserve encore! C'est Jason qui, par son courage et par son adresse, frustra ceux de Colchos du bélier sacré[1]. Il passa par Lemnos, après que les femmes hardies et impitoyables de cette île en eurent massacré tous les hommes. Là, par de feintes démonstrations et d'adroites flatteries, il trompa la jeune Hypsiphyle[2] qui, elle-même, avait trompé ses compagnes, et l'abandonna lorsqu'elle portait déjà le fruit de la séduction. Tel

---

1. Phryxus, fils d'Athamas et frère d'Hellé, avait inspiré à sa belle-mère une passion coupable qu'il dédaigna. Calomnié par elle et condamné à mort, il se sauva avec Hellé sa sœur, portés sur un bélier à toison d'or que Jupiter lui envoya, et parvint à Colchos où il immola le bélier et en offrit la toison au dieu Mars. C'est la toison célèbre dont les Argonautes, sous la conduite de Jason, firent la conquête, à l'aide de Médée, trompée ensuite par le héros.

2. Fille de Thoas, roi de l'île de Lemnos. Les femmes de Lemnos ayant offensé Vénus, cette déesse inspira à leurs maris le dessein de les abandonner. Les Lemniennes indignées, égorgèrent pendant une nuit tous les hommes de leur île. Hypsiphyle conserva la vie au roi son père et le fit évader secrètement. C'est à cause de cela que le poëte dit qu'elle avait trompé ses compagnes. Trompée elle-même par Jason et abandonnée par lui, elle eut encore le malheur d'être prise par des pirates et vendue en Thessalie.

fut le crime et tel est le châtiment qui fait en même temps la vengeance de Médée. Avec lui, et sous le même fouet, marchent tous ceux qui ont usé des mêmes fourberies. C'est assez, tu n'as pas besoin d'en savoir davantage sur cette première fosse et sur les lacérés qu'elle renferme. »

Déjà l'étroit sentier que nous suivions allait se rejoindre au retranchement de la seconde enceinte pour former dans sa courbe une nouvelle arche de ce vaste pont. Là, nous entendîmes gémir d'autres coupables; ils respiraient avec effort et se déchiraient de leurs propres mains. Les parois intérieures du bolge étaient couvertes d'une mousse fétide que les exhalaisons d'en bas y avaient attachée, et dont la vue et l'odeur étaient également repoussantes. Ces bas lieux sont si obscurs, qu'on n'y distingue rien, à moins de gravir sur le cintre de l'arc, là où le rocher surplombe. Nous y montâmes. Je vis alors au fond de la fosse des âmes en grand nombre, plongées dans des immondices qui semblaient être l'assemblage[1] de tous les excréments humains. Pendant que mes yeux descendaient dans ce cloaque, je vis une ombre dont la tête était si dégoûtante d'ordures, qu'on ne devinait pas si c'était celle d'un clerc ou d'un laïque. Elle me cria : « Pourquoi me dévores-tu de tes regards, moi plutôt que ces autres non moins hideux ? » — « Parce que, lui

---

1. « Che dagli uman privati parea mosso. » Ou autrement : « Che parea calato colà giù da tutti i cessi del mondo. » Tout à fait intraduisible, ainsi que la plupart des détails qui suivent, et dont il faut renoncer à rendre la cynique énergie. — « On ne peut en vouloir au poëte, dit Ginguené, d'avoir placé les flatteurs dans un élément si digne d'eux; on peut au moins lui reprocher une franchise d'expression que ne peut excuser le manque de goût ni la grossièreté d'aucun siècle. »

répondis-je, si j'ai bonne mémoire, je t'ai vu sur la terre avec des cheveux moins humides. Tu es Alexis Interminei de Lucques[1], et c'est pour cela que mes yeux s'attachent sur toi plus que sur tout autre. » L'ombre reprit en se frappant la tête : « Les adulations dont mes lèvres furent toujours si prodigues m'ont jeté dans cet égout. » Mon maître ensuite s'adressant à moi : « Avance un peu la tête, me dit-il, de manière à saisir du regard cette sale créature aux cheveux épars, qui se déchire de ses ongles souillés, et qui tantôt s'accroupit et tantôt se tient debout. C'est la prostituée Thaïs[2] qui répondit à son amant, quand il lui demanda : « Ai-je de grands mérites à « tes yeux ? — Oui, de merveilleux. » Maintenant il suffit, notre vue est rassasiée. »

1. D'une famille noble de Lucques. La confession sommaire qu'il fait lui-même est à peu près tout ce qu'on sait de sa vie.
2. Personnage de *l'Eunuque* de Térence. Les paroles que le poëte lui prête sont prises du comique latin. Le capitaine Thrason, amant de Thaïs, lui envoie une jeune esclave par le parasite Gnaton. Dès que ce dernier est de retour, Thrason lui dit : « Thaïs me fait-elle de grands remercîments ? — Très-grands, » répond le parasite.

« Magnas vero agere gratias Thais mihi ?
— Ingentes. »

Rivarol après d'autres, et d'autres après lui ont fait la remarque que cette introduction d'un personnage fictif était froide et nuisait à l'effet que le poëte cherche à produire.

CHANT XIX.

O Simon magicien [1], ô vous ses misérables sectateurs dont la rapacité corrompt, pour un vil métal, les choses de Dieu qui doivent être inséparables de la vertu, c'est pour vous, détenus du troisième bolge, que la trompette va maintenant sonner [2] ! Déjà nous étions parvenus, en suivant l'arête du rocher, à ce point d'où l'œil plonge sur la fosse. O souveraine sagesse ! quelle savante économie éclate en tes œuvres dans le ciel, sur la terre et dans le monde du mal; et quelle rectitude dans ta justice distributive! Je vis la pierre livide qui revêtait le fond et les parois de l'enceinte, toute parsemée de trous uniformément arrondis; ils ne me paraissaient être ni plus grands ni plus petits que ceux qui servent de fonts de baptême dans mon beau Saint-Jean [3] : fonts sacrés sur l'un

1. Simon le Magicien, du bourg de Gitton en Samarie, qui s'intitulait *vertu de Dieu*, osa proposer à saint Pierre d'acheter de lui le pouvoir d'opérer des miracles; d'où l'on a donné le nom de simonie et de simoniaques au trafic et aux trafiquants des choses saintes.

2. « Cela ressemble à une déclaration de guerre, et nous allons voir en effet le fier champion joindre corps à corps ceux qu'il regarde sans doute comme les généraux ennemis, puisque, gibelin déclaré, il était exilé, ruiné, persécuté par les guelfes dont les papes étaient les chefs. Il marche à eux avec tant de fracas, il est si ingénieux et si vif dans le combat qu'il leur livre, que l'on peut croire que l'idée de ce chant est une des premières qui s'étaient présentées à lui dans la conception de son poëme, qui l'avait le plus engagé à l'entreprendre, et qui était entrée le plus nécessairement dans ses plans. » (GINGUENÉ.)

3. Le baptistère de Saint-Jean dont la fondation remonte à l'époque de la domination des Lombards, est le seul monument de Flo-

desquels je n'hésitai pourtant pas, il y a peu de temps encore, à porter une main violatrice ¹, parce qu'un enfant s'y noyait, soit dit pour détromper quiconque a besoin de l'être. En dehors de chacune des bouches décrites, sortaient les pieds et la moitié des jambes d'un pécheur : le reste du corps était pris dans le rocher. Ces pieds, consumés par un feu cruel, se débattaient dans l'excès de la douleur avec tant de violence, qu'entraves ni liens n'auraient pu les contenir. Ainsi que la torche résineuse ne flambe qu'à son extrémité, ainsi flambaient ces pieds depuis les talons jusqu'aux pointes. « O mon maître, m'écriai-je, quel est celui qui, martyrisé par une flamme plus ardente, s'agite aussi plus vivement que les autres? » Il répondit : « Si tu veux que je te porte jusqu'au bas de la rive, tu sauras de lui-même et son nom et ses crimes. » — « Ah! repris-je, il n'y a d'agréable pour moi que ce qui te plaît, tu es mon maître, tu sais que

---

rence, existant aujourd'hui, dont le poëte florentin ait fait une mention particulière. Les commentateurs nous apprennent qu'au temps de Dante le baptême par immersion, encore en usage dans l'Église latine, ne s'administrait, sauf les cas d'urgence, que les jours du samedi saint et de la vigile de la Pentecôte. Dans une ville populeuse comme l'était Florence, il fallut, pour suffire à la besogne, entourer le récipient principal de bassins plus petits qui permissent de baptiser plusieurs enfants à la fois. Ainsi s'expliquent les trous arrondis dont parle le poëte. Cette disposition des fonts baptismaux disparut quand se perdit l'usage de ne baptiser que deux fois l'an.

1. L'insertion du fait peu important par lui-même, auquel ce passage fait allusion, a été blâmée comme un hors-d'œuvre. M. Biagioli l'explique en faisant remarquer que les vers se rapportent à une action de Dante, mal comprise à ce qu'il paraît, ou qui, interprétée par la malveillance, avait donné lieu à des accusations d'impiété. Le poëte saisit en passant l'occasion de confondre ses calomniateurs en relatant le fait dans toute sa simplicité. Oui, il a brisé le couvercle de l'un des fonts baptismaux de l'église Saint-Jean; mais c'était pour sauver un enfant qui s'y noyait.

ma volonté ne se sépare pas de la tienne, et tu connais même ce que je n'exprime pas. » Alors passant sur le quatrième rempart, nous descendîmes à gauche, dans l'enceinte brûlante et perforée; mon généreux guide ne cessa de me tenir pressé contre son sein que lorsque nous fûmes arrivés près de celui dont les jambes convulsives exprimaient tant de souffrance.

« O qui que tu sois[1], commençai-je à dire, âme attristée, qui es retenue captive sous le roc et fixée sur le sol comme un pal, parle-moi si tu le peux! » Je me tenais comme le moine confessant un perfide assassin[2] qui déjà implanté dans la terre prête à le recouvrir, redemande l'homme de Dieu pour éloigner

---

1. Ici commence une satire violente contre les papes Nicolas III, Boniface VIII et Clément V, tous trois contemporains du poëte et guelfes très-prononcés. On pourrait être surpris de la liberté avec laquelle Dante a parlé des papes et des cardinaux dans un temps où l'Église était encore si puissante; mais on n'a vu dans ces attaques que le reflet des opinions fougueuses du gibelin, et d'un ressentiment personnel contre Boniface, celui des trois qu'il a le plus maltraité. Si, sous prétexte d'avoir prodigué les bénéfices, les évêchés, les revenus ecclésiastiques à leurs parents et aux fauteurs du gouvernement temporel de l'Église, trois souverains pontifes sont logés en enfer parmi les simoniaques, leurs successeurs, loin de s'en prendre au livre qui contenait des arrêts si passionnés, ont souffert qu'il fût répandu dans toute l'Italie; et trois d'entre eux (le nombre trois est ici remarquable) Paul III, Pie IV et Clément XII, ont honoré la tiare et eux-mêmes en acceptant la dédicace de trois éditions nouvelles de la Divine Comédie. Cette sage tolérance n'a pas empêché l'inquisition espagnole de mettre à l'index les vers contre les papes, et d'en purger toutes les éditions publiées dans les pays de domination espagnole.

2. Allusion à un horrible genre de supplice, alors pratiqué, celui d'enfoncer les assassins tout vivants, la tête en bas, dans une excavation creusée à cet effet, et ensuite de les étouffer en les recouvrant de terre. Cette coutume obligeait les confesseurs à se baisser pour se faire entendre du condamné, et engageait ce dernier à rappeler plusieurs fois le religieux afin de retarder le moment d'une mort si cruelle.

un instant la mort. L'ombre cria[1] : « Serait-ce déjà toi, ô Boniface! serait-ce donc déjà toi? Alors l'écrit prophétique m'a menti de quelques années. Es-tu si tôt rassasié de ces trésors pour lesquels tu n'as pas craint de tromper la noble épouse[2] et de lui faire outrage? » Je devins pareil à ceux qui, honteux de ne rien comprendre au langage qu'on leur tient, ne savent comment y répliquer. Alors Virgile me dit : « Hâte-toi de lui répondre : Je ne suis pas, non je ne suis pas celui que tu crois. » Je fis la réponse qui m'était prescrite. L'esprit tordit ses pieds avec plus de force, puis en soupirant et d'une voix lamentable, il reprit : « Que veux-tu donc de moi? Si le désir d'apprendre qui je suis te presse avec assez d'ardeur pour t'avoir conduit dans cette fosse, sache que j'ai été revêtu du grand manteau. Vrai fils de l'Ourse[3], je fus tellement cupide que pour enrichir les Oursins, j'ensevelis mes richesses là-haut et moi-même ici-bas. Au-dessous de ma tête, et enfouis dans les fentes du rocher, se trouvent ceux qui me précédèrent dans la simonie. C'est là qu'à mon tour je serai poussé quand

1. L'ombre qui parle est Nicolas III, mort en 1280; il croit s'adresser à Boniface VIII qu'en vertu de la prévision accordée aux damnés, ou d'après un écrit prophétique, comme Dante semble l'insinuer, il sait devoir venir le rejoindre parmi les simoniaques. Mais comme nous sommes censés n'être que dans l'année 1300, et que Boniface VIII ne mourut qu'en 1303, Nicolas ne comprend pas que son futur compagnon ait devancé l'heure prédite. Quant au pape Boniface, nous en avons assez parlé dans l'introduction (p. 33 et suiv.), et il reparaîtra trop souvent dans le cours du poëme, pour qu'il soit nécessaire d'en dire plus ici.

2. L'Église, épouse de Jésus-Christ. Boniface l'a trompée en sacrifiant Célestin (voy. l'introduction, p. 33) et outragée en se rendant indigne d'elle.

3. Nicolas III était de la famille des Orsini. Il est en enfer pour avoir enrichi les *Oursins* par ses simonies. Selon M. de Sismondi,

viendra celui pour qui je te prenais en t'interrogeant avec trop de précipitation. Mais depuis que mes pieds sont ainsi consumés par le feu, j'ai passé plus de temps dans cette gêne cruelle que n'en restera [1], soumis au même supplice, le pécheur que j'attends. Après lui viendra de l'Occident un pasteur sans lois [2], et d'œuvres plus iniques encore, qui doit nous recouvrir l'un et l'autre. Il sera comme le Jason dont parle le livre des Machabées, et de même que l'un eut un

---

aucun commentateur n'a compris le véritable fait simoniaque que Dante reproche au pontife. Dans le temps que Jean de Procida revenait de Constantinople, où il avait été demander à l'empereur Michel Paléologue, menacé par les armements de Charles d'Anjou, des subsides afin de décider Pierre d'Aragon à favoriser le soulèvement de la Sicile, donc peu avant la mort de Nicolas, Jean se rendit à Rome et y obtint une audience secrète du pape qui lui-même cherchait à diminuer l'influence que Charles d'Anjou avait longtemps exercée sur la haute Italie et sur les États de l'Église. Dans cette entrevue, le conspirateur employa, dit-on, l'or des Grecs à gagner le pontife qui lui donna son consentement par écrit à ce que Constance d'Aragon, fille de Manfred et femme de Pierre, fît valoir ses droits sur la Sicile. Telle serait, d'après le savant historien, la transaction entachée de simonie que Dante aurait eue en vue dans ce passage.

1. Nicolas III, qui parle, sera remplacé par Boniface VIII, et ce dernier par Clément V. Or, comme Nicolas mourut en 1280, il aura passé vingt-trois ans à attendre Boniface, mort en 1303, tandis que Boniface au bout de onze ans seulement sera remplacé par le pape Clément V, mort en 1314.

2. Clément V, né dans le diocèse de Bordeaux dont il fut archevêque, élu pape en 1305. Il se nommait Bertrand de Got, et monta sur la chaire de Saint-Pierre par l'influence de Philippe le Bel. Voilà pourquoi le poëte le compare à Jason, grand prêtre des Juifs, qui acheta d'Antiochus Épiphane la grande sacrificature, et en dépouilla son frère Onias. Ce fut Clément V qui transféra la cour papale à Avignon, et telle est peut-être la raison pour laquelle les historiens italiens en font un portrait si odieux. Cependant la vénalité de ce pape et ses mauvaises mœurs ne peuvent être contestées ; il laissa un trésor immense qui fut pillé après sa mort.

maître trop faible, trop faible aussi sera pour l'autre le roi qui gouverne la France. »

En entendant ces paroles, je ne sais si je ne m'abandonnai pas à un mouvement répréhensible; mais je répondis : « Eh bien ! dis-moi, quels trésors Notre-Seigneur voulut-il recevoir de saint Pierre avant de lui remettre le pouvoir des clefs ? Certes il ne lui demanda rien, il ne lui dit que ces mots : « Suis-moi. » Ni Pierre ni les autres n'enlevèrent à Matthias son or et son argent, quand il fut désigné par le sort pour remplacer l'âme perverse[1]. Reste donc où tu es, car le châtiment est juste, et garde soigneusement les richesses mal acquises qui t'ont fait braver Charles[2] avec audace. Si le respect que je porte aux clefs suprêmes que tu as tenues pendant la vie de félicité ne me le défendait, je me servirais de paroles plus sévères. O pontifes, votre avarice attriste le monde qui vous voit avec douleur exhausser les méchants et fouler les bons. C'est vous, pasteurs, que l'évangéliste

1. Judas. Un des premiers soins des disciples de Jésus-Christ fut de remplacer dans l'apostolat le traître qui avait vendu son Dieu. Le choix de saint Pierre et des autres apôtres étant tombé sur Joseph appelé Barsabas et sur Matthias, le sort prononça en faveur de ce dernier (*Act.*, chap. I.)

2. Appelé en Italie par les papes qui voulaient expulser de Naples et de Sicile l'usurpateur Manfred, Charles d'Anjou avait dû principalement à leur influence la couronne des Deux-Siciles. Mais, une fois maître de ces royaumes, il voulut étendre son autorité sur le reste de l'Italie. Il se fit reconnaître pour seigneur par plusieurs villes de la Lombardie, et prit sous sa protection celles de Toscane. Alors ses projets furent traversés par les papes qui avaient entendu prendre un vassal et non se donner un maître, et notamment par Nicolas III. Ce dernier contraignit Charles à résigner le vicariat de l'empire en Toscane, et l'office de sénateur de Rome, en même temps que gagné par Procida il préparait l'explosion des Vêpres siciliennes. C'est à ces faits que Dante fait allusion en parlant de l'audace de Nicolas III contre Charles d'Anjou.

apercevait quand il vit celle qui siége sur les eaux [1] se prostituer aux rois : j'entends celle qui naquit avec sept têtes, et qui tira sa force de ses dix cornes aussi longtemps que la vertu fit la joie de son époux. Vous vous êtes fait des dieux d'or et d'argent, et quelle différence y a-t-il de vous à l'idolâtre, si ce n'est qu'au lieu d'une idole vous en adorez cent[2]? Ah! Constantin[3]! de combien de maux fut la source, non

1. L'ange dit à saint Jean dans l'*Apocalypse :* « Ostendam tibi « damnationem meretricis magnæ, quæ sedet super aquas multas, cum « quâ fornicati sunt reges terræ.... habentem capita septem et cornua « decem... »(Cap. XVII.) Les interprètes sacrés entendent par la prostituée qui siége sur les eaux, l'idolâtrie qui prit naissance à Babylone (située près de deux grands fleuves, le Tigre et l'Euphrate) et qui de là se répandit sur tout le monde. Mais Dante, dans son fiel gibelin, attribue cette image au pouvoir pontifical, particulièrement sous les trois papes nommés plus haut. L'impudique Babylone étant ainsi devenue Rome ou l'Église, les sept têtes sont les sept sacrements, et les dix cornes les dix commandements de Dieu, lesquels firent la force de l'Église aussi longtemps que les papes y puisèrent la règle de leur conduite. Les complaisances de la courtisane avec les rois sont des allusions à la partialité des papes Boniface et Clément à l'égard de Charles de Valois et de Philippe le Bel.

2. Il y a ici une apparente contradiction. Comment est-il possible de dire que l'idolâtrie n'adore qu'un Dieu? Le P. Lombardi en donne une explication qui est la plus plausible entre celles fournies par les commentateurs. Un et cent, dit-il, sont ici des nombres déterminés pour des nombres indéterminés, et marquent seulement la proportion qu'il y a entre un et cent. C'est comme si le poëte avait dit : Quelque nombre d'idoles ou de dieux qu'adorassent les idolâtres, vous en adorez cent fois plus.

3. Dante paraît ici avoir pris au sérieux l'opinion d'une dot, ou donation qui aurait été faite aux papes par Constantin. Cette opinion, mise en avant par ceux qui ont cru rendre les droits temporels de la papauté plus inattaquables en les faisant remonter au moment même où la religion chrétienne devenait religion de l'État, n'a aucun fondement solide et a été abandonnée depuis longtemps par la chancellerie romaine comme par les historiens. Mais autant la donation de Constantin est chimérique, autant est réelle celle faite au pape Étienne II, par Pépin le Bref et confirmée par Charlemagne; et cela suffit assurément pour donner au pouvoir temporel des papes une

pas ta conversion, mais cette dot que reçut de toi le premier pape qui fut riche[1] ! »

Pendant que l'indignation m'inspirait ces paroles, l'esprit, soit que la colère ou la conscience le mordît, agitait ses pieds de plus en plus. Mais je crois que la liberté de mon langage ne déplut pas à mon maître ; du moins le sourire de ses lèvres semblait applaudir aux accents que la vérité m'arrachait. Il me prit ensuite avec les deux bras, et m'appuyant contre sa poitrine, il remonta le chemin par lequel il était descendu. Il ne se fatigua point de me tenir embrassé, jusqu'à ce qu'il m'eût déposé doucement sur le sommet de l'arc qui sert de communication entre le quatrième et le cinquième rempart, sentier rude et inégal, difficile même pour des chèvres. De là, une nouvelle vallée s'offrit à ma vue.

base fort respectable. Il est vrai que ce pouvoir ne s'entendait pas alors dans le sens de la souveraineté absolue ; il a fallu, pour fonder définitivement l'indépendance de papauté, une lutte de plusieurs siècles qui n'est rien moins que l'histoire de l'Europe entière au moyen âge.

1. Jamais satire à la fois plus amère et plus éloquente n'a été inspirée par la corruption et la rapacité qu'on reprochait dès lors au saint-siége. Le vers est précis, nerveux, serré ; la parole pénètre comme le glaive et touche la plaie dans toute sa profondeur. De grands scandales s'étaient vus sur le trône des successeurs de Pierre ; tous les royaumes de l'Europe, soumis à des exactions sans nombre, étaient tributaires de la cour de Rome. Il y avait un siècle environ qu'avait commencé la vente des indulgences, mais l'abus n'en était pas encore arrivé à ce point extrême qui fit éclater les foudres de Luther. Les chefs de la réforme n'ont rien écrit qui surpasse l'énergie de ces vers sanglants. Il y a plus ici que les préventions du gibelin, il y a comme une protestation de l'opinion publique, telle qu'elle pouvait exister à cette époque, contre des abus dont les âmes chrétiennes s'affligeaient sincèrement. Plus tard, l'autorité papale se serait émue d'un langage si hardi, mais alors elle se croyait invulnérable.

CHANT XX.

Il faut que je chante dans mes vers de nouvelles douleurs; il faut donner matière au vingtième chant de ce premier[1] cantique, où sont décrites les peines de l'enfer. Tout prêt à plonger mes regards dans le fond de cette vallée, baignée de larmes amères, je vis des âmes silencieuses et gémissantes parcourir l'enceinte circulaire du même pas que l'on voit dans notre monde marcher les lentes processions. En les considérant avec plus d'attention, je m'aperçus qu'elles avaient la tête tournée sur le buste d'une manière étrange : leurs visages regardaient du côté des reins, et il fallait qu'elles marchassent en arrière, puisqu'il leur était interdit de voir devant elles. Est-ce peut-être que la paralysie ait autrefois produit une telle dislocation? Je ne sais, mais je ne l'ai pas vu, et ne le crois pas possible. O lecteur, si Dieu te laisse tirer quelque fruit de ces révélations, juge par toi-même si je pouvais me défendre de pleurer en voyant des êtres à notre image tellement contournés que les larmes coulaient de leurs yeux le long de leurs épaules[2]! Je pleurais, appuyé sur un pan du roc im-

---

1. Premier, par rapport aux poëmes du *Purgatoire* et du *Paradis*. Cantique, *Cantica*, est le nom souvent donné par le poëte à chacune des trois parties de sa trilogie.

2. « Le naiche bagnava per lo fesso. » Vers inabordable dans sa crudité, qu'un traducteur a rendu par ces mots : « Le long de la fente.... de leurs épaules, » ajoutant dans une note : « J'ai essayé d'amener le lecteur français précisément au point où je pouvais espérer

pénétrable, lorsque mon guide me dit : « Serais-tu du nombre de ces insensés ? ici la vraie pitié est d'être impitoyable. Est-il un plus grand criminel que l'homme à qui les effets de la justice divine n'arrachent que de la compassion ? Lève, lève la tête, et vois celui sous qui s'ouvrirent les entrailles de la terre, aux yeux des Thébains s'écriant tous ensemble : « Où te précipites-tu, Amphiaraüs[1]? Pourquoi aban- « donnes-tu les combats ? » Et il continua de rouler dans l'abîme jusqu'à ce qu'il fût devant Minos, dont l'arrêt attend chaque coupable. Tu vois que sa poitrine a pris la place des épaules, et parce qu'il voulut voir trop loin devant lui, il regarde en arrière et chemine à reculons. Vois Tirésias[2], dont tous les membres se transformèrent quand d'homme il devint femme, et qui avant de reprendre sa forme virile, dut frapper de sa verge deux serpents accouplés.

qu'il voulût bien me suivre. » Pour ma part, je me refuse à aller jusqu'à ce point, ou je demande à aller jusqu'au bout.

1. Célèbre devin grec, fils d'Oïclée et d'Hypermnestre. Il disputa le trône d'Argos à Adraste, et ensuite le partagea avec lui, après avoir épousé Ériphyle, sœur d'Adraste. Lorsque ce dernier, à la prière de Polynice son gendre, eut entrepris la guerre de Thèbes, Amphiaraüs, instruit par son art qu'il périrait s'il prenait part à cette expédition, se cacha pour éviter le sort qui le menaçait. Mais Ériphyle, séduite par le don d'un collier de diamants, découvrit le lieu de la retraite de son époux. Forcé de marcher contre Thèbes, Amphiaraüs fit promettre à son fils Alcméon de le venger en faisant périr Ériphyle. Pour lui, lors de la déroute des Argiens sous les murs de Thèbes, il fut englouti avec ses chevaux en voulant sortir de la mêlée. Après sa mort, on lui bâtit un temple, et il reçut les honneurs divins. Cette tragique histoire reviendra plus d'une fois dans la suite du poëme : *Purgat.*, chant XII°; *Par.*, chant IV°.

2. Devin de Thèbes, fils d'Événus et de la nymphe Chariclo. Un jour que Jupiter et Junon disputaient sur la prééminence de l'homme et de la femme, ils prirent Tirésias pour arbitre. Celui-ci décida en faveur du sexe masculin, en reconnaissance de quoi Jupiter lui ac-

Celui qui s'adosse à la poitrine de ce divin est Arons[1], hôte solitaire des montagnes de Luni qui dominent Carrare, et que l'habitant de cette ville féconde par son travail; là, parmi les marbres blancs et dans le creux des rochers, il choisit sa demeure et put sans obstacle embrasser de ses regards la mer et les étoiles. Cette femme, dont les tresses dénouées couvrent un sein que tu ne peux voir, et qui du côté qu'elle nous montre a la peau velue, est Manto[2], qui, longtemps errante en diverses contrées, finit par s'arrêter au

corda le don de lire dans l'avenir; mais Junon mécontente le frappa de cécité. Selon d'autres récits, cette punition n'aurait pas été l'effet de la vengeance de Junon, mais de Minerve sur qui Tirésias aurait porté des regards indiscrets pendant que la déesse était au bain. Il vivait du temps d'OEdipe et de la guerre des sept chefs et des Épigones, et fut honoré à Thèbes comme un dieu. C'est à lui qu'on attribue l'invention des auspices ou prédictions d'après le vol des oiseaux. — La métamorphose de Tirésias fut produite par la rencontre qu'il fit, sur le mont Cythéron, de deux serpents accouplés; il tua la femelle et fut changé en femme. Mais sept ans après, en ayant trouvé deux autres, il tua le mâle et redevint homme.

1. Fameux devin de Toscane, qui habitait dans les montagnes de Luni, au-dessus de Carrare.

« Aruns incoluit desertæ mœnia Lunæ. »
Phars., lib. I.

2. Thèbes ayant été prise par les Épigones, dont Tirésias avait prédit la victoire, Manto, fille de ce devin, fut envoyée captive d'abord à Delphes où elle rendit des oracles, puis à Claros, en Ionie, où elle fonda un oracle d'Apollon. Elle eut de Rascius, roi de cette contrée, le devin Mopsus, rival de Calchas qu'il surpassa en science. Venue en Italie, Manto épousa Tibérinus, roi d'Albe ou dieu du Tibre, et en eut Ocnus, fondateur d'une ville qu'il nomma Mantoue, en l'honneur de sa mère.

« Qui muros, matrisque dedit tibi, Mantua, nomen. »
Æn., lib. X.

On rapporte que ce fut aussi Manto qui conduisit Énée aux enfers, et qui vendit à Tarquin les livres sybillins.

lieu qui devait être celui de ma naissance [1]. C'est pourquoi je désire que tu me prêtes un instant ton attention.

« Lorsque après la mort du père de Manto, la cité de Bacchus [2] devint esclave, la vierge fugitive alla longtemps par le monde. Dans la belle Italie, au pied des Alpes tyroliennes qui ceignent l'Allemagne, est un lac qu'on nomme Benaco [3]; il s'alimente par mille sources vives qui coulent entre Garda, Val Camonica et les Alpes pennines [4]. Vers le milieu du lac se trouve

---

1. Virgile est né dans un village près de Mantoue, nommé Andès; c'est ce qui a fait dire à Silius Italicus (livre VIII) :

« Mantua musarum domus, atque ad sidera cantu
Erecta Andino. »

2. Thèbes, dédiée à Bacchus. Elle fut prise par les Épigones, c'est-à-dire *descendants*, nom donné aux fils des sept chefs morts au siége de Thèbes, et qui eux-mêmes étaient au nombre de sept, parmi lesquels Diomède, Alcméon, etc.

3. Aujourd'hui le lac de Garde, le plus oriental des grands lacs de la région au sud des Alpes. De forme oblongue, il est situé entre les territoires de Vérone et de Brescia. Le Mincio le traverse et en sort à Peschiera.

4. « Tra Garda e Val Camonica, *Pennino*, etc. » Cette leçon qui se trouve dans beaucoup de textes manuscrits et imprimés, est adoptée par le P. Lombardi à la place de celle (*e Apennino*) qui d'après l'édition de l'Académie *della Crusca*, a été suivie par la plupart des éditions postérieures. Le P. Lombardi, dans une note trop longue pour la rapporter en entier, établit victorieusement que la leçon *della Crusca* attribue gratuitement à Dante deux énormes non-sens : l'un qu'en laissant subsister la particule conjonctive *e*, la phrase arrive à dire : Par mille sources et plus se baigne le lac Benaco des eaux qui séjournent dans ledit lac; » l'autre, qu'en conservant le mot *Apennino*, Apennin, on prête au poëte d'avoir dit que les eaux venues de l'Apennin alimentent le lac de Garde, ce qui est une balourdise géographique de laquelle Dante était incapable, lui toujours si exact dans la description des lieux, et qui pendant son long séjour à Vérone a dû visiter plusieurs fois le lac de Garde. Au contraire en adoptant le mot *Pennino* des anciens textes, qui désigne cette partie

un territoire[1] où les pasteurs de Trente, de Brescia et de Vérone, s'ils faisaient ce chemin, auraient chacun le droit de bénédiction ; sur le déclin le plus bas de cette plage est assise Peschiera, belle et forte citadelle, boulevard des habitants de Bergame et de Brescia. Là se versent toutes les eaux que le sein du lac ne peut contenir : elles forment un fleuve qui descend dans de verts pâturages. Au dégorgement du lac, le Benaco perd son nom et s'appelle Mincio jusqu'à Governo où il tombe dans le Pô. Le fleuve n'a parcouru que peu d'espace encore, lorsqu'il trouve une plaine dans laquelle il se répand, et devient un marais[2] habituellement malsain pendant

---

des Alpes que les anciens appelaient *Alpes Penninæ*, on obtient un sens qui est d'accord avec la vérité géographique. En effet, des Alpes pennines descend le fleuve Sarca qui se jette dans le Benaco, après avoir étendu son cours entre Garde et Val Camonica, et recueilli dans sa marche les eaux d'un grand nombre de rivières et de torrents, conformément au texte : *per mille fonti*. Le sens du passage controversé est donc celui-ci : « De plus de mille et mille sources, proviennent les eaux qui se rassemblent dans ce lac, après avoir baigné les contrées situées entre Garde, Val Camonica et les Alpes pennines. »

1. Ce territoire, dont les commentateurs se sont beaucoup occupés, ne paraît avoir été déterminé avec certitude qu'il y a peu de temps par un savant ingénieur de Vérone ; c'est le point où la rivière Tignalga débouche dans le lac de Garde, et qui est indiqué sur les anciennes cartes géographipues comme formant la limite des trois diocèses. Le voyageur placé sur ce point aurait à sa gauche le diocèse de Trente, à sa droite celui de Brescia, et devant lui le lac qui tout entier fait partie du diocèse de Vérone. Comme les évêques ont le droit de bénir partout où s'étend leur juridiction, Dante a pu dire que chacun des titulaires des trois sièges indiqués serait fondé à jouir de ce droit, s'il faisait cette route.

2. Virgile a dit avec moins de brièveté, mais plus d'élégance :

« .... Tardis ingens ubi flexibus errat
Mincius, et tenerâ prætexit arundine ripas. »

Georg., lib. III.

l'été. Passant en ce lieu, la vierge cruelle[1] vit cette terre sans culture et vide d'habitants; elle s'y retira avec ses serviteurs pour fuir le commerce des hommes et s'adonner librement à son art. C'est là qu'elle vécut et qu'elle laissa son corps inanimé. Ensuite les hommes dispersés aux environs se rassemblèrent dans cette enceinte, dont le marais défendait toutes les approches. Ils bâtirent leur cité sur les ossements de l'étrangère, et en l'honneur de celle qui la première avait choisi cette retraite, ils nommèrent leur ville Mantoue, sans scruter autrement le destin[2]. La population de cette ville était autrefois plus nombreuse, avant que la démence de Casalodi[3] eût favorisé la fourberie de Pinamonte. Telle est l'origine de ma ville natale; je t'en instruis afin que si jamais tu l'entends rapporter autrement le mensonge n'altère pas la vérité. »

Je lui répondis : « Maître, tes discours ont tant

1. Cruelle, parce qu'elle se souillait de sang pour opérer ses maléfices. Stace a dit :

« .... Tunc innuba Manto
Exceptum pateris prælibat sanguinem, et omnes
Ter circum acta pyras, sacri de more parentis,
Semineces fibras, et adhuc spirantia reddit
Viscera. »

2. Les anciens, quand ils avaient construit une ville, lui donnaient un nom d'après quelques augures, ou en consultant le sort, comme on le voit dans Tite Live et Varron. VELLUTELLO.

3. Le comte Albert de Casalodi était seigneur de Mantoue. Pinamonte de' Buonaccossi, gentilhomme mantouan, lui persuada d'exiler de la ville la plupart des nobles, pour mieux captiver la faveur populaire. Ce perfide conseil ayant été suivi, Casalodi se trouva privé de ses défenseurs, et Pinamonte, secondé par le peuple, s'empara du pouvoir. Mais tous les partisans d'Albert n'avaient pas fui : ceux qui étaient restés ou qui tentèrent de revenir, furent massacrés, leurs maisons détruites, et Mantoue fut en partie dépeuplée.

d'autorité et m'inspirent une si grande confiance, que toute parole qui s'en écarterait serait à mes yeux comme un charbon éteint. Mais dis-moi si, dans cette foule en mouvement, tu découvres quelque ombre digne d'être nommée, car c'est de cela seulement que s'inquiète mon esprit. » Alors il reprit : « Celui dont la barbe descend de ses joues sur ses brunes épaules, fut augure dans le temps où la Grèce vit partir un si grand nombre de ses guerriers, qu'à peine resta-t-il des enfants au berceau ; de concert avec Calchas, il donna aux Grecs retenus en Aulide le signal de rompre le premier câble. Eurypyle fut son nom, c'est celui que ma haute tragédie[1] lui donne dans ses chants ; tu t'en souviens, toi qui la possèdes tout entière. Cet autre, dont les flancs accusent la maigreur, fut Michel Scot[2] vraiment habile dans le jeu des fraudes magiques. Tu vois Guido Bonatti[3],

---

1. L'*Énéide*, où il est en effet question de l'augure Eurypyle :

« Suspensi Eurypylum scitatum oracula Phœbi
Mittimus. »   Lib. II.

En parlant du poëme de Virgile, Dante l'appelle *haute tragédie ;* dans le chant suivant, il dira de son propre poëme « *la mia Commedia.* » Nous avons expliqué dans la notice (p. 143), le sens qu'il attachait à ces distinctions.

2. Écrivain du XIIIe siècle, né en Écosse dans le comté de Fife, très-versé dans l'étude des sciences occultes, comme dans toutes les sciences connues de son temps. Il vint en France, où il séjourna plusieurs années, et en Allemagne, où il jouit de la faveur de l'empereur Frédéric II. La même faveur l'accueillit à la cour d'Angleterre, et Édouard II lui confia plusieurs missions. Il passait, de son temps, pour magicien : cette opinion, accueillie par Dante, est confirmée par Boccace et par Folengo. — En parlant de Michel Scot, le poëte dit : « Che ne' fianchi è cosi poco. » Les interprètes entendent généralement ces mots dans le sens de maigreur. Vellutello veut que ce soit une allusion aux vêtements qu'à cette époque les Écossais, les Anglais, les Flamands et les Français portaient courts et étroits.

3. Né à Forli, et le plus célèbre des astrologues de ce siècle, où l'as-

tu vois Asdent[1] qui voudrait aujourd'hui n'avoir pas quitté son cuir et son fil ciré, mais qui se repent trop tard. Tu vois les malheureuses qui abandonnèrent l'aiguille, la navette et les fuseaux pour se faire devineresses et composer des maléfices avec des herbes et des images.

« Mais viens. Déjà paraît aux limites des deux hémisphères, et touche aux flots qui baignent Séville, l'astre où se montrent Caïn et ses épines[2]. Hier soir déjà la lune rayonnait de tout son éclat[3], et tu dois te souvenir que sa clarté ne te fut pas inutile dans l'épaisseur de la forêt. » Ainsi me parlait mon maître, et tout en parlant nous ne laissions pas de marcher.

trologie judiciaire était si répandue. Nous avons parlé de lui dans l'introduction (p. 54). Selon Philippe Villani, il avait fabriqué une statue de bronze, laquelle rendait des réponses prophétiques. La *Biographie universelle* avance que Bonatti, sur la fin de ses jours, entra dans l'ordre des franciscains. Mais les anciens chroniqueurs, ni les annales de Forli n'en disent rien, et il n'en fut question, pour la première fois, que plus de deux cents ans après la mort du prétendu religieux. C'est ce que démontre Tiraboschi, ajoutant que l'on a sans doute confondu *Guido* Bonatti avec un de ses plus ardents protecteurs, *Guido* de Montefeltro, qui prit en effet, dans sa vieillesse, l'habit des frères mineurs, ainsi que Dante nous le dira bientôt.

1. Asdente de' Denti, savetier astrologue de Parme. Il quitta, comme dit le poëte, son cuir et son fil ciré pour se faire devin, et prophétisa, dit-on, que l'empereur Frédéric II lèverait le siége de Parme, comme il advint en effet. Une inscription placée dans l'église du Saint-Esprit, à Parme, indique qu'Asdent y fut inhumé.

2. Allusion à la croyance populaire selon laquelle les taches de la lune sont produites par Caïn soulevant un foyer d'épines. Le poëte, dans le IIe chant du *Paradis*, se moquera de cette fable ridicule.

3. La veille, la lune était dans son plein ; maintenant elle touche aux limites des deux hémisphères, c'est-à-dire à l'horizon du côté de Séville ou du couchant. Il y avait donc une heure environ que le soleil était levé, et les poëtes avaient mis trois heures à visiter le septième cercle et une partie du huitième, où ils sont encore.

CHANT XXI.

Nous entretenant de choses qui n'ont pas à trouver place dans les chants de ma Comédie, nous allions d'un pont à l'autre. Arrivés sur la sommité du cinquième, nous nous arrêtâmes pour voir cette nouvelle vallée du Malebolge, où l'on verse d'autres pleurs stériles, et qu'attriste une obscurité plus grande. De même que dans l'arsenal des Vénitiens [1] bout pendant l'hiver la poix tenace, destinée au calfatage des bâtiments malades qui ne peuvent plus tenir la mer; et que l'on voit les uns refondre le vaisseau tout entier, les autres en resserrer les flancs trop longtemps battus par les flots, tous frapper et refrapper de la poupe à la proue, ici préparer les rames, là tendre les haubans, plus loin disposer les voiles d'étai et d'arti-

---

1. Voici cette comparaison si souvent citée de l'arsenal des Vénitiens, véritable tour de force de difficultés vaincues, où l'emploi des mots techniques ajoute encore à l'effet produit, tant le poëte a su les choisir harmonieux et imitatifs de l'action qu'il décrit. Dans toutes les langues, les écrivains de génie ont su peindre des images par des sons, quelque rebelle que fût l'instrument dont ils devaient se servir. « L'essieu crie et se rompt » a dit Racine; mais ce n'est que la moitié d'un vers. S'il avait fallu créer neuf vers français consécutifs, dont chacun apportât une image nouvelle, et avec cette image le mot qui lui est propre et le son qui fait que la scène décrite existe à la fois pour les yeux et pour l'oreille, peut-être, soit dit sans blasphémer le grand Racine, tout son génie y eût-il échoué. Cependant Schiller s'est approché de Dante, et au dire des Allemands l'a même surpassé, dans l'ode fameuse où il décrit la fonte d'une cloche par une série de tableaux qui semblent écrits par un homme du métier, sans que le grand poëte s'efface un seul instant. Mais il faut être né sur les bords du

mon; de même, bouillait non par l'action du feu, mais par un art divin, un bitume épais, dont la matière visqueuse s'étendait d'une rive à l'autre de la fosse. Je ne voyais encore que les bouillonnements soulevés par la cuisson, et qui tour à tour se gonflaient ou s'abaissaient comprimés. Pendant que mes regards étaient absorbés par ce spectacle, mon guide m'arracha vivement du lieu où je me tenais, en disant: « Prends garde, prends garde ! » Je me retournai, semblable à un homme qui brûle de voir ce qu'il doit éviter, mais qui, saisi par une peur soudaine, craindrait en regardant de retarder sa fuite; et je vis derrière nous un diable tout noir venir en courant sur l'arête du roc, les ailes étendues et le corps balancé sur ses pieds rapides. Ah! que son aspect était terrible! Que son maintien semblait formidable! Sur son épaule large et pointue, il portait un pécheur, et le tenait fortement serré par le nerf des pieds. Il dit :
« O malebranches[1], gardiens de ce bolge, voilà un

Danube pour se plaire aux sons rauques et durs de cette langue, d'ailleurs si riche et si savante. — Pour revenir à l'arsenal des Vénitiens, il n'est pas besoin de faire remarquer qu'ici particulièrement Dante est à peu près intraduisible. M. Valery dit avec raison qu'un ingénieur de la marine qui serait en même temps un grand poëte, pourrait seul y réussir. Le rôle du traducteur qui n'est ni ingénieur ni grand poëte, doit donc se borner à rendre le sens avec exactitude et clarté. Il doit surtout se défendre de la démangeaison d'altérer ou paraphraser le texte, dans l'illusion de l'embellir, ou dans la folle prétention de jouter avec le poëte. C'est l'écueil contre lequel se brisent les meilleures intentions, et qui nommément ici a vu plus d'un naufrage. On veut que le poëte dramatique ne se montre jamais dans les personnages qu'il fait parler : bien moins encore l'humble traducteur doit-il se substituer à l'auteur dont il se constitue l'interprète.

1. Nom général sous lequel Dante désigne les diables préposés à la garde de cette fosse : il est composé des deux mots *mala* et *branca*,

des anciens de sainte Zita[1], recevez-le pour que je retourne encore à la ville qui en est si bien fournie, que tout homme y est vénal, excepté Bonturo[2] ; là, pour de l'argent le *non* devient *oui*. » Il dit, le lance dans la fosse et reprend sa course sur le rocher, plus rapide qu'un mâtin qui, détaché de sa chaîne, suit les traces du voleur. Le criminel s'enfonça d'abord dans la poix, puis il reparut, la poitrine inclinée comme dans une attitude suppliante[3]. Mais les démons embusqués sous l'arc du rocher lui crièrent : « Ici l'on

serres ou griffes maudites. — On lit dans le texte : « Del nostro ponte, disse, o malebranche, etc. » *Di nostro ponte* est ici la partie prise pour le tout, et ne signifie pas, comme quelques-uns l'ont cru, *de notre pont*, du pont où nous étions, Virgile et moi. C'est le suppôt de Lucifer qui dit à ses compagnons : ô vous gardiens de notre pont. Le poëte a déjà mentionné l'arrivée de son diable sur le pont, il n'a pas besoin de le lui faire répéter, car il s'entend assez de soi-même que diable ou non, chacun parle du lieu où il se trouve.

1. Voilà un des premiers magistrats de la pieuse cité de sainte Zita, c'est-à-dire de Lucques dont sainte Zita est la patronne. Cette sainte, sortie de la classe la plus humble de la société, et dont l'histoire est d'une simplicité touchante, a son tombeau dans la vieille cité lombarde de San Frediano, et son corps était conservé dans la chapelle de la noble famille Fatinelli, au service de laquelle avait été la sainte pendant sa vie. Quant au pécheur juché sur les épaules du démon, on croit que c'est un magistrat de Lucques, nommé Martin Bottaï. Les Lucquois avaient fait des premiers un grand commerce de banque : on les accusait d'être tous usuriers, et ils passent encore aujourd'hui pour gens madrés et subtils.

2. « Vers satirique d'excellent goût. » (GING.) — Cette plaisanterie, dit Lombardi, ressemble à notre proverbe italien : Voilà de ces maux qui se guérissent toujours, excepté la première fois. Bonturo, de la famille des Dati, passait pour l'usurier le plus déhonté de l'Italie. Lombardi croit que ce pourrait être le même qui, par une insigne fourberie, fit surprendre Lucques par les Pisans en 1315.

3. .... « E tornò su convolto. » La plupart des commentateurs ont pensé que le mot *convolto* signifiait que le pécheur sortait de la poix, la tête toute souillée, comme aussi cela devait être après son immersion. Mais cette interprétation ne se rattachant pas au sarcasme que les démons dans ce moment même lancent au Lucquois, Lombardi

n'implore pas la sainte Face[1]; ici l'on nage autrement que dans le Serchio[2]. Reste sous le bitume si tu ne veux pas que nos gaffes t'y replongent. » A ces mots, ils l'agrippèrent avec plus de cent crocs, en criant : « Il faut ici danser à couvert, et si tu le peux tromper à la dérobée. » C'est ainsi que les cuisiniers et leurs aides, munis de leurs instruments, plongent les viandes au fond de la chaudière pour empêcher qu'elles ne surnagent.

Mon maître me dit alors : « Afin que ta présence reste inaperçue, cache-toi derrière un rocher qui te serve d'abri, et quelque offense qui me soit faite n'en conçois aucune crainte : rien ici ne peut me surprendre, je me suis déjà trouvé dans un tel conflit. » Ensuite il traversa le pont; mais, en arrivant à la sixième rive, il eut besoin de toute la force de son courage. Avec la même furie et la même rumeur que s'élancent tout à coup des chiens pour assaillir l'infortuné qui implore la pitié à la porte où il s'arrête, se précipitèrent de dessous le pont les anges de ténèbres, en tournant contre mon maître leurs fers acérés. Mais il leur cria : « Arrêtez, point d'inso-

explique *convolto* par courbé en arc : *In arcum convolutus*, dirait-on en latin. Alors on comprend que lui voyant prendre une attitude suppliante, les démons lui crient : *On n'implore pas ici la sainte Face.*

1. Le *santo Volto* ou sainte Face miraculeuse est un crucifix en bois noir, d'origine byzantine, dont on fait remonter la translation au VIIIe siècle, et que les Lucquois conservent dans une chapelle murée de leur cathédrale. Ils prétendaient dès lors que cette image était celle même que Nicodème, disciple de Jésus-Christ, fit sculpter, ou suivant une légende sculpta lui-même, aidé par la main d'un ange, pour perpétuer les traits du Sauveur; elle aurait été transportée en Italie par les fidèles que les persécutions des empereurs iconoclastes forçaient à chercher un refuge en Occident.

2. Rivière près de laquelle Lucques est située.

lence! avant que vos armes m'atteignent, que l'un de vous s'approche et m'écoute; qu'on délibère ensuite si je dois être frappé. » A ces paroles, la troupe s'arrête et crie d'une seule voix : « Va, Malacoda[1]! » Celui-ci s'avance seul, pendant que les autres restent en place; il dit : « En quoi cela peut-il t'aider[2]? » — « Crois-tu, Malacoda, reprit mon maître, que je serais venu jusqu'ici, à l'abri de toutes vos attaques, sans l'égide d'un destin propice et d'une volonté divine? Laisse-moi passer, car il est arrêté dans le ciel que je dois montrer à un autre ces sentiers sauvages. » L'orgueil du démon tomba devant ces paroles, il laissa choir sa fourche à ses pieds et dit aux autres : « Il suffit! qu'on ne le frappe pas! » Alors mon guide se tournant de mon côté : « O toi, dit-il, qui te caches entre ces roches, viens me rejoindre en toute sécurité. » Aussitôt je me précipitai vers lui; mais les

1. Littéralement Queue maudite. Il y a des esprits qui ont été choqués des noms que Dante donne à ses diables, et des traducteurs qui les ont passés sous silence. Cette extrême susceptibilité de langage pourrait être à sa place dans un poëme épique écrit en français; mais le poëte a dit au commencement même de ce chant : *la mia Commedia*, « ma Comédie, » apparemment pour faire entendre qu'il ne prétendait pas chausser le cothurne. D'ailleurs, il s'agit de faire connaître l'œuvre telle qu'elle est, et non de l'accommoder à notre goût moderne. De même que ce n'est pas avec les idées de notre siècle qu'il faut apprécier celles des âges précédents, de même il ne faut pas imposer notre vocabulaire à une époque qui avait ses mots à elle, en rapport exact avec les conditions de son existence. Les langues sont un peu comme ceux qui les parlent; elles ont plus à perdre qu'à gagner en vieillissant.
2. Le démon Malacoda prend Virgile pour une âme pécheresse, et il suppose que la demande d'un entretien n'est qu'un prétexte pour gagner du temps. Il lui dit : « à quoi bon? » *che t'approda?* Au reste ces deux mots, écrits différemment dans les diverses éditions, ont fourni matière à une multitude d'explications oiseuses, en cela du moins qu'elles augmentent l'incertitude du lecteur, au lieu de la fixer.

CHANT XXI.

démons se portèrent tous en avant, et je craignis qu'ils ne rompissent le pacte. Ainsi vis-je jadis ceux qui sous la foi d'une capitulation sortaient de Caprona[1], trembler, quand ils se virent entourés d'ennemis. Étroitemeut serré contre mon guide, je ne quittais pas des yeux les démons, dont la contenance ne justifiait que trop mes alarmes. Ils abaissaient leurs crocs, se disant l'un à l'autre : « Veux-tu que je le happe ? » — « Oui, répondaient-ils, harponne-le ! » Mais celui qui s'était abouché avec mon maître, se retourna vivement et dit : « Non, non, Scarmiglione[2] ! » Puis s'adressant à nous : « Vous ne sauriez, poursuivit-il, continuer votre route dans cette direction, parce que la sixième arche, entièrement rompue, gît au fond de la vallée. Toutefois s'il vous plaît de pénétrer plus avant, vous trouverez un autre rocher qui vous servira de passage[3]. Hier, environ cinq heures plus tard qu'il n'est maintenant, se complétèrent les douze

---

1. Forteresse des Pisans sur le bord de l'Arno. Elle avait été prise par les Lucquois, ligués contre Pise avec les autres guelfes de Toscane. La garnison lucquoise eut ensuite à se défendre contre une nombreuse armée, et manquant de vivres, elle fut obligée de se rendre à discrétion, la vie sauve. En traversant le camp ennemi, les prisonniers furent menacés et eurent à trembler pour leur vie. (Landino.) — Ce fait appartient à l'année 1290 ; il a peu d'importance par lui-même, mais il en acquiert quand on sait que Dante y prit part ; il était alors dans les rangs des guelfes.

2. Nom créé par le poëte, qui avait peut-être une signification dans sa pensée, mais auquel il est difficile d'en trouver une aujourd'hui.

3. Nous verrons plus loin que ce langage est une fourberie de Malacoda. Selon la fiction du poëte, il est bien vrai que le sixième pont est rompu, mais il n'est pas vrai qu'il en existe un autre à l'endroit indiqué par le démon. Les commentateurs ont voulu deviner pour quelle raison Dante avait imaginé de briser le pont qui mène à la fosse des hypocrites. Selon Landino, c'est une allusion à la destruction de la synagogue ; selon Lombardi, c'en est une à l'hypocrisie des pharisiens, qui fut cause de la mort de Notre-Seigneur.

cent soixante-six années[1] depuis lesquelles cette route est rompue. J'envoie de ce côté plusieurs des miens pour voir si nul condamné ne trompe ma surveillance[2]; allez avec eux, ils ne vous feront pas de mal. Alichino et Calcabrina[3] et toi Cognazzo, en avant! Barbariccia sera votre chef. Allez aussi, Libicocco et Draghignazzo, Ciriatto aux dents crochues, et Grafficane et Farfarello : Rubicante le fou complétera la dizaine. Cherchez votre proie autour du lac bouillant; mais que ceux-ci gagnent sains et saufs l'autre rocher, qui, encore intact, surplombe au-dessus de la fosse. » — « Hélas! m'écriai-je, ô mon maître,

1. Nouvelle allusion au tremblement de terre qui a suivi la mort de Jésus-Christ. Le poëte nous a dit que la lune s'était levée la veille dans son plein : on ne sait pas au juste si Notre-Seigneur a été crucifié le jour de la pleine lune de mars, ou le jour d'après. Dante, qui est de la seconde opinion, adopte aussi celle qui donne trente-quatre années d'âge au Sauveur, au moment de sa mort, et il dit : « Hier, cinq heures plus tard que l'heure présente, c'est-à-dire à la neuvième heure, s'accomplirent les douze cent soixante-six années depuis lesquelles cette arche a été rompue. » Or, en ajoutant à ce chiffre les trente-quatre années de la vie de Jésus-Christ, on arrive à l'année 1300, avec la certitude que c'est bien cette date que le poëte a voulu donner à son voyage.
2. Ne met la tête hors de la poix bouillante.
3. Noms donnés par le poëte à ses diables, et qu'il a pris on ne sait où, peut-être de surnoms dérisoires d'hommes contemporains, peut-être des noms qui se donnaient alors aux chiens et à d'autres animaux, et peut-être encore composés par l'auteur lui-même avec des mots pris en partie dans le dialecte italien vulgaire, et en partie dans quelque dialecte particulier ou étranger. Entre les explications que Landino s'efforce de donner à tous ces noms, celle qui concerne *Ciriatto* mérite d'être remarquée. On l'appelle ainsi, dit-il, parce que *cirro*, non-seulement dans notre langue rustique, mais encore dans la langue grecque, signifie pourceau. (LOMBARDI.) — M. Biagioli est d'avis que dans les discours et les actes de ces diables, Dante s'est proposé de peintre les sbires d'Italie, race la plus vile et la plus méprisée qui soit au monde, et de laquelle le poëte, pendant ses fréquentes pérégrinations, avait peut-être reçu quelque avanie.

que vois-je ? Ah! si tu sais le chemin, marchons seuls plutôt, car pour moi je ne demande pas d'escorte. Prudent comme tu as coutume de l'être, ne vois-tu pas qu'ils grincent les dents, et que leurs sourcils sont chargés de menaces ? » Il me répondit : « Ne t'épouvante pas, laisse-les grincer comme ils l'entendent : ils n'en veulent qu'à ceux qui gémissent dans la poix. »

La troupe se dirigea sur la chaussée qui était à gauche ; mais, avant de partir, les diables se tournèrent vers leur chef, en lui montrant en signe d'intelligence leurs langues pendantes et leurs dents qui grinçaient, tandis que lui-même leur répondait par les sons d'une trompette immonde[1].

---

1. « Ed egli avea del cul fatto trombetta. » Ce vers, dans sa simplicité expressive que notre élégance appellera grossière, a toujours été l'effroi des traducteurs. Comment reproduire dans sa crudité une image que le poëte a réservée pour le dernier trait de ce tableau où se mêlent avec tant d'originalité le terrible et le burlesque. M. Artaud, dans une note curieuse, a mis en regard les diverses versions des traducteurs.

CHANT XXII.

J'ai vu[1] maints chevaliers prendre champ, commencer la lutte, faire montre d'avancer et parfois de fuir pour engager l'ennemi; j'ai vu dans votre patrie, ô habitants d'Arezzo, maints chevaucheurs faire des excursions; j'ai vu combattre dans les joutes et les tournois, tantôt aux éclats du clairon, tantôt au bruit

---

1. Les quatre tercets qui commencent ce chant ne sont en quelque sorte que le développement du vers singulier par lequel se termine le chant qui précède. Mais par un art auquel on était loin de s'attendre, l'image qui a pu paraître choquante, perd pour ainsi dire ce qu'elle avait de grossier sous l'éclat d'un style qui s'élève jusqu'à la plus haute poésie. Le lecteur le plus chatouilleux sera désarmé par ces belles et poétiques images qui naissent en foule de celle même qui l'avait effarouché, et il sera forcé de sourire au rapprochement burlesque qui en fait le fond, et dont le comique se rehausse de tout le sérieux du poëte. Il y a deux conséquences à tirer de cette observation; l'une, que c'est bien de propos délibéré, comme l'a dit M. Artaud, que Dante a laissé subsister le fameux vers en question, lui qui a souvent et longtemps retouché son œuvre. Non-seulement il ne l'a pas effacé, mais il lui a donné en quelque manière une place d'honneur. En effet, on a pu remarquer que chaque chant se termine par un vers isolé, qui n'est presque jamais un membre du tercet final, mais forme à lui seul une pensée complète, souvent remarquable par sa précision ou son énergie. Le poëte n'a donc pas désavoué l'enfant un peu cynique de sa muse; au contraire, il l'a traité avec prédilection en le mettant là où il pouvait le moins échapper au regard. Dirat-on qu'il a fait comme certaines mères qui préfèrent parfois le plus disgracié de leurs enfants? Mais au temps de Dante, et c'est ma seconde conséquence, il est probable que les oreilles n'avaient point acquis la susceptibilité pudique qu'elles ont de nos jours. On voit que beaucoup plus tard elles supportaient encore ce qu'elles ne veulent plus souffrir aujourd'hui. Plus de deux cents ans après Dante, le cynisme de Rabelais, tout révoltant qu'il paraisse aux lecteurs et

des cloches[1] et des tambours, à certains signaux des forteresses[2], enfin au son d'autres instruments nationaux ou étrangers; mais jamais je n'avais vu cavaliers ni fantassins se mouvoir au son d'un chalumeau si étrange; jamais ne lui obéirent les navires qui se dirigent aux fanaux de la terre et des cieux.

Cependant nous marchions avec les dix démons (quelle horrible compagnie!). Mais à l'église on est avec les saints, à la taverne avec les gloutons[3]. Les yeux fixés sur la poix bouillante, je scrutais tous les contours du lac et cherchais à voir les victimes qu'il renferme. Ainsi que les dauphins laissent paraître au-dessus des flots la courbe de leur échine, comme pour avertir le marinier d'aviser au salut du navire; ainsi se montraient les pécheurs au-dessus du bitume, dans l'espoir d'alléger leurs souffrances; leurs épaules un instant aperçues disparaissaient ensuite, plus promptes que l'éclair. On les voyait de toutes parts sur le lac,

surtout aux lectrices de notre époque, n'a pourtant pas choqué ses contemporains. Un écrivain de quelque valeur ne va jamais au delà de ce que permettent les mœurs publiques et les convenances sociales du temps où il écrit. S'il pèche contre un bon goût qui n'était pas né, ce n'est pas lui qu'il faut mettre en cause, mais la société disparue dont il n'est que le reflet. Il resterait à savoir si en devenant plus difficiles, nous avons beaucoup gagné.

1. La cloche n'est plus un instrument de guerre dans les armées au moyen âge, on la plaçait sur le *carroccio*, où ses sons plus vivement répétés quand le péril était plus grand, appelaient les guerriers à la défense de l'arche sainte : voy. sur le *carroccio* l'introduction, p. 6.

2. Quels étaient ces signaux donnés par les châteaux? Des feux pendant la nuit, de la fumée pendant le jour, disent les commentateurs. Cette explication n'est guère satisfaisante. Il est probable que le poëte fait allusion à quelque usage contemporain, dont le souvenir s'est perdu. Ce devait être un signal accompagné de bruit, puisqu'il est mentionné à la suite des trompes, des cloches et des tambours.

3. Proverbe populaire qui avertit qu'il faut savoir s'accommoder aux circonstances et aux lieux où l'on se trouve.

semblables à des grenouilles qui, sur le bord d'un fossé, ont la tête hors de l'eau et le reste du corps caché dans la vase. Mais à l'approche de Barbariccia, ils se retiraient sous les bouillons brûlants. J'en vis un, ah! mon cœur en frémit! qui avait trop attendu, comme on voit une grenouille demeurer après la disparition des autres. Grafficane, qui en était le plus rapproché, l'agrippa par ses cheveux enduits de poix et l'amena comme s'il eût pris une loutre. Je savais les noms de nos conducteurs infernaux, tant pour les avoir notés quand ils furent choisis, que pour avoir entendu les démons s'interpeller entre eux. « O Rubicante! s'écrièrent à la fois tous les maudits, fais-lui sentir les dents de ta fourche, arrache-lui la peau. » Pour moi, je dis à mon maître : « Tâche de savoir quel est le malheureux qui vient de tomber aux mains de ses bourreaux? » Alors s'approchant de lui, mon guide lui demanda d'où il était. L'ombre répondit : « Je suis né dans le royaume de Navarre[1]; ma mère qui m'avait engendré d'un coupable destructeur de lui-même et de ses biens, me mit au service d'un seigneur : je m'insinuai plus tard dans la familiarité du bon roi Thibault. Là, je fis des gains honteux, dont je rends compte maintenant dans cette fournaise. » Ciriatto, à qui de chaque côté de la bouche sortait une défense comme à un sanglier, lui fit douloureusement sentir combien le tranchant en était affilé. Le

---

1. Celui qui tient ce langage est Giampolo, ou Ciampolo, fils d'une mère noble, mais que son père, « ribaldo distruggitore di sè, » laissa sans fortune. Entré au service d'un baron de la cour de Thibault, roi de Navarre et comte de Champagne, il s'insinua dans les bonnes grâces du roi faiseur de chansons, et abusa de sa faveur pour vendre des emplois.

pauvre souriceau était venu parmi des chats cruels. Mais Barbariccia l'enveloppant de ses bras, s'écria : « Que nul ne le touche aussi longtemps que je le tiens embrassé[1] ! » Puis se tournant vers mon guide : « Interroge-le, poursuivit-il, si tu veux en apprendre davantage, avant que les autres le déchirent. » Le poëte reprit : « Parle donc! connais-tu quelque Italien parmi ceux qui souffrent sous la poix? »

« — Je viens précisément, répondit l'ombre, d'en quitter un dont la patrie touche l'Italie. Que ne suis-je encore à couvert auprès de lui ! je ne craindrais ni griffes ni harpons. »—« C'est trop attendre, » interrompit Libicocco, et happant avec son croc le bras du Navarrais, il en arracha des lambeaux. Draghignazzo de son côté s'apprêtait à le saisir par les jambes; mais leur décurion les contint tous par un regard plein de menaces. Quand les diables se furent un peu calmés, mon guide se hâta de demander à celui qui regardait piteusement sa blessure : « Quel est le compagnon que tu as quitté, bien malavisé, dis-tu, pour venir à ce rivage? » Il répondit : « C'est frère Gomita[2], celui

---

1. « .... Mentr' io lo 'nforco. » *Inforcare* signifie prendre avec la fourche, enfourcher; mais, selon la remarque judicieuse de Lombardi, ce mot doit s'entendre ici d'une manière différente. La fourche dont parle le chef des démons n'est autre que celle de ses bras dont il entoure le patient, en disant aux autres : Ne le frappez pas pendant que je l'enfourche de mes bras. Barbariccia avait reçu la recommandation de complaire à ceux confiés à sa garde, c'est pourquoi il veut donner à Virgile le temps d'interroger le Navarrais.

2. Religieux sarde, né à Gallura. Ayant gagné la faveur de Nino de' Visconti, juge ou gouverneur de Gallura, frère Gomita s'en servit pour trafiquer des places et se livrer à d'autres friponneries. La Sardaigne, depuis plus de deux siècles, appartenait à la puissante république de Pise, qui, avec l'aide des Génois, en avait chassé les Sarrasins. Les Pisans partagèrent l'île en quatre judicatures ou

de Gallura, grand artisan de fraudes, qui tenant entre ses mains les ennemis de son maître, le trahit pour leur complaire; il tira d'eux une riche rançon et ne les punit point, ainsi qu'il le raconte lui-même; il se signala de même dans ses autres emplois par de honteux trafics, non comme un apprenti timide, mais comme un maître consommé. Avec lui converse souvent Michel Sanche de Logodoro[1], et leurs langues ne se fatiguent jamais à s'entretenir de la Sardaigne. Mais hélas! voyez ce démon qui grince des dents, j'en dirais davantage, mais je crains qu'il ne se prépare à me lacérer de nouveau. » Alors le formidable préposé de Satan, tourné vers Farfarello qui roulait des yeux étincelants et allait frapper, lui dit : « Range-toi, oiseau pervers! » — « Si vous désirez, continua l'ombre épouvantée, voir ou entendre des Toscans ou des Lombards, j'en ferai venir; mais que les griffes maudites s'éloignent un peu, afin que la crainte du châtiment ne retienne pas ceux que j'appellerai! Alors m'asseyant en ce lieu, pour un que je suis j'en ferai venir sept en sifflant, comme c'est notre usage quand l'un de nous passe la tête hors de l'eau. »

gouvernements : Gallura, Callari, Logodoro et Alborea. Ces juges, choisis dans les premières familles de Pise, devinrent peu à peu de petits souverains, chacun dans son gouvernement. Tel était ce Nino de' Visconti, trompé par le frère Gomita, et que nous retrouverons ailleurs.

1. Sénéchal du roi Enzius, qui était le fils naturel de l'empereur Frédéric II et roi titulaire de Sardaigne où il n'alla jamais; son père lui avait conféré ce titre sans préjudice des droits que la république de Pise prétendait sur la Sardaigne, et l'avait en outre investi du vicariat impérial de Toscane : voy. l'introduction, p. 12. Michel Sanche, à force de fraudes et en séduisant la veuve du roi Enzius, finit par se rendre maître de Logodoro.

A ces mots, Cagnazzo leva le museau[1] et dit en secouant la tête : « Entendez-vous la trame perfide qu'il vient d'ourdir pour nous échapper? » Mais l'autre, qui avait plus d'un fil à ses rets, répondit : « Je ne suis en effet que trop perfide[2] en attirant sur les miens une plus grande affliction. » Abusé par ce langage et cédant à une crédulité que les autres ne partageaient pas, Alichino dit au damné : « Si tu me trompes, ce n'est pas seulement à la course que je suivrai tes traces, mais je volerai à tire-d'aile pour t'atteindre jusqu'au-dessus de la poix. Nous te lais-

---

1. « Levò.... 'l muso, » leva le museau. Le mot du texte, bien que trivial, doit être d'autant plus conservé qu'il est en rapport avec le nom de *Cagnazzo*, mauvais chien.

2. Ciampolo, déjà malmené par deux des membres de la dizaine infernale, et de plus ayant la perspective d'être mis en pièces aussitôt que le décurion cessera de le tenir entre ses bras, a recours à une fourberie, assez excusable au fond, pour se soustraire au sort qui l'attend. Il propose de faire venir des Toscans et des Lombards, mais il demande que les démons se tiennent à l'écart, afin, dit-il, de ne pas effaroucher ceux qu'il appellera. Les diables, tout diables qu'ils sont, tombent dans le panneau, quoique l'un d'eux, plus clairvoyant que les autres, ait quelque soupçon du piége ; mais on ne l'écoute pas. Maître du terrain, le Navarrais s'élance dans la poix, et les démons, furieux de voir leur victime leur échapper, la poursuivent inutilement, et finissent par se battre entre eux. Tel est le canevas sur lequel est brodée la plus grande partie de ce chant, canevas dont la trame est assez difficile à suivre au milieu d'un dialogue sans cesse croisé et interrompu, et dans la confusion qu'y mêlent les noms hétéroclites des interlocuteurs. On ne peut disconvenir que tout ce fonds ne soit assez vulgaire ; mais il se relève par de grandes beautés poétiques. Par exemple, le moment où le Navarrais trompe la vigilance de ses bourreaux et saute dans le lac, est une peinture pleine de vigueur et de mouvement. La double poursuite du fugitif et le combat qui s'ensuit, sont des tableaux où le grand et le comique se touchent sans se heurter. On dirait que le poëte a voulu placer un intermède au milieu de ses lugubres récits, soit pour reposer l'imagination assombrie du lecteur, soit pour obéir à cette loi des contrastes, qui se révèle dans toutes ses grandes productions de l'art.

sons la sommité de la rive qui elle-même servira de bouclier[1], et nous verrons si à toi seul tu vaux plus que nous tous ensemble. » O toi, qui lis ces chants, tu vas ouïr des jeux inaccoutumés. Les démons se détournent, et celui-là le premier qui s'en était d'abord le plus défendu. Le Navarrais prend son temps, se balance sur la pointe des pieds, et par un bond échappe dans un clin d'œil aux projets de ses ennemis. A ce coup inattendu, les diables restèrent stupéfaits : plus irrité que les autres, celui qui avait été la principale cause du mécompte, s'élança le premier en criant : « Je te tiens! » Vaine parole! Les ailes de la vengeance furent moins rapides que celles de la peur; et le fugitif s'était englouti, lorsque l'autre arrêté par la poix remontait dans l'espace. Ainsi le canard, à l'approche du faucon, se plonge au fond des eaux, et l'oiseau superbe remonte plein de colère et de fatigue. Calcabrina, furieux d'avoir été joué, suivit Alichino de toute la vitesse de ses ailes, désireux de le voir manquer sa proie afin d'entrer en lice contre lui. Quand le fraudeur eut disparu, Calcabrina, tournant ses griffes contre son compagnon, l'assaillit avec rage au-dessus de la fosse de douleur. Mais l'autre, tel qu'un épervier sauvage, reçut le choc avec ses serres tranchantes, et tous deux tombèrent dans le lac bouillant. La chaleur les eut bientôt séparés; mais ils ne purent se relever, leurs ailes se trouvant prises dans la poix gluante. Barbariccia, que cette scène avait mécontenté, dépêcha en toute hâte quatre des siens

---

1. C'est-à-dire qui nous empêchera d'être aperçus de ceux que tu vas faire venir en sifflant. En se tenant sur le revers opposé de la chaussée, les démons ne pouvaient être vus des habitants du lac.

sur l'autre bord, munis de tous les grappins. Ils y arrivèrent promptement, et descendus sur la rive, ils tendirent leurs fers sauveurs à ceux que la poix fatale retenait et consumait déjà. C'est au milieu de cet embarras que nous les laissâmes.

CHANT XXIII.

Seuls et sans escorte, nous marchions en silence l'un derrière l'autre, comme on voit les frères mineurs[1] aller par les chemins. La rixe dont nous avions été témoins rappelait à mon souvenir une fable d'Ésope, celle où il parle du rat et de la grenouille[2]. Non et nenni[3] ne s'équivalent pas mieux, que ne se ressemblent, dans leur origine et dans leur dénoûment, l'événement de la fable et celui de la querelle. Et comme une pensée en amène une autre, celle-ci en fit naître qui redoublèrent mes premières craintes. Je me disais : « C'est à cause de nous que ces démons ont été bafoués, qu'ils ont eu à subir la honte et la douleur; pour peu que la colère s'ajoute à leur malveillance naturelle, ils nous poursuivront, plus cruels que le chien ne l'est au lièvre qu'il saisit. » Je sentais déjà se hérisser sur ma tête tous les poils de la peur, je ne cessais dans mon trouble de regarder derrière moi, enfin j'éclatai par ces mots : « Maître, si tu ne nous caches pas sur-le-champ, toi et moi, c'est fait de nous. Je m'épouvante des griffes maudites; elles

---

1. Les franciscains, institués vers le commencement du XIIIe siècle; ils avaient pris par humilité le nom de frères mineurs.
2. Une grenouille offrit un jour à un rat de le prendre sur son dos pour lui faire traverser un fossé plein d'eau; elle avait l'intention secrète de le noyer; mais, au moment d'exécuter ce dessein perfide, grenouille et rat furent aperçus par un milan qui les saisit et les dévora.
3. Il y a dans le texte : *mo ed issa*, deux adverbes de temps qui ont la même signification que *ora* et *adesso*, maintenant et présentement.

sont déjà sur nos traces, et même je m'imagine les entendre. » Il répondit : « Quand même je serais semblable à un verre étamé[1], je ne réfléchirais pas ton image apparente aussi promptement que je distingue celle intérieure qui n'a pas de forme saisissable. C'est pourquoi tes pensées, venant au milieu des miennes et s'y mêlant avec une parfaite similitude, j'ai réuni les unes et les autres dans une même résolution. S'il est vrai qu'à notre droite cette chaussée nous permette de descendre par un déclin facile dans le bolge suivant, nous échapperons à la poursuite que tu t'imagines. » Il n'avait pas fini d'énoncer ce dessein, que je vis les démons venir à nous, les ailes déployées, et faisant déjà mine de vouloir nous prendre. A l'instant mon guide me saisit, tel qu'une mère qui, réveillée par la rumeur de l'incendie, prend son fils que les flammes vont atteindre, et fuit sans s'arrêter, à peine couverte d'un voile et oublieuse d'elle-même pour le salut de son enfant. Du sommet de la rive durcie, mon maître s'abandonne à la roche pendante qui intercepte le passage d'un bolge à l'autre. Jamais, dans ses conduits, l'eau qui doit être la force motrice du moulin ne courut avec autant de rapidité en approchant de l'aube des roues, que mon maître sur cette lisière escarpée, me portant sur sa poitrine plutôt comme un fils que comme un compagnon. A peine ses pieds avaient-ils touché le lit de la vallée, que les démons arrivèrent au-dessus de nous, sur le haut de la colline ; mais peu nous importait, car la haute

---

[1]. A un miroir. Il n'y avait pas longtemps qu'on se servait des miroirs modernes, c'est-à-dire en verre ou en cristal enduit par derrière avec de l'étain et du vif-argent. Les premières glaces furent soufflées à Venise vers 1300.

providence qui a voulu les préposer comme ministres à la cinquième fosse, ne leur a pas donné le pouvoir d'en franchir les limites[1].

Des ombres artificiellement colorées[2] habitaient cette nouvelle enceinte; elles en décrivaient le contour, en pleurant et dans une contenance de fatigue et d'épuisement; elles portaient des chapes taillées comme celles qui se font à Cologne pour les moines[3], et dont les capuces abaissés tombaient devant leurs yeux. A l'extérieur, ces chapes brillent d'un or éblouissant, mais en dedans elles sont recouvertes d'un plomb si lourd que celles employées par Frédéric[4] étaient, en comparaison, légères comme de la paille. O manteau de douleur, qui doit peser pendant toute l'éternité! Ayant pris à gauche, nous marchâmes à côté des coupables, recueillant leurs plaintes. Mais sous leur accablant fardeau ces infortunés se traînaient

1. Un traducteur qui gourmande Rivarol pour avoir écrit : « les exila dans ses confins, » n'a pas été lui-même beaucoup plus heureux en disant : « d'en franchir l'étendue. » On *parcourt* une étendue et on en *franchit* les limites. Si l'on dit franchir une étendue, ce ne peut être que pour exprimer qu'on la parcourt depuis le point où elle commence jusqu'à celui où elle finit, ce qui donnerait ici un sens diamétralement opposé à celui du texte.

2. Nous entrons dans le séjour des hypocrites; ils cachent leur difformité sous des couleurs artificielles, c'est-à-dire leurs vices sous les dehors de la piété.

3. Les moines de Cologne, dit Landino, portaient des chapes très-amples et mal faites, qui ressemblaient plutôt à des sacs qu'à un vêtement; et cela venait, selon un ancien commentateur, d'un ordre exprès du pape, en punition de la demande indiscrète d'un vaniteux abbé, lequel avait voulu faire porter à ses moines des chapes de couleur écarlate, et des ceintures et éperons en argent doré.

4. Allusion aux chapes de plomb que l'empereur Frédéric II avait l'insigne cruauté de faire mettre aux criminels de lèse-majesté, avant de les livrer aux flammes; ces chapes, dit le poëte, étaient légères comme de la paille, en comparaison de celles des hypocrites.

si lentement qu'à chaque pas nous arrivions à de nouvelles files. C'est pourquoi je dis à mon guide : « Jette en marchant les yeux autour de toi, pour trouver dans cette foule quelqu'un dont le nom ou les actes soient notoires. » Une ombre qui avait reconnu la parole toscane, cria derrière nous : « Vous qui courez dans cet air nébuleux, modérez votre marche ; peut-être aurez-vous de moi ce que vous demandez. » Alors mon guide se retourna et me dit : « Attends, et ensuite règle-toi sur son pas tardif. » Je m'arrêtai, et je vis deux pécheurs qui montraient sur leurs visages la hâte qu'ils avaient de me rejoindre ; mais la charge et la route étroite ralentissaient leurs efforts. Arrivés près de nous, ils me considérèrent quelque temps d'un regard oblique, sans proférer une parole ; puis se tournant l'un vers l'autre, ils se dirent : « Celui-ci semble bien être vivant, au mouvement de sa respiration ; mais s'ils sont morts, par quel privilége vont-ils sans être revêtus de la robe pesante ? » Ensuite ils me dirent : « O Toscan, qui es venu dans le triste séjour des hypocrites, ne dédaigne pas de nous apprendre qui tu es ? » — « Je suis né, lui répondis-je, et j'ai grandi sur les rives riantes de l'Arno, dans la ville fameuse ; mon âme anime toujours le corps qui l'a reçue. Mais vous, dont les joues révèlent tant de souffrance, qui êtes-vous ? Quelle peine peut emprunter en vous un éclat si trompeur ? » Un d'eux répondit : « Ces chapes dorées comme l'orange sont d'un plomb si compacte, que les poids font craquer les balances. Nous naquîmes à Bologne, et nous fûmes frères joyeux[1] ; Catalano fut mon nom, et Loderigo

---

1. Un ordre de chevalerie naquit des croisades contre les hérétiques,

celui de mon compagnon ; nous avons été choisis conjointement par ta ville pour maintenir la paix publique, selon la coutume de confier cette charge à des hommes isolés des partis ; comment nous nous en sommes acquittés, on le voit encore près de Gardingo[1]. »

Je repris : « O frères, vos malheurs.... » mais je m'arrêtai parce que mes yeux tombèrent tout à coup sur un crucifié[2] que trois pals attachaient à la terre. Quand il me vit, il souffla dans sa barbe et tordit ses membres en gémissant. Le frère Catalano qui s'en aperçut, me dit : « Le supplicié que tu regardes a conseillé aux pharisiens de faire mourir un homme pour le salut du peuple ; il est jeté nu, comme tu le

comme il en était né plusieurs des croisades contre les infidèles. Mais les chevaliers religieux de Sainte-Marie eurent une destinée bien différente de celle des chevaliers de Saint-Jean de Jérusalem. Institués en 1208, dans le Languedoc, pendant la croisade contre les albigeois, et avec l'agrément du pape Innocent III, ils eurent pour mission spéciale de combattre l'hérésie. Quand l'hérésie fut détruite, ou plutôt quand les hérétiques furent exterminés, l'ordre n'eut plus de destination, et les chevaliers ne s'occupant que des jouissances de la vie, reçurent du peuple le nom de *frères joyeux*, nom qu'ils paraissent avoir consciencieusement justifié. Deux de ces chevaliers, Napoleone Catalani et Loderigo degli Andali, l'un et l'autre Bolonais, furent nommés podestats de Florence en 1266 ; ils se vendirent aux guelfes et chassèrent les gibelins.

1. C'est là que les frères Catalani et Loderigo firent brûler les maisons des Uberti, chefs du parti gibelin.

2. Ce crucifié est Caïphe, grand prêtre des Juifs, qui, dans l'assemblée des prêtres et des docteurs de la loi, prononça cette sentence : « Quia expedit vobis ut unus moriatur homo pro populo, et non tota « gens pereat. » (Joan. cap. xi.) — Caïphe, Anne, son beau-père, et tous les membres du sanhédrin qui prirent part à la sentence inique, sont placés dans le collége des hypocrites, parce que, sous prétexte de zèle pour la loi divine, ils assouvirent leur haine contre Jésus-Christ, en le condamnant à mort. Mais, au lieu de porter la chape de plomb, ils endurent le supplice qu'ils infligèrent au Sauveur.

vois, par le travers du chemin, et il faut qu'en passant nous le foulions tous sous le poids de notre lourd fardeau. Dans cette fosse, sont condamnés au même supplice son beau-père et tous ceux du concile qui fut pour les Juifs une semence si funeste. » Je vis alors Virgile regarder avec étonnement [1] celui qui couvert de tant d'ignominie était étendu en croix dans l'exil éternel. Ensuite s'adressant au frère : « Vous est-il permis, demanda mon maître, de nous apprendre s'il se trouve vers la droite quelque ouverture par où nous puissions sortir de cette profondeur sans recourir aux anges noirs qui viennent de s'éloigner? » L'ombre répondit : « Plus près d'ici que tu n'espères, est un rocher qui du pied de la grande enceinte traverse toutes les vallées de douleur : celle-ci est la seule au-dessus de laquelle le rocher soit rompu ; mais vous pourrez gravir sur les ruines qui parsèment la colline et en surmontent la base. » A ces mots, mon guide, après avoir un instant baissé la tête, s'écria : « Il me trompait donc [2], celui qui là-bas harponne

1. Comme il est nécessaire que les commentateurs expliquent tout, ils n'ont pas manqué de chercher une explication à l'étonnement que Virgile témoigne ici. Il est tout simple, disent les uns, que le chantre d'Énée à qui les ténèbres du paganisme n'avaient point permis d'être instruit de l'histoire de Caïphe, laisse voir sa surprise en apprenant des faits si grands par eux-mêmes et si nouveaux pour lui. Non, répondent les autres, son étonnement provient de ce qu'il trouve dans cette partie de l'enfer un personnage qui n'avait point frappé ses regards lorsqu'il alla chercher une âme dans le cercle de Judas. Cette interprétation est du moins plus plausible que celle qui attribue l'émotion du poëte de Mantoue à ce qu'il aurait lui-même, dans son poëme, prononcé une sentence assez semblable à celle de Caïphe : il eût fallu citer cette sentence pour justifier une explication si singulière.

2. Dans le XXIIe chant, le chef des démons qui surveillent le lac de poix avait dit aux voyageurs qu'ils trouveraient un rocher ser-

les pécheurs ! » — « J'ai entendu jadis, interrompit le frère, énumérer à Bologne tous les vices du démon, et entre autres imputations était celle d'imposteur et de père du mensonge. » Mon guide alors partit à grands pas : son visage trahissait le trouble de la colère; et moi, m'éloignant des coupables au fardeau de plomb, je suivis les traces du maître vénéré.

vant de pont, et par lequel ils pourraient continuer leur route. Virgile s'en souvient, et s'écrie, non sans une émotion de colère, que le démon l'a trompé; à quoi l'un des frères joyeux réplique que, suivant ce qu'il a entendu dire autrefois, le diable est le père du mensonge, faisant allusion à un verset de saint Jean : « Et mendax est, et « pater mendacii. » Mais c'est à Bologne que frère Catalani a entendu dire cela, trait satirique lancé en passant contre les Bolonais, remarque M. Biagioli. — Personne n'aime à être pris pour dupe, en enfer pas plus qu'ailleurs. Virgile éprouve donc un moment de dépit en découvrant qu'il a été joué par Malacoda. Mais ce mouvement, presque aussitôt réprimé, donne lieu à l'admirable comparaison par aquelle s'ouvre le chant qui va suivre, comparaison tirée des objets les plus vulgaires de la nature, mais rendue avec toutes les richesses de cette poésie grande et simple, qui, avant le poëte florentin, n'avait de modèle que dans Homère, et qui, depuis *la Divine Comédie*, a pu s'appeler dantesque non moins qu'homérique.

CHANT XXIV.

Dans cette partie de l'année jeune encore[1] où le soleil tempère ses rayons sous le signe du Verseau, et où les nuits se mesurent moins inégalement aux jours, quand le givre trace sur la terre l'image de sa sœur aux flocons blancs, image adoucie et promptement fugitive, le paysan pris au dépourvu se lève et regarde ; il voit la campagne blanchir de toutes parts, et se frappant la tête il rentre dans sa demeure qu'il remplit de ses plaintes, errant çà et là, comme le malheureux qui ne sait à quoi se résoudre : puis il sort de nouveau, et renaît à l'espérance, en voyant

---

1. Dans les premiers jours de l'année, lorsque le soleil entre dans le Verseau, c'est-à-dire le 21 janvier, et que la durée des nuits se rapproche de celle de la moitié du jour (en prenant le jour pour vingt-quatre heures), quand le givre ou la gelée blanche offre dans la campagne l'image de la neige, sa sœur blanche, mais image qui dure peu, et déjà tempérée par un air plus tiède, le villageois, etc. — Dante est peut-être le poëte le plus imagiste qui ait existé chez aucun peuple. Il excelle à peindre par l'image, et cette image souvent inattendue est toujours vive et saisissante. Ses comparaisons, qu'il emprunte rarement à ses devanciers, mais qui en revanche ont été mises au pillage par ceux venus après lui, ses comparaisons, dis-je, ne sont pas de ces lieux communs qu'on trouve partout, et dont les imaginations froides et stériles ne manquent pas de s'emparer après tout le monde. Il les prodigue avec une fécondité inépuisable, sans qu'il en résulte la monotonie et la roideur que des muses beaucoup plus sobres n'ont pas su éviter. C'est que l'imagination du poëte, aidée de l'admirable langue qu'il a créée, sait descendre des hauteurs de la grande poésie jusque dans les humbles régions où d'habitude elle ose le moins s'aventurer : témoin la comparaison par laquelle commence ce chant, et dont il n'est guère possible de rendre la grâce fraîche et naïve.

que la nature a changé d'aspect en si peu d'instants ; alors il prend sa gaule, et chasse ses troupeaux au dehors vers les gras pâturages ; tel je devins en voyant le front de mon maître se troubler, et avec la même promptitude au mal succéda le remède[1].

Lorsque nous eûmes atteint le pont dégradé, mon guide se tourna vers moi avec ce regard bienveillant que je lui vis pour la première fois au pied de la montagne. Après s'être recueilli un moment en lui-même et avoir examiné la ruine avec attention, il ouvrit les bras et me saisit. De même que celui qui exécute et pense à la fois, et qui tout en accomplissant son œuvre en médite une nouvelle ; de même, à mesure qu'il me soulevait sur la cime d'une aspérité, il en avisait une autre et me disait : « Appuie-toi sur cette saillie, mais éprouve d'abord si elle peut te porter. » Ce n'était pas un chemin pour les vêtus de chapes, car à peine pouvions-nous, lui si léger et moi tout soutenu que j'étais, nous élever de débris en débris. Et si la montée n'eût été plus courte sur cette face que sur celle opposée, je ne sais ce qu'il serait arrivé de mon maître ; mais pour moi, j'eusse été vaincu par tant d'obstacles. Mais, comme Malebolge[2] penche de tout son poids vers l'entrée du puits inférieur, le revers que l'on monte est moins escarpé que celui qu'on descend. Enfin nous parvînmes à la

1. « E cosi tosto al mal giunse lo 'mpiastro, » et aussitôt sur le mal s'appliqua l'emplâtre.

2. Il ne faut pas oublier que par Malebolge le poëte entend l'ensemble de toutes les fosses ou vallées comprises dans le huitième cercle, au centre desquelles est un puits, dernière région de l'abîme. Toutes les vallées sont inclinées vers ce puits, d'où vient que le rempart ou retranchement qui sépare chaque fosse de la suivante, est plus court et moins escarpé sur une de ses pentes que sur l'autre.

pointe d'où se détachent les derniers décombres; en y arrivant, le souffle était si près de me manquer que je m'assis aussitôt, sans pouvoir aller outre. « Il faut, dit mon maître, que tu secoues toute lâcheté[1] : ce n'est pas en reposant sur la plume ni sous les couvertures, qu'on acquiert cette renommée hors de laquelle l'homme consume sa vie, sans laisser de lui plus de traces que la fumée dans les airs et l'écume sur les eaux. Lève-toi donc, oppose à ton épuisement ce courage d'esprit qui remporte toujours la victoire quand il ne se laisse pas abattre sous son enveloppe pesante. Une plus longue échelle[2] reste encore à monter : il ne suffit pas d'être venu jusqu'ici; si tu m'entends, que mes paroles te soient un aiguillon salutaire. » Alors je me levai, et montrant plus de résolution que je n'en avais réellement, je m'écriai : « Marchons, me voilà fort et hardi! »

Nous prîmes notre route sur le rocher qui était inégal, étroit, difficile et plus escarpé que le précédent. Je parlais en marchant, dans l'espoir de moins trahir ma faiblesse, lorsqu'une voix sortie de la septième fosse proféra quelques paroles mal articulées. Je ne compris pas ce qu'elles exprimaient, encore que je fusse sur le sommet de l'arc qui domine cette vallée; mais celui qui parlait semblait mû par

1. « Omai convien, » etc. Les trois tercets qui commencent par ces mots renferment dans un noble et poétique langage des conseils que les hommes aspirant à la gloire ne doivent jamais perdre de vue. Ce sont des préceptes vrais dans tous les temps, mais qui semblent, après cinq siècles, convenir plus encore à une époque comme la nôtre, où les succès faciles ont dégoûté des grands travaux, où l'on tente de parvenir à la renommée par une route semée de fleurs et de plaisirs, bien différente de l'âpre sentier sur lequel les grands génies des siècles précédents ont laissé leur vigoureuse empreinte.

2. L'échelle du purgatoire qui mène au paradis.

la colère. Je me baissai, mais les yeux d'un mortel ne pouvaient percer une telle obscurité. « Maître, m'écriai-je, hâtons-nous de descendre et d'arriver à cette autre enceinte, car de même qu'ici j'écoute et je n'entends pas, de même je regarde et je ne vois pas. » — « Ma seule réponse, reprit-il, sera de faire ce que tu désires : quand la demande est opportune l'exécution doit être prompte et silencieuse. » Nous descendîmes le pont au point où il aboutit à la huitième rive, et l'enceinte alors m'apparut tout entière. J'y vis un amas si terrible de serpents, et d'espèces si variées, que le souvenir en glace encore tout mon sang. Que la Libye[1] avec ses sables ne se vante plus de produire des chersydres, des chélydres, des cérastes, des ammodytes et des amphisbènes; jamais, quand même on lui joindrait toute l'Éthiopie et les contrées que baigne la mer Rouge, non jamais elle ne pourrait montrer tant de monstres nuisibles et pestilentiels. Parmi cette engeance funeste, des ombres nues couraient épouvantées sans espoir de trouver une issue ni le secours de la pierre héliotrope[2]. Leurs mains étaient liées par derrière avec des serpents, et ces reptiles tout en plongeant leurs têtes et leurs queues dans les reins des victimes, les enlaçaient par devant

---

1. Cette énumération des serpents que produisent les sables de Libye est tirée du livre IX de *la Pharsale* de Lucain :

« Chersydros, tractique via fumante chelydri,
Et semper recto lapsurus limite cenchris.... »

2. Pierre précieuse, qui avait, disait-on, la propriété de garantir des poisons. Peut-être le poëte fait-il allusion à l'opinion fabuleuse, alors répandue dans le peuple avec tant d'autres erreurs, qui prêtait à cette pierre la vertu de rendre invisible celui qui la portait : voyez dans Boccace la nouvelle de Calandrino. VENTURI.

de leurs nombreux anneaux. Voilà qu'une de ces bêtes cruelles se lance contre un pécheur qui était de notre côté, et le pique à la jonction du cou et des épaules. Avec plus de rapidité qu'une plume agile tracerait un *o* ou un *i*, le blessé s'enflamme, se consume et tombe réduit en cendres. Mais cette cendre, ainsi répandue sur la terre, se rassemble d'elle-même et retourne soudain à sa forme primitive. Ainsi, selon le dire des anciens sages, le phénix[1] meurt et renaît quand il approche de son cinquième siècle : il ne se nourrit pendant sa vie ni d'herbes ni de grains, mais seulement d'amome[2] et de larmes d'encens, et son lit funèbre est formé de nard et de myrrhe.

1. Cette belle description du phénix est prise du XVe livre des *Métamorphoses* d'Ovide :

« Una est quæ reparet, seque ipsa reseminet ales,
Assyrii phœnica vocant : nec fruge nec herbis,
Sed turis lacrimis, et succo vivit amomi.
Hæc ubi quinque suæ complevit sæcula vitæ, » etc.

L'oiseau fabuleux connu sous le nom de phénix ne vit pas moins de cinq à six cents ans; lorsqu'il sent sa fin approcher, il se forme un lit de plantes aromatiques qu'il expose aux rayons du soleil, et sur lequel il se consume. De la moelle de ses os naît un ver qui produit le nouveau phénix. — M. Artaud reproche à cette comparaison de présenter une idée différente de celle que le poëte vient d'offrir à notre pensée. Les deux idées ne manquent pourtant pas de similitude, puisque, dans un cas comme dans l'autre, ce sont des cendres qui reprennent leur forme primitive. Seulement, le damné renaît pour retourner à la mort, et l'oiseau pour retourner à la vie. Mais si cette comparaison pèche jusqu'à un certain point par la justesse, celle qui suit (du possédé et de l'épileptique) est d'un admirable effet.

2. Aromate que produit l'arbuste du même nom, de la famille des amomées, et qui, à cause de sa saveur piquante, est employé comme épices dans les ragoûts indiens. — On sait que l'encens nous est envoyé d'Orient en gouttes ou *larmes* oblongues, arrondies par leur extrémité et de diverses grandeurs. M. Artaud a dit improprement : « les pleurs de l'encens. »

Tel celui qui jeté violemment à terre, soit par la force du démon, soit par une contraction soudaine des organes de la vie, se relève avec stupeur, encore éperdu d'une si grande angoisse, et soupire en portant autour de lui son regard inquiet; tel était ce pécheur lorsqu'il se fut relevé. O justice de Dieu, quelle est donc ta sévérité! O vengeance suprême, tels sont les coups que tu frappes! Mon guide ensuite demanda au damné qui il était. Il répondit : « Naguère je tombai de Toscane dans cette bouche cruelle; j'ai vécu de la vie des brutes et non de celle des hommes, comme un mulet que je fus. Je suis Vanni Fucci[1], bête dont Pistoie fut la digne tanière. » — « Ne le laisse pas s'échapper, dis-je à mon maître, et demande-lui quelle faute l'a jeté dans cette fosse, car je le connus jadis pour un homme de sang et de courroux[2]. » Le pécheur qui m'avait entendu n'eut pas recours à la feinte; mais élevant vers moi son visage teint d'une triste honte, il dit : « Il m'est plus pénible d'être surpris dans la misère où tu me vois[3] qu'il ne me l'a été

1. Bâtard d'un noble de Pistoie, comme il l'exprime lui-même en se comparant à un mulet. « Il avait volé le trésor de la sacristie du dôme de Pistoie; un de ses amis, nommé Vanni della Nona, aussi honnête homme que lui sans doute, les avait recélés. On soupçonna de ce vol un autre homme que l'on mit en prison. Vanni le tira d'affaire en lui conseillant de dénoncer Vanni della Nona. Les objets furent trouvés et le malheureux recéleur pendu. Dante met parfois de bien vils coquins dans son enfer. » GINGUENÉ.

2. « Ch' io 'l vidi uom già di sangue e di corrucci. » Alfieri, grand admirateur de Dante, a transporté cette belle expression dans sa *Mérope :*

« . . . . Oh! giovinetto assai
Tu se', per uomo di corrucci e sangue. »

3. Vanni Fucci était du parti des noirs; c'est pourquoi, disent les commentateurs, il déplore d'être reconnu comme voleur sacrilége par un adversaire politique dont la pitié lui sera refusée.

de perdre la vie. Mais je ne peux me refuser à ta demande. Je suis ici, tant parce que j'ai volé dans la sacristie les saints ornements, que pour avoir faussement imputé ce crime à un autre. Mais afin que tu ne t'applaudisses pas trop de la vue de mon abjection, si jamais tu sors de ce lieu de ténèbres, sois attentif et entends ce que je vais t'annoncer. D'abord Pistoie se débarrasse des noirs[1]; ensuite Florence renouvellera ses mœurs et son gouvernement. Mars condense sur le Val de Magra des vapeurs enveloppées de sombres nuages, qui se combattront dans les champs de Picène[2] avec le déchirement et la furie de la tempête. C'est là que soudain éclatera la nuée, et que les blancs seront frappés jusqu'au dernier. Je n'ai parlé que pour te faire sentir une amère douleur. »

1. En 1301, les blancs de Pistoie, secondés par ceux de Florence, chassèrent les noirs de leur ville. Voy. pour la querelle des noirs et des blancs, qui prit naissance à Pistoie, ce qui a été dit dans l'introduction, p. 31.

2. Dans la même année 1301, les noirs, sortis du *Val di Magra*, et commandés par le marquis Morel Malaspina, attaquèrent les blancs dans les champs de Picène et les mirent en déroute. Cette défaite aida le triomphe des noirs à Florence, et par conséquent prépara l'exil de Dante. Telle est la vengeance que le voleur Fucci tire de l'humiliation dans laquelle il parait devant un ennemi.

CHANT XXV.

Comme il achevait ces paroles, le larron leva les deux mains avec un geste de mépris[1], en criant : « Dieu, c'est toi que je défie ! » Mais aussitôt un serpent, et depuis lors je conserve pour cette race une certaine bienveillance, s'entortilla autour du cou du blasphémateur, comme pour lui dire : « Je ne veux pas que tu parles davantage. » Un autre serpent, nouant de ses replis les bras et le corps du coupable, les contint de manière à leur ôter toute liberté de mouvement. Ah ! Pistoie, Pistoie, que ne résous-tu de te réduire toi-même en cendres et d'abolir ton nom, puisque tu surpasses tes fondateurs[2] dans la science du mal ! Dans tous les cercles ténébreux de l'enfer, je n'avais pas vu un esprit aussi contempteur de Dieu, pas même celui qui tomba devant les murs

---

1. Il y a dans le texte : « Il fit la figue. » Faire la figue est un geste dérisoire et inconvenant, qui s'exécute en mettant le pouce entre l'index et le doigt du milieu. Il était fort connu des Italiens. Villani rapporte que sur le rocher de Carmignano il y avait une haute tour sur laquelle étaient sculptées deux mains de marbre, faisant la figue à Florence ; les Florentins s'emparèrent de cette tour et la détruisirent en 1228.

2. Les soldats de Catilina qui, au dire de Salluste, étaient un ramassis de scélérats, se réfugièrent à Pistoie, après la défaite et la mort de leur chef, ainsi que le confirme le même Salluste. S'ils ne furent pas les fondateurs de cette ville, au moins en grossirent-ils la population qui se ressentit de ce mélange impur. C'est la raison par laquelle les commentateurs expliquent comment Dante reproche aux gens de Pistoie de surpasser en scélératesse ceux de qui ils descendent.

de Thèbes[1]. Le damné ne parla plus et s'enfuit, lorsqu'accourut, plein de rage, un Centaure qui criait : « Où est-il, où est-il cet impie? » Je ne crois pas que les Maremmes[2] recèlent autant de couleuvres que j'en vis le long de la croupe du Centaure et jusqu'où commence notre forme humaine. Derrière sa tête et sur ses épaules se tenait un dragon, les ailes ouvertes, qui lançait des flammes contre tous ceux qu'il rencontrait. Mon maître me dit : « Tu vois Cacus[3] qui, sous les rochers du mont Aventin, s'est tant de fois baigné dans le sang. S'il n'est pas réuni à ses frères, c'est parce qu'il vola frauduleusement le grand troupeau proche de sa demeure; ses brigandages cessèrent sous la massue d'Hercule, dont les coups répétés le frappaient encore quand il ne pouvait déjà plus les sentir. » Pendant que mon maître parlait, le Centaure passa rapidement, et trois esprits vinrent près de nous; mais nous ne les aperçûmes que lorsqu'ils crièrent : « Qui êtes-vous? » Cette parole, en interrompant notre entretien, appela nos regards sur ceux qui nous l'adressaient. Je ne les connaissais pas. Mais il arriva ce qui arrive souvent par hasard, que l'un

---

1. Capanée. Il est parlé de lui dans le XIVe chant.
2. Territoire marécageux de la Toscane, entre Livourne et Piombino; étant exposé au midi et conséquemment à de grandes chaleurs, il s'y trouve beaucoup de reptiles. Vellutello.
3. Ici Dante imite Virgile, mais ne l'égale pas : tout à l'heure il luttera contre son maître avec plus de succès :

« . . . . Semperque recenti
Cæde tepebat humus, foribusque affixa superbis
Ora virûm tristi pendebant pallida tabo, etc. »
Æn., lib. VIII.

Selon la Fable, Cacus n'était point un centaure, mais un géant monstrueux, moitié homme et moitié satyre, fils de Vulcain, vomissant des flammes et de la fumée.

d'eux eut envie d'en nommer un autre et dit : « Cianfa[1], où donc est-il ? » Pour mieux engager mon maître à prêter toute son attention, je lui fis un signe[2] en posant un doigt sur mes lèvres. Maintenant, ô lecteur, si tu crois difficilement ce que je vais te dire, je n'en serai pas surpris, car moi qui l'ai vu, c'est à peine si je consens à le croire.

Tandis que j'avais les yeux fixés sur ces esprits, un serpent qui se dressait sur six pieds s'élance sur l'un d'eux et s'y attache tout entier. De ses pieds du milieu, il lui enlace la poitrine; avec ceux du devant il saisit les bras, puis le perce de son dard à l'une et l'autre joue; en même temps il lui presse les cuisses de ses pieds inférieurs, et sa queue qu'il lui passe entre les jambes s'allonge par derrière sur les reins du coupable. De même que le lierre enveloppe un arbre de ses racines flexibles, de même, et plus étroitement encore, cette bête horrible entortille de ses membres ceux de sa victime. Alors l'homme et le serpent, fondus ensemble comme s'ils eussent été de la cire bouillante, réunirent leurs substances et mélangèrent leurs couleurs : ni l'un ni l'autre ne paraissait plus être ce qu'il était. C'est ainsi que l'on voit devant une flamme ardente le papier[3] prendre une couleur brune, qui n'est pas encore le noir, mais où n'est plus la blancheur primitive. Les deux autres

---

1. De la famille des Donati, à laquelle Dante était allié par sa femme Gemma.

2. Le signe de mettre le doigt transversalement entre le nez et le menton, signe par lequel on demande le silence, parce qu'entre le nez et le menton se trouve la bouche; d'où Juvénal a dit : « Digito « compesce labellum. »   LANDINO.

3. « Per lo papiro.... » Que signifie au juste ce mot *papiro* ? Est-ce le *papyrus* des anciens, fait avec un roseau, et qu'au temps de

esprits regardaient, criant chacun : « Eh ! Angelo[1], quelle transformation ! tu as perdu ton unité première, et pourtant il n'y a pas en toi deux êtres séparés. » Déjà les deux têtes n'en faisaient plus qu'une, et l'on voyait se confondre en une seule figure deux visages qui perdaient les traits qui leur étaient propres. Des quatre bras il n'en restait que deux ; les cuisses et les jambes, le ventre et le tronc devinrent des membres informes, tels que les yeux n'en virent jamais : leur premier aspect était entièrement effacé. A la fois double et annihilée semblait être l'image perverse, et telle elle s'en allait à pas lents.

Ainsi que le lézard, dans la plus grande chaleur des jours caniculaires, ressemble à un éclair s'il traverse le chemin pour aller d'une haie à l'autre ; ainsi paraissait être en s'approchant des deux autres esprits un petit serpent allumé, livide et noir comme un grain de poivre[2]. Il transperça l'un d'eux à cette partie du corps où l'enfant puise d'abord sa première nourriture[3], puis il tomba étendu sur la terre. Le blessé

Dante on employait encore comme *lumignon, mèche de lampe*? Est-ce le papier de coton fabriqué par les Arabes dès le VIIIe siècle, transplanté par eux en Espagne, et de là répandu en Europe où il fit tomber l'usage du *papyrus*? Diverses bulles des papes depuis 844 jusqu'en 968 sont écrites sur ce papier. La bibliothèque royale possède un manuscrit sur le même papier, de l'année 1050. Des papeteries de coton s'établirent en France dans le courant du XIIIe siècle ; elles existaient depuis quelque temps en Italie, et c'est probablement à leurs produits qu'il est fait allusion dans ce passage.

1. Angelo Brunelleschi. C'est le nom de celui qui subit cette étrange métamorphose. On ne sait rien de lui, sinon qu'il était de Florence. Les deux autres qui le regardent et le raillent sont Buoso degli Abati, et Puccio Sciancati, également Florentins.

2. Ce petit serpent est François Guercio Cavalcante ; il sera plus clairement désigné dans le dernier vers de ce chant.

3. Les anatomistes sont d'accord avec Dante sur la partie d'où

arda le serpent, mais ne parla point : immobile, était saisi de bâillements, comme si le sommeil ou fièvre l'eussent accablé. Ils se contemplaient l'un l'autre : la plaie du coupable et la bouche du reptile exhalaient une vapeur épaisse, et ces vapeurs se rencontraient. Que maintenant Lucain se taise sur les misères de Sabellus et de Nasidius[1], et qu'il écoute ce qui va se manifester! Qu'Ovide se taise sur Cadmus et sur Aréthuse[2]! Si dans ses fictions poétiques il change l'un en serpent et l'autre en fontaine, je ne lui porte pas envie. Jamais il ne métamorphosa deux natures en regard l'une de l'autre, jamais il n'en con-

---

l'enfant tire son premier aliment dans le sein de sa mère. — L'esprit percé par le serpent noir est Buoso.

1. Soldats de l'armée de Caton, qui furent piqués par des serpents dans les sables de la Libye. Leur mort est décrite dans le IXe livre de *la Pharsale*.

2. Voy. dans Ovide, livres IIIe et V^e, la métamorphose de Cadmus en serpent et d'Aréthuse en fontaine.

A la suite de cette effrayante peinture qui semble ne pouvoir pas être égalée, et qui le sera pourtant par celle qui va suivre, Dante reprend haleine pour jeter un double défi à Lucain et à Ovide, et ce n'est pas une vaine jactance : il les a déjà vaincus, mais comme un vigoureux athlète il va redoubler ses coups. Nous ferons comme le poëte, nous nous arrêterons un instant entre la métamorphose de l'homme et du serpent confondant leurs substances dans une masse informe, et celle de l'homme qui devient serpent et du serpent qui devient homme, par une transformation dont le lecteur suit avec émoi les phases successives. C'est le morceau triomphant d'une œuvre où l'énergie et le pathétique tiennent partout une si grande place. Dante imite rarement, et quand il le fait c'est en y apposant le sceau de son propre génie. Mais dans cette fiction d'un effet si terrible il ne doit rien à personne et n'a été surpassé par aucun autre. — Laissons parler ici Rivarol et Ginguené, deux juges compétents en matière de goût et de sentiment poétique. Voici comment s'explique le premier : « Ce sont en effet des tableaux où Dante se montre bien dans cette magnifique horreur sur laquelle le Tasse s'est tant récrié. Fatigue de style, fierté de dessin, âpreté d'expression, tout s'y trouve.... On croit d'abord que l'imagination du poëte, lasse du sup-

traignit les éléments à échanger mutuellement leurs formes.

L'homme et le serpent, dans une merveilleuse correspondance, se répondirent ainsi : le serpent fendit sa queue en forme de fourche, et le blessé resserra ses deux pieds. Les jambes et les cuisses de celui-ci se confondirent dans toute leur longueur, sans que la jointure laissât aucune trace. La queue fourchue prenait la forme que les jambes perdaient : ici, la peau devenait molle; là, elle se durcissait. Je vis les bras de l'homme rentrer dans les aisselles, et les pieds de la bête, tout courts qu'ils étaient, s'allonger dans la

plice de Vanni Fucci et d'Angelo, va se reposer, quand tout à coup elle se relève et s'engage dans la double métamorphose du serpent en homme et de l'homme en serpent, sans user même d'une simple transition. Aussi paraît-il bientôt que Dante a le sentiment de sa force par le défi qu'il adresse à Lucain et à Ovide; et non-seulement il est vrai qu'il les a vaincus tous deux; mais il me semble qu'il s'est fort approché du Laocoon dans le supplice d'Angelo. » — Ginguené dit dans son *Histoire littéraire* : « Ce morceau est plein de verve, d'inspiration, de nouveauté. C'est peut-être un de ceux où l'on peut le plus admirer le talent poétique de Dante, cet art de peindre par les mots, de représenter des objets fantastiques, des êtres ou des faits hors de la nature et de toute possibilité, avec tant de vérité, de naturel et de force qu'on croit les voir en les lisant, et que les ayant lus une fois, on croit toute sa vie les avoir vus. » — Après avoir rapporté les jugements qu'on vient de lire, M. Artaud s'efforce de prouver que non-seulement Dante, dans ses peintures de serpents, s'est approché de très-près du Laocoon, comme le dit Rivarol avec une sage discrétion, mais encore qu'il a surpassé Virgile. Nous ne suivrons pas notre devancier dans une discussion qui nous semble parfaitement oiseuse. Il n'y a pas de perfection absolue, et quant à celle relative, il faut laisser à chacun la liberté de ses impressions. Les uns préfèrent Homère, les autres Virgile. Qui leur démontrera qu'ils ont tort ou raison? Quel raisonnement l'emportera sur ce sentiment intime auquel nous obéissons tous par une impulsion instantanée, et qui nous ravit avec plus ou moins d'ardeur à la vue de telle ou telle forme de la beauté, selon qu'elle répond davantage à tous les instincts secrets et mystérieux dont se compose notre être?

^me proportion que les bras diminuaient. Les pieds derrière du reptile s'enlaçant ensemble devinrent ette partie que voile la pudeur, et l'infortuné vit cette même partie se partager en deux pieds distincts. Cependant la vapeur continuant à s'exhaler de l'un et de l'autre, les teignait d'une couleur nouvelle, et faisait naître d'un côté la chevelure que de l'autre elle détruisait. Le serpent devenu homme se leva, et le nouveau reptile tomba sur la terre, tous deux continuant à échanger les regards impies sous la fascination desquels ils opéraient leur métamorphose. Celui qui était debout tira vers les tempes le trop-plein de son visage, et des oreilles sortirent de ses joues dégonflées ; l'excédant de matière qui n'avait pas reçu cette forme servit à figurer un nez et à grossir les lèvres dans la mesure convenable. Celui qui gisait par terre poussa son museau en avant et rentra ses oreilles dans sa tête, comme l'escargot ses cornes. Sa langue encore intacte et naguère habile à la parole, se fendit, pendant que celle de l'autre, qui était fourchue, se referma, et la vapeur s'évanouit. L'âme ainsi changée en bête s'enfuit en sifflant dans la vallée; l'autre, tournant ses épaules nouvellement formées, marchait derrière elle et criait, en lui jetant avec ses paroles une bave insultante : « Je veux que Buoso se traîne en rampant sur ce chemin, comme je l'ai fait. »

Telles furent les transmutations que cette lande sablonneuse offrit successivement à ma vue. Si ma plume, en les décrivant, s'est un peu détournée[1], que

---

1. « .... Se fior la penna abborra. » *Se un tantino la penna travia :* Si la plume se détourne un peu. Telle est l'interprétation donnée par la plupart des commentateurs italiens, les juges les plus compétents dans une question de cette nature. Cela n'a pas empêché les

la nouveauté soit mon excuse. Malgré la confusion qui fatiguait mes yeux et le désordre où ce spectacle avait jeté mon âme, ces pécheurs ne purent se dérober si promptement que je ne reconnusse Puccio Sciancato, le seul des trois esprits venus ensemble qui n'eût pas été transformé. L'autre était celui que tu pleures encore, ô Gaville[1] !

traducteurs français qui ont précédé M. Artaud, de rendre le mot *fior* par *fiori*, fleurs. Le P. Lombardi établit victorieusement par des passages mêmes de *la Divine Comédie*, et d'autres poëmes italiens, la véritable acception dans laquelle il faut entendre ici les mots *fior* et *abborra :* voy. pour plus d'éclaircissements le commentaire de Lombardi et la note de la traduction de M. Artaud, t. III, p. 202.

1. François Guercio Cavalcante, qui a paru sous la figure du petit serpent noir. Il fut tué près Gaville, dans le val d'Arno. Si Gaville pleure, ce n'est pas à cause des regrets qu'il a laissés, mais parce que les parents et amis du Florentin vengèrent sa mort en massacrant la plus grande partie des habitants de ce lieu.

CHANT XXVI.

Réjouis-toi, Florence[1], puisque tu étends tes ailes puissantes sur la terre et sur les mers, et que même ton nom est répandu jusqu'au fond de l'enfer. Parmi les voleurs j'ai trouvé cinq de tes citoyens[2], et lesquels ! J'en éprouve de la honte, et il ne t'en revient

---

1. Tout à l'heure le poëte conseillait à Pistoie, la ville où naquirent les factions des noirs et des blancs, de se détruire de ses propres mains pour effacer la honte d'avoir donné le jour à un voleur obscur. Maintenant c'est Florence, sa patrie, qu'il accable sous l'opprobre de cinq de ses citoyens, et à qui, dans le ressentiment du proscrit plutôt que dans l'équité du juge, il adresse de véritables imprécations. Il s'était contenté jusqu'à cette heure de traits satiriques ou d'imputations injurieuses, dont il semblait décliner en partie la responsabilité en les mettant dans la bouche de ses personnages. Mais il apostrophe ici directement la ville ingrate; il la menace des maux que les peuples voisins lui souhaitent, il fait lui-même des vœux ardents pour que sonne bientôt l'heure de la vengeance. Quelque amer que soit ce langage, le poëte trouvera le secret de le dépasser encore : nous le verrons redoubler ses coups avec une infatigable énergie. C'est que le poids de l'exil deviendra chaque jour plus accablant. Lorsque Dante écrivait *l'Enfer*, il avait dépassé de peu d'années l'âge qu'il appelle la moitié du chemin de la vie : à cet âge, l'avenir apparaît encore avec des couleurs brillantes, et l'âme la plus oppressée a des retours qu'elle ne connaît plus, quand le temps s'est appesanti sur elle avec cette longue continuité qui ressemble à un arrêt irrévocable.

2. Les cinq Florentins sont Cianfa, Angelo Brunelleschi, Buoso Donati, Puccio Sciancati et Guercio Cavalcante. Ces hommes mis avec les voleurs n'étaient cependant pas de vils coquins comme Vanni Fucci, mais des citoyens considérables, qui avaient dans la république du crédit et de la réputation, ainsi que le reconnaissent les premiers commentateurs, en se fondant sur les propres paroles du poëte. On en doit conclure que s'ils avaient commis des vols frauduleux, ce n'était pas dans les choses privées, à la manière du commun des voleurs,

pas beaucoup d'honneur. Si les songes du matin sont ceux qui approchent le plus de la vérité[1], tu ne tarderas pas à ressentir les maux que le peuple de Prato[2], non moins que les autres, te souhaite avec ardeur. L'heure en fût-elle déjà venue, elle ne serait point prématurée : qu'ils arrivent donc, ces maux, puisqu'ils doivent s'accomplir ; ils me pèseront d'autant plus que mes jours seront plus avancés.

Nous partîmes, et mon maître m'entraînant avec lui remonta par les mêmes rochers qui nous avaient servi d'échelons pour descendre. Nous poursuivions notre route solitaire, hérissée d'obstacles à travers lesquels nos mains avaient sans cesse à soutenir nos pieds chancelants. Alors je m'affligeai ; maintenant encore le souvenir de ce que je vis m'attriste de nouveau, et je retiens mon esprit plus étroitement que de coutume, afin que la vertu ne cesse pas de le guider, et que je ne perde point par ma faute ce que je dois à une heureuse étoile ou à une cause meilleure.

Dans la saison où l'astre qui éclaire le monde cache le moins longtemps sa face rayonnante, le villageois qui se repose sur la colline à l'heure où la

---

mais dans le maniement des affaires publiques. Cette espèce de voleurs qu'on a rarement le courage d'attaquer, bien qu'elle abonde à toutes les époques, échappe partout à la vindicte des lois et trop souvent à celle de l'opinion.

1. Opinion consacrée par les poëtes :

« Tempore quo cerni somnia vera solent, »

a dit Ovide *(Her.,* ep. xix).

2. Ville de Toscane, autrefois république, puis soumise par les Florentins. Si les propres sujets de Florence font des vœux contre elle, au mépris du préjudice qu'ils en éprouveront, à plus forte raison les autres peuples lui sont-ils contraires. Quelques auteurs pensent que parmi les maux dont le poëte menace sa patrie, il a voulu indiquer le désastre du pont de la Carraia, sur l'Arno : voy. la notice, p. 132.

mouche fait place à l'insecte qui bourdonne, n'aperçoit pas en aussi grand nombre les vers luisants étinceler dans le vallon, autour du champ où il laboure et où il vendange, que je vis de flammes resplendissantes luire dans la huitième fosse, dès que m'étant approché j'en pus distinguer le fond. Tel celui qui chargea les ours de sa vengeance[1], voyant partir le char d'Élie, et les chevaux s'élever vers le ciel à une hauteur où l'œil ne pouvait plus les suivre, ne distingua bientôt plus qu'une flamme qui montait dans l'air comme un léger nuage; de même, à l'ouverture de la fosse, s'agitaient ces flammes dont chacune renfermait un pécheur qu'elle dérobait à la vue. J'étais debout à regarder sur le pont, penché au-dessus de l'abîme, et j'y serais tombé sans qu'un choc me poussât, si je ne m'étais retenu à une pointe du rocher. Me voyant absorbé dans ce spectacle, le maître dit : « En dedans de ces feux il y a des esprits : chacun d'eux est enveloppé de la flamme même qui le consume. » — « O mon maître, répondis-je, ton témoignage complète ma certitude; déjà je m'étais avisé qu'il en était ainsi, et je voulais te le dire. Quelle victime renferme ce feu qui s'élève en se partageant, comme s'il montait du bûcher où Étéocle fut mis avec son frère[2]? » Il me répondit : « Là, sont martyrisés Ulysse et Diomède courant ensemble à la même vengeance, comme ils le firent à la même colère. Au sein de cette flamme s'expie l'embûche du cheval de bois qui fut la porte d'où sortit la noble

---

1. Le prophète Élisée : voy. le livre IV des *Rois*, chap. II.
2. On lit dans Stace, livre XII de *la Thébaïde* :

« Tremuere cogi et novus adversa busto
Pellitur : exundant diviso vertice flammæ. »

tige de la race romaine. Là, s'expient encore et le rapt de la statue de Pallas, et la fraude pour laquelle Déidamie[1], si longtemps après son trépas, se plaint toujours d'Achille. » Je repris en ces mots : « O mon maître, si ces âmes captives peuvent parler, je t'en prie (et cette prière mille fois répétée ne saurait être plus suppliante), ne me refuse pas d'attendre que la flamme à la double flèche s'approche de nous, et vois comme dans l'ardeur de mon désir je me penche déjà vers elle. » Et lui : « Ta prière, dit-il, est digne de louange, j'y accède ; mais je t'impose le silence, laisse-moi parler, car j'ai compris ce que tu veux ; peut-être, parce qu'ils furent Grecs[2], ces pêcheurs ne daigneraient-ils pas te répondre. »

Lorsque la flamme fut arrivée à la distance que mon maître jugea convenable, je l'entendis parler ainsi : « O vous qui êtes balancés dans un même globe de feu, si j'ai bien mérité de vous pendant que je vécus, si j'ai bien mérité de vous n'importe en quelle mesure lorsque dans le monde j'écrivis mes vers, enfants d'une noble muse, ne vous éloignez pas ; mais que l'un de vous nous dise en quels lieux inconnus il a trouvé la mort. » La flèche la plus élevée de la flamme antique commença de s'ébranler en rendant un murmure comme si elle eût été tourmentée par le vent ; ensuite, agitant sa cime par un mouvement semblable

1. Fille de Lycomède, roi de Scyros ; elle fut aimée d'Achille caché sous des habits de femme, et abandonnée par lui, à l'instigation d'Ulysse.

2. Parce qu'ils sont de cette nation qui a excellé dans les lettres et dans les arts, tandis que toi, tu n'es encore qu'un homme obscur, appartenant à une nation qui sort à peine de la barbarie. Les commentateurs, en donnant cette explication, ont oublié qu'Ulysse et Diomède n'étaient ni des artistes, ni des lettrés.

à celui de la langue en parlant, elle jeta sa voix dans l'espace, et on entendit : « Quand je me fus soustrait à Circé dont les enchantements me retinrent une année entière près des lieux qui n'avaient pas encore reçu d'Énée le nom de Gaëte[1], ni l'âge tendre de mon fils, ni les cheveux blancs de mon père, ni le légitime amour qui devait rendre Pénélope heureuse, ne purent surmonter en moi l'ardeur que j'avais de connaître le monde, les vices et les vertus des hommes. Je me confiai à la haute mer, sur un seul vaisseau, avec le petit nombre qui m'était resté fidèle. Je vis l'un et l'autre rivage jusqu'à l'Espagne et jusqu'à Maroc ; je vis l'île des Sardes et les autres îles que cette mer baigne de ses flots. Mes compagnons et moi, nous étions vieux et ralentis par l'âge quand nous arrivâmes à cette ouverture étroite de chaque côté de laquelle Hercule posa des signaux[2], comme pour mettre un frein à l'audace de l'homme. J'avais laissé Séville à droite et Ceuta sur la gauche : « O mes frères, « dis-je à ceux qui m'entouraient, vous qui à travers « tant et tant de périls êtes venus jusqu'aux bornes de « l'occident, ne vous refusez pas pour le peu qui vous « reste à vivre à chercher par delà le soleil[3] le monde

---

1. Ainsi nommée selon Virgile du nom de la nourrice d'Énée :

« Tu quoque littoribus nostris Æneia nutrix
Æternam moriens famam, Caieta, dedisti. »
Æn., lib. VII.

Le lieu dans le voisinage de Gaëte, où Circé retint Ulysse, s'appelle encore *Monte Circello*, du nom de la magicienne.

2. Calpé et Abyla formaient les colonnes d'Hercule, de chaque côté du détroit et en regard l'une de l'autre : Calpé sur la pointe la plus avancée vers le sud de l'ancienne Bétique, et Abyla sur la côte africaine.

3. *Diretro al sol.* « Quoique le soleil tantôt précède, tantôt suive ceux qui vont vers l'occident, cependant le poëte ne faisant pas atten-

CHANT XXVI. 443

« qui n'a pas d'habitants [1]. Considérez la noblesse de
« votre origine, vous n'avez pas été créés pour vivre
« comme des brutes, mais pour suivre le chemin de la
« gloire et des nobles connaissances. » Ce peu de paroles
excita si bien l'ardeur de mes compagnons, qu'à peine
ensuite aurais-je pu les retenir. Tournant alors notre
poupe à l'orient et gagnant toujours vers la gauche,
nos rames devinrent les ailes rapides de notre vol
insensé. Déjà la nuit voyait étinceler toutes les étoiles
de l'autre pôle, et le nôtre devenait si bas qu'il ne
s'élevait plus au-dessus des flots. Cinq fois la lune
avait éteint et rallumé son flambeau, depuis que nous
étions entrés dans les grandes eaux, quand une montagne [2] nous apparut, obscure encore à cause de

tion à ces circonstances qui se renouvellent chaque jour pour chaque voyageur, ne considère que le mouvement diurne apparent du soleil, qui se fait d'orient en occident; et c'est à cause de cela qu'il dit, *diretro al sol*. Il ne peut pas entendre le mouvement apparent propre du soleil d'occident en orient. Les expressions *diretro al sol* s'y refusent. D'ailleurs, ce mouvement propre apparent d'environ un degré par jour, il n'y a que les astronomes qui l'observent. » (Note de M. Ciccolini, directeur de l'observatoire de Bologne, rapportée par M. Artaud.)

1. C'est-à-dire la partie du monde qui est sous nos pieds, et qui n'a pas d'habitants. D'où saint Augustin a dit dans la *Cité de Dieu* : « Nimis absurdum est ut dicatur aliquos homines ex hâc illam partem, « Oceani immensitate trajectâ, navigare ac pervenire potuisse. » Cette remarque est du fils de Dante, Pierre Alighieri, premier commentateur du grand poëme.

2. La plupart des commentateurs ont cru que la montagne dont il est ici question, était celle du purgatoire, au-dessus de laquelle Dante place le paradis terrestre. Ginguené a fait observer que Dante, si soigneux de consigner dans son poëme toutes les connaissances qui existaient de son temps, et versé lui-même dans la lecture des anciens et dans les sciences physiques, avait pu faire allusion dans ce passage soit aux bruits de l'existence d'un autre continent à l'ouest, bruits répandus longtemps avant la découverte de l'Amérique, soit à la grande catastrophe de l'Atlantide rapportée par Platon. On sait combien les modernes, depuis le Suédois Rudbeck jus-

l'éloignement et d'une élévation telle qu'elle dépassait tout ce que j'avais vu. Nous nous réjouîmes, mais bientôt notre joie se convertit en deuil, car de cette terre nouvelle il vint un tourbillon qui frappa le flanc du vaisseau. Entraîné avec toutes ses eaux, le navire

qu'au savant Bailly, ont imaginé de systèmes sur cette Atlantide, placée dans l'Océan qui porte son nom, et qui aurait été plus grande que l'Asie et l'Afrique ensemble. Platon raconte dans le *Timée* qu'une nuit désastreuse, accompagnée de tremblements de terre et d'inondations, suffit pour engloutir ce vaste continent. Nous voyons dans Proclus que Platon lui-même avait lu ce récit en caractères hiéroglyphiques sur les colonnes égyptiennes qui, selon Jamblique, étaient celles de l'Hermès Trismégiste. On s'accorde à croire, ajoute le savant critique à qui je dois cette note, que cette tradition n'est pas entièrement fabuleuse, que l'île engloutie a pu exister dans l'Océan, et que les Canaries ou les Antilles en sont peut-être les débris. La mémoire de quelque grande catastrophe semblable paraît s'être conservée parmi certains peuples sauvages de l'Amérique du nord. Warden, dans son ouvrage sur l'Amérique, a réuni un grand nombre de témoignages empruntés aux anciennes traditions et aux monuments encore subsistants, qui déposent de l'antique civilisation du nouveau monde. Dans toute la partie de l'Amérique septentrionale, à l'ouest des Montagnes Bleues, dans les vallées de l'Ohio et du Missouri, on trouve d'immenses tertres, remplis d'ossements humains, dont les Indiens modernes ne connaissent pas l'origine, des armes particulières, des restes de villes fortifiées, des citadelles construites de briques et de ciment, des inscriptions en langages qu'on n'entendait déjà plus au temps de la conquête, etc., etc. Dans l'État de Massachusets, l'inscription du rocher de Dighton a donné lieu aux interprétations les plus diverses. Une médaille trouvée à Fayetteville, sur l'Elk, qui porte d'un côté le nom d'Antonin le Pieux et de l'autre celui de Marc Aurèle, est encore un fait très-étrange. Mais un témoignage qui a plus de poids que celui d'une médaille, c'est la découverte dans la province de Guatemala des ruines de Palanqué, inconnues jusqu'alors à tous les historiens, et qui attestent un état de société bien plus florissant que celui des peuples qui habitèrent les vallées de l'Ohio. Ceux qui ont observé les débris de ces monuments, y ont vu, les uns des traces de la civilisation phénicienne, les autres des caractères de la mythologie égyptienne, d'autres encore des vestiges des croyances mystérieuses de l'Inde. — Un rapprochement fort curieux qu'on ne trouve pas dans le livre de Warden, et qui mérite d'occuper les recherches des savants, c'est

tourna trois fois sur lui-même; puis, au quatrième tour, la poupe se dressa, la proue descendit dans l'abîme, comme il plut à l'autre [1], et la mer se referma sur nous. »

l'étonnante similitude qui existe entre la description de l'ancienne Mexico, rapportée par Robertson, et celle qui se voit, dans le *Critias* de Platon, de la capitale de l'Atlantide. Ainsi que le remarque le judicieux écrivain qui le premier a relevé cette ressemblance, il n'y a peut-être rien là que de fortuit. Mais de tels hasards saisissent l'imagination, et l'on conçoit qu'à diverses époques les esprits d'une certaine trempe aient été vivement préoccupés de ces notions confuses, incomplètes, mystérieuses, qui sont encore un pâle rayon de lumière au milieu des ténèbres de l'histoire. Remuant avec la puissance du génie toutes les idées répandues au temps où il écrivait, Dante n'a pu rester étranger au récit de Platon, ni aux bruits confus de l'existence d'un autre monde. Rien donc ne s'oppose à croire que, dans les méditations solitaires de sa pensée, ce grand homme ait eu une vague perception de ce que le génie de Colomb devait constater plus tard.

1. Comme il plut à Dieu. Cette dénomination moqueuse et insultante convient au lieu et au personnage; et l'effet en eût été détruit en lui substituant l'expression dont elle est le sous-entendu.

CHANT XXVII.

Déjà la flamme s'était redressée : calme et silencieuse, elle s'éloignait de nous, du consentement du poëte sublime, lorsqu'une autre qui venait derrière elle attira nos regards sur sa cime d'où s'échappaient des sons confus. De même que le taureau sicilien[1] dont le premier mugissement fut poussé par son inventeur (juste punition d'une habileté si funeste), mugissait par la voix de ses victimes, et semblait être malgré son enveloppe d'airain traversé par la douleur vivante; de même l'esprit captif proférait des paroles qui, interceptées faute d'issue, se convertissaient en un bruit semblable à celui du feu. Mais la voix s'ouvrant enfin un passage par la sommité de la flamme à laquelle elle imprimait la même vibration que la langue leur avait donnée, nous entendîmes ces mots : « Toi à qui je m'adresse, et qui viens de dire en langage lombard : *Maintenant laisse-nous, je ne te retiens plus*, ne refuse pas, quoique peut-être j'arrive un peu tard, de t'entretenir avec moi. Tu vois que, moi, je le désire, et cependant le feu me consume. Si de la terre fortunée d'Italie d'où j'apporte toutes mes fautes[2], tu es tombé dans ce monde

---

1. C'est le fameux taureau d'airain, inventé, fabriqué et offert par l'Athénien Pérille au tyran Phalaris qui voulut en faire sur l'inventeur la première expérience : cruauté digne de l'un et bien méritée par l'autre.

2. L'esprit emprisonné qui parle est le comte Guido de Montefeltro, capitaine renommé et l'un des fondateurs de l'illustre maison de ce nom, d'où sont sortis les comtes devenus ensuite ducs d'Urbin. Mis

ténébreux, dis-moi : Les habitants de la Romagne ont-ils la paix ou la guerre? car je naquis dans les montagnes[1] qui sont entre Urbin et les sommets escarpés d'où le Tibre s'échappe. » Attentif et la tête inclinée, j'écoutais encore, lorsque mon maître me toucha légèrement et dit : « Parle, toi, celui-ci est Italien[2]. » Et moi qui avais déjà la réponse toute prête, je pris la parole sans hésiter : « O âme si douloureusement cachée, ta patrie est et ne fut jamais sans guerre dans le cœur de ses tyrans; mais de guerre ouverte, elle n'en a pas à cette heure. Ravenne est encore ce qu'elle était : l'aigle de Polenta[3] en a fait son nid, et étend ses ailes jusque sur Cervia. La terre qui soutint la longue épreuve[4], et où s'amoncelèrent les restes san-

à la tête des gibelins dans le temps où ils étaient persécutés dans toute l'Italie, le comte Guido remporta près de Forli, en 1282, une grande victoire sur les troupes de Charles d'Anjou. En 1288, il défendit Pise avec succès contre la ligue des guelfes de Toscane. Puis dégoûté du monde et de ses luttes, il prit l'habit religieux dans l'ordre de Saint-François. Voy. l'introduction, p. 30 et 36.

1. La ville de Montefeltro, située sur une montagne entre Urbin et la partie de l'Apennin où le Tibre prend sa source. « Il est admirable, dit M. Biagoli, de voir à quel point le poëte excelle dans la description des lieux, tant par l'exactitude que par le choix exquis des expressions, et par ces traits poétiques qui donnent de l'éclat aux choses les plus ternes. »

2. Opposition au *parce qu'ils furent Grecs* du chant précédent. On peut en inférer que l'opinion qui attribuait aux Grecs une supériorité morale sur les Latins, leurs vainqueurs, était alors généralement admise.

3. Les Polentani avaient pour armes une aigle d'argent dans un double champ d'azur et d'or. Cette illustre maison avait alors pour chef Guido Novello, le généreux protecteur de Dante. Voy. la notice, p. 201 et suiv.

4. Forli, ville de la Romagne. A peu de distance de ses murs, se donna la bataille sanglante que le comte de Montefeltro gagna sur l'armée de Charles d'Anjou et du pape Martin, commandée par Jean de Pas, chevalier français. Plus de deux mille hommes restèrent sur le carreau, la plupart français. Par le lion vert, il faut entendre les

glants des Français, est à la merci du lion vert. Le vieux dogue et celui plus jeune de Verrucchio¹, si cruels envers Montagna, font toujours sentir dans les mêmes lieux leurs morsures accoutumées. Les villes qu'arrosent le Lamone et le Santerno, sont régies par le lionceau au champ d'argent² qui change de parti d'une saison à l'autre. Et la cité dont le Savio baigne les murs³, de même qu'elle est assise entre la plaine et la montagne, flotte entre la tyrannie et la liberté. Maintenant qui es-tu? Tu ne dois pas être plus inflexible qu'on ne l'a été envers toi : puisse ton nom durer avec gloire dans le monde! »

Après avoir été quelque temps à bruire, le globe embrasé agita sa pointe aiguë, et souffla ces mots : « Si je croyais parler à un être qui dût retourner sur la terre, le mouvement de cette flamme s'arrêterait aussitôt; mais puisque jamais mortel, si l'on m'a dit la vérité, ne sortit vivant de cette fosse profonde, je

---

Ordelaffi, famille puissante, qui s'était distinguée à la tête des gibelins dans les guerres de la Romagne.

1. Le vieux et le jeune dogue désignent les Malatesti, père et fils, chefs importants du parti guelfe. Le château de Verrucchio, dont ils portèrent le nom, avait été donné à un Malatesta, en récompense de services rendus à la ville de Rimini. A la faveur des discordes civiles, cette famille s'était rendue maîtresse de Rimini, dès l'année 1275, mais en subissant les alternatives auxquelles les petites tyrannies italiennes étaient alors exposées, c'est-à-dire de perdre et recouvrer tour à tour le pouvoir. Dans un de leurs retours de fortune, en 1290, les *deux dogues* avaient chassé les gibelins et fait périr cruellement leur chef Montagna, de la noble famille de Parcisati.

2. Le lionceau est Mainardo ou Machinardo Pagani, tantôt guelfe et tantôt gibelin; il portait pour armes un lion dans un champ d'argent. Les villes de Faenza sur le Lamone, et d'Imola sur le Santerno, étaient sous son autorité.

3. Césène sur le Savio. Elle jouissait d'un gouvernement libre, ce qui n'empêchait pas les entreprises parfois heureuses, mais de peu de durée, de quelque aspirant à la tyrannie.

te réponds sans craindre l'infamie. Je fus homme de guerre et moine ensuite, croyant que le cordon me purifierait; et certes cet espoir n'eût pas été vain, si le grand pontife[1], en soit-il maudit, ne m'eût pas rejeté dans mes premières fautes : comment et pourquoi, je veux que tu l'entendes. Aussi longtemps que je conservai la forme de chair et d'os que me donna ma mère, mes œuvres ne furent pas celles du lion, mais du renard. Je connus tous les artifices, toutes les voies détournées, et mon habileté dans la ruse retentit jusqu'aux limites de la terre. Arrivé à cette époque de la vie où chacun devrait carguer les voiles et serrer les cordages, je n'éprouvai que dégoût pour ce qui me plaisait d'abord. Repentant et confessant mes fautes, ah! malheureux que je suis, j'eusse évité ma perte! Le prince des nouveaux pharisiens[2] guerroyait près de Latran[3], non contre les Sarrasins ni contre les Juifs; car chacun de ses ennemis était chrétien, et aucun d'eux n'avait été vaincre à Saint-Jean d'Acre ou négocier dans l'empire du soudan[4]. N'étant retenu envers lui-même ni par son suprême ministère, ni par les ordres sacrés, le pontife ne le fut pas davantage envers moi par ce cordon qui ceignait autrefois des pénitents plus macérés. De même que Con-

1. Le pape Boniface VIII.
2. Encore Boniface VIII. Les nouveaux pharisiens sont les prélats corrompus de cette époque.
3. Contre les Colonne qui habitaient à Rome près de Saint-Jean de Latran : voy. sur cette guerre ce qui a été dit dans l'introduction, p. 35.
4. C'est-à-dire : aucun, reniant la foi chrétienne, n'avait contribué à la prise de Ptolémaïs, où plus de soixante mille chrétiens, hommes, femmes et enfants, furent massacrés, ni ne faisait partie de ces iniques marchands chrétiens qui, par cupidité, avaient approvisionné les Sarrasins de tout ce qui leur était nécessaire.   LOMBARDI.

stantin¹, dans les montagnes de Soracte, implora le secours de Sylvestre contre la lèpre; de même il me demanda de le guérir de sa fièvre d'orgueil; il voulut que je lui donnasse conseil, et moi je me tus parce que ses paroles me semblèrent dictées par l'ivresse. Mais il insista : « Que ton cœur, dit-il, ne conçoive « aucun soupçon; je t'absous dès à présent si tu m'en- « seignes les moyens de renverser les murs de Pales- « trine². Tu sais que je peux ouvrir et fermer les portes « du ciel, à l'aide des deux clefs que mon prédécesseur « n'eut pas dans une grande affection³. » Ces arguments spécieux m'entraînèrent, je crus que le silence ne devait plus être gardé, et je dis : « Saint-Père, dès « lors que tu me laves du péché où je suis sur le point « de tomber, écoute : promettre beaucoup et tenir peu,

1. Quoiqu'il soit bien établi que Constantin ne fut baptisé qu'à la fin de sa vie, en 337, par Eusèbe, évêque de Nicomédie, Dante, d'après une tradition répandue de son temps, suppose que cet empereur, étant à Rome, en 324, malade de la peste, apprit dans une vision qu'il ne guérirait qu'après avoir reçu le baptême, et qu'à cet effet il envoya chercher le pape saint Sylvestre qui se retirait habituellement dans les solitudes du mont Soracte, aujourd'hui Saint-Oreste.

2. L'ancienne Préneste, ville de l'État ecclésiastique, qui appartenait alors aux Colonne : voy. l'introduction, p. 36. — Boniface, dit un critique, était fort capable de se donner à lui-même le conseil que le poëte lui fait demander au comte Guido, et pour lequel le vieux guerrier est logé dans l'enfer, malgré l'absolution papale et le cordon de saint François. En bon confrère, le P. Lombardi n'a pas manqué de prendre la défense d'un enfant de son ordre. Il assure que le frère Guido finit ses jours dans la prière et la pénitence, et il oppose au récit de Dante le silence de deux chroniqueurs contemporains. Le poëte gibelin a pu être emporté par sa haine contre Boniface, comme moine par le zèle de sa robe. Au reste, à une époque où la ruse tait as moins en usage que la violence, le conseil qu'on attribue a Guido devait être regardé plutôt comme l'acte d'une politique habile que comme un crime digne d'un si grand supplice.

3. Saint Pierre-Célestin, qui abdiqua.

« tel est le secret qui te fera triompher sur ton siége
« glorieux. » A l'heure de ma mort, François[1] vint
pour me chercher, mais un des noirs chérubins lui
dit : « Ne l'emporte pas, ne me fais pas tort; il doit
« s'en venir parmi les miens, à cause du conseil frau-
« duleux qu'il a donné : dès ce moment il m'appartint,
« je ne le lâche pas. On ne peut absoudre qui ne s'est
« pas repenti : se repentir et vouloir le péché ne peu-
« vent se trouver ensemble sans impliquer contradic-
« tion. » Ah ! malheureux ! comme je frissonnai quand il
me saisit en ajoutant : « Tu ne pensais pas que je fusse
« logicien. » Alors il me porta devant Minos, qui noua
huit fois sa queue autour de ses reins épais, et qui,
après s'être mordu lui-même dans l'excès de sa rage,
prononça cette sentence : « Ce coupable est de ceux
« que le feu doit celer. » Voilà pourquoi tu me vois
perdu dans ces lieux et gémir sous un tel vêtement. »

Quand elle eut fini de parler, la flamme plaintive
s'éloigna, tordant et agitant sa cime aiguë. Nous continuâmes notre route, mon guide et moi, le long du
rocher, jusques au-dessus de la vallée où s'acquitte la
peine encourue par ceux qui sèment la haine et la
discorde.

1. Saint François d'Assise.

CHANT XXVIII.

Qui pourrait, même en se dégageant des entraves de la poésie, même après des essais répétés, reproduire jamais le spectacle de sang répandu et de plaies hideuses dont mes yeux furent alors témoins? Toute parole l'entreprendrait en vain, tant à cause de l'insuffisance du langage que de celle de l'esprit, incapable de s'élever à de si hautes conceptions. Quand on rassemblerait toutes les populations qui, sur la terre disputée de la Pouille, versèrent les flots de leur sang soit pour résister aux Romains[1], soit pour soutenir cette longue guerre[2] où, d'après le rapport du véridique Tite Live, un si grand nombre d'anneaux servit de trophée; quand même on y joindrait tous ceux à qui Robert Guiscard[3] fit sentir la force de ses coups, et ceux en outre dont les ossements sont encore entassés à Ceperano[4], lieu témoin de la perfidie

---

1. Les guerres des Romains contre les peuples de la Pouille et de l'Apulie ont commencé vers l'an 324 avant Jésus-Christ et ont duré environ soixante ans.

2. La seconde guerre punique et particulièrement la bataille de Cannes, livrée dans la Pouille; il périt dans cette sanglante journée un si grand nombre de Romains qu'au rapport de Tite Live les anneaux chevaleresque retirés des doigts des morts excédèrent la mesure de trois muids.

3. Duc de la Pouille, après en avoir fait la conquête sur les Sarrasins qu'il occit par milliers; il était l'aîné des fils du second mariage de Tancrède de Hauteville, et non frère de Richard, duc de Normandie, comme le dit M. Artaud après Lombardi.

4. Vaste plaine, en face de Bénévent, célèbre par la bataille dans

des Apuliens, et à Tagliacozzo [1], où le vieil Alard vainquit par la ruse ; et que tous ensemble ils montrassent leurs membres percés et mutilés, cet aspect n'égalerait pas en horreur celui que présente la neuvième vallée. L'ouverture par laquelle le vin s'échappe d'une tonne entièrement défoncée, n'approche pas de celle que montrait un esprit fendu depuis le menton jusqu'au fond des entrailles. Entre ses jambes pendaient ses intestins, son cœur était à découvert, et l'on voyait le sac immonde qui transforme tout ce qu'il engloutit. Pendant que je m'attachais à le considérer, il me regarda, et s'ouvrant la poitrine avec ses mains : « Vois, dit-il, quelle plaie béante ! Vois comme Ma-

laquelle le roi Manfred perdit la couronne et la vie, en 1266, après avoir été abandonné par les barons apuliens qui étaient dans son armée : voy. l'introduction, p. 21.

1. Autre plaine sur les bords du lac Celano, où se vida, en 1268, la querelle de Charles d'Anjou et du dernier des Hohenstaufen. La victoire de Charles fut due principalement aux conseils d'Érard de Valery, connétable de Champagne, que Dante appelle le *vieil Alard*. Cet Érard ou Alard revenait de Syrie, où il avait acquis le renom d'un capitaine expérimenté ; la fortune le conduisit à Naples au moment de l'expédition du jeune Conradin, et Charles lui confia le commandement général de ses troupes. Après avoir divisé en deux corps le gros de l'armée, qui se composait d'Italiens, de Provençaux et de Français, le connétable forma de l'élite de la noblesse un corps de réserve que le roi commandait en personne. Ce fut ce corps qui, à l'instant marqué par Érard, décida du gain de la bataille. Le prince français souilla sa victoire en faisant condamner au dernier supplice, par un parlement féodal et en dépit des efforts des chevaliers français, les ducs de Souabe et d'Autriche, tombés l'un et l'autre au pouvoir d'un rival implacable. Les chroniques rapportent que le pape Clément IV, consulté par le vainqueur, répondit : « S'il vit, tu meurs ; s'il meurt, tu vis. » — Selon plusieurs historiens d'Allemagne et de Sicile, le fondateur de la maison d'Autriche, Rodolphe de Habsbourg, aurait fait partie de l'expédition de Conradin, et n'aurait dû qu'à l'obscurité où il était encore de n'avoir point partagé le sort des deux illustres captifs.

homet se déchire! En avant de moi se lamente Ali[1], la tête ouverte depuis le sommet jusqu'au menton. Tous les autres que tu vois ici, endurent un supplice semblable pour avoir été pendant leur vie propagateurs de schismes et de scandales. Un démon est là par derrière, qui nous frappe sans miséricorde, quand nous avons parcouru le chemin de douleur; et nos blessures, refermées lorsque nous reparaissons devant lui, se rouvrent toujours sous le tranchant de son glaive. Mais qui es-tu, toi qui t'arrêtes sur le rocher, peut-être pour retarder de quelques moments la peine prononcée sur tes propres aveux? » Mon maître répondit : « La mort ne l'a pas encore frappé, aucune faute ne le mène au supplice; mais il vient chercher une expérience salutaire, et moi, qui suis mort, je dois le conduire de cercle en cercle dans l'enfer. Cela est vrai, comme il est vrai que je te parle. » A l'ouï de ces paroles, plus de cent pécheurs s'arrêtèrent pour me regarder, surpris au point d'oublier un instant leur martyre.

« O toi qui peut-être dans peu reverras le soleil, dis donc à frère Dolcin[2] que, s'il ne veut pas me sui-

---

[1]. Ali-ben-Abou-Talef, cousin et gendre de Mahomet. Nous avons vu le sultan Saladin parmi les grands hommes du paganisme; en revanche, Mahomet et Ali sont dans les plus bas cercles de l'enfer; mais ils font une piteuse figure, indigne du rôle qu'ils ont joué sur la terre. On regrette d'entendre Mahomet bavarder comme une vieille femme, et Ali pleurer comme un enfant.

[2]. Disciple de Carpocrate, et l'un des pères du communisme moderne. Cette école, sortie du gnosticisme, commençait dès lors à tirer les dernières conséquences d'une doctrine qui avait été longtemps contenue par l'ascétisme des premiers marcionites. Frère Dolcin prêchait ouvertement la communauté des biens et des femmes. Retranché dans les montagnes du Novarais avec un grand nombre de ses partisans, mais manquant de vivres et ne pouvant s'en procurer à cause des neiges, il fut pris et condamné à être brûlé vif, en

vre bientôt dans ces lieux, il doit s'approvisionner de vivres afin que la disette et les neiges ne donnent pas au Novarais une victoire qu'il ne serait pas facile d'obtenir autrement. » Comme Mahomet me disait ces paroles, il tenait déjà un pied levé pour partir; ensuite il posa le pied par terre et s'éloigna. Un esprit dont la gorge était percée, le nez tronqué jusqu'aux sourcils et qui n'avait qu'une oreille, arrêté par la surprise et regardant avec les autres, ouvrit avant eux sa bouche toute vermeille de sang, et dit : « O toi qu'aucune faute n'a condamné, et que j'ai vu sur la terre d'Italie, à moins que trop de ressemblance ne m'abuse, rappelle-toi Pierre de Medicina[1], si tu revois jamais la plaine fortunée qui descend de Verceil à Marcabo[2]. Fais savoir aux deux plus illustres de Fano[3], à messer Guido et à Angioletto[4] que si la prévision repose ici sur quelque certitude, ils seront

---

1305, après s'être longtemps défendu à la tête de plus de trois mille hommes. Sa femme Marguerite, qui était jeune, belle et riche, et plusieurs de ses disciples partagèrent le même supplice, qu'ils soutinrent avec courage. — Les commentateurs n'expliquent pas pourquoi Mahomet se préoccupe uniquement en enfer du sort d'un moine fanatique, aussi complétement inconnu des Osmanlis qu'étranger aux doctrines du Coran.

1. Pierre né à Medecina, dans le Bolonais. Il fut grand propagateur de discordes entre les citoyens de cette ville, et ensuite entre le comte Guido da Polenta et Malatesta le Jeune, dit Malatestino, seigneur de Rimini. VOLPI.

2. La riche plaine de la Lombardie, s'étendant depuis Verceil sur le confluent de la Sesia et de la Cerva, jusqu'à Marcabo, vieux château ruiné près de l'embouchure du Pô.

3. L'ancien *Fanum Fortunæ*, aujourd'hui petite ville déserte sur l'Adriatique.

4. Guido del Cassero et Angioletto da Cagnano, deux honorables citoyens de Fano. Invités l'un et l'autre par Malatestino, sous prétexte d'une conférence importante, à se rendre à la Cattolica, qui est sur la mer entre Fano et Rimini, ils y furent reçus par des assassins apostés qui les noyèrent dans l'Adriatique. VELLUTELLO.

jetés bas de leur navire et noyés près de la Cattolica, par trahison d'un tyran perfide. Jamais entre l'île de Chypre et celle de Majorque les pirates ou la race d'Argos ne rendirent Neptune témoin d'un plus grand attentat. Ce traître[1] dont l'aspect est difforme, et qui régit la terre où tel[2] qui est maintenant avec moi voudrait n'avoir jamais été, les attirera sous le prétexte d'une conférence, puis s'y prendra de telle sorte qu'ils n'auront plus besoin d'adresser ni vœux ni prières aux vents de Foscara[3]. » — « Si tu désires, lui répondis-je, que je renouvelle ta mémoire sur la terre, montre-moi celui pour qui la vue de Rimini a eu tant d'amertume. » Alors il posa la main sur le visage d'un de ses compagnons, et lui ouvrit la bouche en criant : « Le voilà! mais il ne parle pas : chassé de Rome, il surmonta les incertitudes de César, en affirmant que l'attente fut toujours fatale à l'homme qui a pris ses mesures[4]. » Ah! qu'il me paraissait con-

1. Le même susdit Malatestino, qui était borgne. Il y a dans le texte : qui voit seulement *avec l'un* (*con l'uno*). « C'est pourquoi, dit un commentateur, je ne doute pas que le poëte n'ait dit par moquerie *avec l'un*, dans le même sens qu'on dirait *avec l'as* (qui est *l'un* des dés et des cartes à jouer), terme avec lequel on avait coutume de railler parfois toute unité défectueuse ; et Dante lui-même, pour certaine chose qu'il ne serait pas convenable de rapporter ici, fut surnommé *messer Asso*. »

2. Ce *tel* est Curion qui sera nommé tout à l'heure. Il voudrait n'avoir jamais été à Rimini, parce que ce fut là qu'il donna à César le conseil pour lequel il est puni.

3. Haute montagne sur la mer, près de la Cattolica, d'où il sort des vents tellement impétueux, que parfois ils submergent les navires. C'est pourquoi les mariniers de ce temps ne manquaient pas, lorsqu'ils passaient dans ces parages, d'invoquer tel ou tel saint.
VELLUTELLO.

4. Paroles que Lucain met dans la bouche du tribun Curion pour vaincre les incertitudes de César, arrêté sur le Rubicon, près de Rimini :

« Tolle moras, nocuit semper differre paratis. »
Phars., lib. III.

fus avec sa langue tronquée, ce Curion qui eut l'audace de donner un tel conseil! Un autre esprit qui avait les deux mains coupées, élevant dans l'air épais ses bras mutilés dont le sang lui souillait le visage, s'écria : « Tu te souviendras aussi de Mosca[1]. Hélas! c'est moi qui ai dit : *Tout commencement emporte sa fin*[2], parole qui engendra les maux de la Toscane. » J'ajoutai : « Et qui fut cause de la ruine de ta race. » A ces mots l'ombre saisie comme d'un accès de démence, s'éloigna dans des transports redoublés de douleur.

Continuant de regarder la foule des coupables, je vis un prodige tel que j'hésite à le rapporter, sans autre preuve que le témoignage même de ma conscience, cette fidèle compagne qui sous l'égide de sa pureté affranchit l'homme de toute crainte. Je vis donc, et il me semble le voir encore, oui je vis un buste sans tête marcher, comme marchait le reste de ce triste troupeau. Il tenait par les cheveux sa tête tronquée, suspendue comme une lampe, et cette tête nous regardait en disant : « Hélas! » Se faisant à lui-même sa propre lumière, ce corps semblait à la fois devenir double sans cesser d'être simple, et perdre son unité dans une dualité trompeuse. Comment pouvait-il en être ainsi? Celui-là seul le sait qui dicte de tels arrêts. Arrivé précisément au bas du pont, le

[1]. Mosca Lamberti selon les historiens, ou Mosca degli Uberti selon les commentateurs, déjà nommé dans le VIe chant, conseilla d'une manière équivoque la mort de Buondelmonte de' Buondelmonti, mort qui fut la cause première des dissensions de Florence : voy. l'introduction, p. 10.

[2]. « .... Capo ha cosa fatta. » Espèce de proverbe, dit M. de Sismondi, qui par sa laconique obscurité était devenu une parole de sang qu'on ne pouvait répéter sans faire frissonner les républicains de Florence.

pêcheur souleva sa tête de toute la longueur du bras qui la portait, afin de rapprocher de nous ses paroles, et nous entendîmes : « Vois ma peine cruelle, toi qui vas vivant parmi les morts, vois s'il fut jamais un supplice plus affreux. Apprends, pour que tu puisses parler de moi, que je fus Bertrand de Born[1] qui donnai au roi Jean[2] des encouragements perfides. J'armai le fils contre le père : Achitofel n'adressa pas à Absalon des excitations plus perverses contre David.

1. Comte de Hautefort en Périgord, troubadour et guerrier célèbre du XIIe siècle. Après une vie des plus turbulentes, il finit par entrer dans l'ordre de Cîteaux, et mourut dans un cloître. Ses poésies eurent une grande réputation.

2. En opposition avec tous les commentateurs italiens, Ginguené a soutenu que ces mots « al re Giovanni » contenaient nécessairement ou une altération du texte, ou une faute dans le texte même. Il démontre en effet d'une manière péremptoire, tant par les témoignages historiques que par les chansons provençales qui nous restent de Bertrand de Born, que le prince Jean, quatrième fils du roi d'Angleterre Henri II, et roi lui-même après la mort de Richard, son frère aîné, n'eut pas de rapports directs avec le seigneur de Hautefort ; que ce prince ne prit même aucune part aux révoltes des autres fils de Henri II, si ce n'est à la dernière, mais en secret et sans oser se déclarer ouvertement, tandis que, au contraire, les trois frères aînés de Jean (Henri, Richard et Geoffroy), qui avaient des apanages en France, furent tantôt les alliés et tantôt les ennemis de Bertrand. Or, comme Dante était trop savant en histoire pour confondre des faits et des personnages encore si rapprochés de l'époque où il écrivait, et en même temps trop versé dans la connaissance des poésies provençales pour ignorer que les sirventes et les chansons du comte-troubadour ne mentionnent même pas le prince Jean, mais souvent et sans cesse les princes ses frères, surtout l'aîné Henri, le critique en conclut, non sans une apparence de raison, qu'il ne peut être ici question de Jean, tout à fait étranger au châtelain gascon, mais qu'il s'agit de Henri, l'aîné des quatre fils du roi d'Angleterre. Ce Henri était duc de Normandie, on l'appelait *le jeune roi* (*re giovane*), parce qu'il avait déjà été couronné roi d'Angleterre, suivant l'usage qui se pratiquait alors ; et c'est bien lui que les conseils de Bertrand de Born poussèrent à la révolte. Il y aurait eu, d'après cette argumentation dont je suis forcé de ne donner que la substance, en renvoyant à l'*Histoire*

CHANT XXVIII.

C'est pour avoir rompu les liens les plus étroits de la nature, que je porte, hélas! mon chef séparé de son principe qui reste dans ce tronc mutilé. Ainsi s'accomplit en moi la peine du talion. »

littéraire, il y aurait eu une faute de copiste, qui se serait transmise de manuscrit en manuscrit, et il faudrait lire selon Ginguené :

« Che diedi al *re giovane* i ma' conforti. »

Mais en sortant d'une difficulté on tombe dans une autre. Si l'on suit cette leçon, la mesure du vers est brisée par une fausse accentuation; de telle sorte que si Dante n'a pas été coupable d'une erreur historique, il le serait d'une faute de prosodie, à moins d'admettre, comme le veut le critique français, que Dante a fort bien pu, par une licence poétique assez semblable à celle dont d'autres poëtes ont usé sans scrupule, transporter l'accent du mot *giovane* sur la seconde syllabe pour en faire une longue d'une brève qu'elle est. Mais toutes les oreilles italiennes ont protesté contre une substitution d'où leur paraisssait naître un assemblage de mots, tenant le milieu entre le vers et la prose, sans être ni l'un ni l'autre. Sous ce rapport, il faut convenir que ceux qui parlent la langue de Dante sont les premiers juges. D'ailleurs, Ginguené reconnaît que les anciens textes ne justifient pas son interprétation, et que notamment le manuscrit de *la Divine Comédie*, copié de la propre main de Boccace et donné par lui à Pétrarque, porte : « al re Giovanni. » Finalement cette dernière leçon s'est maintenue, et les critiques italiens, sans pouvoir contester l'exactitude des faits que nous venons d'analyser, ont justifié Dante de leur mieux, par des déclamations ou par des lieux communs sans valeur. Une seule raison est alléguée : c'est que Jean Villani, dans son histoire, appelle du nom de Giovanni l'aîné des fils de Henri II, de sorte que si l'historien, dont l'exactitude est le devoir spécial, s'est trompé, à plus forte raison le poëte a-t-il pu faillir. Va donc pour la méprise historique. Mais toujours est-il qu'aucun commentateur italien n'avait encore relevé cette méprise, que tous sans exception, depuis Benvenuto da Imola jusqu'au P. Lombardi, sont tombés en parlant du roi Jean et du château de Hautefort, dans les erreurs les plus grossières en histoire et en géographie. Les uns ont fait mourir le prince Jean pendant la guerre qu'il avait faite à son père; d'autres le font élever à la cour de France et lui donnent Bertrand pour gouverneur; enfin la plupart placent le château de Hautefort en Angleterre, et en font un apanage du prince Jean, dont il aurait remis la garde au même Bertrand. A cet égard, du moins, les remarques critiques de Ginguené ne sont pas contestables.

CHANT XXIX.

La multitude des suppliciés et leurs plaies innombrables avaient enivré mes yeux d'une tristesse si grande que j'aurais voulu m'arrêter pour pleurer. Mais Virgile me dit : « Que regardes-tu ? Pourquoi ta vue se fixe-t-elle toujours sur ces ombres tristes et mutilées ? Que si tu crois en faire le dénombrement, sache que la vallée n'a pas moins de vingt-deux milles de tour. Tu t'es montré moins faible en visitant les autres enceintes. Déjà la lune[1] est sous nos pieds; le temps qui nous est accordé n'est pas long désormais, il te reste à voir beaucoup plus que tu ne crois. » — « Si tu avais pris garde, répondis-je, à la cause qui rendait mes regards attentifs, peut-être m'aurais-tu permis de m'arrêter encore. » Pendant que je lui répondais, mon guide avait continué sa route; je suivis ses pas en ajoutant : « Dans la fosse où s'attachaient mes yeux, il est un esprit que je crois sorti de mon sang, et qui pleure la faute dont l'expiation coûte si cher. » Le maître reprit : « Que ta pensée ne s'apitoie pas davantage sur ce coupable, détourne ailleurs ton attention, et qu'il reste où il est. Je l'ai vu, au pied du pont, te montrer et te menacer du doigt, et j'ai entendu qu'on le nommait Geri del Bello[2]; mais tu étais si fortement absorbé par celui

---

1. C'est-à-dire qu'il est plus de midi, car nous savons que, la nuit précédente, la lune était dans son plein : voy. la fin du XX⁰ chant.
2. Frère d'un Cione Alighieri, parent du poëte. Homme de vie

qui jadis occupa Hautefort[1], que l'autre avait disparu quand tes yeux l'ont cherché. » — « O mon guide, m'écriai-je, sa mort violente dont la honte n'a pas encore été vengée par ceux qui devaient la ressentir, l'aura sans doute irrité contre moi et il sera parti sans vouloir me parler; mais ce dédain même redouble la pitié qu'il m'inspire. »

Nous nous entretînmes ainsi jusqu'à la partie du rocher d'où la dixième vallée se verrait dans toute sa profondeur s'il y avait plus de lumière. Arrivés au-dessus de ce dernier cloître de Malebolge, et commençant à apercevoir les âmes qui l'habitent, nous fûmes assaillis de lamentations sans nombre, aiguës comme des traits armés de fer, et si déchirantes que, dans mon trouble, je me couvris les oreilles avec les mains. Tous les maux qui s'engendrent dans les hôpitaux de Valdichiana[2] et sur les plages empestées des Maremmes et de la Sardaigne, entre les mois de juillet et de septembre, réunis dans un même lieu, donneraient à peine l'idée de ce qu'était cette fosse de douleur; il en sortait une infection semblable à celle qui s'exhale des membres que la gangrène a déjà décomposés. Nous descendîmes à gauche jusqu'au dernier

---

turbulente et grand fauteur de querelles, Geri fut tué par un Sacchetti.

1. Bertrand de Born, seigneur de Hautefort.
2. Partie de la Toscane, voisine des États de l'Église, et qui est comprise entre Arezzo, Cortone, Chiusi et Montepulciano ; elle est traversée par la rivière Chiana qui lui donne son nom, et dont les eaux formées de divers ruisseaux se jettent partie dans l'Arno, partie dans le Tibre. Aujourd'hui d'heureux travaux de desséchement ont fait de cette vallée jadis pestilentielle, une des plus fertiles et des plus populeuses contrées de la Toscane. —Les Maremmes, moins heureuses que Valdichiana, sont encore un séjour malsain, que l'on fuit dans la saison indiquée par le poëte.

déclin du rocher, d'où ma vue plus à portée distingua de quelle manière l'infaillible justice du Très-Haut s'exerce contre les faussaires inscrits sur le livre de sa vengeance. Je ne crois pas que le peuple d'Égine[1] dévoré tout entier par la maladie, alors que les poisons d'un air corrompu eurent enlevé tous les êtres vivants jusqu'au plus petit vermisseau, et que la semence des fourmis, au dire des poëtes, eut à renouveler ces populations antiques, ait offert un spectacle d'une tristesse plus grande que celui de ces âmes languissantes, diversement amoncelées dans cette vallée obscure. Elles gisaient sur le ventre et sur les épaules les unes des autres, ou bien elles se traînaient en rampant sur le chemin de désolation. Nous allions pas à pas, sans parler, regardant et écoutant les malades qui ne pouvaient se soulever. J'en vis deux, souillés de la tête aux pieds de croûtes dégoûtantes, qui étaient assis, se prêtant un mutuel support, comme ces vases qui se superposent pour réchauffer les aliments. Jamais valet attendu par son maître, ou impatient de sommeil, ne fit courir l'étrille avec autant de vitesse, que ces âmes promenaient sur leurs plaies le tranchant de leurs ongles, unique secours contre la rage de démangeaison à laquelle elles étaient en proie. Les ongles arrachaient ou faisaient tomber les croûtes lépreuses, comme le couteau les larges écailles du poisson qu'on apprête.

Mon maître dit à l'un de ces coupables : « O toi,

1. Ile de la mer Égée, entre l'Argolide et l'Attique, ainsi nommée de la nymphe Égée, dont le fils Éaque régna sur cette contrée. On voit dans Ovide qu'une peste ayant enlevé tous les habitants d'Égine, l'île fut repeuplée par des fourmis changées en hommes, à la prière d'Éaque. De là serait venu le nom de Myrmidons, donné à ces hommes-fourmis : il y avait aussi des Myrmidons en Thessalie.

qui te déchires, et qui sembles avoir fait de tes mains des tenailles meurtrières, apprends-moi s'il est quelque Italien parmi ceux qui souffrent dans cette enceinte, et puissent tes ongles suffire éternellement à leur tâche ! » — « Nous sommes Italiens tous les deux, répondit l'un en pleurant, nous que tu vois dans ce hideux état. Mais qui es-tu, toi qui nous interroges ? » — « Je suis une âme descendue de degré en degré avec cet homme vivant, et je me propose de lui montrer tout l'enfer. » Alors, rompant leur commun appui, les deux ombres se tournèrent vers moi, toutes tremblantes, ainsi que d'autres que la répercussion des paroles avait frappées. Le bon maître me dit en s'approchant : « Tu peux leur parler comme tu l'entendras. » Usant aussitôt de sa permission : « Que votre mémoire, m'écriai-je, ne s'efface jamais dans le monde où l'homme a sa première demeure, mais qu'elle y subsiste pendant un grand nombre de jours ! Dites-moi qui vous êtes et quelle est votre patrie : il ne faut pas que l'avilissement de votre supplice vous détourne de céder à ma demande. » — « Je naquis à Arezzo[1], répondit l'une des ombres; Albert de Sienne me fit livrer aux flammes, mais la cause de ma mort n'est pas celle qui m'a conduit ici. Il est vrai que parlant pour plaisanter, je dis à Albert : « Je saurais m'élever dans l'air d'un vol hardi ; » et lui qui avait peu de bon sens et beaucoup de vains désirs, voulut que je lui enseignasse cet art. Pour n'avoir pu faire de lui un nouveau Dédale, il me fit

1. Griffolin d'Arezzo, brûlé vif sur l'accusation de magie, dans les circonstances que le poëte relate ; la sentence fut rendue par l'évêque de Sienne, oncle de cet Albert qui voulait devenir un nouveau Dédale.

brûler par celui qui le regardait comme un fils. Mais Minos, qui ne saurait faillir, m'a précipité dans la dixième fosse, parce que dans le monde je me suis adonné à l'alchimie. » A ces mots, je dis au poëte : « Fut-il jamais nation plus vaine que la siennoise[1]? Non, certes, pas même la nation française[2]. » Alors l'autre lépreux qui avait entendu mes paroles, reprit, « Exceptes-en Stricca[3], si modeste dans ses dépenses,

1. Il serait curieux de savoir d'où provient cette boutade contre les Siennois, taxés d'une vanité même supérieure à celle des Français. Sienne fut la première ville où s'arrêta Dante, lorsqu'il quitta Rome, en 1302, après avoir appris l'entrée de Charles de Valois à Florence et les sentences de proscription rendues contre les chefs des blancs. Il ne fit pas un long séjour dans cette ville : sans doute il était pressé de se rapprocher de la Toscane; mais peut-être aussi ne fut-il pas satisfait de l'accueil qu'il reçut à Sienne; peut-être au lieu de la sympathie qu'il attendait, ne trouva-t-il que froid dédain et hauteur insultante. De ces souvenirs viendrait alors le trait satirique lancé contre la vanité siennoise.

2. « Certo non la francesca sì d' assai. » Cet énergique *sì d' assai* est tout à fait intraduisible. — Voilà donc la vanité française assez rudement stigmatisée dès l'époque de Dante, comme a été flagellée par la même main la gloutonnerie allemande. Les peuples de l'Europe, comme on le voit, vivent sur leur vieille réputation. Dante, quand il décochait cette flèche acérée, n'avait pas encore vécu parmi les Français : le poëme de *l'Enfer* était achevé quand son auteur vint à Paris. Il ne faut donc pas chercher dans les impressions rapportées de cette ville l'explication d'un sarcasme qui, sans être peut-être immérité, semble au moins une erreur de date. En effet, les Français n'avaient encore paru en Italie qu'à la suite de Charles d'Anjou et de Charles de Valois, mais en petit nombre, et ils avaient peu séjourné dans la haute Italie. Plus tard, les longues guerres des Français dans la péninsule sous Charles VIII, Louis XII et François Ier, et la foule de ces chevaliers brillants et valeureux qui ne se recommandaient pas moins par leurs succès en amour que par leurs faits d'armes, ont pu justifier aux yeux des Italiens les reproches un peu prématurés de leur grand poëte.

3. Ironie dans le genre de celle que nous avons remarquée à l'occasion des usuriers lucquois; il va sans dire que Stricca n'était pas moins connu à Sienne par ses folles largesses, que Bonturo à Lucques par ses œuvres usuraires.

et Nicolas[1] qui, dans le jardin où telle semence a germé, inventa la mode somptueuse d'assaisonner les faisans avec des épices. Exceptes-en encore la troupe[2] dans laquelle Caccia d'Asciano dissipa ses vignes et ses bois, et où l'Abbagliato prodigua son esprit judicieux. Veux-tu savoir qui te seconde ainsi contre les Siennois? Fixe les yeux sur moi, mes traits te répondront. Tu verras que je suis l'ombre de Capocchio[3] qui falsifiai les métaux à l'aide de l'alchimie, et si mon œil ne m'a pas trompé, tu dois te souvenir que je fus de ma nature un singe assez habile. »

1. Nicolas de' Salimbeni, inventeur et législateur en gastronomie longtemps avant Brillat-Savarin. On lui doit la *costuma ricca*, car c'était le mot consacré, nous dit Vellutello, pour indiquer la précieuse découverte de l'emploi du girofle et des autres épices pour assaisonner les faisans, ou toute viande délicate. Et cette découverte, ajoute le poëte, fut faite *dans le jardin*, c'est-à-dire à Sienne, où depuis lors telle semence a fructifié.

2. Association de jeunes Siennois, ou bande joyeuse d'épicuriens qui dépensèrent des sommes énormes en divertissements et débauches. On distinguait entre eux Caccia d'Asciano et l'Abbagliato, l'un le prodigue signalé, l'autre le bel esprit de la troupe. Cet Abbagliato, selon Tiraboschi, aurait eu pour grand-père Foulques de' Folcacchieri, poëte siennois, vivant en 1200, de qui l'on a conservé une canzone en langue vulgaire que Crescimbeni regarde comme un des plus anciens monuments de la poésie italienne.

3. On dit qu'il fut Siennois, et que, condisciple de Dante, il étudia la philosophie naturelle, au moyen de laquelle il espérait trouver la véritable alchimie; mais n'ayant pu y réussir, il s'exerça dans l'art de falsifier les métaux. C'est pourquoi il se vante d'être bon singe de sa nature, ayant su contrefaire les choses naturelles, comme fait le singe des mouvements humains. VELLUTELLO.

CHANT XXX.

Dans le temps que Junon irritée contre Sémélé[1] persécutait le sang thébain, comme elle fit en maintes occasions, Atamas devint si insensé qu'en voyant son épouse, les bras chargés de ses deux fils, il cria : « Tendons les rets, je veux prendre au passage la lionne et les lionceaux. » Puis, étendant ses mains impitoyables, il saisit l'innocent Léarque, le fait tourner dans l'air et le brise contre un rocher, pendant que la mère se noie avec son autre fardeau. Quand la fortune voulut abaisser la grandeur de cette Troie qui avait tant de superbe, et que le roi et le royaume furent brisés du même coup, la malheureuse Hécube[2], languissante et captive, après avoir été témoin du trépas de Polyxène, et avoir vu son Polydore couché sans vie sur le rivage de la mer, poussa, dans l'égarement de son désespoir, des cris forcenés, semblables aux aboiements d'une chienne[3]. Mais ni

---

1. Sémélé, fille de Cadmus, aimée de Jupiter. Dans sa jalousie contre cette rivale, Junon ordonna à Tisiphone de s'emparer de l'esprit d'Atamas, roi de Thèbes, qui avait épousé Ino, sœur de Sémélé. Junon fut si bien obéie, qu'Atamas, voyant venir à lui sa femme avec ses deux enfants, les prit pour une lionne et ses lionceaux, et voulut les exterminer. Il écrasa Léarque contre un rocher, de quoi Ino désespérée se jeta dans la mer avec son autre fils Mélicerte.

2. Femme de Priam et mère de cinquante enfants qu'elle vit presque tous périr pendant ou après le siége de Troie. Polydore était le plus jeune de ses fils. Cette malheureuse mère, dit la fable, fut changée en chienne.

3. « Latravit conata loqui.... » (Ov., *Met.*, XIII.)

Thèbes, ni Troie ne virent jamais exercer sur les hommes ou sur les animaux une fureur comparable à celle qui transportait deux ombres livides et nues, qui couraient en mordant, comme fait le pourceau au moment où l'étable lui est ouverte. L'une d'elles fondit sur Capocchio, lui fit sur la nuque une morsure profonde, et sans lâcher prise le força de gratter avec son ventre le sol dur et inégal. L'habitant d'Arezzo[1], qui en trembla d'effroi, me dit : « Ce forcené est Gianni Schicchi[2], dont la rage s'exerce ainsi contre tous indistinctement. » — « Oh! lui dis-je, si l'autre ombre ne vient pas imprimer sur toi ses dents meurtrières, ne refuse pas, avant qu'elle s'éloigne, de m'apprendre qui elle est. » Il reprit : « C'est l'âme antique de l'infâme Myrrha[3] qui aima son père au delà des bornes de l'amour filial. Afin de l'entraîner au péché, elle eut recours à l'imposture, de même que l'autre, pour gagner une cavale la reine du troupeau, se falsifia comme testateur en Buoso Donati, dictant dans la forme légale. »

Quand les deux furieux sur qui je n'avais pas cessé de fixer les yeux eurent disparu, je me retournai pour regarder les esprits pervers. J'en vis un qui eût

1. Griffolin, l'alchimiste d'Arezzo.
2. De la famille des Cavalcanti de Florence. Il était habile à contrefaire un chacun, et l'on rapporte de lui une fourberie semblable à celle dont notre Régnard a tiré si bon parti dans son *Légataire*. Buoso Donati étant mort sans tester, Jean Schicchi, pour gagner une jument *la reine du troupeau*, consentit à se mettre dans le lit du défunt et à dicter un testament par lequel le faux Buoso instituait pour son héritier Simon Donati, parent du mort et ami du faussaire.
3. Fille de Cinyre, roi de Chypre. Elle osa entrer furtivement dans le lit de son père, à la faveur de la nuit, et devint ainsi mère d'Adonis. Myrrha s'enfuit ensuite dans les déserts de l'Arabie, et y fut changée en l'arbre qui porte la myrrhe.

été semblable à un luth s'il n'avait eu ni jambes ni cuisses. La pesante hydropisie qui, par l'engorgement des humeurs, disproportionne les membres humains et détruit leur harmonie, lui faisait tenir la bouche ouverte, ainsi qu'un malade miné par l'étisie écarte loin l'une de l'autre les lèvres que la soif dévore. « O vous, dit l'ombre infortunée, qui, je ne sais pourquoi, pénétrez exempts de peines dans le monde de la douleur, voyez quel est le misérable sort de maître Adam [1]. Vivant, j'avais tout ce qui pouvait être l'objet de mes désirs, et maintenant, hélas! je souhaite une goutte d'eau. Les ruisseaux des collines verdoyantes du Casentin, qui descendent dans l'Arno par des canaux frais et ombragés [2], sont toujours de-

---

[1]. Maître Adam de Brescia. Il fut condamné au supplice du feu, pour avoir, à la persuasion des comtes de Romena, falsifié les florins d'or frappés à l'effigie de saint Jean-Baptiste, c'est-à-dire aux armes de la république florentine. « Depuis l'invasion des barbares, dit M. de Sismondi, il n'avait pas été battu de monnaie d'or en Italie. En 1252, la république de Florence, en commémoration de l'expulsion des gibelins et du rétablissement du gouvernement populaire, résolut de frapper une monnaie d'or qu'on appela florin, du nom de la ville, et qui depuis fut nommée sequin. Le florin ou sequin, fixé dès lors au titre le plus pur de vingt-quatre carats et au poids de trois deniers, a conservé intacts jusqu'à nos jours son titre et son poids au milieu des nombreuses altérations monétaires que la mauvaise foi de tous les gouvernements a multipliées d'une extrémité à l'autre de l'Europe. » (*Hist. des répub. ital.*)

[2]. « Li ruscelletti, che de' verdi colli
Del Casentin discendon giuso in Arno,
Facendo i lor canali freddi e molli, » etc.

Aujourd'hui les vertes collines du Casentin n'offrent pas au voyageur qui les visite, du moins pendant la belle saison, l'exquise et suave fraîcheur que leur prêtent ces vers intraduisibles. Il arrive si rarement que la poésie descriptive de Dante n'ait pas à gagner plutôt qu'à perdre sous le rapport de l'exactitude, en la confrontant avec les lieux d'où elle s'inspire, que cette exception est à noter, et encore est-il juste de

vant mes yeux, et ce n'est pas en vain, car cette image est un plus grand supplice que le mal cruel qui décharne mon visage. La justice rigoureuse qui me châtie fait du lieu même où j'ai péché la cause irritante de désirs toujours abusés. C'est là qu'est Romena[1] où je falsifiai la monnaie au coin de Jean-Baptiste, crime pour lequel je quittai là-haut mon corps consumé par les flammes[2]. Ah! que ne vois-je ici les âmes coupables de Guido, d'Alexandre ou de

faire la part des changements produits par l'action des siècles. Quoi qu'il en soit, ce supplice de l'hydropique dévoré par la soif et à qui son imagination reproduit sans cesse le souvenir des frais ruisseaux de sa terre natale, n'en est pas moins admirablement décrit. Tasse l'a très-heureusement imité, remarque Ginguené, dans la belle description de la sécheresse qui désola l'armée chrétienne, et lorsqu'il peint, comme Dante, l'effet que produisait sur les malheureux croisés l'image fraîche et humide des torrents des Alpes, qui bouillonnaient dans leur pensée :

« Che l' immagine lor gelida e molle
L' asciuga e scalda, e nel pensier ribolle. »
Gier., c. XIII.

1. Dans le Casentin, à peu de distance des sources de l'Arno. La tour de Romena, dans le val d'Arno, se voit encore aujourd'hui.

2. Le lieu où cette sentence reçut son exécution, s'appelle encore *la Consuma*, dit M. Valery. Mais, quoique la tradition ait conservé le souvenir du crime et du châtiment, l'obscurité du personnage lui eût peut-être servi de sauvegarde devant le Minos de l'enfer chrétien, si ce dernier n'eût été mû par un ressentiment personnel contre les comtes de Romena, accusés par l'opinion d'avoir aidé à falsifier les florins. Leur vrai crime aux yeux du banni qui d'abord s'était retiré chez eux, c'était le peu d'énergie qu'ils mirent à défendre la cause des réfugiés florentins, soit pendant la guerre civile de 1304, soit à l'époque de l'expédition de Henri VII. Voilà ce qu'il ne peut leur pardonner. Bien qu'instigateurs et sans doute complices de maître Adam, les comtes de Romena n'avaient pas à craindre la vindicte des lois, qui dans ce temps n'atteignait pas si haut. Mais, grâce à une autre vengeance, ils n'ont pas échappé à la flétrissure que leur mauvaise action méritait ; et c'est bien eux que le poëte avait principalement en vue en produisant sur la scène le faux monnayeur hydropique, et en lui donnant en quelque sorte une importance que celle propre de ce triste héros ne méritait pas.

leur frère[1]! Je ne donnerais pas cette vue pour toute l'eau de la fontaine Branda[2]. Déjà l'une d'elles est en ces lieux, si les ombres pleines de rage qui parcourent cette enceinte[3] m'ont dit la vérité. Mais que m'importe, dès lors que mes membres sont garrottés? Si seulement je pouvais marcher, dussé-je n'avancer que d'une ligne en cent ans, je me serais déjà mis à sa recherche; je me traînerais à travers la race lépreuse, bien qu'elle occupe un espace de onze milles de longueur, et qui n'a pas moins d'un demi-mille de large. C'est par eux que j'appartiens à cette famille hideuse, ce sont eux qui m'induisirent à frapper des florins à trois carats d'alliage. » Je repris : « Qui sont ces deux infortunés gisant à ta droite l'un contre l'autre, et qui fument comme fument en hiver des mains encore humides? » — « Je les ai trouvés ici, répondit-il, quand je fus précipité dans cet abîme; depuis lors ils n'ont pas remué, et je ne pense pas qu'ils remuent de toute l'éternité. L'un est le fourbe Sinon, ce Grec digne d'être Troyen; l'autre est la per-

---

1. Les trois frères comtes de Romena : celui qui n'est pas nommé s'appelait Aghinolfo.
2. Fontaine de Sienne, remarquable par l'abondance et la limpidité de ses eaux. Elle fut construite en 1192 par le sculpteur Bellamino, d'après l'ordre des magistrats de la république. Nommée par Dante, la fontaine Branda a aussi été chantée par Alfieri, dans un de ses sonnets :

« Fonte Branda mi trae meglio la sete,
Parmi, che ogni acqua di città latina. »

Cependant il y a dans le Casentin une fontaine du nom de Branda, située dans le voisinage des lieux où le faux monnayeur se livrait à son industrie, et qui pour cette raison devait plus naturellement revenir à sa mémoire. La célébrité de son homonyme de Sienne l'a fait passer sous silence par les commentateurs.
3. Gianni Schicchi et Myrrha : voy. les notes 2 et 3 de la p. 467.

fide¹ qui accusa Joseph; la fièvre aiguë à laquelle ils sont en proie leur fait jeter cette exhalaison fétide. »

L'une de ces ombres, importunée sans doute du nom outrageant dont elle venait d'être nommée, frappa de son poing le ventre gonflé du discoureur : on entendit comme le retentissement d'un tambour. Maître Adam riposta par un coup non moins rude sur la figure de Sinon, en lui disant : « Bien que le mouvement soit interdit à mes membres appesantis, mon bras est encore habile à frapper. » L'autre répondit : « Tu ne l'avais pas si prompt quand tu allais au bûcher, mais tel et plus rapide encore il était quand tu battais les florins. » L'hydropique reprit : « Tu dis la vérité, cette fois, mais tu ne fus pas aussi véridique, lorsque les Troyens invoquèrent ton témoignage. » — « Si j'ai dit une fausseté, répliqua Sinon, toi, tu as falsifié la monnaie; je suis puni pour un seul fait, et toi pour plus de faits qu'aucun autre damné. » — « Parjure, souviens-toi du cheval de bois, s'écria celui qui avait le ventre enflé : il suffit à ton châtiment que tout le monde en connaisse la cause. » — « Il suffit au tien, interrompit le Grec, qu'une soif brûlante te dessèche le gosier, et qu'une eau impure fasse de ton ventre une barrière que tes regards ne peuvent franchir. » — « Ta bouche, reprit le monnayeur, ne peut donc s'ouvrir que pour proférer de méchantes paroles? Si j'ai soif, si les humeurs surabondent dans mon corps, toi, tu es consumé par la fièvre, ta tête suinte la douleur, et pour te faire lécher avidement le miroir de Narcisse, il ne serait pas besoin d'instantes prières. »

1. La femme de Putiphar.

Mon attention était tout entière à ces discours, lorsque mon maître me dit : « Regarde, regarde encore plus! il ne tient à rien que je te cherche querelle[1]. » Quand j'entendis qu'il me parlait avec colère, je me tournai vers lui, saisi d'une honte si grande que le souvenir m'en est encore présent. Tel celui qu'un songe funeste agite, qui tout en rêvant désire rêver en effet, et souhaite avec ardeur l'évanouissement d'une illusion douloureuse; tel je devins sans pouvoir parler; je voulais m'excuser, je m'excusais néanmoins, mais sans en avoir conscience. « Une moindre honte, dit mon maître, laverait une faute plus grande : n'en conserve donc aucune tristesse et rappelle-toi que je suis à tes côtés, si le hasard te fait encore assister à de semblables débats : vouloir les entendre serait un désir ignoble. »

1. Virgile ne peut contenir son mécontentement en voyant son disciple prêter une attention soutenue à d'ignobles débats. En effet il est impossible de prendre un intérêt quelconque à ce long dialogue dans lequel l'hydropique et le fiévreux se reprochent mutuellement leurs dégoûtantes infirmités. Mais attribuer au chantre d'Énée l'impression à laquelle le lecteur serait tenté de céder, est une manière ingénieuse d'aller au-devant de cette impression et d'en affaiblir l'effet. Puisque Dante s'est en quelque sorte condamné par la bouche de son maître, la critique ne doit pas se montrer plus sévère, mais aussi pas moins équitable que lui-même.

CHANT XXXI.

Si la parole de mon maître m'avait d'abord ému jusqu'à me faire rougir, cette même parole ensuite avait été comme un baume régénérateur. C'est ainsi, selon ce que j'ai entendu dire, que la lance d'Achille et de son père avait le don de guérir les blessures qu'elle avait faites.

Nous laissâmes derrière nous cette horrible vallée, traversant en silence le rempart qui l'entoure. Ma vue se portait aussi loin que le permettait une pâle lueur qui n'avait ni la clarté du jour, ni l'obscurité de la nuit. Soudain j'entendis résonner un cor dont les éclats eussent étouffé tous ceux du tonnerre : mes regards se dirigèrent avidement à la rencontre de ce bruit formidable. Dans cette déroute sanglante[1] où Charlemagne perdit le fruit de sa sainte entreprise, le cor de Roland ne retentit pas d'une manière si terrible. En portant la tête en avant, il me sembla voir un grand nombre de tours élevées. « O mon maître, m'écriai-je, quelle est cette ville ? » Il me répondit : « Pour avoir voulu percer trop tôt le voile de ces ténèbres, il arrive que ton imagination s'égare : tu ne tarderas pas à découvrir combien l'éloignement

---

1. La déroute de Roncevaux. Une partie de l'armée de Charlemagne y fut détruite par la trahison de Ganelon, et ce fut là que périt le paladin Roland. Turpin raconte que le son du cor de Roland fut entendu de Charlemagne, éloigné de huit milles. Cette guerre est appelée *sainte*, parce qu'elle avait pour but de chasser de l'Espagne les ennemis de la foi.

abuse les sens ; mais presse un peu ta marche. » Alors il me prit affectueusement par la main et ajouta : « Avant d'aller plus loin, et pour que le fait te paraisse moins étrange, sache qu'il n'y a pas de tours, mais des géants qui sont dans le puits, cachés par les rebords depuis la ceinture jusqu'aux pieds. » De même que le regard, quand la brume se dissipe, discerne peu à peu ce que les vapeurs de l'air lui dérobaient ; de même, perçant de plus en plus cette atmosphère épaisse à mesure que j'approchais de la rive, mon erreur s'évanouit, mais ma crainte s'accrut. Les horribles géants, fils de cette race que Jupiter semble encore menacer quand il agite sa foudre, se tenaient comme des citadelles sur les bords du puits infernal, découverts jusqu'à mi-corps, et semblables aux tours qui couronnent l'enceinte circulaire de Montereggione[1]. Déjà je distinguais le visage de l'un d'eux, et ses épaules et sa poitrine, et ses vastes flancs et ses bras qui pendaient le long des côtes. Certes, en cessant d'enfanter de tels monstres[2], en enlevant

---

1. Château fort sur une colline près de Sienne. Cette forteresse, selon les commentateurs, était flanquée de tours dans toute sa circonférence, et n'en avait pas au centre ; elle appartenait aux Siennois.
2. Les géants sont de la plus haute antiquité. La Bible nous parle d'un peuple de géants : « Gigantes autem erant super terram in « diebus illis. » (*Gen.*, cap. VI.) Ils étaient nés du mariage des vertueux descendants d'Abel avec les filles de la race maudite de Caïn ; ils appartenaient aux temps antédiluviens, et durent périr avec le genre humain, puisque la sainte Ecriture ne parle plus d'eux après cette grande catastrophe. Les géants qui habitaient la terre promise avant l'établissement des Hébreux, n'étaient pas aussi formidables : ils descendaient d'Ismaël. Og était leur roi, mais il n'avait que neuf coudées de haut. Les fables de la mythologie, qui ne sont que des altérations plus ou moins transparentes de la vérité historique, nous donnent sur les géants des notions plus suivies, qui, transfigurées par la poésie, lui ont servi d'aliment à toutes les époques. Dante a

à Mars ces terribles exécuteurs de ses vengeances, la nature s'est montrée bienfaisante ; et si elle ne discontinue pas de produire des baleines et des éléphants, c'est qu'en y réfléchissant on voit que ces créations ne dérogent ni à sa justice, ni à son économie : en effet, là où la pénétration de l'intelligence viendrait se joindre au pouvoir et à la volonté du mal, il n'y aurait plus de refuge pour la race humaine.

La face du géant me paraissait longue et large comme la pomme de pin[1] de Saint-Pierre, à Rome : les autres parties du corps étaient dans la même proportion. Ce corps s'élevait tellement au-dessus de la rive qui en dérobait la partie inférieure, que trois habitants de la Frise, l'un au-dessus de l'autre, se seraient vantés vainement d'atteindre à sa chevelure ; et pour moi, je mesurai de l'œil trente longues palmes de hauteur, du point où sortait le buste jusqu'à celui où l'homme attache son manteau. « Raphel maì amech

puisé sa fiction sur les géants à ces deux sources, mais plus largement à la seconde qu'à la première.

1. Il est à remarquer que cette pomme de pin colossale est le seul débris d'antiquité romaine dont il soit fait mention dans *la Divine Comédie*, et on a lieu d'être surpris du silence que Dante a gardé sur les antiquités de Rome, lui qui professait un double culte pour la ville éternelle, ou plutôt qui, à l'exemple de plusieurs Pères de l'Église, ne voyait dans la grandeur de Rome ancienne qu'une préparation providentielle à la suprématie de la Rome papale. Au commencement du xive siècle, les monuments romains étaient bien mieux conservés et plus intacts qu'ils ne le sont de nos jours, car le temps, ni même les barbares n'ont été leurs plus grands destructeurs. Quand on pense combien ces restes majestueux devaient, sous la double auréole de l'art et de l'antiquité, s'harmonier avec le génie du poëte, on s'étonne et l'on regrette qu'ils ne lui aient pas inspiré une de ces magnifiques images, un de ces traits sublimes qui lui étaient si familiers, et que les âges suivants eussent répétés avec admiration. — Quant à

zabì almi[1], » se mit à crier la bouche effroyable de laquelle des psaumes plus doux ne pouvaient sortir. Mon guide lui répondit : « Ame stupide, contente-toi de souffler dans ce cor, et d'y trouver un recours

la pomme en bronze dont il est ici question, elle figurait originairement au-dessus du môle d'Adrien, devenu château Saint-Ange. Au temps du poëte, elle était placée en avant de la vieille basilique de Saint-Pierre. Enfin, on la voit aujourd'hui au Vatican. On sait que cette pomme gigantesque est haute de onze pieds. La tête du géant, grosse et longue comme la *pina*, avait donc cette mesure ; et comme les autres membres étaient dans la même proportion, le géant tout entier ne comptait pas moins de soixante et dix-sept pieds de hauteur, ce qui de loin pouvait donner à une telle masse l'aspect d'une tour.

1. Pendant longtemps les commentateurs ont cru que ces paroles n'avaient aucune signification, et que Dante, en mettant dans la grande bouche de Nembrot des mots dépourvus de sens, avait voulu faire entendre que le géant y était condamné par suite de la confusion des langues, et en punition de la tour de Babel. Mais, d'après la note du savant abbé Lanci, dont nous avons cité un passage (chant VIIe, note 1), à l'occasion du vers non moins énigmatique *pape Satan*, etc., il résulterait que celui de Nembrot n'était inintelligible que parce qu'il était mal écrit dans toutes les éditions, et que, ramené à son véritable texte, il se trouverait composé de mots arabes ayant la signification suivante « Esalta lo splendor mio nell' abisso, siccome rifolgorò per lo omondo; » autant ma splendeur a relui dans le monde, autant tu dois l'exalter dans l'abîme. Ce serait peut-être le cas de s'extasier, comme M. Jourdain, sur la richesse d'une langue qui dit tant de choses en si peu de mots. Mais sans vouloir contester l'autorité si compétente de l'interprète des langues orientales du Vatican, il resterait encore, en adoptant la solution qu'il donne, deux choses à expliquer. D'abord, comment se fait-il que le vers en question ait été défiguré dans tous les textes primitifs, lorsqu'on sait que dès l'apparition du poëme, des copies en furent faites pour un grand nombre de bibliothèques publiques et privées, copies qui n'émanaient pas de manœuvres ignorants, mais dont quelques-unes au contraire ont été écrites ou collationnées par les hommes les plus instruits des XIVe et XVe siècles? Or la langue et la littérature arabes à qui la renaissance des lettres fut si redevable, particulièrement en Italie, n'étaient pas tombées à cette époque dans un oubli tel que pas une voix, pas une plume n'eût protesté contre une si lourde méprise. Comment donc admettre que la simple transposition de quelques

contre la colère ou toute autre passion qui te transporte ; ô âme confondue, cherche à ton cou, tu y trouveras la courroie qui tient le cor suspendu : ne vois-tu pas que ta vaste poitrine en est embrassée ? »
Ensuite le maître reprit : « Il s'accuse lui-même ;

lettres dans un vers arabe ait suffi pour le rendre méconnaissable à tous les hommes lettrés qui ont enseigné, commenté, copié *la Divine Comédie* pendant deux siècles? En second lieu, si le vers est arabe et s'il a le sens découvert par M. Lanci, pourquoi Dante dit-il, quelques vers plus bas, qu'il est inutile de parler à Nembrot (quoiqu'il lui fasse adresser par Virgile un assez long discours) attendu que tous les idiomes lui sont aussi étrangers que le sien l'est aux autres hommes? Mais si le géant a parlé arabe, il ne s'est point exprimé dans une langue inconnue, surtout à une époque où l'on ne connaissait pour ainsi dire encore les livres grecs que par les traductions arabes. — La solution donnée par M. Lanci ne paraît pas avoir obtenu grande faveur au delà des monts : du moins la leçon qu'il a entendu substituer à celle des anciens manuscrits n'a point été adoptée par les éditeurs les plus récents. Mais elle a stimulé le zèle des savants, et une autre explication a été donnée, qui a le mérite de n'être pas comme la précédente en contradiction formelle avec les paroles du poëme. M. Joseph Venturi de Vérone admet la leçon commune avec la seule différence d'une aspiration dans les mots *amech* et *almi*, l'un syriaque, l'autre arabe. Avec ce léger changement, les cinq mots, dont le vers est composé, se trouveraient appartenir, non pas à un seul langage, mais le premier à l'hébreu, et les suivants aux dialectes de cette langue, lesquels, dit-on, sont nés de la confusion de Babel. M. Venturi écrit donc : *Raphel Maì Hamech?... Zàbi... Halmi*; et il explique : *Raphèl* (par Dieu! ou pouvoir de Dieu); *Maì* (pourquoi je); *Hamech?* (dans ce lieu, ici); *Zabi* (retourne, va-t'en); *Halmi* (cache-toi). Ce qui répond à peu près à ce que serait le vers suivant, traduction de celui du poëte, formé des mots correspondants en espagnol, latin, allemand, français et italien :

Pardiez! — *cur ego* — hier? — *va-t'en* — t'ascondi.

Quoique chaque mot pris isolément ait un sens propre dans un idiome à part, leur assemblage ne donne aucune signification intelligible. Ainsi serait justifiée la déclaration du poëte que la langue parlée par Nembrot ne peut être comprise par personne; et de même seraient satisfaits ceux qui veulent retrouver dans cette combinaison de mots une image de la confusion de Babel.

c'est Nembrot[1], dont la pensée audacieuse est cause que les enfants des hommes ne se servent plus d'un seul langage[2]. Laissons-le, c'est en vain que nous lui parlerions, car chaque idiome lui est aussi peu connu que le sien l'est aux autres. » Nous continuâmes donc notre voyage, et tournant à gauche nous trouvâmes, à une portée de trait, un autre géant encore plus grand et plus formidable. Quelle main dompta ce colosse? Je ne peux le dire; mais une chaîne qui serrait son bras gauche sur la poitrine et le droit par derrière, nouée cinq fois autour de son corps, le tenait fortement garrotté depuis le cou jusque aussi bas qu'il était découvert. « Cet orgueilleux, dit mon guide, voulut faire l'épreuve de sa force contre le grand Jupiter : il jouit de sa récompense. Son nom est Éphialte[3], il s'est signalé dans la guerre où les géants firent peur aux dieux : les bras qu'il agitait ne remueront plus désormais. » — « Si cela se pouvait, répondis-je, je voudrais contempler de mes yeux l'incommensurable Briarée[4]. » Le sage reprit : « Tu

---

1. Des géants que Dante a placés dans le puits infernal, le premier seulement semble être d'origine biblique, les autres appartiennent à la fable. Nembrot était fils de Chus et petit-fils de Cham; il passe pour le fondateur de Babylone. Le poëte lui attribue la principale part dans la folle entreprise de Babel : il en parlera dans le même sens dans les chants XIIe du *Purgatoire* et XXVIe du *Paradis*.

2. Selon le témoignage de la Bible, il en était autrement avant l'attentat de Nembrot : « Erat terra labii unius. » (*Gen.*, cap xi.)

3. Géant fabuleux, fils de Neptune et d'Iphimédie ; il périt dans la guerre des géants contre les dieux, avec son frère Otus.

4. Fils de Titan et de la Terre. Il avait cent bras et cinquante têtes. Vaincu par Neptune, il fut emprisonné sous l'Etna. Si Dante manifeste le désir de voir Briarée qui se nommait aussi Égéon, c'est en souvenir des beaux vers de son maître :

« Ægæon qualis, centum cui brachia dicunt
Centenasque manus, quinquaginta oribus ignem

verras Antée[1] près d'ici, qui parle et n'est point enchaîné; il nous ouvrira l'accès du dernier séjour du crime. Celui que tu veux voir est beaucoup plus loin, il est lié comme celui-ci et lui ressemble, sauf que son aspect est encore plus féroce. » Jamais tour ébranlée par un tremblement de terre ne rendit un bruit semblable à celui que fit Éphialte en se secouant lui-même. Alors je craignis la mort plus que jamais, et cette crainte seule eût suffi pour me la donner, si je n'avais vu les liens du monstre encore dans leur entier.

Nous avancions toujours, et nous arrivâmes près d'Antée qui s'élevait au-dessus du gouffre de cinq aunes au moins, la tête non comprise. « O toi, qui as fait jadis un butin de mille lions[2] dans la plaine

<pre>
          Pectoribusque arsisse; Jovis quum fulmina contra
          Tot paribus streperet clypeis, tot stringeret enses. »
                              Æn., lib. X.
</pre>

1. Fils de Neptune et de la Terre, étouffé par Hercule. Ce géant n'a point fait la guerre aux dieux, c'est pourquoi il parle et n'est pas enchaîné.

2. L'Afrique était la patrie d'Antée. Virgile lui rappelle, sur la foi de Lucain, que près des lieux où Scipion vainquit Annibal, c'est-à-dire à Zama, ce géant avait fait un riche butin, non pas précisément de mille lions, mais d'un nombre considérable :

<pre>
          « Ferunt epulas raptos habuisse leones. »
                              Phars., lib. IV.
</pre>

Tout à l'heure il lui fera entendre, encore sous l'autorité du même Lucain, qu'il aurait donné la victoire à ses frères, dans la grande lutte des géants contre les dieux, si lui, Antée, avait pris part au combat :

<pre>
          « .... Cœloque pepercit
          Quod non Phlegræis Anteum sustulit arvis. »
                              Phars., lib. IV.
</pre>

Cette flatterie, bien qu'assez grossière, puisque Antée sait mieux que personne qu'il a suffi d'un demi-dieu pour le vaincre, ne manquera pourtant pas de produire l'effet accoutumé.

fortunée où Scipion acquit tant de gloire, lorsque Annibal prit la fuite avec les siens ; toi, par qui l'on ne doute pas que les fils de la Terre n'eussent vaincu, si tu avais secondé tes frères dans leur grande lutte, ne refuse pas de nous déposer sur les bords glacés du Cocyte. Ne nous force pas de recourir à Titye ou à Typhée[1] ; incline-toi donc, et cesse de tordre ainsi ton visage. Celui qui m'accompagne peut donner ce qu'on désire ici : il peut accroître ta renommée dans le monde, car il est vivant et de longs jours l'attendent, à moins que la grâce ne l'appelle avant le temps. » Ainsi parla mon maître. Le géant lui tendit ces mêmes mains dont Hercule éprouva la forte étreinte. En se sentant saisir, Virgile me dit : « Approche-toi pour que je puisse te prendre à mon tour. » Et il le fit de telle sorte que lui et moi nous ne faisions qu'un faisceau. Ainsi que la Garisende[2],

1. Autres géants qui firent la guerre aux dieux, et qu'on doit supposer également rangés en cercle autour du puits.
2. Tour penchée de Bologne, ainsi nommée du nom de la famille qui la fit élever. Parmi ceux qui ont séjourné en Italie, et donné quelque attention aux monuments décrits par le poëte, il n'est personne qui ne se soit assuré de l'effet que les nuages passant au-dessus de la Garisende dans le sens opposé à son inclinaison produisent sur le spectateur placé au-dessous. Cet effet n'est autre que l'illusion décrite par le poëte, c'est-à-dire que le mouvement passant du nuage à la tour, c'est celle-ci qui semble s'incliner et menacer de sa chute. L'image est pleine de grandeur, elle est fondée sur cette exactitude matérielle dont le grand coloriste ne s'écarte jamais, et à l'aide de laquelle il procède pour parler plus vivement à l'imagination.

Au moment où le géant Antée, espèce de tour vivante, sert d'échelle aux deux voyageurs pour descendre dans la dernière région de l'enfer, remarquons avec M. Biagioli que ce n'est pas sans dessein que Dante a séparé ce dernier cercle des précédents par toute la haute taille de ses géants. En creusant pour ainsi dire un second enfer au-dessous du premier, il a voulu montrer combien les traîtres à qui ce bas-fond est reservé, étaient à ses yeux, dans l'échelle morale du

quand un nuage passe au-dessus d'elle, semble s'abaisser devant l'œil qui la regarde du côté où elle penche : ainsi me parut Antée, quand je le vis se baisser, et ce fut un moment tel que j'aurais voulu descendre par un autre chemin. Mais il nous déposa légèrement au fond de l'abîme qui dévore Lucifer et Judas, et sans perdre de temps il se releva comme le mât d'un navire.

crime, des coupables plus odieux que les autres. C'est presque une vengeance personnelle qu'il exerce. On dirait que la victime se redresse contre les auteurs de son supplice pour les couvrir d'une juste et impérissable réprobation. Malheur à qui encourt la colère du génie, armé de la toute-puissance de l'art ! Dante et Michel-Ange ont de terribles représailles.

CHANT XXXII.

Si je pouvais choisir mes rimes dans les sons âpres et rauques qui conviendraient au gouffre affreux[1] sur lequel gravitent tous les cercles de l'enfer, je presserais hardiment tous les sucs de ma pensée; mais dans mon impuissance ce n'est pas sans crainte que je me hasarde à parler. Décrire le centre de l'univers entier est une entreprise qui ne peut être tentée en se jouant, et qui n'appartient pas à la puérilité balbutiante du jeune âge. Venez à mon secours, femmes inspirées, vous qui aidâtes Amphion[2] à construire les murs de Thèbes, et faites que ma parole réponde à la grandeur du sujet. O races perverses entre toutes les autres, qui habitez ce séjour si difficile à dépeindre, que n'étiez-vous plutôt dans le monde des brutes privées de raison!

Lorsque nous fûmes au fond du puits obscur, plus bas que les pieds du géant, et comme je considérais encore les hautes murailles de l'abîme, j'entendis qu'on me disait : « Prends garde où tu marches, tâche

---

1. Nous voici parvenus au dernier cercle de l'enfer, à celui qui renferme les traîtres. Ce cercle se partage en quatre fosses ou vallées, d'après les divers genres de trahison. On peut trahir ses parents, sa patrie, ses amis et ses bienfaiteurs. Le fratricide Caïn donne son nom à la première enceinte, la seconde s'appelle Anténor, la troisième Ptolémée et la quatrième prend le nom de Judas.

2. Les Muses. Le poëte suppose, quoique la Fable ne le dise pas, que les Muses vinrent en aide à Amphion, lorsqu'au son de sa lyre d'or il fit descendre de la montagne les pierres qui venaient se ranger d'elles-mêmes pour former l'enceinte de Thèbes.

de ne pas fouler sous tes pas les têtes des malheureux qui furent tes frères. » Je me retournai, et je vis devant et au-dessous de moi un lac[1] que la gelée faisait ressembler moins à une nappe d'eau qu'à un cristal limpide. Le Danube qui arrose l'Autriche, ni le Tanaïs, sous le ciel rigoureux du nord, ne virent jamais l'hiver recouvrir leur lit d'un voile plus épais; et les monts Tabernick et Pietra Piana[2], en tombant de tout leur poids sur cette masse glacée, n'eussent pas même produit un craquement sur ses bords. De même que dans la saison où la villageoise songe à glaner, la grenouille passe sa tête hors de l'eau ; de même les ombres livides, plongées dans la glace jusqu'à cette partie du visage où la honte se révèle, faisaient claquer leurs dents, comme la cigogne son bec. Elles tenaient, toutes, la tête baissée; leurs lèvres attestaient la douleur causée par le froid, et leurs yeux la tristesse du cœur. Après avoir promené quelque temps mes regards autour de moi, je les portai à mes pieds, et je vis deux ombres si étroitement serrées que leurs cheveux s'entremêlaient. « O vous, m'écriai-je, qui vous tenez embrassées, dites-moi qui vous êtes. » A ces mots elles ployèrent le cou, et levèrent la tête pour me regarder; mais les larmes contenues dans leurs yeux s'égouttèrent sur leurs cils, et la gelée qui les condensait ferma leurs paupières. Jamais crampon n'a serré plus fortement le bois contre le bois. Alors transportées de fureur, les ombres s'entrechoquèrent comme deux béliers. Un autre esprit[3] à qui

---

1. D'après ce qui a été dit dans le chant XIV*e*, ce lac gelé est formé par le Cocyte.

2. Hautes montagnes, l'une dans l'Esclavonie, l'autre en Toscane près de Lucques.

3. Cet esprit qui se nommera tout à l'heure est Camicion de' Pazzi qui tua par trahison Ubertino, son parent.

l'extrême froidure avait fait perdre les deux oreilles, me dit en baissant la tête : « Pourquoi nous regardes-tu avec tant d'attention ? Si tu veux savoir qui sont ces deux pécheurs, ils virent le jour, ainsi que leur père Albert[1], dans la vallée qu'arrose le Bisenzio[2]. Ils naquirent de la même mère, et tu fouillerais toute l'enceinte de Caïn sans trouver une ombre plus digne d'être figée dans la glace. Je n'en excepte ni celui dont la poitrine[3] percée par la lance d'Artus donna passage aux rayons du soleil, ni Focaccia[4], ni celui-ci dont la tête m'encombre la vue, et qui fut nommé Sassolo Mascheroni[5]; si tu es Toscan, tu sais ce qu'il a fait. Et pour n'avoir plus à te répondre, sache que je suis Camicion de' Pazzi; j'attends Carlino[6] qui me disculpera[7]. » Je vis ensuite une foule de visages que le froid avait rendus livides, spectacle dont l'horreur me poursuivra toujours.

Pendant que nous marchions ainsi vers le centre

1. Albert degli Alberti, noble florentin, eut deux fils, Alexandre et Napoléon, qui, après avoir commis de concert des actes de rapine et de violence, finirent par s'entre-tuer, comme Étéocle et Polynice.

2. La vallée de Falterona qu'arrose le Bisenzio avant de se jeter dans l'Arno.

3. Mordrec, personnage du roman de chevalerie *Lancelot du Lac*. Ce Mordrec était fils du roi Artus dont l'existence a été mêlée à tant de fictions qu'elle est devenue presque douteuse. Or, le fils se mit en embuscade pour tuer son père, mais ce dernier le prévint par un coup de lance tel qu'à travers l'ouverture de la plaie on vit passer un rayon de soleil.

4. Noble de Pistoie, de cette famille puissante des Cancellieri dont les divisions intestines donnèrent naissance aux factions des noirs et des blancs (voy. l'introduction, p. 31). Focaccia avait coupé la main à un de ses parents, et assassiné son oncle.

5. Florentin, également meurtrier de son oncle.

6. Carlino de' Pazzi, du parti des blancs; il fut acheté par les noirs de Florence, et leur livra pour une somme d'argent le château de Piano di Trevigne.

7. C'est-à-dire dont l'action a été si honteuse que la mienne en comparaison sera trouvée innocente.

où tend toute pesanteur, et que je frissonnais dans l'éternelle obscurité, il arriva, soit avec intention, soit l'effet du destin, soit par hasard (je ne saurais le dire), que mon pied heurta dans le visage une des têtes au milieu desquelles nous passions. L'âme frappée cria en pleurant : « Pourquoi me foules-tu ? Pourquoi cet outrage, si tu ne viens pas pour accroître la vengeance de Monte Aperto[1] ? » — « O mon maître, m'écriai-je, daigne m'attendre ici afin que je sorte d'un doute que cette âme a fait naître ; ensuite je me hâterai autant que tu le voudras. » Le guide s'étant arrêté, je dis à celui qui blasphémait encore : « Qui es-tu, toi qui gourmandes avec tant d'amertume ? » — « Et qui es-tu, toi-même, répondit-il, toi qui traverses l'enceinte d'Anténor[2] en frappant les visages avec une rudesse qui serait encore trop grande lors même que tu serais vivant ? » — « Je suis vivant, re-

1. A la bataille de Monte Aperto, si désastreuse pour les guelfes de Florence (voy. l'introduction, p. 14), un misérable du nom de Bocca degli Abati, que l'or gibelin avait acheté, coupa la main de Jacopo del Vacca, dans le moment où ce guerrier, du haut du carroccio, déployait l'étendard de l'armée florentine : l'étendard et la main qui le portait furent abattus du même coup, et cette trahison fut la principale cause de la perte de la bataille. Or, ce Bocca est précisément l'ombre heurtée peut-être à dessein par le pied de Dante ; mais ce n'est pas lui qui se nomme, il refuse au contraire de se faire connaître. Non-seulement il résiste aux menaces et aux outrages d'un ennemi qui se montre peu généreux, selon la remarque de Rivarol ; mais il reste insensible à cet appât de renommée mondaine qui excite tant de convoitise chez les autres damnés. Cette honte du coupable fait ressortir davantage l'horreur du crime qu'il a commis. Par suite du même sentiment, Bocca qui a été décelé par un de ses compagnons, livre à son tour son dénonciateur, et avec celui-ci plusieurs autres, afin que leur infamie ne soit pas plus ignorée que la sienne propre.

2. Le poëte donne le nom du prince troyen Anténor à l'enceinte reservée aux traîtres envers leur patrie. Pour comprendre ce choix symbolique qui surprend d'autant plus qu'il contredit le récit de Vir-

pris-je, et si tu es soucieux de renommée, j'inscrirai ton nom parmi ceux que j'ai déjà notés. » — « Non, poursuivit-il, c'est le contraire que je désire; tu me flattes à tort d'une espérance qu'on repousse dans cette cavité, retire-toi, et ne m'afflige pas davantage. » Je le pris alors par la nuque, en disant : « Il faudra bien que tu te nommes, ou pas un cheveu ne restera sur ta tête. » Il répondit : « Quand même tu dépouillerais ma tête, quand même tu la foulerais mille fois de ton pied, je ne te dirais pas, je ne te ferais pas connaître qui je suis. » Déjà je tenais ses cheveux rassemblés dans ma main, pendant que lui, les yeux renversés, aboyait comme un chien; déjà je commençais à exécuter ma menace, lorsqu'une autre voix cria : « Qu'as-tu, Bocca ? Ne te suffit-il pas d'entre-choquer tes mâchoires, sans y joindre des aboie-

gile, il faut se souvenir de la popularité dont jouissaient au moyen âge les histoires fabuleuses, attribuées à Darès le Phrygien et à Dictys de Crète, prétendus auteurs de deux relations de la guerre de Troie, et narrateurs des faits auxquels ils avaient pris part. De ces historiens antérieurs à Homère, il n'est venu jusqu'à nous que des versions latines plus ou moins défigurées, lesquelles amplifiées des visions de Guy des Colonnes, jurisconsulte et poëte du XIIIe siècle, sont devenues un véritable roman écrit dans le latin barbare de cette époque. Mais ce roman traduit dans toutes les langues européennes a joui d'une immense célébrité. De là naquit la fureur des origines troyennes, et ce fut la source où puisèrent les généalogistes et les chroniqueurs pour rattacher les plus grandes maisons de l'Europe à quelque ancêtre venu de Troie. Cédant au goût de son siècle, en ce qui concerne Anténor, Dante, au lieu de suivre Virgile qu'il appelle son maître, lui a préféré Darès et Dictys, ou plutôt Guy des Colonnes, d'après qui Anténor était un traître; il va même jusqu'à faire d'un nom propre un nom générique, et il nomme Anténora la partie de l'enfer où les traîtres envers la patrie reçoivent leur châtiment. Ainsi, selon la tradition adoptée par Dante, Anténor aurait trahi ses compatriotes en cachant Ulysse dans sa maison et en ouvrant aux Grecs la porte de Scée.

ments? Quel démon t'agite? » — « Maintenant, repris-je, je ne me soucie plus que tu parles, traître maudit; je porterai de vraies nouvelles de toi, et ce sera pour ta honte. » — « Va-t'en, répondit-il, et raconte ce que tu voudras; mais si tu sors de cette enceinte, souviens-toi de celui dont la langue a été si prompte à me déceler, et qui pleure ici l'argent des Français. J'ai vu, pourras-tu dire, Buoso da Duera[1] parmi les pécheurs qui sont plongés dans le lac de glace. Et si l'on te demandait qui tu as vu encore, tu as près de toi Beccaria[2] de qui Florence a fait tomber la tête; je crois que plus loin se trouve Jean del Soldaniero[3], Ganelon[4] et Tribaldello[5] qui ouvrit Faenza pendant le sommeil de ses défenseurs. »

1. Un des principaux chefs du parti gibelin en Lombardie, ami de l'empereur Frédéric II, et compagnon d'armes du féroce Ezzelino, tyran de Padoue, qu'ensuite il contribua à renverser. Conjointement avec le marquis Uberto Pallavicino, illustre capitaine gibelin, il exerça sur Crémone et Brescia un pouvoir absolu. Puis, en 1269, il fut exilé avec tout son parti et mourut dans la misère. On l'accusait d'avarice, et Dante l'accuse de trahison pour ne s'être pas opposé avec assez d'énergie au passage de l'armée de Charles d'Anjou que Guy de Montfort conduisait à la conquête de Naples.

2. De Pavie, suivant quelques commentateurs, et selon d'autres de Parme. Il fut abbé de Vallombrose et ensuite légat du pape à Florence. Convaincu d'avoir conspiré contre les guelfes, il fut condamné à avoir la tête tranchée, et la sentence reçut à Florence même son exécution.

3. Gibelin traître à son parti.

4. Comte de Mayence. Ce fut par sa trahison que Marsile, roi des Sarrasins, gagna la bataille de Roncevaux, où périt Roland.

5. Tribaldello ou Tibaldello Zambrasi, de Faenza. Lorsque Charles d'Anjou, devenu tout-puissant en Italie, eut relevé le parti des guelfes, les gibelins perdirent la plupart des villes qui leur restaient. Faenza, assiégée par les Bolonais, leur fut livrée par la trahison de Tibaldello. Il contrefit le fou pendant plusieurs mois, et réveillait ses concitoyens en criant aux armes ou en faisant retentir des instruments de bronze dans les rues pendant la nuit. Quand, par ces ex-

Après nous être éloignés de cette ombre, je vis sur la glace deux têtes sortant par la même ouverture, et qui se couvraient l'une l'autre. Celle qui était par-dessus assaillit l'autre avec ses dents, entre le cerveau et la nuque, semblable à un homme qui assouvit sa faim[1]. Elle lui dévora le crâne, comme Tydée[2] dans sa fureur rongea les tempes de Ménalippe. A cette vue je m'écriai : « O toi qui témoignes par cette action féroce la haine que tu ressens contre celui dont tu fais ta pâture, quelle est donc la cause d'une telle vengeance? Dis-le-moi, afin que sachant qui vous êtes et quel fut son crime, je puisse, si tu as raison de te plaindre de lui, te venger encore dans le monde, à moins que mes lèvres ne se dessèchent. »

---

travagances, il eut bien accoutumé les Faentins à ne plus s'alarmer d'aucun bruit, il introduisit les Bolonais dans la place, pour se venger des Lambertazzi, famille gibeline contre laquelle il avait conçu une haine violente, à l'occasion, disent les historiens, d'un cochon qui lui avait été pris.

1. Nous verrons dans le chant suivant qui sont ces deux ombres si acharnées l'une contre l'autre : la manière dont elles entrent en scène prépare à quelque chose de terrible, et l'attente ne sera point trompée.

2. Fils d'OEnée, roi de Calydon. Il fut blessé au siége de Thèbes par Ménalippe qui tomba sous ses coups. Vainqueur peu généreux, Tydée se fit apporter la tête de son ennemi, et la morsura de ses dents.

CHANT XXXIII.

Interrompant son horrible festin, le pécheur souleva sa bouche et l'essuya aux cheveux de la tête à demi rongée. Il dit ensuite : « Tu veux que je renouvelle une douleur aigrie par le désespoir, et dont la pensée, avant même que je parle, m'oppresse déjà le cœur. Mais si mes paroles doivent être la semence qui féconde l'infamie du traître que je dévore, tu me verras pleurer et parler en même temps. Je ne sais qui tu es, ni comment tu es venu jusqu'ici ; mais à ton langage tu me sembles Florentin. Tu dois savoir que je fus le comte Ugolin[1], et celui-ci l'archevêque

---

1. L'histoire du comte Ugolin della Gherardesca, héros du terrible drame qui va se dérouler sous nos yeux, n'est plus guère connue que par le récit magnifique qui a rendu son nom et ses malheurs immortels. Nous l'avons rapportée avec quelque détail dans l'exposé qui est en tête de cette traduction (voy. p. 24 et suiv.). La pitié qui s'attache aux grandes infortunes voudrait trouver Ugolin innocent de la trahison qu'on lui impute. S'il n'avait été que fourbe et cruel, il n'eût pas encouru plus de blâme que la plupart des grandes figures historiques de cette époque. Mais il est malheureusement hors de doute qu'il trahit sa patrie, non pas une fois, mais pendant une longue suite d'années. — « La poésie italienne, dit M. de Sismondi dont les ancêtres ont joué un rôle dans cette tragique histoire, n'a rien dans le genre terrible qui puisse être comparé à l'admirable discours que Dante prête au comte Ugolin, lorsque ce tyran, qu'il rencontre aux enfers, lui raconte la dernière agonie de ses enfants et de lui-même dans la tour qui, en mémoire de ce supplice, a conservé le nom de *Tour de la Faim*. L'art du graveur en a multiplié les images, et tout le monde connaît les horribles tortures du comte Ugolin, tandis que ses crimes sont universellement oubliés. » (*Histoire des républiques italiennes.*)

Roger. Maintenant je vais t'apprendre pourquoi je suis pour lui un voisin si cruel. A quel point ma confiance fut trompée, comment au moyen de ses trames perfides je fus saisi et livré à la mort, je n'ai pas besoin de le redire ; mais ce que tu ne peux avoir appris, c'est combien ma mort fut cruelle : tu l'entendras et tu sauras s'il m'a offensé.

« Du fond de la prison obscure qu'on appelle à cause de moi *Tour de la Faim*[1], et où d'autres seront encore enfermés, j'avais pu déjà à travers une étroite ouverture compter la succession de plusieurs jours, lorsque je fis un songe funeste qui déchira devant moi le voile de l'avenir. Celui-ci[2] m'apparut comme un maître et seigneur, chassant un loup et ses louveteaux vers la montagne[3] qui empêche les Pisans de voir Lucques. Il était précédé des Gualandi, Sismondi et Lanfranchi, avec des chiennes maigres et bien dressées. Le père et ses petits, après avoir couru un peu de temps, me parurent fatigués, et il me sembla voir leurs flancs s'ouvrir sous les dents aiguës qui les poursuivaient. Quand je m'éveillai avant le jour, j'entendis mes fils qui étaient avec moi pleurer dans leur sommeil et demander du pain. Tu es bien cruel, toi qui m'écoutes, si déjà tu n'es ému en pensant à ce qui s'annonçait à mon cœur; et si tu ne pleures pas, de quoi donc peux-tu pleurer ?

« Déjà ils étaient éveillés, l'heure approchait où

---

1. La Tour de la Faim n'existe plus à Pise ; son emplacement même est contesté : les uns le cherchent sur la place dite des Chevaliers, les autres sur celle où était l'ancien palais communal.
2. L'archevêque Roger degli Ubaldini.
3. Le mont Saint-Julien, au pied duquel on passe en allant de Pise à Lucques, et qui semble en effet empêcher les deux villes de se voir.

la nourriture nous était apportée, et chacun de nous, à cause du songe, doutait de la recevoir. Moi, j'entendis qu'on fermait en bas la porte de l'horrible tour : alors je regardai mes enfants sans dire une parole. Je ne pleurais pas, je me sentais devenir de pierre. Eux pleuraient, et mon petit Anselme me dit : « Quels « regards ! ô mon père, qu'as-tu ? » Je ne pleurai ni ne répondis pendant tout ce jour, non plus que la nuit suivante, jusqu'à ce qu'un autre soleil vînt luire sur le monde. Lorsqu'une faible lueur eut pénétré dans la prison douloureuse, et que je vis mon aspect reflété sur quatre visages, de désespoir je me mordis les deux mains. Eux, pensant que je le faisais par besoin de manger, se levèrent aussitôt et me dirent : « Père, nous souffrirons bien moins si tu te nourris « de nos corps[1] ; tu nous as revêtus de ces misérables

1. 　　«....Padre, assai ci fia men doglia
　　　Se tu mangi di noi : tu ne vestisti
　　　Queste misere carni, e tu le spoglia. »

C'est le fameux tercet qui, dit-on, excitait à un tel degré l'admiration et la sensibilité du Tasse, qu'il ne cessait de le louer et de le citer. C'est aussi, dans tout ce morceau, dont il est impossible qu'une traduction quelconque approche jamais, celui qui présente le plus de difficultés. Le *se tu mangi di noi*, qui a tant d'énergie dans la langue italienne, ne serait pas soutenable dans la nôtre, et l'on ne peut rien mettre à la place qui n'en affaiblisse la simplicité naïve. Ce vœu touchant de l'amour filial s'est-il accompli ? Le poëte ne le dit pas, mais une tradition veut que le malheureux père se soit nourri de la chair de ses enfants, ou du moins c'est une opinion assez établie, et à laquelle tiennent résolûment tous les amateurs de l'horrible. Chose étrange ! les commentateurs eux-mêmes sont partagés sur cette question, et même le plus grand nombre incline pour l'affirmative, quoique rien ne justifie une telle interprétation dans le pathétique récit d'Ugolin. Cela ne peut s'expliquer que par le besoin qu'éprouvent certaines imaginations de compléter une scène d'horreur par quelque chose de plus horrible encore. Voltaire, dans la description de la famine de Paris, a fait figurer une mère qui tue son enfant pour

« chairs, reprends-les. » Alors je me contins pour ne pas augmenter leur douleur : ce jour et le suivant nous nous regardâmes tous en silence. Ah! terre impitoyable, pourquoi ne t'es-tu pas ouverte? Arrivés au quatrième jour, Gaddo se jeta étendu à mes pieds, en disant : « Mon père, ne m'aideras-tu pas? » Et il mourut! et je vis, aussi bien que tu me vois, tomber les trois autres un à un, entre le cinquième et le sixième jour. Alors, la vue déjà trouble, je me traînai chancelant sur chacun d'eux, et je les appelai deux jours encore après qu'ils étaient morts. La faim ensuite fit ce que la douleur n'avait pu faire[1]. »

A peine eut-il parlé que, tordant les yeux, il re-

le manger. Mais cet acte atroce n'est qu'un trait du tableau, qui n'est point destiné à exciter la pitié. Il arrive souvent que l'imagination consent à admettre comme supposition laissée à son libre arbitre, ce qui la révolterait si on lui en offrait la peinture. L'action d'un père poussé par la faim à manger ses enfants, est de celles qu'on peut à peine laisser entrevoir, mais qu'il faut se garder de montrer aux yeux. Louons Dante de s'être contenté de dire : « La faim eut plus de puissance que la douleur; » c'est-à-dire la faim me tua, et la douleur n'avait pu le faire : triste effet de l'infirmité humaine. N'en déplaise aux partisans de l'atroce, cela est plus vrai et n'ôte rien au terrible.

1. Dernier et sublime trait d'une scène dont le pathétique n'a rien qui le surpasse en aucune poésie. Ginguené a fait la remarque que ce tableau, tout célèbre qu'il est, dépasse encore sa renommée. Il ne faut pas le lire dans une affreuse traduction française, mais dans cette langue qui naissait alors sous l'inspiration du poëte, du même jet que sa pensée, souple, obéissante, naïve encore, et arrivée dès le premier pas à une perfection qui, dans le laborieux enfantement des choses humaines, ne s'obtient que par l'effort des siècles. Ce qui frappe le plus dans le discours d'Ugolin, c'est l'extrême simplicité : pas un mot à effet, pas une expression recherchée, rien de déclamatoire, rien d'étudié; tout est simple, majestueux, sublime. Dans l'état actuel de la littérature en Europe, je ne pense pas qu'il soit possible d'écrire quelque chose de semblable dans n'importe quelle langue, pas même à un Dante nouveau. Il a fallu au grand poëte du moyen âge le double concours de l'aurore d'une société nouvelle et d'une langue à son berceau.

prit entre ses dents ce misérable crâne qu'il perça jusqu'à l'os, semblable à un chien furieux. Ah! Pise, opprobre des nations qui habitent la belle contrée[1] où résonne le *sì*, puisque tes voisins mettent tant de lenteur à te punir, que Capraia et Gorgona[2], arrachées de leurs fondements, viennent fermer les bouches de l'Arno, et que les eaux refoulées du fleuve submergent tous tes habitants! Si le comte Ugolin était inculpé d'avoir livré tes châteaux, tu ne devais pas condamner ses fils à un tel supplice. Leur jeune âge, ô Thèbes nouvelle! rendait innocents Uguccion, Brigata[3] et les deux autres que mes vers ont déjà fait connaître.

Arrivés plus loin, nous vîmes d'autres coupables qu'une glace épaisse entourait également, mais dont la tête, au lieu de s'incliner en bas, était renversée en arrière. Les larmes qu'ils avaient déjà répandues ne leur permettaient pas d'en verser de nouvelles, et la douleur ainsi privée d'issue, se refoulait en dedans pour accroître leurs angoisses. Leurs premiers pleurs amoncelés sous les cils, comme une visière de cristal, remplissaient la cavité de l'œil. Quoique par l'extrême

---

1. La Toscane, où le *sì* italien se prononçait probablement avec un sifflement plus marqué que dans les autres parties de la péninsule.
2. Deux petites îles dans la mer Tyrrhénienne, près des bouches de l'Arno.
3. Ainsi se nommaient les deux autres compagnons d'Ugolin. Uguccion et Gaddo étaient ses fils, Anselme et Brigata ses petits-fils. Pour avoir ainsi condamné trois générations au même supplice (et quel supplice!), il fallait de la part de l'archevêque Roger une haine de parti bien difficile à assouvir, et d'autant plus digne des malédictions du poëte. Aussi, loin d'être épuisé par le sombre récit d'Ugolin, Dante trouve-t-il une nouvelle énergie pour lancer de sublimes imprécations contre Pise, cette Thèbes nouvelle, témoin impassible, sinon complice d'une vengeance si barbare.

froidure mon visage eût perdu la sensibilité extérieure, ainsi qu'il arrive aux membres du corps endurcis par le froid, je crus cependant sentir comme un souffle de vent. Je dis à mon maître : « Qui agite cet air? Est-ce qu'ici toutes vapeurs ne sont pas éteintes[1]? » Il me répondit : « Tu le sauras bientôt, et tes yeux en voyant d'où ce souffle provient te donneront eux-mêmes la réponse. » Alors un des tristes captifs du lac glacé nous cria : « O âmes assez coupables pour que le cercle le plus bas de l'abîme vous soit assigné, levez le voile épais qui couvre mes paupières, afin que je puisse donner cours à la douleur dont je suis oppressé, avant que mes larmes se gèlent de nouveau. » Je répliquai : « Si tu veux que je t'assiste, dis-moi d'abord qui tu es; et que je sois moi-même précipité sous la glace, si je ne te donne pas la satisfaction que tu désires. » — « Je suis, reprit-il, frère Albéric[2], je suis l'homme aux fruits du jardin fatal, et je reçois ici des fruits encore plus amers. » — « Quoi, m'écriai-je, serais-tu donc déjà mort? » — « Je n'ai aucune connaissance, répondit-il, de ce que mon corps est devenu dans le monde. Cette Ptolémée[3] a le triste privilége que souvent l'âme du pé-

---

1. On croyoit alors que le vent naissoit de l'exhalaison des vapeurs par le soleil.
2. Albéric de Manfredi, de la famille des seigneurs de Faenza, entra devenu vieux dans l'ordre des frères joyeux, *cavalieri gaudenti*, dont nous avons déjà parlé (voy. p. 419, note 1). Ayant conçu de l'inimitié contre plusieurs de ses parents, il feignit de vouloir se réconcilier avec eux, et les invita à un festin. Mais des assassins apostés avaient reçu l'ordre d'entrer et de massacrer les convives au moment où l'on serviroit les fruits. *Les fruits du frère Albéric* étaient une expression proverbiale pour indiquer un guet-apens.
3. Nom de la troisième section du dernier cercle de l'enfer; elle est ainsi appelée de Ptolémée, roi d'Égypte, qui trahit Pompée; ou, sui-

cheur y tombe avant qu'Atropos l'y ait poussée. Et pour que tu enlèves plus volontiers les larmes cristallisées qui encombrent mon visage, apprends encore que lorsqu'une âme trahit comme je l'ai fait, aussitôt son corps lui est ravi par un démon qui le gouverne jusqu'à la consommation des jours qui lui étaient destinés. L'âme alors s'abîme dans cette froide citerne : peut-être voit-on encore sur la terre le corps de l'ombre que l'éternel hiver roidit derrière moi. Tu dois le savoir si ta venue est récente. C'est Branca d'Oria[1], et bien des années se sont écoulées depuis

vant l'opinion peu plausible de Lombardi, de Ptolémée, gendre de Simon Machabée, qui tua par trahison son beau-père et deux de ses parents qu'il avait reçus dans sa maison.

1. Génois qui tua en trahison son beau-père Michel-Sanche, pour lui enlever le gouvernement de Logodoro en Sardaigne. Nous connaissons déjà ce Michel-Sanche pour l'avoir vu dans le lac de poix bouillante (chant XXIIe, p. 412, note 1). Quant à Branca d'Oria, il eut pour complice de son crime un parent qu'il a de même pour compagnon en enfer. Cette fiction étrange d'un corps qui continue à se mouvoir sur la terre, lorsque l'âme l'a déjà quitté pour recevoir son châtiment, fournit à Rivarol la remarque suivante : « Il me semble que dans un siècle où la religion était si puissante sur les esprits, ce dernier supplice dut produire un effet bien effrayant. Albéric et d'Oria avec son parent étaient trois citoyens coupables de grands crimes à la vérité, mais illustres par leur naissance, connus de tout le monde et tous trois pleins de vie. Dante vient affirmer à la face de l'Italie que ces trois hommes ne vivent plus, que ce qu'on voit d'eux n'est que leur enveloppe animée par un démon, et que leur âme est en enfer depuis longues années. C'était montrer la main de Dieu au festin de Balthasar : aussi reste-t-il une tradition du désespoir où il réduisit les trois coupables. On ne peut pas sans doute faire un plus bel usage de la poésie et de ses fictions, que d'imprimer de telles terreurs au crime ; c'est faire tourner la superstition au profit de la vertu. » — Rivarol assurément n'avance rien que de juste ; mais Ginguené répond à cela que l'effet de la fiction est comme annulé d'avance par celui plus grand qu'a laissé dans l'âme du lecteur l'épisode d'Ugolin. « On regrette, dit-il, que Dante ne l'ait pas senti, et n'ait pas vu que du moment où il avait fait parler Ugolin du fond du gouffre, il n'avait rien de mieux à faire que d'en sortir. »

qu'il est ici. » — « Je crois, lui dis-je, que tu me trompes; Branca d'Oria n'est pas mort : il mange, il boit, il dort, il s'habille. » L'ombre reprit : « Michel-Sanche n'était pas encore à la fosse de Malebranche où bout la poix tenace, que déjà un démon animait le corps de Branca, et s'était de même emparé de celui d'un de ses parents, complice de la trahison. Maintenant étends la main, et ouvre-moi les yeux. » Mais je me gardai bien de les lui ouvrir, et je tins à honneur de manquer à la foi promise.

Ah! Génois[1], race impure et souillée de tous les vices, pourquoi n'êtes-vous pas retranchés du monde? J'ai trouvé près de l'esprit le plus pervers de la Romagne un des vôtres qui, par ses œuvres, a l'âme déjà trempée dans Cocyte, pendant que son corps semble là-haut respirer la vie.

1. L'inexorable proscrit n'est pas à bout d'anathèmes. Voici le tour de Gènes, coupable d'avoir donné le jour à Branca d'Oria, ce prétendu vivant qui est mort. C'est porter loin la doctrine de la solidarité, et s'il fallait retrancher du monde toutes les villes où des traîtres sont nés, la terre ne serait bientôt qu'une vaste solitude. Ce qui doit un peu consoler les Génois, c'est que la boutade dont ils sont l'objet, est non-seulement moins fondée en raison, mais encore d'un moindre effet poétique que celle qui a frappé les Pisans. On comprend qu'après la peinture du supplice d'Ugolin et de ses fils, le poëte éclate en reproches amers et flagelle de sa réprobation la ville qui a laissé commettre dans ses murs une telle barbarie. Mais Branca d'Oria n'est pas le comte Ugolin, il n'inspire aucune pitié, et si l'on peut plaindre la ville qui a donné naissance à un scélérat plus ou moins obscur, ce n'est pas une raison suffisante pour demander que cette ville soit détruite.

CHANT XXXIV.

« Voici devant nous les étendards du roi des enfers[1], s'écria mon maître ; regarde, les distingues-tu ? » De même que, lorsqu'un nuage épais se balance dans l'air, ou que la nuit étend ses voiles sur notre hémisphère, on croit voir un moulin dont le vent tourne les ailes ; de même, il me sembla voir dans l'éloignement un pareil édifice. Alors je cherchai contre le vent un rempart derrière mon guide, car il n'y avait pas d'autre refuge. Déjà (et c'est avec effroi que je l'inscris dans mes chants) j'étais dans le séjour des ombres qui sont entièrement recouvertes par la glace dont la transparence les fait ressembler à des

---

1. « Vexilla regis prodeunt inferni. » Ce vers tiré, à l'exception du dernier mot, de l'hymne qui se chante aux vêpres du dimanche de la Passion, a paru une bizarrerie à tous les commentateurs, et une profanation à quelques-uns. Nous trouverons dans les poëmes du *Purgatoire* et du *Paradis* de fréquentes intercalations de mots latins, quelquefois un mot isolé, mis pour la rime ou la mesure, ou peut-être par caprice, le plus souvent des fragments de textes sacrés. Dans le premier cas, il y aurait puérilité d'exactitude à conserver dans la traduction une expression étrangère, qui, loin de rien ajouter à la force du discours, ne serait qu'une bigarrure, infiniment plus choquante en français qu'en italien. Ce serait, sous prétexte de fidélité d'imitation, donner une caricature. Dans le second cas, lorsque les citations latines se lient étroitement au sujet et qu'elle reproduisent des passages soit des prières de l'Église, soit des livres saints, familiers à toutes les mémoires, il nous a paru convenable de les maintenir. En appliquant cette règle que nous suivrons dans les deux autres parties du poëme au vers mis en tête de ce chant : *Vexilla regis*, etc., nous avons dû le retrancher, parce que d'abord la citation est tronquée, et surtout parce qu'elle ne peut s'entendre qu'en dérision.

fœtus dans du verre. Les unes sont couchées, les autres debout; de celle-ci on ne voit que la tête, de celle-là seulement les pieds; quelques-unes, courbées d'une extrémité à l'autre, ressemblent à un arc. Quand nous eûmes fait assez de chemin pour qu'il plût à mon maître de me montrer la créature[1] qui eut un si bel aspect, il se retira de devant moi et me fit arrêter en disant : « Voilà Dité ! le moment est venu de t'armer de courage. » Ne demande pas, lecteur, quelles furent alors mes angoisses : je ne le décrirai pas, car toute parole serait insuffisante. Je ne mourus pas, et je ne restai pas vivant : si tu as quelque imagination, figure-toi ce que je devins lorsque la vie et la mort me manquèrent en même temps[2].

Enfoncé dans le glacier, le monarque du royaume de douleur en sortait du milieu de la poitrine. Il me serait donné plutôt d'atteindre à la taille des géants qu'aux géants eux-mêmes d'égaler la longueur de ses bras. Juge donc de ce que doit être l'ensemble entier qui se proportionne à des membres si prodigieux[3].

1. Lucifer. Virgile le saluera tout à l'heure du nom de Dité, il le nommera un peu plus loin Belzébuth, il l'a déjà désigné sous l'appellation de grand serpent : *gran vermo*. Selon les saints Pères, la beauté de l'ange déchu était indiquée par le nom même de Lucifer, nom donné au plus beau des astres, à la planète de Vénus.

2. « .... D' uno e d' altro privo. » Il faudrait dire littéralement : *Privé de la vie et de la mort.* Mais *privé de la mort* implique contradiction, attendu qu'on ne peut être privé que de ce qu'on a possédé. Pour être privé de la mort, à supposer que ce soit une privation, il faudrait, après avoir joui de cet état, en sortir, c'est-à-dire retourner à la vie. C'est une de ces pensées brillantes, subtiles, mais sans justesse, que les Italiens nomment *concetti*. Quoique le poëte en appelle à l'imagination du lecteur, ce dernier lui aurait su plus de gré de s'en tenir à sa première déclaration, à celle de renoncer à décrire une impression que la parole ne peut rendre.

3. Dante procède ici comme il a fait pour son géant Nembrot : il

S'il fut aussi beau qu'il est difforme maintenant, s'il leva la tête contre son créateur, il est juste que de lui procède toute iniquité. Ah! de quelle stupeur ne fus-je pas saisi, en voyant que sa tête portait trois visages. L'un, qui regardait en avant, était d'une couleur vermeille ; les deux autres, accolés au premier et placés directement au-dessus de chaque épaule, se rejoignaient au sommet de la tête. La figure de droite paraissait entre le blanc et le jaune[1], celle de gauche

ne précise pas la taille de Lucifer, il indique seulement une donnée comparative, et laisse l'imagination s'en arranger comme il lui plaira. Or, il lui a plu de se donner carrière, et nombre de calculs ont été faits pour arriver à une mesure déterminée, calculs qui, on le pense bien, sont loin de s'accorder entre eux. M. Biagioli a trouvé, barême en main, que Lucifer avait trois mille brasses de hauteur, ni plus ni moins. Un autre, tout bien compté, ne lui accorde au plus juste que onze cent quatre-vingt-deux brasses; enfin il en est qui lui font l'injure de le réduire à mille brasses.

1. Les interprètes ont varié dans leurs explications sur les trois visages de Lucifer. Les plus anciens entendent par la variété des couleurs celles des vices qui se manifestent par l'apparition sur la peau de ces humeurs dont chaque inclination vicieuse est accompagnée : par la couleur vermeille, la colère ; par la jaune et blanche, l'avarice ou l'envie ; par la noire, la paresse. Les autres trouvent plus naturel d'entendre, par les trois faces à teintes variées, les trois parties du monde alors connues, afin d'indiquer que Lucifer tire ses sujets de tout l'univers. Ainsi le vermeil désignerait les Européens, dont la figure pour le plus grand nombre approche de cette couleur ; le jaune, les Asiatiques, chez la plupart desquels cette teinte domine ; le noir, les Africains, à cause de la multitude de nègres que l'Afrique renferme. — Toute cette peinture de Lucifer qui a dû frapper fortement les imaginations contemporaines, dans un temps de croyances ardentes et de saintes terreurs, a nécessairement perdu la plus grande partie de son prestige par la succession des âges et la modification des idées. Mais, en dépit de l'effort d'une imagination si puissante, la vision de Lucifer, même au point de vue chrétien, produit plus de surprise que de terreur. C'est que l'esprit du mal ne peut être complétement représenté par des images sensibles. De quelque manière que l'on s'étudie à charger sa difformité matérielle, celle-ci même restera toujours infiniment au-dessous de la difformité de l'intelligence

avait la couleur particulière à ceux qui viennent de la contrée d'où le Nil se précipite. Au-dessous de chaque face sortaient deux ailes immenses, dans une mesure convenable à un tel oiseau : jamais navire ne déploya des voiles aussi grandes. Ces ailes n'avaient point de plumes, elles étaient formées à la manière de celles des chauves-souris, et, sous leur battement, l'air était chassé dans trois directions différentes. Le Cocyte tout entier entourait le monstre de ses glaces; il pleurait de ses six yeux, et sur ses trois mentons ruisselaient des larmes, mêlées à une bave sanglante. Dans chaque bouche, ses dents, semblables à l'instrument qui brise le lin, broyaient un pécheur, faisant ainsi trois victimes à la fois; celle de face éprouvait un moindre supplice des morsures du démon que de ses griffes sous l'atteinte desquelles la peau pendait arrachée. « Cette âme qui a la tête enfouie, dit mon maître, et dont les jambes s'agitent au dehors, est Judas Iscariote[1] : son châtiment surpasse tous les

qui est le caractère propre et distinctif de Satan, et le côté par lequel son pouvoir exerce une véritable terreur.

1. Judas donne son nom à cette dernière section de l'enfer. A tout seigneur tout honneur. On comprend que le traître par excellence joue ici le premier rôle. Mais on ne voit pas d'abord à quel titre Brutus et Cassius partagent avec lui le privilége d'être broyés sous les mâchoires de Lucifer. Sans doute ils furent traîtres et meurtriers; mais leur trahison s'est appelée vertu, et si le fanatisme de la liberté les a fait agir, c'était peut-être erreur d'esprit, mais non bassesse de cœur. Il faut donc chercher la cause de cette assimilation ailleurs que dans les notions généralement répandues sur le crime et sur la vertu. On la trouve, cette cause, dans les convictions gibelines du poëte, dans ce qu'on pourrait appeler sa religion politique, religion que le traité *de la Monarchie* formule de la manière la plus expresse. Le peu que nous avons dit de ce livre (voy. la notice, p. 166 et suivantes) montre suffisamment de quel culte de vénération et d'obéissance son auteur prétendait entourer la personne inviolable et sacrée du monarque universel. Or, la monarchie temporelle, nous l'avons vu, n'a

autres. Des deux âmes qui ont la tête en bas, celle qui pend de la bouche noire est Brutus : vois comme ses membres se tordent sans qu'il laisse échapper une plainte. L'autre plus ramassé est Cassius. Mais la nuit reparaît[1], il est temps de partir; nous n'avons plus rien à voir. »

Alors, selon la volonté du maître, je l'enlaçai de mes bras, et lui-même, choisissant le temps et le lieu propices, s'attacha fortement aux côtes velues du roi des enfers, dans le moment où celui-ci déployait ses ailes. Puis, de touffe en touffe, il descendit entre l'épaisse toison et les cavités du glacier. Quand nous fûmes arrivés au point de jonction des cuisses et des hanches, mon guide, avec un redoublement de fatigue et d'efforts[2], tourna la tête où il avait d'abord les

---

pas commencé avec les empereurs allemands; elle a été donnée par Dieu même au peuple romain, qui seul a eu le droit de l'exercer, et qui, après l'avoir fondée, l'a remise tout entière entre les mains de l'homme marqué dans les desseins providentiels pour en être le dépositaire et la transmettre à ses successeurs. Cet homme était César. Voilà pourquoi les meurtriers de César méritent aux yeux du poëte gibelin une punition semblable à celle des meurtriers du Christ, car leur attentat contre le représentant de la Divinité, contre son vicaire temporel, n'était pas moins grand que celui commis par Judas contre Dieu même : à ce point de vue, le régicide devient un déicide.

1. Le *jour s'en allait*, est-il dit au commencement du second chant, quand les deux poëtes se mettent en route. Arrivés au plus bas de l'enfer, ils s'aperçoivent que la nuit reparaît. Ils avaient donc employé une nuit et un jour, ou vingt-quatre heures, à visiter tous les cercles de l'enfer.

2. Quelques explications sont nécessaires pour comprendre ce passage. Le centre du puits circulaire dans lequel se trouve Satan, est le centre même de l'univers. La partie intérieure du puits est jusqu'à ce centre d'une seule masse de glace, au milieu de laquelle l'ange rebelle est enfoui; l'autre moitié est de pierre. L'immense corps, depuis le milieu de la poitrine, s'élève hors du puits dans notre hémisphère, et depuis les genoux jusqu'aux pieds débouche de l'autre côté du puits dans l'hémisphère austral. En décrivant son

pieds, et ressaisit les poils hérissés, dans l'action d'un homme qui monte, de telle sorte que je crus que nous retournions encore dans l'enfer. « Tiens-toi ferme, dit le maître, tout haletant de fatigue, c'est par de telles échelles qu'il faut quitter l'empire du mal[1]. » Ensuite il sortit par la fente d'un rocher sur le bord duquel il me fit asseoir et posa lui-même son pied précautionné. Je levai les yeux, croyant trouver Lucifer comme je l'avais laissé ; mais je le vis les jambes renversées. Si je fus alors inquiet, je le laisse à juger à la foule grossière qui ne comprend pas quel est ce point[2] par où j'étais passé. « Lève-toi, dit le maître, la course est longue et le chemin difficile ; déjà le soleil est arrivé à la huitième heure du jour[3]. »

passage par le centre de la terre, Dante suppose, d'après la physique de son temps, que dans ce centre réside toute la force attractive, dont l'action sur les corps, loin de s'accroître ou de se ralentir en raison de la distance, est beaucoup plus sensible dans le point où elle réside. C'est pourquoi Virgile descend facilement le long du corps de Lucifer, mais qu'arrivé à la partie de ce corps qui répond au centre de la terre, il a besoin pour s'en éloigner d'un redoublement d'efforts ; c'est pourquoi encore, au sortir de ce passage, le poëte s'étonne de voir son maître monter, au lieu de continuer à descendre, et s'imagine retourner en enfer.

1. Allusion aux vers déjà cités de Virgile :

« Sed revocare gradum, superasque evadere ad auras,
Hoc opus, hic labor est. »
Æn., lib. VI.

2. Le point central de la terre.
3. A l'imitation des anciens Hébreux, les Italiens divisaient alors le jour en deux parties égales de douze heures, répondant à peu près au temps où le soleil est sur ou sous l'horizon. Le jour proprement dit se divisait en quatre parties de trois heures chacune, appelées *terza*, *sesta*, *nona* et *vespro*. La première, ou *terza*, finissait trois heures après le lever du soleil ; la seconde, ou *sesta*, au milieu du jour ; la troisième, ou *nona*, trois heures après midi ; la quatrième, ou *vespro*, au coucher du soleil. Comme les poëtes ont changé d'hé-

CHANT XXXIV.

La route que nous suivions était loin de ressembler à l'avenue d'un palais; on eût dit plutôt un cachot formé par la nature, d'un sol inégal et privé de lumière. Quand je fus debout, je dis à mon maître : « Avant de nous éloigner de cet abîme, dissipe l'erreur qui me trouble. Où est le glacier? Pourquoi celui-ci est-il planté à rebours, et comment en si peu d'heures le soleil a-t-il fait le trajet du soir au matin? » Il me répondit : « Tu t'imagines être encore par delà le centre où je m'accrochais aux poils du reptile coupable qui traverse le monde. Il en était ainsi tant que je descendais; mais quand je me suis retourné, tu passais précisément le point vers lequel, de toutes parts, tendent les corps qui pèsent[1]. Tu es maintenant sous la moitié de la sphère céleste[2] qui couvre le grand désert[3], et sous la voûte de laquelle se consomma la mort de l'homme qui naquit et vécut sans péché[4]. Tu as le pied sur une des faces du petit cercle

misphère, et qu'il venait de faire nuit dans celui qu'ils ont quitté, le jour vient de commencer dans l'hémisphère où ils arrivent.

1. Il est assez remarquable, dit Ginguené, que Dante, à travers la mauvaise physique que supposent les explications qu'il va donner des effets produits sur la forme de la terre par la chute de Satan, ait eu l'idée claire et précise des lois de la gravitation.

2. *Sotto l'emisperio*. Par hémisphère, il ne faut pas seulement entendre ici, selon les commentateurs, la moitié de notre globe terrestre, mais encore celle correspondante du ciel. Il faut admettre en outre avec le poëte que Jérusalem, aux antipodes de laquelle il place la montagne du purgatoire, est précisément au centre de la terre. Enfin il faut se souvenir que, dans l'ignorance géographique qui régnait encore, notre hémisphère renfermait toute la terre habitable, tandis que l'autre était réputé ne contenir que des mers ou des contrées inaccessibles.

3. La terre. Le poëte l'appelle *secca* par allusion au nom que Dieu lui donne dans la Genèse, chap. 1 : « et vocavit aridam terram. » Il y joint l'épithète de *grande*, par opposition à la petitesse supposée des terres de l'autre hémisphère.

4. Jésus-Christ, crucifié à Jérusalem.

dont l'autre face forme la Giudecca[1] : ici c'est le matin quand là c'est le soir, et celui qui nous a servi d'échelle est encore fixé tel qu'il l'était auparavant. C'est par là qu'il est tombé du ciel, et la terre qui d'abord s'étendait de ce côté a fui sous les eaux, effrayée de la chute, et s'est réfugiée vers notre hémisphère. Peut-être est-ce en fuyant l'ange rebelle que la montagne qui apparaît là-bas[2] a laissé le vide où nous sommes. »

Il est dans ces bas-fonds un lieu distant de Belzébuth de toute l'étendue que mesure sa tombe, lieu qui n'est point accessible à la vue, mais que l'oreille perçoit par le bruit d'un ruisseau dont le cours sinueux et légèrement incliné s'est ouvert un chemin à travers le rocher creusé par ses eaux. Tel est le passage secret dans lequel nous entrâmes, mon guide et moi, pour revoir la clarté du jour; et nous gravîmes, sans prendre de repos, lui le premier et moi sur ses traces, jusqu'à ce qu'une ouverture nous permît d'entrevoir la magnificence des cieux. Enfin nous sortîmes sous la voûte parsemée d'étoiles.

---

1. C'est-à-dire la portion du neuvième cercle à laquelle le poëte a donné le nom de Judas Iscariote; c'est ce qu'il appelle le *petit cercle* relativement aux autres.

2. La montagne du purgatoire.

FIN DU TOME PREMIER.

TABLE

Pages.

Préface.. I

RÉSUMÉ HISTORIQUE ET LITTÉRAIRE POUR SERVIR A L'ÉTUDE DE LA DIVINE COMÉDIE.

CHAPITRE PREMIER.

Formation, grandeur et décadence des républiques italiennes du moyen âge. — État politique de l'Italie au commencement du xiv° siècle................................. 3

CHAPITRE II.

État des sciences, des lettres et des arts en Italie avant et pendant le xiii° siècle.................................. 49

DANTE ET SES ÉCRITS.

CHAPITRE PREMIER (1265-1300).

Famille des Alighieri. — Naissance de Dante. — Ses premières années. — Dante s'éprend d'amour à l'âge de neuf ans. — Sa *Vita nuova*. — Éducation de Dante. — Ses progrès dans les sciences; il publie son premier sonnet et se livre à la poésie. — De poëte il devient soldat. — Mort de Béatrix. — Dante épouse Gemma Donati. — Il prend part aux affaires publiques. — Ses ambassades........................... 85

CHAPITRE II (1300-1304).

La guerre civile éclate à Florence. — Priorat de Dante, sous lequel les chefs des deux factions sont exilés. — Les noirs réclament l'appui de Boniface VIII, pendant que les blancs lui députent Dante comme ambassadeur. — Dante, comme homme politique, a-t-il exercé la haute influence que ses biographes lui ont attribuée? — Entrée de Charles de Valois à

Florence : sous sa protection, les noirs s'emparent du gouvernement de la république. — Dante est proscrit. — Il quitte Rome et rentre en Toscane, où il se mêle activement à la guerre civile, jusqu'à ce que, dégoûté par les fautes de son parti, il se retire à Vérone...................... 116

CHAPITRE III (1304-1308).

Lettre de Dante au peuple florentin. — Le *Convito*. — Traité de *l'Éloquence vulgaire*. — Analyse sommaire de ces deux ouvrages. — Dante a repris dans le même temps la composition de son poëme. — Examen de l'opinion contraire, soutenue par M. Fauriel. — Lettre du frère Hilaire à Uguccione, qui fixe à la fois l'époque à laquelle la *Cantica* de *l'Enfer* fut terminée et la date du voyage de Dante à Paris. — Amours de Dante à Padoue ; il se rend chez le marquis Malaspina à la fin de l'année 1307.................... 134

CHAPITRE IV (1308-1313).

Les Malaspini. — Dante vient à Paris. — Expédition de Henri VII en Italie. — Dante se déclare hautement gibelin ; ses opinions politiques exposées dans son traité *de la Monarchie* et dans sa lettre aux souverains et aux peuples de l'Italie, pour les sommer de reconnaître l'autorité impériale.— Il se rend auprès de Henri VII, le quitte bientôt et lui adresse une lettre où il l'exhorte à se hâter. — Nouveau décret de proscription. — Dante à Gênes et à Pise. — Il s'abstient de suivre l'empereur au blocus de Florence. — Mort de Henri VII.. 159

CHAPITRE V (1313-1318).

Dante va dans la Romagne, puis à Lucques, sous la protection d'Uguccione. — Il adresse une lettre aux cardinaux italiens assemblés en conclave. — Gentucca. — Dante refuse de rentrer dans sa patrie à des conditions humiliantes. — Quatrième arrêt de proscription. — Chute d'Uguccione. — Dante se réfugie à Vérone, près de Cane della Scala ; il reçoit de ce prince une somptueuse hospitalité, et lui fait hommage, dans une épître dédicatoire, du poëme du *Paradis*. — Le prince et le poëte se refroidissent l'un pour l'autre. — Dante quitte Vérone........................... 181

CHAPITRE VI (1318-1321).

Dante séjourne successivement dans divers lieux, à Gubbio, à

TABLE 507

Pages.

Udine, au couvent des Camaldules, dans l'Avellana, encore une fois à Vérone, où il soutient une thèse publique; il se retire définitivement à Ravenne chez Guido da Polenta. — Ses enfants l'y rejoignent. — Derniers écrits de Dante. — Sa mort. — Honneurs qui lui furent rendus. — Son portrait peint par Giotto et décrit par Boccace. — Jugement de J. Villani sur Dante et sur ses ouvrages.................. 197

APPENDICE.

§ I. Question des origines de l'épopée chrétienne.......... 220
§ II. Biographes et commentateurs.................... 235

L'ENFER.

Chant Ier... 261
Chant II... 267
Chant III.. 273
Chant IV.. 279
Chant V... 286
Chant VI.. 294
Chant VII... 301
Chant VIII.. 308
Chant IX.. 314
Chant X... 320
Chant XI.. 327
Chant XII... 334
Chant XIII.. 341
Chant XIV... 350
Chant XV.. 357
Chant XVI... 365
Chant XVII.. 371
Chant XVIII....................................... 377
Chant XIX... 384
Chant XX.. 392
Chant XXI... 400
Chant XXII.. 408
Chant XXIII....................................... 416
Chant XXIV.. 423
Chant XXV... 430
Chant XXVI.. 438

TABLE.

	Pages.
Chant XXVII	446
Chant XXVIII	452
Chant XXIX	460
Chant XXX	466
Chant XXXI	473
Chant XXXII	482
Chant XXXIII	489
Chant XXXIV	497

FIN DE LA TABLE.

Imprimerie de Ch. Lahure (ancienne maison Crapelet)
rue de Vaugirard, 9, près de l'Odéon.

ACTES officiels de la République romaine. In-8. 3 fr.
ALLEMANDS (des) par un Français. In-8.... 4 fr.
ANDERSEN. L'Improvisatore, ou la Vie en Italie; traduit du danois. 2 vol. in-12.......... 7 fr.
ARMANDI. Hist. militaire des Éléphants. In-8. 8 fr.
AUTRICHE (de l') et de son avenir. In-8..... 2 fr.
BARANTE (baron de). Lettres de Louis XVIII au comte de Saint-Priest. In-8.................. 5 fr.
BAZANCOURT (Baron de). Histoire de la Sicile sous la domination des Normands. 2 vol. in-8.. 15 fr.
BEAUMONT-VASSY. Histoire des États européens depuis le Congrès de Vienne. 6 vol. in-8.. 45 fr.
— Les Suédois depuis Charles XII jusqu'à Oscar Ier, 3e édition. In-12................... 3 fr. 50 c.
BIORNSTIERNA. Tableau de l'Empire britannique dans l'Inde, tr. par Petit de Baroncourt. In-8. 8 fr.
BORROW. Bible en Espagne. 2 vol. in-8..... 10 fr.
BOUCHITTÉ. Saint-Anselme, Rationalisme chrétien au XIe siècle. In-8 .... 7 fr. 50 c.
BOUILLÉ (Mis Réné de). Histoire des ducs de Guise. 4 vol. in-8.................... 24 fr.
BROUGHAM (Lord). Voltaire et Rousseau. In-8. 7 f. 50
CAPEFIGUE. Les diplomates européens. 4 v. in-8. 30 fr.
— L'Église au Moyen Âge. 2 vol. in-8...... 10 fr.
— François Ier et la Renaissance. 4 vol. in-8.. 20 fr.
— Présidence du Conseil de M. Guizot. In-8. 5 fr.
— Les 4 premiers siècles de l'Église. 4 v. in-8. 20 fr.
— La Société et les Gouvernements de l'Europe en 1848. 4 vol. in-8................... 20 fr.
— Trois siècles de l'Hist. de France. 2 v. in-8. 10 fr.
CHASLES. Études sur l'Allemagne. In-12. 3 fr. 50 c.
— L'Amérique. In-12............... 3 fr. 50 c.
— L'Angleterre au XIXe siècle. In-12.. 3 fr. 50 c.
— L'Antiquité. In-12............... 3 fr. 50 c.
— Le XVIIIe siècle en Angleterre. 2 vol. in-12. 7 fr.
— L'Espagne. In-12............... 3 fr. 50 c.
— Les Hommes et les Mœurs au XIXe siècle. In-12..................... 3 fr. 50 c.
— Le Moyen Âge et les premiers temps du Christianisme. In-12.................. 3 fr. 50 c.
— La Révolution d'Angleterre. Cromwell. In-12. 3 f. 50
— Le XVIe siècle en France. In-12..... 3 fr. 50 c.
— Shakespeare, Marie Stuart et l'Arétin. In-12. 3 f. 50
CHAUDEY. Appréciation de l'Hist. de L. Blanc. In-8. 3 f.
CIESZKOWSKI. De la Pairie et de l'Aristocratie moderne. In-8....................... 4 fr.
COURONNE poétique de Napoléon. In-12. 3 fr. 50 c.
CUSTINE (Mis de). Romuald ou la vocation. 4 vol. in-8....................... 20 fr.
— La Russie en 1839. 3e édition. 4 vol. in-12. 14 fr.
DELÉCLUZE. Dante ou la Poésie amoureuse. 2 vol. in-12.......................... 7 fr.
DICKENS. Apparitions de Noël. In-12...... 1 fr.
— La Bataille de la Vie, histoire d'Amour. In-12. 1 fr.
— Les Carillons. In-12................ 1 fr.
— Chefs-d'œuvre. In-12............... 2 fr.
— Contes complets. 3 vol. in-12.......... 9 fr.
— Le Cricri du Foyer. In-12............ 1 fr.
— L'Homme au Spectre, ou le Pacte. In-12.. 1 fr.
— Nouveaux contes. In-12............. 1 fr.
DUHAMEL (Comte Victor). Histoire constitutionnelle de la monarchie espagnole. 2 vol. in-8... 15 fr.
ELLIS. Devoirs et Condition sociale des Femmes dans le mariage. In-12............... 3 fr. 50 c.
EOTHEN. Voyage en Orient. In-8........ 5 fr.
ESSAIS SUR LA MARINE FRANÇAISE. In-12.. 3 fr.
FICQUELMONT (Comte de). Lord Palmerston, l'Angleterre et le Continent. 2 vol. in-8....... 14 fr.
FOUDRAS (Mis de). Chants pour tous. In-8. 7 fr. 50 c.
— Décaméron des Bonnes Gens. In-8.. 7 fr. 50 c.
— Échos de l'Ame. In-8............. 7 fr. 50 c.
— Fables et Apologues. In-8 (épuisé).... 10 fr.
— Gentilshommes d'autrefois. 2 vol. in-8.. 15 fr.
FULLERTON (Lady). Ellen Middleton. 2 v. in-8. 10 fr.
GALITZIN (Prince Emmanuel). Le Nord de la Sibérie. 2 vol. in-8. Cartes............... 15 fr.
GARDEN (Comte de). Histoire générale des Traités de Paix, environ 20 vol. in-8, à...... 7 fr. 50 c.
— Tableau de diplomatie. In-8............ 5 fr.
— Code diplomatique de l'Europe. 4 v. in-8. 32 fr.
GAUTIER. De l'Ordre, des causes qui le troublent et des moyens de le rétablir. In-8......... 5 fr.
GEOFFROY-CHATEAU. La Farce de Pathelin. In-12. 5 f.
GIRARDIN (Général Alexandre de). Situation politique et militaire de l'Europe. In-8... 7 fr. 50 c.
GISQUET. L'Égypte, les Turcs et les Arabes. 2 v. 10 fr.
GROVESTINS. Hist. des luttes au XVIIe siècle. 6 v. 24 f.
HAUSSEZ (Baron d'). Études morales et politiques. In-8.

HÉROS (Un). Histoire contemporaine. In-12. 3 fr.
ISRAËLI. Les Deux Nations. 2 vol. in-8.. 10 fr.
— La Jeune Angleterre. 2 vol. in-8...... 10 fr.
JANIN (Jules). Clarisse Harlowe. 2 vol. in-12. 7 fr.
— Le Gâteau des rois. In-12......
— Pline le Jeune et Quintilien. Gr. in-8.. 5 fr.
JEANNE DE VAUDREUIL. In-8........ 8 fr.
LACOMBE (Francis). Histoire de la Bourgeoisie de Paris. 4 vol. in-8.............. 20 fr.
— Hist. de la Monarchie en Europe. 4 vol. in-8. 26 fr.
LACRETELLE. Consulat et Empire. 6 vol. in-8. 30 fr.
LAFORGE. Des Vicissitudes de l'Italie. 2 v. in-8. 10 fr.
— Histoire de Venise sous Manin. 2 vol. In-8. 10 fr.
LA GUERONNIÈRE. Portraits politiques contemporains. 1. Napoléon III. In-12........ 3 fr. 50 c.
LA MADELAINE (Stéphen de). Théories complètes du Chant. 1 vol. in-8................ 6 fr.
LÉOUZON-LEDUC. Études sur la Russie et le nord de l'Europe. In-12............... 3 fr. 50 c.
LERMINIER. Histoire des Législateurs et des Constitutions de la Grèce antique. 2 vol. in-8.... 10 fr.
LESPINASSE (Mlle). Lettres complètes, avec une préface par Jules Janin. In-12........ 3 fr. 50 c.
LESSEPS. Mission à Rome et réponse. In-8. 3 f. 50 c.
MALLET DU PAN. Mémoires. 2 vol. in-8.... 12 fr.
MARTIN DE GRAY (Baron). Histoire de Napoléon. 3 vol. in-8................ 15 fr.
MATTER. État de l'Allemagne. 2 vol. in-8... 10 fr.
— Lettres et pièces rares. In-8........ 5 fr.
MAZZINI (A. L.). De l'Italie. 2 vol. in-8... 15 fr.
MENEVAL. Napoléon et Marie-Louise. 4 vol. in-8. 25 fr.
MERLIN (Csse). La Havane. 2 vol. in-8.... 15 fr.
— Les Lionnes de Paris. 2 vol. in-8..... 10 fr.
MESTSCHERSKI (Prince). Les Roses noires. In-8. 5 fr.
— Les Poètes russes. 2 vol. in-8........ 10 fr.
MISSIONNAIRE (un) républicain en Russie. 3 vol. in-8........................ 15 fr.
MONTARAN (Baronne de). Mes loisirs. 2 v. in-8. 15 fr.
NISARD (Ch.). Juste Lipse, Joseph Scaliger et Isaac Casaubon. In-8............... 7 fr. 50 c.
— Les Ennemis de Voltaire. In-8..... 6 fr. 50 c.
NOUGARÈDE. Des anciens peuples de l'Europe. In-8........................ 5 fr.
— Le Duc d'Enghien. 2 vol. in-8...... 10 fr.
— Lettres sur l'Angleterre. 4 v. in-8.... 20 fr.
— Vérité sur la révolution de Février 1848. In-12....................... 1 fr. 50 c.
OLLIFFE. Scènes américaines. 2e édition. In-12. 4 fr.
— Scènes écossaises. In-18............ 4 fr.
ORTOLAN. Moyen d'acquérir le domaine international. In-8..................... 4 fr.
PEPE (Général). Mémoires. 3 vol. in-8..... 18 fr.
PICHOT (Amédée). Hist. de Ch.-Édouard. 2 v. in-8. 15 f.
POUJOULAT (B.). Constantinople et l'empire Ottoman. 2 vol. in-8................ 15 fr.
RADICAUX (Les) et le Sonderbund. In-8... 3 fr.
RANCE Lettres inédites éditées par M. Gonod. 5 fr.
RAUDOT. Décadence de France. In-8... 2 fr. 50 c.
— La France avant la Révolution. In-8... 5 fr.
— Grandeur misérable de la France. In-8... 5 fr.
RENÉE. Princes militaires de la France. Gr. in-8. 15 fr.
RIVAS (duc de). Insurrection de Naples en 1648. Traduit de l'espagnol. 2 vol. in-8...... 10 fr.
SAINT-MARC-GIRARDIN. Souvenirs de Voyages et d'Études. 2 vol. in-12............... 7 fr.
SAINT-PRIEST (Comte A.). Chute des Jésuites, 3e édition. In-12.................. 3 fr. 50 c.
— Études diplomatiques. 2 vol. in-8..... 10 fr.
— Hist. de la conquête de Naples. 4 vol. in-8. 20 fr.
— Histoire de la Royauté. 2 vol. in-8.... 10 fr.
SCUDO. Critique et littérature musicales. In-8. 3 fr. 50
SPAUR (comtesse de). Voyage de Pie IX à Gaëte. In-8........................ 1 fr. 50 c.
STERN (Daniel). Essai sur la Liberté. In-8... 6 fr.
— Nélida. In-8................ 7 fr. 50 c.
TOCQUEVILLE (Comte de). Histoire philosophique du règne de Louis XV. 2 vol. in-8...... 15 fr.
— Coup d'œil sur Louis XVI. In-8..... 7 fr. 50 c.
VALÉRY. Curiosités et anecdotes italiennes. In-8. 7 f. 50
— Science de la Vie. In-8............ 5 fr.
VIELCASTEL. Archambaud de Comborn. In-8. 5 fr.
VIENNET. Fables nouvelles. In-12....... 3 fr. 50.
— Épitre à tout le monde. Gr. in-8..... 50 c.
WEILL. La Guerre des Paysans. In-12.... 3 fr. 50 c.
WRONSKI (Hoëné). Historiosophie ou science de l'Histoire. 2 vol. in-8............ 8 fr.
— Secret politique de Napoléon. In-8... 2 fr. 50 c.
— Tableau de la philosophie de la politique.. 6 fr.

www.ingramcontent.com/pod-product-compliance
Lightning Source LLC
Chambersburg PA
CBHW051407230426
43669CB00011B/1798